清华社"视频大讲堂"大系

高效办公视频大讲堂

Excel 2019
在会计与财务工作中的典型应用
（视频教学版）

赛贝尔资讯 ◎编著

清华大学出版社

北京

内 容 简 介

本书将 Excel 的功能与日常财务工作紧密结合，重点放在如何利用 Excel 来处理日常财务数据。系统学习本书可以帮助企业财务人员、管理人员等快速、高效地完成日常工作，提升个人及企业的竞争力。全书共分为 13 章，分别介绍了财务数据的输入与编辑、财务数据的整理与分析、财务数据计算的函数公式、财务部门日常工作实用表单、公司办公费用支出管理、填制记账凭证并自动登记日记账、管理往来账款并处理账务、管理进销存数据并处理账务、管理员工工资数据并处理账务、管理固定资产并计提折旧、月末账务处理并建立财务总账表、编制财务报表和财务分析。

本书面向每天和数据打交道的财务工作人员及要提高 Excel 应用技能的各层次的读者，适合需要掌握 Excel 应用技能以提升管理运营效率与技能的职场办公人士。本书在 Excel 2019 版本的基础上编写，适用于 Excel 2016/2013/2010/2007/2003 等各个版本。

本书封面贴有清华大学出版社防伪标签，无标签者不得销售。
版权所有，侵权必究。举报：010-62782989，beiqinquan@tup.tsinghua.edu.cn。

图书在版编目（CIP）数据

Excel 2019 在会计与财务工作中的典型应用：视频教学版 / 赛贝尔资讯编著 . —北京：清华大学出版社，2022.5（2024.10重印）
（清华社"视频大讲堂"大系高效办公视频大讲堂）
ISBN 978-7-302-59756-8

Ⅰ．①E… Ⅱ．①赛… Ⅲ．①表处理软件—应用—会计 ②表处理软件—应用—财务管理 Ⅳ．①F232 ②F275-39

中国版本图书馆 CIP 数据核字（2022）第 004575 号

责任编辑：贾小红
封面设计：姜　龙
版式设计：文森时代
责任校对：马军令
责任印制：沈　露

出版发行：清华大学出版社
　　　　　网　　址：https://www.tup.com.cn，https://www.wqxuetang.com
　　　　　地　　址：北京清华大学学研大厦 A 座　　邮　　编：100084
　　　　　社 总 机：010-83470000　　邮　　购：010-62786544
　　　　　投稿与读者服务：010-62776969，c-service@tup.tsinghua.edu.cn
　　　　　质量反馈：010-62772015，zhiliang@tup.tsinghua.edu.cn
印 装 者：大厂回族自治县彩虹印刷有限公司
经　　销：全国新华书店
开　　本：170mm×230mm　　印　张：15.25　　字　数：486 千字
版　　次：2022 年 5 月第 1 版　　印　次：2024 年 10 月第 3 次印刷
定　　价：69.80 元

产品编号：090123-01

前⊙言

Excel 最重要的应用之一是用于办公自动化,其改变了传统数据信息处理的模式,使得数据信息的合理利用成为可能,因此被大量运用到各个领域的日常办公之中。Excel 具有强大的数据计算能力、分析能力、统计能力,以及可视化输出能力,是现代办公人员的好帮手。

财务工作人员每天都要和数据打交道,因此 Excel 出色的数据处理能力对财务人员意义重大。无论是数据录入、数据筛选、查找和替换、比较、分类汇总、合并计算等基础功能,还是高级筛选、数据透视表、函数公式、自动化处理系统等高级应用,在任何工作环节上,只要 Excel 的运用得当,都可以辅助财务人员的日常工作,提高工作效率。

本书从数据的规范输入、规范原则、不规范数据的整理说起,到企业日常运营中财务数据的处理及记账,再到期末账务处理和创建财务报表,具备完整的处理流程,便于读者学习与掌握。

在操作环境上,本书以 Excel 2019 版本为基础进行讲解,但内容和案例本身同样适用于 Excel 2016/2013/2010/2007/2003 等各个版本。

本书特点

本书恪守实用的原则,力求为读者提供易学、易用、易理解的操作范例,从范例的规划、素材的选用、读者的学习心理等方面进行了逐一分析与推敲。本书在编写时特别突出了如下特点。

> **系统、全面的知识体系**。本书详细讲解如何运用 Excel 进行数据分析,同时介绍了填制记账凭证、处理期末账务、制作财务报表等的方法。在讲解 Excel 建表及数据处理过程中全面介绍 Excel 知识点,并设置"知识扩展"与"专家提示"栏目,让读者既能系统地学习当前内容,又不遗漏其他知识点,更加便于读者举一反三,灵活运用。

> **高清教学视频,易学、易用、易理解**。本书采用全程图解的方式讲解操作步骤,清晰直观;同时,本书提供了 187 节同步教学视频,手机扫码,可随时随地观看,帮助读者充分利用碎块化时间,快速、有效地提升职场 Excel 技能。

➢ **一线行业案例，数据真实**。本书案例来自一线企业，数据更真实、实用，读者可即学即用，随查随用，拿来就用。同时，围绕统计分析工作中的一些常见问题，给出了理论依据、解决思路和实用方法，真正使读者"知其然"和"知其所以然"。

➢ **采用图解全程讲解**。本书讲解步骤全程采用图解方式，让初学者在学习时更加直观，更加符合现在快节奏的学习方式。

➢ **QQ 群在线答疑，高效学习**。

配套学习资源

纸质书内容有限，为方便读者掌握更多的职场办公技能，除本书中提供的案例素材和对应的教学视频外，还免费赠送了一个"职场高效办公技能资源包"，其内容如下。

➢ **1086 节 Office 办公技巧应用视频**：包含 Word 职场技巧应用视频 179 节，Excel 职场技巧应用视频 674 节，PPT 职场技巧应用视频 233 节。

➢ **115 节 Office 实操案例视频**：包含 Word 工作案例视频 40 节，Excel 工作案例视频 58 节，PPT 工作案例视频 17 节。

➢ **1326 个高效办公模板**：包含 Word 常用模板 242 个，Excel 常用模板 936 个，PPT 常用模板 148 个。

➢ **564 个 Excel 函数应用实例**：包含 Excel 行政管理应用实例 88 个，人力资源应用实例 159 个，市场营销应用实例 84 个，财务管理应用实例 233 个。

➢ **680 多页速查、实用电子书**：包含 Word/Excel/PPT 实用技巧速查，PPT 美化 100 招。

➢ **937 个设计素材**：包含各类办公常用图标、图表、特效数字等。

读者扫描本书封底的"**文泉云盘**"二维码，或微信搜索"**清大文森学堂**"，可获得加入本书 QQ 交流群的方法。加群时请注明"**读者**"或书名以验证身份，验证通过后可获取"**职场高效办公技能资源包**"。

读者对象

本书面向每天和数据打交道的会计人员、财务人员及要提高 Excel 应用技能的各层次的读者，适合需要掌握 Excel 应用技能以提升管理运营效率与技能的职场办公人士。本书适合以下人群阅读：

➢ 从事财会工作的专职或兼职人员
➢ 以 Excel 为主要工作环境进行数据计算和分析的办公人员
➢ 经常使用 Excel 制作各类报表和图表的用户
➢ 在校学生和社会求职者

本书由赛贝尔资讯策划和组织编写。尽管在写作过程中，我们已力求仔细和精益求精，但不足和疏漏之处仍在所难免。读者朋友在学习过程中，遇到一些难题或是有一些好的建议，欢迎通过清大文森学堂和 QQ 交流群及时向我们反馈。

祝学习快乐！

编者

2022 年 3 月

目录

第1章 财务数据的输入与编辑

1.1 输入各种不同类型的数据 …… 2
    1.1.1 输入文本内容 …………… 2
    1.1.2 输入包含指定小数
          位数的数值 …………… 3
    1.1.3 设置费用金额为货币
          格式 …………………… 3
    1.1.4 输入百分比数值 ………… 4
1.2 批量输入数据 …………………… 5
    1.2.1 批量输入相同数据 ……… 5
    1.2.2 填充序号 ………………… 5
    1.2.3 填充日期 ………………… 7
1.3 设定数据验证规范输入数据 …… 7
    1.3.1 限制只能输入指定类型
          数据 …………………… 7
    1.3.2 限制输入数据的大小 …… 8
    1.3.3 建立可选择输入的序列 … 9
    1.3.4 用公式建立验证条件 …… 10
    1.3.5 设置指针指向时显示
          输入提示 ……………… 11
1.4 选择性粘贴功能 ………………… 12
    1.4.1 粘贴时匹配目标区域
          格式 …………………… 12
    1.4.2 将公式的计算结果
          转换为数值 …………… 13
    1.4.3 保持两表数据链接 ……… 13
    1.4.4 单元格区域进行批量
          运算 …………………… 14
1.5 查找和替换功能 ………………… 15
    1.5.1 查找并替换数据 ………… 15
    1.5.2 替换数据的同时设置
          特殊格式 ……………… 16

第2章 财务数据的整理与分析

2.1 表格规范 ………………………… 18
    2.1.1 数据格式规范 …………… 18
    2.1.2 表格结构规范 …………… 19
    2.1.3 数据的统一性 …………… 19
    2.1.4 数据的连续性 …………… 20
    2.1.5 二维表 …………………… 20
2.2 不规范表格及数据的整理 …… 21
    2.2.1 空白行、空白列的处理 … 22

2.2.2 重复值、重复记录的处理… 23
2.2.3 一格多属性数据的处理 … 25
2.2.4 文本型数字的整理 ……… 26
2.2.5 带单位数据的整理 ……… 26
2.2.6 不规范文本的整理 ……… 27
2.2.7 不规范日期的整理 ……… 28

2.3 筛选满足条件的数据……… 30
2.3.1 按分类快速筛选 ………… 30
2.3.2 按数值大小筛选 ………… 30
2.3.3 按日期筛选 ……………… 32
2.3.4 结果独立放置的高级
      筛选 ……………………… 33

2.4 数据的分类汇总…………… 34
2.4.1 单层分类汇总 …………… 34
2.4.2 多层分类汇总 …………… 36
2.4.3 同一字段的多种不同
      计算 ……………………… 37
2.4.4 分类汇总结果的复制
      使用 ……………………… 38

2.5 多维度透视分析工具……… 39
2.5.1 统计各个客户的应收
      账款总额 ………………… 39
2.5.2 统计各个车间不同
      技工的加班时长 ………… 40
2.5.3 统计员工的平均工资 …… 41
2.5.4 字段决定分析结果 ……… 42
2.5.5 迅速建立某汇总项的
      明细数据表 ……………… 44

第3章 财务数据计算的函数公式

3.1 公式概述…………………… 47

3.1.1 加、减、乘、除等简易
     运算的公式 ……………… 47
3.1.2 使用函数的公式 ………… 47

3.2 公式对数据源的引用……… 47
3.2.1 引用相对数据源计算 …… 48
3.2.2 引用绝对数据源计算 …… 48
3.2.3 引用其他工作表中的
      数据计算 ………………… 50

3.3 函数概述…………………… 50
3.3.1 函数的构成 ……………… 50
3.3.2 函数的用法 ……………… 51

3.4 编辑函数的参数…………… 52
3.4.1 手动输入函数及参数 …… 52
3.4.2 按向导设置参数 ………… 53
3.4.3 函数的修改与删除 ……… 54

3.5 专项财务函数……………… 54
3.5.1 计算贷款的每期偿还额 … 54
3.5.2 计算贷款每期偿还额中
      包含的本金额 …………… 55
3.5.3 计算贷款每期偿还额中
      包含的利息额 …………… 55
3.5.4 计算投资的未来值 ……… 56
3.5.5 计算投资的投资期数 …… 56

3.6 其他用于财务运算的公式
范例…………………………… 57
3.6.1 根据员工的职位和
      工龄调整工资 …………… 57
3.6.2 判断是否本月的应收账款… 57
3.6.3 判断应收账款是否到期 … 58
3.6.4 计算应收账款的逾期
      天数 ……………………… 58
3.6.5 计算固定资产已使用
      月数 ……………………… 59

3.6.6 按仓库名称统计库存量的月报表 …………… 60
3.6.7 建立按品类统计的销售月报表 …………………… 61
3.6.8 返回指定部门的最高工资 ……………………… 62
3.6.9 核算临时工的实际工作天数并计算工资 ……… 63
3.6.10 扣除预支后实际报销给付核算 …………… 64

第4章 财务部门日常工作实用表单

4.1 会议费用支出报销单 ……… 66
　　4.1.1 创建表格框架 …………… 66
　　4.1.2 设置表格边框底纹 ……… 66
4.2 业务招待费用报销明细表 … 68
　　4.2.1 表头区域特殊化设计 …… 68
　　4.2.2 建立求和公式 …………… 69
4.3 差旅费预支申请表 ………… 70
　　4.3.1 设置填表提醒 …………… 70
　　4.3.2 设置数值显示为会计专用格式 ………………… 71
　　4.3.3 预支申请费用合计计算 … 71
4.4 差旅费报销单 ……………… 71
　　4.4.1 创建差旅费报销单 ……… 72
　　4.4.2 设置数据验证 …………… 73
　　4.4.3 报销金额自动求和计算 … 74
　　4.4.4 实现大写金额的自动填写 ……………………… 75
　　4.4.5 设置表格除填写区域外其他区域不可编辑 …… 76

4.5 公司日常运营费用预算及支出比较表 ………………… 77
4.6 通用记账凭证表单 ………… 79
4.7 日记账表单 ………………… 81
　　4.7.1 现金日记账表单 ………… 81
　　4.7.2 银行存款日记账表单 …… 81

第5章 公司办公费用支出管理

5.1 日常费用支出明细表 ……… 84
　　5.1.1 建立日常费用支出统计表 ……………………… 84
　　5.1.2 建立指定类别费用支出明细表 ………………… 85
5.2 按日常费用明细表建立统计报表 …………………… 86
　　5.2.1 各费用类别支出统计报表 ……………………… 86
　　5.2.2 各部门费用支出统计报表 ……………………… 88
　　5.2.3 各部门各类别支出费用统计表 ………………… 89
　　5.2.4 各月费用支出统计报表 … 89
　　5.2.5 各部门各月费用支出统计报表 ………………… 90
　　5.2.6 各类别费用支出的次数统计表 ………………… 90
5.3 实际支出与预算比较表 …… 91
　　5.3.1 建立全年费用预算表 …… 91
　　5.3.2 建立实际支出与预算比较表 …………………… 91
　　5.3.3 计算各分析指标 ………… 92

5.3.4 筛选查看超支项目 ……… 94

第6章 填制记账凭证并自动登记日记账

6.1 制作会计科目表 ……… 97
- 6.1.1 建立会计科目表框架 …… 97
- 6.1.2 建立会计科目及明细科目 ……… 97

6.2 填制记账凭证 ……… 99
- 6.2.1 在记账凭证表单中建立公式 ……… 99
- 6.2.2 填制通用记账凭证 … 101

6.3 记账凭证管理 ………103
- 6.3.1 制作记账凭证汇总表 … 103
- 6.3.2 在记账凭证汇总表中建立公式 ……… 103

6.4 登记日记账 ………105
- 6.4.1 自动确认"库存现金"与"银行存款"科目 … 105
- 6.4.2 自动登记现金日记账 … 106
- 6.4.3 自动登记银行存款日记账 ……… 109

第7章 管理往来账款并处理账务

7.1 应收账款的统计 ………112
- 7.1.1 建立应收账款记录表 … 112
- 7.1.2 筛选查看已逾期账款 … 113
- 7.1.3 处理已冲销账款 ……… 114
- 7.1.4 应收账款的账务处理 … 114

7.2 应收账款的分析 ………116
- 7.2.1 计算各笔账款的账龄 … 116
- 7.2.2 统计每位客户的应收账款 ……… 117
- 7.2.3 统计各账龄下的应收账款 ……… 121
- 7.2.4 应收账款账龄分析图 … 122
- 7.2.5 坏账准备的账务处理 … 123

7.3 应付账款的管理 ………125
- 7.3.1 建立应付账款记录表 … 125
- 7.3.2 设置公式分析各项应付账款 ……… 125
- 7.3.3 汇总统计各供应商的总应付账款 ……… 127
- 7.3.4 应付账款的账务处理 … 128

第8章 管理进销存数据并处理账务

8.1 采购管理 ………131
- 8.1.1 建立产品基本信息表 … 131
- 8.1.2 建立采购入库明细表 … 131
- 8.1.3 采购数据透视分析 …… 132
- 8.1.4 采购业务的账务处理 … 133

8.2 销售管理 ………136
- 8.2.1 创建销售明细表 ……… 136
- 8.2.2 按产品汇总销售金额 … 137
- 8.2.3 按客户汇总销售金额 … 139
- 8.2.4 销售员业绩统计 ……… 140
- 8.2.5 销售业务的账务处理 … 141

8.3 库存管理 ………142
- 8.3.1 建立库存汇总表 ……… 142

8.3.2 计算本期入库、销售与库存 …… 142
8.3.3 任意产品库存量查询 …… 144
8.3.4 库存量控制 …… 146

第9章 管理员工工资数据并处理账务

9.1 创建员工工资管理表格 …… 148
9.1.1 创建员工基本工资管理表 …… 148
9.1.2 创建员工绩效奖金计算表 …… 149
9.1.3 个人所得税核算 …… 150
9.1.4 考勤扣款及满勤奖统计表 …… 151
9.1.5 员工月度工资核算 …… 152

9.2 分析工资数据 …… 154
9.2.1 突出显示低于平均工资的记录 …… 154
9.2.2 按部门统计工资额 …… 155
9.2.3 部门平均薪酬比较图 …… 155

9.3 生成员工工资条 …… 157
9.3.1 生成工资条 …… 157
9.3.2 打印输出工资条 …… 159

9.4 发放工资的账务处理 …… 160
9.4.1 计提员工工资 …… 161
9.4.2 代扣保险费 …… 161
9.4.3 代扣个人所得税 …… 161
9.4.4 缴纳个人所得税 …… 162

第10章 管理固定资产并计提折旧

10.1 建立固定资产清单 …… 164
10.1.1 创建固定资产清单表 …… 164
10.1.2 固定资产的新增与减少 …… 165

10.2 固定资产查询 …… 166
10.2.1 查询报废的固定资产 …… 166
10.2.2 查询特定使用年限的固定资产 …… 167
10.2.3 查询指定日期后新增的固定资产 …… 168

10.3 固定资产折旧计提 …… 168
10.3.1 创建固定资产折旧表 …… 168
10.3.2 直线折旧法计提折旧 …… 170
10.3.3 年数总和法计提折旧 …… 170
10.3.4 双倍余额递减法计提折旧 …… 171

10.4 固定资产折旧的账务处理 …… 173

第11章 月末账务处理并建立财务总账表

11.1 结转本期利润 …… 175
11.1.1 汇总主营业务收入、主营业务成本、销售费用等 …… 175
11.1.2 结转利润的账务处理 …… 177

11.2 编制科目汇总表 …… 179

11.2.1 利用分类汇总功能
进行科目汇总 …………… 179
11.2.2 利用数据透视表建立
科目汇总表 …………… 184

11.3 编制财务总账表 …………… 186
11.3.1 提取总账科目 ………… 187
11.3.2 计算各总账科目
本期发生额 …………… 189

11.4 编制财务明细账表 ………… 190
11.4.1 建立明细账表 ………… 190
11.4.2 设置公式自动显示
指定科目明细账 ……… 192

11.5 账务试算平衡检验 ………… 194
11.5.1 现金账务核对 ………… 195
11.5.2 银行存款账务核对 …… 196

11.6 账目保护 …………………… 198
11.6.1 保护账务统计表格 …… 198
11.6.2 保护账务处理
工作簿 ………………… 199

第12章 编制财务报表

12.1 资产负债表 ………………… 201
12.1.1 创建资产负债表 ……… 201
12.1.2 计算流动资产类
科目的发生额 ………… 202
12.1.3 计算非流动资产类
科目的发生额 ………… 204
12.1.4 计算固定资产类
科目的发生额 ………… 204
12.1.5 计算无形资产类
科目的发生额 ………… 205

12.1.6 计算流动负债类
科目的发生额 ………… 206
12.1.7 计算非流动负债类
科目的发生额 ………… 207
12.1.8 计算所有者权益类
科目的发生额 ………… 207

12.2 利润表 ……………………… 209
12.2.1 创建利润表 …………… 209
12.2.2 根据总分类账填制
利润表 ………………… 209
12.2.3 创建费用统计图表 …… 212

12.3 现金流量表 ………………… 214
12.3.1 通过本期记账凭证
汇总表确定现金流量
分类 …………………… 214
12.3.2 根据本期记账凭证
填制现金流量表 ……… 216

12.4 打印财务报表 ……………… 219

第13章 财务分析

13.1 财务比率分析 ……………… 222
13.1.1 创建财务比率
分析表 ………………… 222
13.1.2 计算变现能力比率 …… 222
13.1.3 计算资产管理比率 …… 223
13.1.4 计算负债比率 ………… 226
13.1.5 计算盈利能力比率 …… 228

13.2 财务比较分析 ……………… 229
13.2.1 创建财务比较分析表 … 229
13.2.2 计算企业财务比率并
与标准财务比率比较 … 230

第1章 财务数据的输入与编辑

数据是表格的基本元素,在财务数据的处理过程中,首先要约束数据的规范性。掌握数据输入过程中的一些操作技巧,不仅可以提高工作效率,还可以保证数据的规范性,为后期的数据统计分析带来便利。

- ☑ 正确输入各种不同类型的数据
- ☑ 数据的批量输入
- ☑ 设置数据验证
- ☑ 选择性粘贴的妙用
- ☑ 数据的查找和替换

1.1 输入各种不同类型的数据

输入各种类型的数据（如文本型数据、数值型数据、日期型数据等）到工作表中是创建表格的首要工作。不同类型数据的输入，其操作要点各不相同。另外，利用填充和导入的方法可以实现数据的批量输入。

1.1.1 输入文本内容

在单元格中输入的汉字、字母默认为文本型数据，数字、日期、时间等默认为数值型数据。一般来说，只要以程序能识别的格式输入则不需要特意去更改格式。但除了输入普通文本，还有一些特殊的情况下需要将输入的数字"显示"为文本的格式。下面通过例子解说。

例如，要在"编号"列中显示形如 001、002……的序号（见图 1-1），但直接输入显示的结果如图 1-2 所示（自动省略前面的 0），此时需要首先设置单元格的格式为"文本"，然后输入序号。

图 1-1　　　　　图 1-2

> **专家提示**
>
> 在这种情况下，一定要遵循先设置格式再输入数据的原则。如果先输入以 0 开头的编号再设置单元格格式，则无法恢复数字前面的 0。

❶ 选中要输入"编号"列的单元格区域，切换到"开始"选项卡，在"数字"组中单击格式设置框右侧的下拉按钮，在下拉列表中选择"文本"，如图 1-3 所示。

❷ 在"编号"列输入以 0 开头的编号时即可正确显示，如图 1-4 所示。

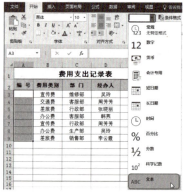

图 1-3

图 1-4

再如，要输入完整的身份证号码，如果直接输入则会以科学计数法显示，无法显示完整编码，如图 1-5 所示。只有先设置单元格的格式为"文本"，再输入编号时才可以正确显示，如图 1-6 所示。

图 1-5

图 1-6

1.1.2 输入包含指定小数位数的数值

当输入的数值包含小数位时，输入几位小数，单元格中就显示出几位小数，如果希望所有输入的数值都包含指定位数小数（如指定两位，不足两位的用0补齐），可以按如下方法设置。

❶ 选中要输入包含两位小数数值的单元格区域，在“开始”选项卡的“数字”组中单击下拉按钮▾打开下拉列表，选择“数字”选项，如图1-7所示。

❷ 执行上述操作后，在设置了格式的单元格中输入数值时会自动显示为两位小数，如图1-8所示。

图 1-7

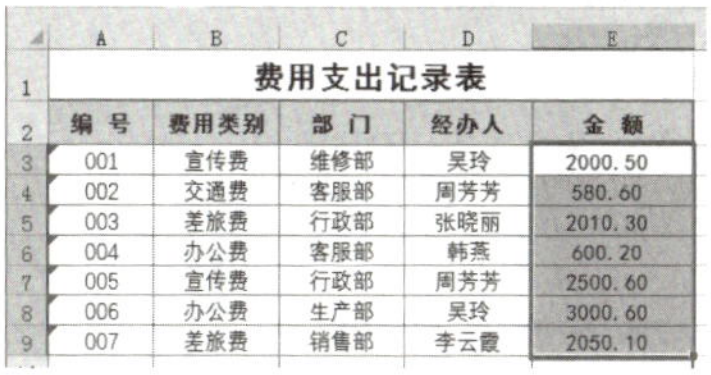

编 号	费用类别	部 门	经办人	金 额
001	宣传费	维修部	吴玲	2000.50
002	交通费	客服部	周芳芳	580.60
003	差旅费	行政部	张晓丽	2010.30
004	办公费	客服部	韩燕	600.20
005	宣传费	行政部	周芳芳	2500.60
006	办公费	生产部	吴玲	3000.60
007	差旅费	销售部	李云霞	2050.10

图 1-8

❸ 如果想对小数位数进行增减，则可以在“数字”组中单击 ←.0 .00 按钮增加小数位数（见图1-9）或单击 .00 →.0 按钮减少小数位数。

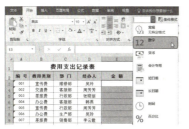

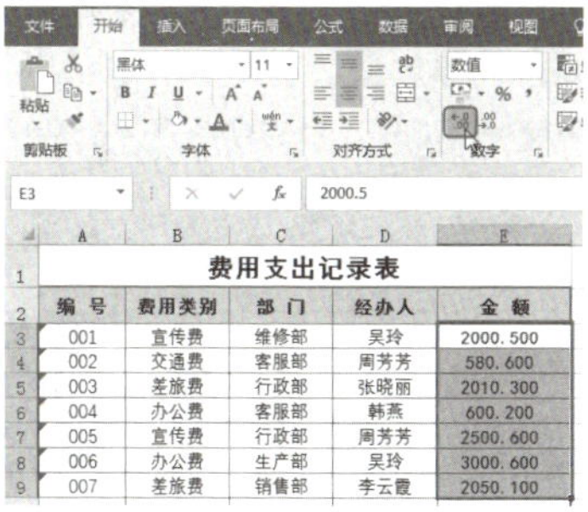

编 号	费用类别	部 门	经办人	金 额
001	宣传费	维修部	吴玲	2000.500
002	交通费	客服部	周芳芳	580.600
003	差旅费	行政部	张晓丽	2010.300
004	办公费	客服部	韩燕	600.200
005	宣传费	行政部	周芳芳	2500.600
006	办公费	生产部	吴玲	3000.600
007	差旅费	销售部	李云霞	2050.100

图 1-9

知识扩展

单击下拉按钮▾，打开列表中还有“货币”“会计专用”“百分比”等选项。这里的选项都是为了方便用户使用而设计的，无论哪种格式的数值都默认包含两位小数，因此可以先从这里快速应用。应用后，如果小数位数不满足需要，可以单击 ←.0 .00 或 .00 →.0 按钮增、减小数位数。

1.1.3 设置费用金额为货币格式

要让输入的数据显示为货币格式，可以按如下方法操作。

❶ 打开工作表，选中想显示为货币格式的数据区域，切换到“开始”选项卡，在“数字”组中单击“设置单元格格式”按钮↘，如图1-10所示，弹出“设置单元格格式”对话框。

编 号	费用类别	部 门	经办人	金 额
001	宣传费	维修部	吴玲	2000.50
002	交通费	客服部	周芳芳	580.60
003	差旅费	行政部	张晓丽	2010.30
004	办公费	客服部	韩燕	600.20
005	宣传费	行政部	周芳芳	2500.60
006	办公费	生产部	吴玲	3000.60
007	差旅费	销售部	李云霞	2050.10

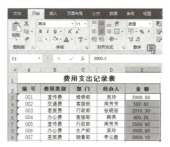

图 1-10

❷ 在“分类”列表中选择“货币”选项，并设置小数位数、选择货币符号的样式，如图1-11所示。

图 1-11

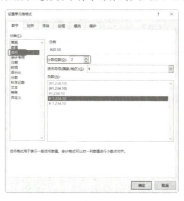

❸ 单击“确定”按钮，则选中的单元格区域数值格式更改为货币格式，如图 1-12 所示。

费用支出记录表				
编 号	费用类别	部 门	经办人	金 额
001	宣传费	维修部	吴玲	¥2,000.50
002	交通费	客服部	周芳芳	¥580.60
003	差旅费	行政部	张晓丽	¥2,010.30
004	办公费	客服部	韩燕	¥600.20
005	宣传费	行政部	周芳芳	¥2,500.60
006	办公费	生产部	吴玲	¥3,000.60
007	差旅费	销售部	李云霞	¥2,050.10

图 1-12

知识扩展

在“设置单元格格式”对话框中还可以设置负数的显示格式，如图 1-13 所示。设置后负数显示为如图 1-14 所示的样式。

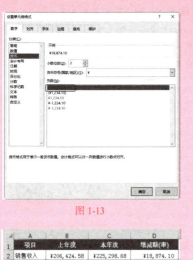

图 1-13

项目	上年度	本年度	增减额(率)
销售收入	¥206,424.58	¥225,298.68	¥18,874.10
销售成本	¥82,698.00	¥96,628.02	¥13,930.02
销售费用	¥20,462.68	¥6,450.46	(¥14,012.22)
销售税金	¥4,952.89	¥2,222.65	(¥2,730.24)
销售成本率	¥0.68	¥0.83	¥0.15
销售费用率	¥0.10	¥0.06	(¥0.03)
销售税金率	¥0.05	¥0.03	(¥0.02)

图 1-14

1.1.4 输入百分比数值

百分比数值可以通过在数据后添加百分号的方式直接输入，但如果在计算时产生大量的数据，最终需要采用百分比的形式表达出来（如求取利润率），则可以按如下方法来实现。

❶ 选中要输入百分比数值的单元格区域或选中已经存在数据且希望其以百分数形式显示的单元格区域，在“开始”选项卡的“数字”组中单击“设置单元格格式”按钮，如图 1-15 所示，打开“设置单元格格式”对话框。

产品编码	销售收入（万）	销售成本（万）	销售成本率
A-0001	9.8	7.8	0.795918367
A-0002	32.6	20.9	0.641104294
A-0003	67.8	42.2	0.622418879
A-0004	79.5	52.5	0.660377358
A-0005	89.5	55.2	0.616759777

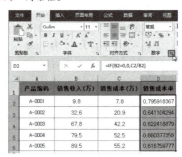

图 1-15

❷ 在“分类”列表中选择“百分比”选项，然后可以根据实际需要设置小数的位数，如图 1-16 所示。

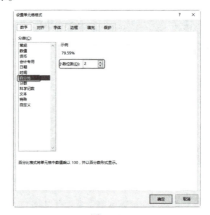

图 1-16

❸ 单击“确定”按钮，可以看到选中的单元格区域中的数据显示为百分比值且包含两位小数，如图 1-17 所示。

D2 =IF(B2=0,0,C2/B2)

产品编码	销售收入（万）	销售成本（万）	销售成本率
A-0001	9.8	7.8	79.59%
A-0002	32.6	20.9	64.11%
A-0003	67.8	42.2	62.24%
A-0004	79.5	52.5	66.04%
A-0005	89.5	55.2	61.68%

图 1-17

1.2 批量输入数据

在工作表中批量输入数据（如在连续的单元格中输入相同的数据、填充输入序号、填充输入连续月份等）是最常见的操作，用户可一次性输入相同的或有规律的数据，提高工作效率。

1.2.1 批量输入相同数据

快速填充输入相同的数据包括在连续的单元格中输入相同的数据和在不连续的单元格中输入相同的数据。

在连续的单元格中输入相同的数据，其操作如下。

❶输入首个数据，如本例中在B6单元格中输入“综合处”，将鼠标指针指向B6单元格右下角，出现黑色十字型（可称为填充柄），如图1-18所示。

客户名称	办事处	信用等级	截至今日欠款
天翼电信终端有限公司	运营商	NR	4,900
北京中邮移动通信有限责任公司	运营商	NR	468,004
中移股份有限公司北京分公司	运营商	NR	765,519
内蒙古松联通讯有限责任公司	运营商	NR	25,026
北京迪信通电子通信有限公司	综合处	CR4	1,005,057
北京恒信瑞达商贸有限公司		CR5	9,791,332
北京中复设备有限责任公司		CR4	4,338,484
北京华信通电讯有限公司		CR4	941,165

图1-18

❷按住鼠标左键不放向下拖动（拖动到的位置由实际填充需要决定），如图1-19所示。

客户名称	办事处
天翼电信终端有限公司	运营商
北京中邮移动通信有限责任公司	运营商
中移股份有限公司北京分公司	运营商
内蒙古松联通讯有限责任公司	运营商
北京迪信通电子通信有限公司	综合处
北京恒信瑞达商贸有限公司	
北京中复设备有限责任公司	
北京华信通电讯有限公司	

图1-19

❸释放鼠标即可实现数据填充，如图1-20所示。

如果想在不连续的单元格中一次性输入相同的数据，也可以利用技巧来实现。

❶按Ctrl键依次选中需要输入相同数据的单元格，接着松开Ctrl键，在最后一个选中的单元格中输入数据，如此处输入“农业银行”，如图1-21所示。

客户名称	办事处
天翼电信终端有限公司	运营商
北京中邮移动通信有限责任公司	运营商
中移股份有限公司北京分公司	运营商
内蒙古松联通讯有限责任公司	运营商
北京迪信通电子通信有限公司	综合处
北京恒信瑞达商贸有限公司	综合处
北京中复设备有限责任公司	综合处
北京华信通电讯有限公司	综合处

图1-20

银行短期借款明细表

序号	借款银行	借款种类	借入日期
01	农业银行	流动资金借款	2017/4/1
02		流动资金借款	2017/4/6
03	中国银行	项目借款	2017/4/11
04		项目借款	2017/4/15
05	农业银行	流动资金借款	2017/4/19
06	中国银行	流动资金借款	2017/4/21
07	招商银行	项目借款	2017/4/26
08	农业银行	项目借款	2017/4/27
09	农业银行	流动资金借款	2017/4/28
10		项目借款	2017/4/30

图1-21

❷按Ctrl+Enter组合键，即可在选中的所有单元格中输入相同的数据，如图1-22所示。

银行短期借款明细表

序号	借款银行	借款种类	借入日期
01	农业银行	流动资金借款	2017/4/1
02	农业银行	流动资金借款	2017/4/6
03	中国银行	项目借款	2017/4/11
04	农业银行	项目借款	2017/4/15
05	农业银行	流动资金借款	2017/4/19
06	中国银行	流动资金借款	2017/4/21
07	招商银行	项目借款	2017/4/26
08	农业银行	项目借款	2017/4/27
09	农业银行	流动资金借款	2017/4/28
10		项目借款	2017/4/30

图1-22

1.2.2 填充序号

通过填充功能可以实现一些有规则数据的输入，如填充序号、日期等。通过填充功能可以实现连续序号的输入，其操作如下。

❶在A3单元格中输入“001”。选中A3单元格，将鼠标指针指向A3单元格右下角，出现黑色十字型（可称为填充柄），如图1-23所示。

图 1-23

❷ 按住鼠标左键不放，向下拖动至填充结束的位置，如图 1-24 所示。

图 1-24

❸ 释放鼠标，拖动过的单元格中即会完成序号的填充，如图 1-25 所示。

图 1-25

知识扩展

自动填充完成后，会出现"自动填充选项"按钮，在此按钮的下拉菜单中，可以为填充选择不同的方式，如"仅填充格式""不带格式填充"等，如图 1-26 所示。

另外，"自动填充选项"按钮下拉菜单中的选项取决于所填充的数据类型，如填充日期时会出现"按月填充""按工作日填充"等选项。

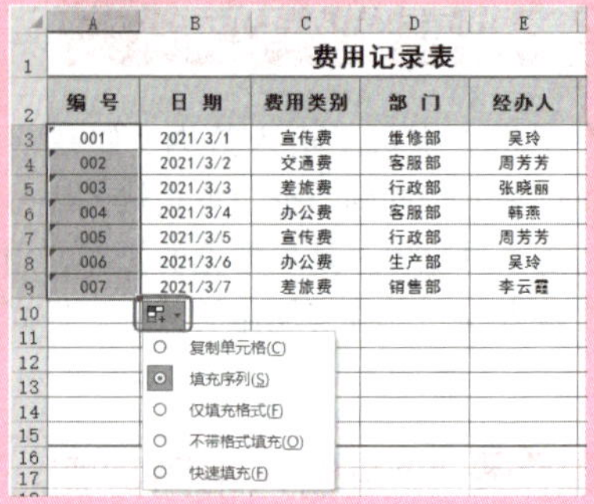

图 1-26

通过填充功能也可以实现不连续序号的输入，其关键操作在于填充源的输入。例如，本例中固定资产的第 1 个序号为 GD001、第 2 个序号为 GD004、第 3 个序号为 GD007，其他以此类推，即每个序号间隔 3，那么首先要输入前两个序号，然后使用填充的方式批量输入。

❶ 首先在 A2 和 A3 单元格中分别输入前两个编号（GD001 与 GD004）。选中 A2:A3 单元格，将鼠标指针移到该单元格区域的右下角，至其变成十字形状（✚），如图 1-27 所示。

❷ 按住鼠标左键不放，向下拖动至填充结束的位置，如图 1-28 所示。

图 1-27　　　　图 1-28

❸ 释放鼠标，拖动过的单元格中即会以 3 为间隔显示编号，如图 1-29 所示。

图 1-29

1.2.3 填充日期

在填充日期时，如果像填充序号一样，则会得到连续的日期，但如果有其他需求，如按月填充、按工作日填充或按年填充等，则需要单击“自动填充选项”按钮，然后在其菜单中进行选择。

❶ 在 A2 单元格输入值班日期，然后将鼠标指针放置在 A2 单元格右下角，当其变成十字形状时，按住鼠标左键向下拖动，如图 1-30 所示。到合适的位置释放鼠标即可看到日期递增序列。

	A	B
1	日期	值晚班员工
2	2021/3/1	张健竹
3		常娜娜
4		左强
5		李珊珊
6		许悦
7		冯一寻
8		刘志伟
9		王焱
10		张梦
11		陈志飞
12		张健竹
13		许悦
14		左强
15		冯一寻
16		常娜娜
17	2021/3/15	

图 1-30

❷ 单击“自动填充选项”按钮，在下拉菜单中选中“填充工作日”单选按钮，如图 1-31 所示，即可按照工作日日期填充，如图 1-32 所示。

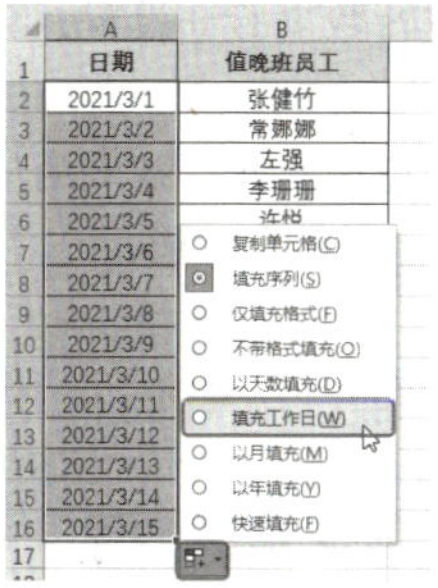

图 1-31

	A	B
1	日期	值晚班员工
2	2021/3/1	张健竹
3	2021/3/2	常娜娜
4	2021/3/3	左强
5	2021/3/4	李珊珊
6	2021/3/5	许悦
7	2021/3/8	冯一寻
8	2021/3/9	刘志伟
9	2021/3/10	王焱
10	2021/3/11	张梦
11	2021/3/12	陈志飞
12	2021/3/15	张健竹
13	2021/3/16	许悦
14	2021/3/17	左强
15	2021/3/18	冯一寻
16	2021/3/19	常娜娜

图 1-32

填充日期时默认逐日递增，如果想在连续的单元格中填充得到相同的日期，则填充方法为：输入首个日期后，按住 Ctrl 键不放，拖动填充柄，即可实现在这一区域填充相同的日期，如图 1-33 所示。

	A	B	C	D	E
1	销售日期	产品名称	销售数量	重量	
2	2021/3/1	核桃	4	200克	
3	2021/3/1	花生	5	500克	
4	2021/3/1	碧根果	3	200克	
5	2021/3/1	开心果	6	200克	
6	2021/3/1	仁核桃	3	150克	
7	2021/3/1	扁桃仁	2	150克	
8	2021/3/2	丝瓜子	2	200克	
9	2021/3/2	核桃	5	200克	
10	2021/3/2	碧根果	10	200克	
11					

图 1-33

专家提示

如果想填充序列，当输入的数据是日期或本身具有增序或减序特征时，直接填充即可；如果输入的数据是数字，需要按住 Ctrl 键再进行填充，或者在填充后，从“自动填充选项”按钮的下拉菜单中选中“填充序列”单选按钮。

1.3 设定数据验证规范输入数据

数据验证是指让指定单元格中所输入的数据满足一定的要求，如只能输入指定范围的整数、只能输入小数、设置可选择输入序列、添加公式验证等。根据实际情况设置数据验证规范后，可以有效防止在单元格中输入无效的数据。

1.3.1 限制只能输入指定类型数据

在表格中输入数据时，有些单元格对输入的数据有限制，如只能是日期、某范围内的整数等，可以在输入数据前进行数据验证设置，从而有效避免错误输入。

例如，某些单元格区域中只允许输入当月的日期，可以按如下方法设置数据验证。

❶ 选择需设置的单元格区域，切换到"数据"选项卡，在"数据工具"组中单击"数据验证"按钮，如图 1-34 所示。

图 1-34

❷ 打开"数据验证"对话框，在"允许"下拉列表中选择"日期"，在"数据"下拉列表中选择"介于"，然后设置"开始日期"和"结束日期"，如图 1-35 所示。

图 1-35

❸ 单击"确定"按钮完成设置。当在单元格中输入程序无法识别为日期的数据时会弹出错误提示，如图 1-36 所示；当在单元格中输入不在指定区间的

日期时也会弹出错误提示，如图 1-37 所示。

图 1-36

图 1-37

1.3.2 限制输入数据的大小

如果要求所输入的交通费金额必须小于指定的金额，其操作如下。

❶ 选择需设置的单元格区域，切换到"数据"选项卡，在"数据工具"组中单击"数据验证"按钮，如图 1-38 所示。

图 1-38

❷ 打开"数据验证"对话框,在"允许"下拉列表中选择"整数",在"数据"下拉列表中选择"小于",然后设置"最大值",如图1-39所示。

图1-39

❸ 切换到"出错警告"选项卡,在"错误信息"文本框中输入警告信息,如图1-40所示。

图1-40

❹ 单击"确定"按钮。当在单元格中输入大于400的整数时,即会弹出警告提示框,如图1-41所示。

图1-41

1.3.3 建立可选择输入的序列

建立可选择输入的序列是指在某些单元格区域中设置几个可输入的选项,如产品的系列名称、费用的类别等。可以用数据验证功能建立数据序列,输入时可通过下拉列表进行选择。这也是避免输入错误数据的途径之一。

❶ 选中D3:D9单元格区域,在"数据"选项卡的"数据工具"组中单击"数据验证"按钮,如图1-42所示。

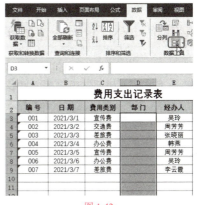

图1-42

❷ 打开"数据验证"对话框,单击"允许"下拉列表框右侧的下拉箭头,在下拉列表中选择"序列"。接着在"来源"文本框中输入"生产部,行政部,销售部,客服部,维修部"(注意输入数据间使用半角逗号间隔),如图1-43所示。

图1-43

❸ 单击"确定"按钮，返回到工作表中，单击 D3 单元格右侧的下拉按钮，在下拉列表中显示出可选择的序列，如图 1-44 所示，选择相应的部门名称即可。

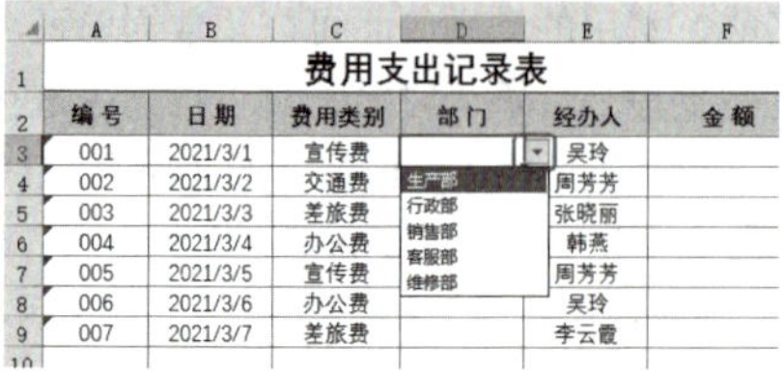

图 1-44

1.3.4 用公式建立验证条件

用公式建立验证条件可以进行更广泛、更灵活的数据验证，如可以限制输入数据的长度、避免输入重复编号、避免求和数据超出限定数值等。要应用好此项功能，需要对 Excel 函数有所了解。下面通过两个例子来说明此功能。

1. 禁止输入重复值

面对信息庞大的数据源表格，在输入数据时，难免出现重复输入的情况，这会给后期的数据整理及数据分析带来麻烦。因此，对于不允许输入重复值的数据区域，可以事先设置禁止输入重复值。

❶ 选中 A3:A15 单元格区域，在"数据"选项卡的"数据工具"组中单击"数据验证"按钮，如图 1-45 所示。

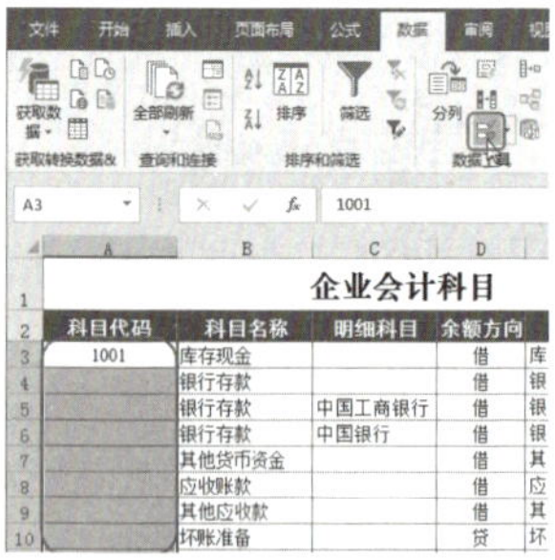

图 1-45

❷ 打开"数据验证"对话框，单击"允许"下拉列表框右侧的下拉按钮，在下拉列表中选择"自定

义"，如图 1-46 所示。

图 1-46

❸ 在"公式"文本框中输入"=COUNTIF(A:A,A3)<=1"，如图 1-47 所示。

图 1-47

❹ 单击"确定"按钮，返回到工作表中。一旦在 A 列中输入的数据出现重复，则会弹出如图 1-48 所示的提示框。

图 1-48

> **专家提示**
>
> COUNTIF 函数用于计算区域中满足指定条件的单元格个数。因此，公式"=COUNTIF(A:A, A3)<=1"的意义为依次判断所输入的数据在 A 列中出现的次数是否等于 1，如果等于 1，则允许输入，否则不允许输入。

2. 禁止输入空格

对于需要后期处理的数据库表格，在输入数据时一般都要避免输入空格字符，因为无关字符的存在可能导致查找时找不到、计算时出错等情况发生。通过数据验证设置，可以禁止输入空格。

❶ 选中目标数据区域，在"数据"选项卡的"数据工具"组中单击"数据验证"按钮，如图1-49所示。

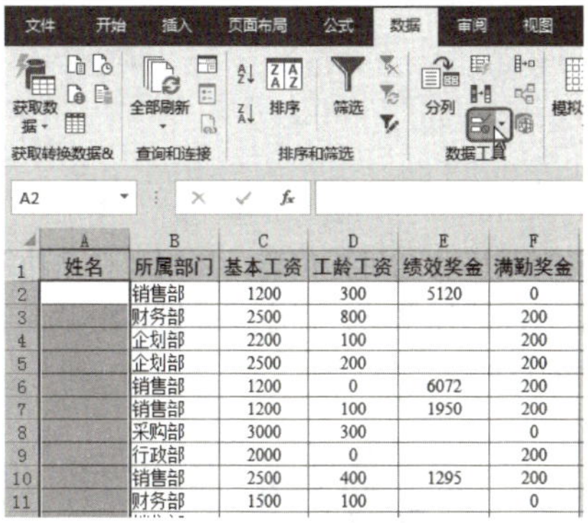

图 1-49

❷ 打开"数据验证"对话框，单击"允许"下拉列表框右侧的下拉按钮，在下拉列表中选择"自定义"，然后在"公式"文本框中输入公式"=ISERROR(FIND("",A2))"，如图1-50所示。

图 1-50

❸ 单击"确定"按钮返回到工作表中，当在A列中输入姓名时，只要输入了空格，就会弹出警示并阻止输入，如图1-51所示。

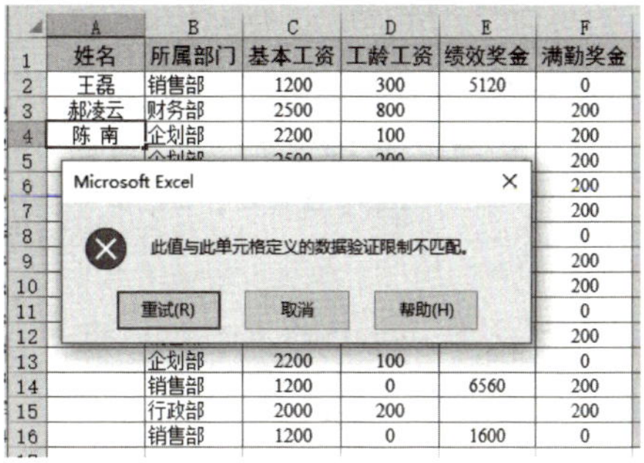

图 1-51

1.3.5 设置指针指向时显示输入提示

如果一些单元格对输入的数据有限制要求，可以为这些单元格设置输入提醒，即只要选中单元格，就显示文字提示，提醒用户可以输入哪些数据。

❶ 选中想要设置的单元格区域（可以一次性选中不连续的单元格区域），切换到"数据"选项卡，在"数据工具"组中单击"数据验证"按钮，如图1-52所示。

图 1-52

❷ 打开"数据验证"对话框，选择"输入信息"选项卡，在"标题"和"输入信息"文本框中输入要提示的信息，如图1-53所示。

❸ 单击"确定"按钮返回到工作表中,此时当鼠标指针指向设置了数据验证的单元格时,系统会显示所设置的提示信息,如图 1-54 所示。

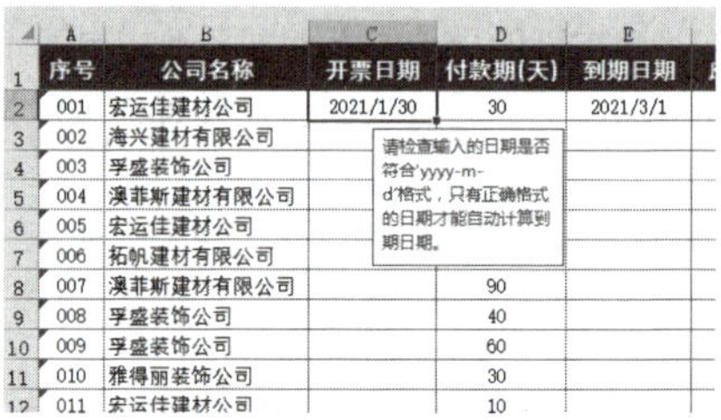

图 1-53

图 1-54

1.4 选择性粘贴功能

当想要在另一个位置使用某个数据时,可以将其复制或移动至目标位置,复制和粘贴功能是为了提高数据的输入效率而设定的。在粘贴数据时并非只能原样粘贴,程序还提供了粘贴选项与选择性粘贴功能,利用它们可以在粘贴的同时达到特定的目的。

1.4.1 粘贴时匹配目标区域格式

如果直接复制、粘贴数据,数据将保持原样粘贴到目标位置。如果希望复制的数据在粘贴时能自动匹配目标区域的格式,则可以通过设置"粘贴选项"实现。

❶ 选中要复制的单元格或单元格区域,按 Ctrl+C 组合键复制,如图 1-55 所示。选中目标位置,按 Ctrl+V 组合键粘贴,如图 1-56 所示(默认保持原有格式)。

❷ 此时出现"粘贴选项"按钮,单击该按钮打开下拉菜单,从中可以选择多个不同的粘贴选项,如此处选择"值"选项,如图 1-57 所示,即可实现让粘贴的数据与目标位置的数据格式匹配,如图 1-58 所示。

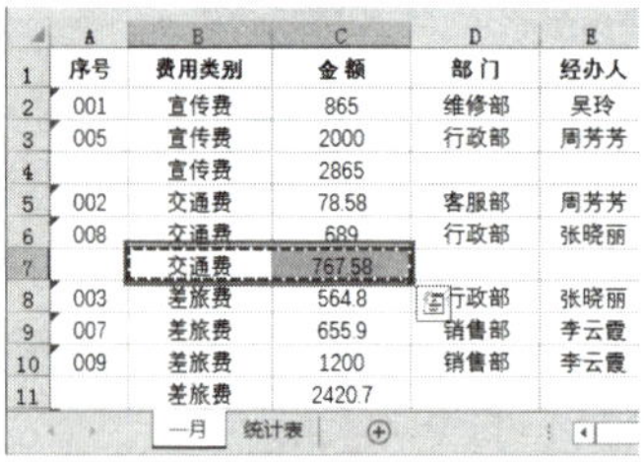

图 1-56

图 1-57

图 1-55

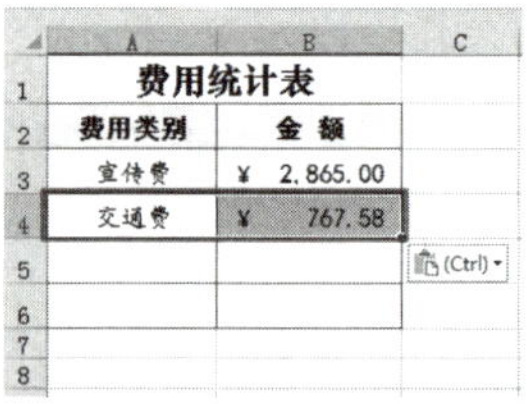

图 1-58

1.4.2 将公式的计算结果转换为数值

财务统计中通常会用到公式计算，但将计算结果移至其他位置使用时，会无法显示正确结果，这是因为公式的计算源丢失了。在这种情况下，要想正确使用公式的计算结果，可以将其转换为数值。

如图 1-59 所示，D 列为公式的计算结果，下面要将其转换为数值。

D2 =C2*IF(C2<50000,0.02,0.05)

	A	B	C	D
1	编号	销售员	销售额	提成额
2	YWSP-030301	何慧兰	22900	458
3	YWSP-030302	周云溪	51670	2583.5
4	YWSP-030501	夏楚玉	29800	596
5	YWSP-030502	吴若晨	58870	2943.5
6	YWSP-030601	何慧兰	72000	3600
7	YWSP-030901	周云溪	41200	824
8	YWSP-030902	夏楚玉	69500	3475
9	YWSP-031301	何慧兰	257900	12895
10	YWSP-031302	吴若晨	63600	3180
11	YWSP-031401	周云溪	20200	404

图 1-59

❶选中要转换的单元格区域，按 Ctrl+C 组合键进行复制。

❷在“开始”选项卡的“剪贴板”组中单击“粘贴”按钮，在弹出的下拉菜单中的“粘贴数值”区域选择“值”，如图 1-60 所示，即可将公式的计算结果转换为数值，如图 1-61 所示。

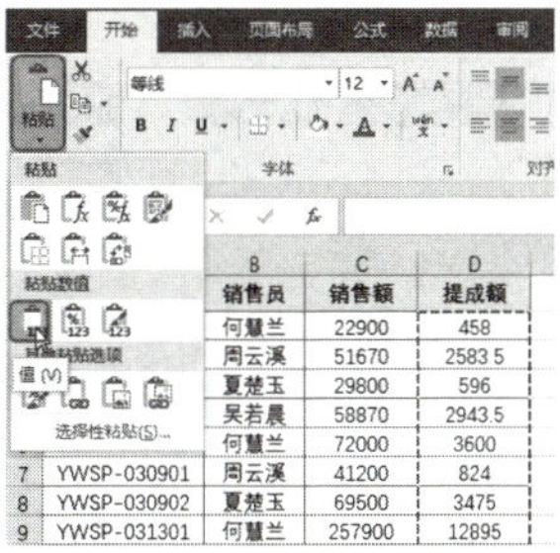

图 1-60

D2 458

	A	B	C	D
1	编号	销售员	销售额	提成额
2	YWSP-030301	何慧兰	22900	458
3	YWSP-030302	周云溪	51670	2583.5
4	YWSP-030501	夏楚玉	29800	596
5	YWSP-030502	吴若晨	58870	2943.5
6	YWSP-030601	何慧兰	72000	3600
7	YWSP-030901	周云溪	41200	824
8	YWSP-030902	夏楚玉	69500	3475
9	YWSP-031301	何慧兰	257900	12895
10	YWSP-031302	吴若晨	63600	3180
11	YWSP-031401	周云溪	20200	404

图 1-61

1.4.3 保持两表数据链接

将其他位置的数据复制到目标单元格区域时，数据默认是复制时的状态，即当原数据发生变化时，不对复制来的数据产生任何影响。但是在一些关联性较强的表格中，对数据的及时更新要求很高，这时就要选择“粘贴链接”的粘贴格式。

如图 1-62 所示为记录销售员的销售金额的表格，当进行销售业绩奖金计算时，需要复制使用此表的数据，此时可在复制时保持二者链接，当销售数量发生变化时，两表的销售金额都会发生变化，如图 1-63 所示。

	A	B	C
1	销售员	销售数量	销售金额
2	程又佳	11	34089
3	郑九章	13	40287
4	李琰	0	0
5	黄永松	8	24792
6	黄勇	7	21693
7	张伟	14	43386
8	方海波	6	18594
9	张岩	9	27891
10	刘筱筱	10	30990
11	吴依	9	27891
12			

销售统计表 | 员工销售业绩奖金

图 1-62

	A	B	C	D
1	员工销售业绩奖金			
2	销售员姓名	总销售额	业绩奖金	本月最佳销售奖金归属
3	程又佳	34089	3408.9	
4	郑九章	40287	4028.7	
5	李琰	0	0	
6	黄永松	24792	2479.2	
7	黄勇	21693	2169.3	
8	张伟	43386	4338.6	800
9	方海波	18594	1859.4	
10	张岩	27891	2789.1	
11	刘筱筱	30990	3099	
12	吴依	27891	2789.1	

销售统计表 | 员工销售业绩奖金

图 1-63

❶在“销售统计表”中选择 C2:C11 单元格区域，按 Ctrl+C 组合键复制数据，如图 1-64 所示。

❷切换到“员工销售业绩奖金”工作表，选中 B3 单元格，在“开始”选项卡的“剪贴板”组中单击“粘贴”按钮，在弹出的下拉菜单中选择“粘贴链接”，如图 1-65 所示，即可以链接方式粘贴。

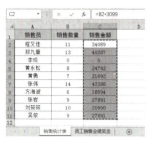

图 1-64

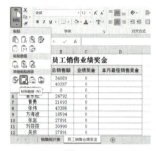

图 1-65

❸ 此时粘贴的数据与原数据是相链接的（可以看到复制来的数据在公式编辑框中自动生成公式，如图 1-66 所示），假设“销售统计表”中的数据更改，如“李琰”的销售额更改为“3099”，“员工销售业绩奖金”工作表中的数据则自动更改，如图 1-67 所示。

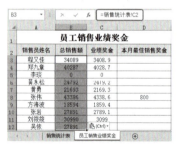

图 1-66

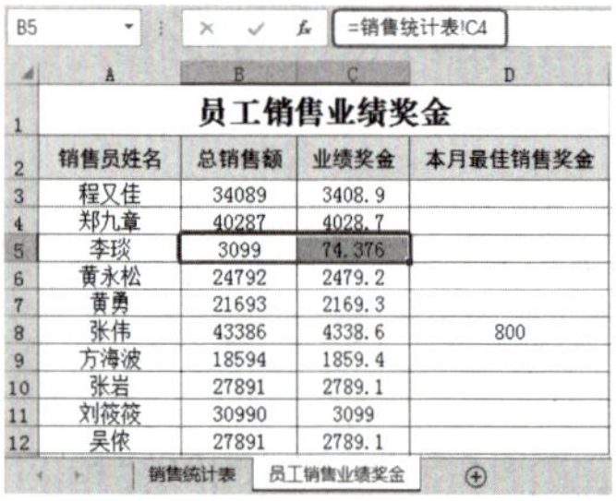

图 1-67

1.4.4 单元格区域进行批量运算

在数据处理过程中，有时会出现一个区域的数据需要同增或同减一个具体值的情况，如产品单价统一上涨、基本工资额统一增加等。此时不需要手工逐一输入，可以应用“选择性粘贴”功能实现数据的一次性增加或减少。

如图 1-68 所示的表格中统计了各产品的进货单价，现在价格需要统一上调 10%（即现在价格统一乘以 110%），那么通过设置粘贴条件就可以实现。

编码	名称与规格	单位	进货单价
A-001	无糖120克	袋	5.6
A-002	蓝莓120克	袋	7.9
A-003	黄桃120克	袋	4.2
C-001	黄桃100克	瓶	5.9
C-002	黄桃200克	瓶	10.6
C-003	黄桃300克	瓶	14.9
F-001	蓝莓-黄桃300克	盒	15
F-002	草莓-草莓300克	盒	15
F-003	黄桃-黄桃300克	盒	15

图 1-68

❶ 在空白单元格中输入数字“1.1”（即 110%），然后按 Ctrl+C 组合键进行复制，接着选中进货单价的单元格区域。

❷ 在“开始”选项卡的“剪贴板”组中单击“粘贴”按钮，在打开的下拉菜单中选择“选择性粘贴”命令，如图 1-69 所示。

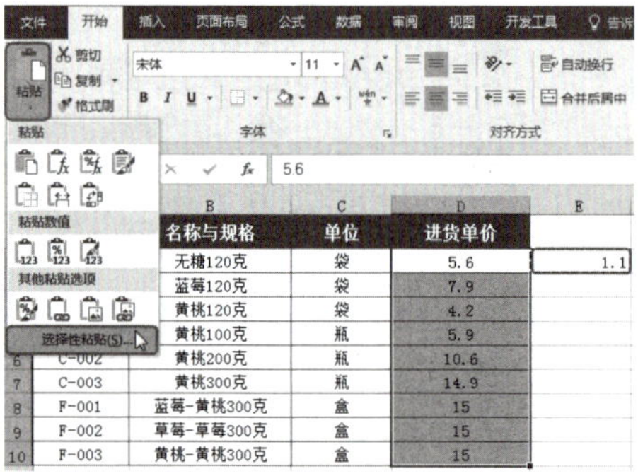

图 1-69

❸ 打开“选择性粘贴”对话框，在“运算”栏中选中“乘”单选按钮，如图 1-70 所示。

❹ 单击“确定”按钮，就可以看到所有被选中的单元格数据同时进行了乘 1.1 的运算，结果如图 1-71 所示。

图 1-70

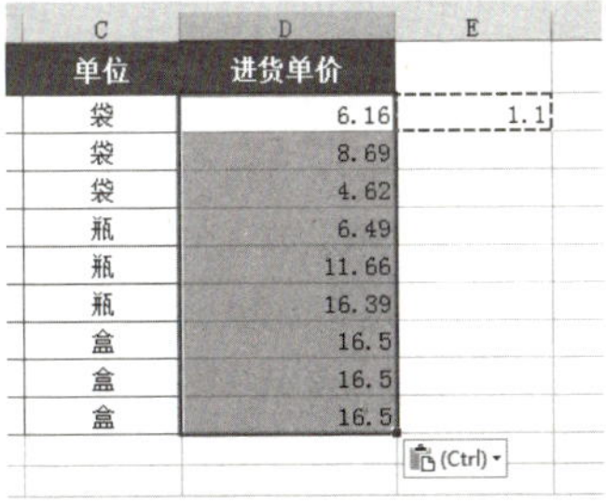

图 1-71

> **知识扩展**
>
> 除了同乘同一数据，还可以同加、同减或同除同一数据，操作方法与同乘同一数据类似，主要区别在于"选择性粘贴"对话框中运算法的选择。
>
> 如图 1-72 所示，要将养老保险金额在原有基础上统一减少 50 元，则在空白位置输入数字"50"，然后按相同的方法操作，到步骤 ❸ 时选中"加"单选按钮，再单击"确定"按钮即可。
>
> 图 1-72

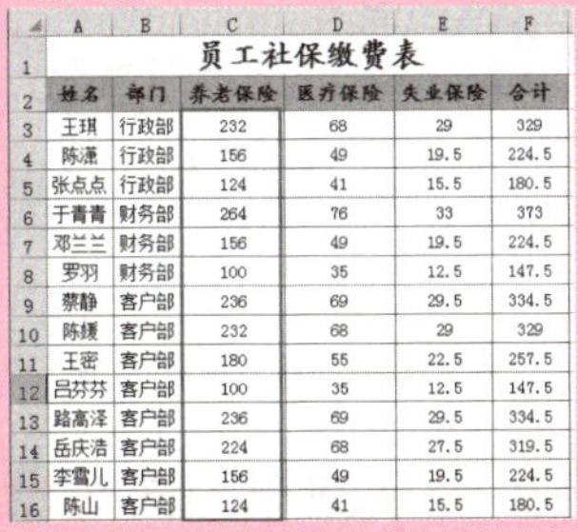

1.5 查找和替换功能

在日常办公中，可能需要从庞大的数据中查找相关的记录或者对数据进行修改，如果采用手工的方法来实现，效率会很低，此时可以使用查找和替换功能。

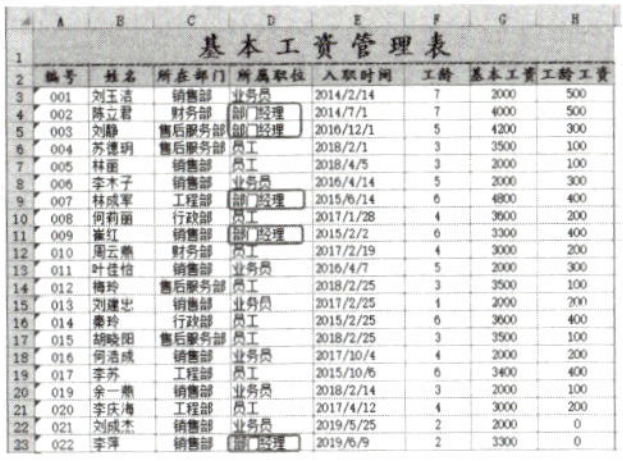

1.5.1 查找并替换数据

例如，要将表格中的"经理"（见图 1-73）替换为"部门经理"（见图 1-74），可以使用查找和替换功能一次性替换。

❶ 按 Ctrl+H 组合键，打开"查找和替换"对话框，分别设置"查找内容"和"替换为"，如图 1-75 所示。

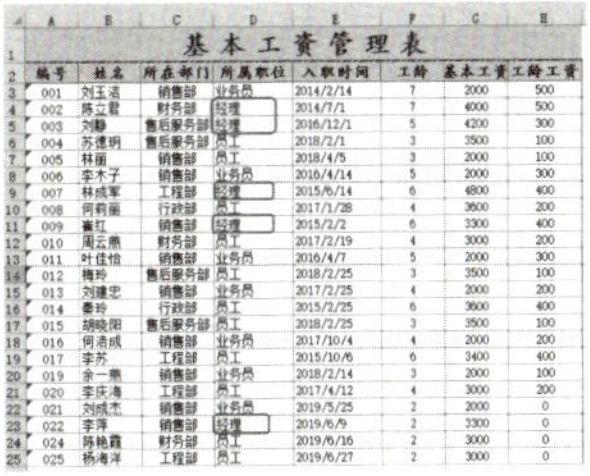

图 1-73

图 1-74

图 1-75

❷ 单击"全部替换"按钮，弹出对话框，提示已完成 5 处替换，如图 1-76 所示。

图 1-76

❸ 单击"确定"按钮即可完成替换。

1.5.2 替换数据的同时设置特殊格式

在替换数据的同时，可以为替换的数据设置特殊格式，从而让替换的结果更加便于查看和核对。例如，要求为替换后的结果设置填充色，操作如下。

❶ 按 Ctrl+H 组合键，打开"查找和替换"对话框，并单击"选项"按钮展开对话框。设置"查找内容"与"替换为"后，单击"替换为"设置框右侧的"格式"下拉按钮，在下拉列表中选择"格式"选项，如图 1-77 所示。

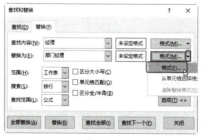

图 1-77

❷ 打开"替换格式"对话框，选择"填充"选

项卡，选择一种填充色，如图 1-78 所示。

图 1-78

❸ 设置完成后单击"确定"按钮，返回"查找和替换"对话框，即可在"预览"区域中看到设置的格式，如图 1-79 所示。

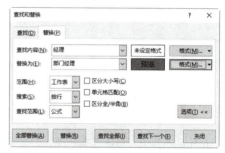

图 1-79

❹ 单击"全部替换"按钮，即可在替换内容的同时设置更加醒目的格式，方便数据核对，如图 1-80 所示。

图 1-80

第2章 财务数据的整理与分析

拥有正确并且规范的源数据表是数据分析的基础。日常财务工作中的数据来源各不相同,难免会出现众多不规范的数据,这时用户不但要学习建立规范的表格,还要会处理一些不规范的数据,将数据整理到程序可识别,从而运用 Excel 内置的筛选、分类汇总、多维透视分析等工具,高效地完成日常财务工作。

- ☑ 建表的规范
- ☑ 不规范表格及数据的整理
- ☑ 筛选满足条件的数据
- ☑ 数据的分类汇总
- ☑ 数据透视表工具

2.1 表格规范

表格的原始数据是数据统计、计算的基础。在财务数据的处理过程中，当数据量较大时，最关键、最复杂甚至直接决定最终报表质量的就是数据处理环节。因此在创建表格时应当遵守一定的规范，如数据规范、格式规范等，这将会给后期的数据处理带来很多便利。

2.1.1 数据格式规范

数据格式规范是建表的首要要求，表格中的各类数据应使用规范的格式，如数字使用常规或数值型的格式，而不应使用文本型的格式。例如，日期型数据不能使用"20200325""2020.3.25""20.3.25"等不规范的格式，否则在后期数据处理时，就会出现无法运算、运算错误的现象。

如图 2-1 所示，要根据所输入的入职时间来计算工龄和工龄工资，由于当前的入职时间不是程序能识别别的日期格式，从而导致后面的公式计算错误（F 列与 G 列都引用了 E 列的数据进行计算）。同时，如果想按日期进行筛选也是无法实现的，如图 2-2 所示。

格间隔。殊不知，这种空格却给数据的后期处理带来了不便，甚至是错误。

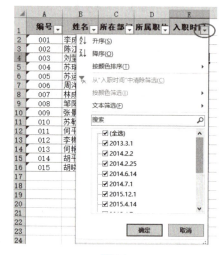

图 2-2

图 2-1

图 2-3

如图 2-3 所示，"基本工资"列中有的工资额带上了单位，导致数字变成文本，因此计算结果出现 #VALUE! 错误值。

如图 2-4 所示，要查询"韩燕"的应缴所得税，但却出现无法查询到的情况。仔细观察数据可以看到，数据编辑人员在编辑表格时，为了显示美观，在两个字的姓名中间使用了空

图 2-4

另外，在对工作表、工作簿命名时应该使用统一格式的名称。例如，1 月的财务报表命名为"诺航公司 2019 年 1 月财务报表"，在建立 2 月的财务报表时就不要使用"诺航 2 月报表"或"19 年 2 月报表"等名称。

2.1.2 表格结构规范

表格结构规范也是创建表格时的注意要点，对于用于计算分析的表格，不要随意使用合并单元格，这样的结构会破坏表格的连续性，使用这样的数据源，无论是数据处理还是分析，都有可能出现错误。

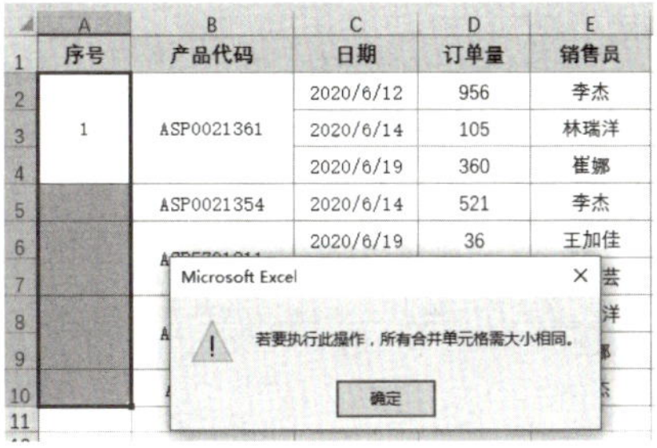

例如，如图 2-5 所示的数据源，在日常工作中比较常见。如果只是用来显示数据，没有什么问题，但是如果填充序号，可以看到出现无法填充的情况，如图 2-6 所示；如果利用数据透视表合并统计分析，也会出现统计结果错误，如图 2-7 所示。

产品代码	日期	订单量	销售员
ASP0021361	2020/6/12	956	李杰
	2020/6/14	105	林瑞洋
	2020/6/19	360	崔娜
ASP0021354	2020/6/14	521	李杰
ASP5791311	2020/6/19	36	王加佳
	2020/6/20	540	何小芸
ASP5701987	2020/6/5	369	林瑞洋
	2020/6/10	655	崔娜
ASP632100	2020/6/5	541	李杰

图 2-5

图 2-6

产品代码	日期	订单量	销售员
ASP0021361	2020/6/12	956	李杰
	2020/6/14	105	林瑞洋
	2020/6/19	360	崔娜
ASP0021354	2020/6/14	521	李杰
ASP5791311	2020/6/19	36	王加佳
	2020/6/20	540	何小芸
ASP5701987	2020/6/5	369	林瑞洋
	2020/6/10	655	崔娜
ASP632100	2020/6/5	541	李杰

产品代码	求和项:订单量
ASP0021354	521
ASP0021361	956
ASP5701987	369
ASP5791311	36
ASP632100	541
(空白)	1660
总计	4083

图 2-7

另外在多表联动的工作簿中，也应注意保持结构的统一。如图 2-8 和图 2-9 所示，要想汇总年工资额，所有月份工资表中的数据都应保持同样的格式。如果各表的结构不一样，那么可能各月的实发工资就不一定都在 T 列中，甚至如果员工的顺序也不一样，就无法使用 SUM 函数一次性求解全年实发工资，可能需要将公式编辑为“=‘1 月’!G4+‘2 月’!H3+…+‘12 月’!T3”的形式，完全靠手工编辑、肉眼寻找，可想而知其困难程度及计算准确性。

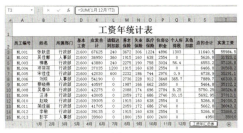

本月工资统计表

员工编号	姓名	所属部门	基本工资	应发合计	请假迟到扣款	养老保险	失业保险	医疗保险	住房公积金	个人所得税	其他扣款	应扣合计	实发工资
NL001	张跃进	行政部	1800	5645	20	306	25.5	102	408	109.5		971	4674
NL002	吴佳娜	人事部	1800	3080	30	160	13.3	53.2	212.8	0		468.9	2611.1
NL003	柳惠	行政部	1800	3670	20	190	15.8	63.2	252.8	5.1		546.5	3123.5
NL004	项筱筱	行政部	1800	3075	100	160	13.3	53.2	212.8	0		538.9	2536.1
NL005	宋佳佳	行政部	1800	3520	50	186	15.5	62	248	0.6		562.1	2957.9
NL006	刘琰	人事部	1800	4515	0	228	19	76	304	30.45		657.45	3857.55
NL007	蔡晓燕	行政部	1800	3382	0	166	13.8	55.2	220.8	0		455.4	2926.6
NL008	吴春华	行政部	1800	3522	0	174	14.5	58	232	0.66		479.16	3042.84
NL009	汪涛	行政部	1800	3590	0	172	14.3	57.2	228.8	2.7		474.6	3115.4
NL010	赵晓	行政部	1800	3275	0	160	13.3	53.2	212.8	0		438.9	2836.1
NL011	简佳丽	行政部	1800	3475	0	172	14.3	57.2	228.8	0		471.9	3003.1
NL012	李敏	行政部	1800	3275	0	160	13.3	53.2	212.8	0		438.9	2836.1
NL013	彭宇	人事部	1800	3280	0	150	12.5	50	200	0		412.5	2867.5

1月 2月 3月 5月 4月 6月 7月 8月 9月 10月 11月 12月 工资年汇总表

图 2-8

T3 =SUM('1月:12月'!T3)

工资年统计表

员工编号	姓名	所属部门	基本工资	应发合计	请假迟到扣款	养老保险	失业保险	医疗保险	住房公积金	个人所得税	其他扣款	应扣合计	实发工资
NL001	张跃进	行政部	21600	67625	240	3672	306	1224	4896	1303		11640.5	55984.5
NL002	吴佳娜	人事部	21600	36950	360	1915	160	638	2554	0		5626.8	31323.2
NL003	柳惠	行政部	21600	43880	240	2275	190	758	3034	56.4		6553.2	37326.8
NL004	项筱筱	行政部	21600	37035	1200	1915	160	638	2554	0		6466.8	30568.2
NL005	宋佳佳	行政部	21600	42030	600	2232	186	744	2976	0.9		6738.9	35291.1
NL006	刘琰	人事部	21600	54190	0	2736	228	912	3648	365.7		7889.7	46300.3
NL007	蔡晓燕	行政部	21600	40597	0	1987	166	662	2650	0		5464.8	35132.2
NL008	吴春华	行政部	21600	42275	0	2088	174	696	2784	8.25		5750.25	36524.8
NL009	汪涛	行政部	21600	43005	0	2059	172	686	2746	30.15		5692.95	37312.1
NL010	赵晓	行政部	21600	39305	0	1915	160	638	2554	0		5266.8	34038.2
NL011	简佳丽	行政部	21600	41705	0	2059	172	686	2746	0		5662.8	36042.2
NL012	李敏	行政部	21600	39135	0	1915	160	638	2554	0		5266.8	33868.2
NL013	彭宇	人事部	21600	39960	0	1800	150	600	2400	0		4950	35010

1月 2月 3月 5月 4月 6月 7月 8月 9月 10月 11月 12月 工资年汇总表

图 2-9

2.1.3 数据的统一性

数据表中同一数据的名称应具有统一性，不能使用不同的名称，如有的使用全称，有的使用简称；有的制作者不够细心，在名称中添加了空格符号等。这些都会造成统计结果的错误。

例如，如图 2-10 所示的“诺航公司订单统计表”中，“安徽新世纪电子有限公司”与“新世纪电子有限公司”实际为同一家公司，但写成两种名称，对于 Excel 来说就是两家公司，在行数求和、分类汇总（见图 2-11）、利用数据透视表进行数据加工时就会出现错误。

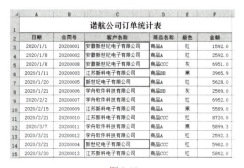

	A	B	C	D	E	F
1	诺航公司订单统计表					
2	日期	合同号	客户名称	商品名称	颜色	金额
3	2020/1/1	20200001	安徽新世纪电子有限公司	商品A	红	1592.0
4	2020/1/8	20200002	安徽新世纪电子有限公司	商品A	红	2592.0
5	2020/1/8	20200008	安徽新世纪电子有限公司	商品CCC	灰	6951.0
6	2020/1/11	20200003	江苏新科电子有限公司	商品BB	黑	3965.9
7	2020/1/20	20200005	新世纪电子有限公司	商品A	红	5628.0
8	2020/1/21	20200006	学舟软件科技有限公司	商品BB	灰	2569.0
9	2020/2/2	20200007	学舟软件科技有限公司	商品A	红	6952.0
10	2020/2/15	20200009	江苏新科电子有限公司	商品A	黑	5589.0
11	2020/2/21	20200010	江苏新科电子有限公司	商品CCC	红	8720.0
12	2020/3/7	20200011	学舟软件科技有限公司	商品A	黑	5899.3
13	2020/3/21	20200012	学舟软件科技有限公司	商品A	红	2592.3
14	2020/3/21	20200004	新世纪电子有限公司	商品CCC	红	5962.0
15	2020/3/30	20200013	江苏新科电子有限公司	商品CCC	红	5862.0

图 2-10

	A	B	C	D	E	F
1	诺航公司订单统计表					
2	日期	合同号	客户名称	商品名称	颜色	金额
3	2020/1/21	20200006	学舟软件科技有限公司	商品BB	灰	2569.0
4	2020/2/2	20200007	学舟软件科技有限公司	商品A	红	6952.0
5	2020/3/7	20200011	学舟软件科技有限公司	商品A	黑	5899.3
6	2020/3/21	20200012	学舟软件科技有限公司	商品A	红	2592.3
7			学舟软件科技有限公司 汇总			18012.6
8	2020/3/21	20200004	新世纪电子有限公司	商品CCC	红	5962.0
9	2020/1/20	20200005	新世纪电子有限公司	商品A	红	5628.0
10			新世纪电子有限公司 汇总			11590.0
11	2020/1/11	20200003	江苏新科电子有限公司	商品BB	黑	3965.9
12	2020/2/15	20200009	江苏新科电子有限公司	商品A	黑	5589.0
13	2020/2/21	20200010	江苏新科电子有限公司	商品CCC	红	8720.0
14	2020/3/30	20200013	江苏新科电子有限公司	商品CCC	红	5862.0
15			江苏新科电子有限公司 汇总			24136.9
16	2020/1/1	20200001	安徽新世纪电子有限公司	商品A	红	1592.0
17	2020/1/8	20200002	安徽新世纪电子有限公司	商品A	红	2592.0
18	2020/1/8	20200008	安徽新世纪电子有限公司	商品CCC	灰	6951.0
19			安徽新世纪电子有限公司 汇总			11135.0
20			总计			64874.5

图 2-11

再如，“销售月份”列下数据定义为“1 月”和“一月”，这样会导致统计分析数据时无法找到统一的标识，统计结果显然也是错的，如图 2-12 所示。

	A	B	C	D	E	F	G
1	序号	产品	销售月份	销售金额			
2	1	通用别克-别克GL8	1月	485,000		行标签	求和项：销售金额
3	2	通用别克-君越	1月	158,000		一月	1292500
4	3	通用别克-林荫大道	二月	369,000		二月	527000
5	4	通用别克-英朗	2月	154,000		1月	2764000
6	5	通用别克-君威	2月	608,000		2月	2196000
7	6	通用别克-英朗	2月	308,000		总计	6779500
8	7	通用别克-君威	1月	210,000			
9	8	通用别克-凯越	1月	110,000			
10	9	通用别克（进口）-昂科雷	1月	508,000			
11	10	通用别克-君越	二月	158,000			
12	11	通用别克-林荫大道	一月	369,000			
13	12	通用别克-英朗	一月	154,000			
14	13	通用别克-君威	2月	608,000			
15	14	通用别克-英朗	2月	308,000			
16	15	通用别克-别克GL8	1月	675,000			
17	16	通用别克-凯越	1月	110,000			
18	17	别克(进口)-昂科雷	1月	508,000			
19	18	通用别克-别克GL8	一月	242,500			
20	19	通用别克-君越	一月	158,000			
21	20	通用别克-林荫大道	一月	369,000			
22	21	通用别克-君威	2月	210,000			

图 2-12

2.1.4 数据的连续性

各数据记录间不能有空行空列，否则会破坏数据的连续性，给数据计算分析带来不便。如图 2-13 所示，添加了“合计”行，这样的数据表在进行排序、筛选、分类汇总等操作时都会有不便。因此，不要破坏数据的连续性，待数据表建立完成后，需要统计时使用合并计算或数据透视表都可以轻松实现。

	A	B	C	D	E
1	日期	费用类别	产生部门	支出金额	负责人
2	2020/4/1	办公用品采购费	企划部	¥8,200	张飞玉
3	2020/4/11	差旅费	销售部	¥1,500	王磊
4	2020/4/19	办公用品采购费	人事部	¥550	何玲玲
5	2020/4/25	办公用品采购费	行政部	¥1,050	章敏
6	2020/4/28	招聘培训费	人事部	¥1,200	程亚飞
7	合计				
8	2020/5/5	会务费	财务部	¥560	王海燕
9	2020/5/11	差旅费	企划部	¥5,400	周易
10	2020/5/16	招聘培训费	人事部	¥2,800	华愉悦
11	2020/5/21	业务拓展费	人事部	¥1,400	李明
12	2020/5/25	办公用品采购费	行政部	¥1,600	于丽
13	2020/5/30	福利品采购费	财务部	¥500	陈强
14	合计				

图 2-13

2.1.5 二维表

在日常工作中，经常看到如图 2-14 所示的表格，这种表格对本日的数据进行了统计运算。但实际上这并不是很好的处理办法，明明是很简易的一张表格，却被处理得非常烦琐，导致重复汇总。

	A–B	C	D	E	F	G	H	I	J
1	销售日报表								
2									2020年2月1日
3	产品	销售1部		销售2部		销售3部		本日合计	
4		数量	金额(元)	数量	金额(元)	数量	金额(元)	数量	金额(元)
5	通用别克-别克GL8	2	485,000					2	485,000
6	通用别克-君威			3	608,000	1	210,000	4	818,000
7	通用别克-君越	1	158,000					1	158,000
8	通用别克-凯越					1	110,000	1	110,000
9	通用别克-林荫大道	1	369,000					1	369,000
10	通用别克-英朗	1	154,000	2	308,000			3	462,000
11	别克(进口)-昂科雷					1	508,000	1	508,000
12	本日合计	5	1,166,000	5	916,000	3	828,000	13	2,910,000

2月1日 2月2日 2月3日 …

图 2-14

仔细看不难发现，表格中的“产品”“销售 1 部”“销售 2 部”“销售 3 部”“数量”“金额”是关键字段，而“销售 1 部”“销售 2 部”“销售 3 部”属于同一属性数据，因此应该记录于同一列中，没必要分部门对各产品进行“数量”“金额”的汇总。把表格做成明细型表格，想要怎样的汇总结果都能轻而易举实现。

❶ 化繁为简，将图 2-15 所示表格还原为如图 2-15 所示的明细表。

图 2-15

图 2-17

❷ 按相同的方法把每一张分日统计的报表都还原到明细表中，如图 2-16 所示是将 3 日的报表整理后得到的明细表。

图 2-16

❸ 有了这个明细表，便于对所有销售数据进行汇总统计，使用函数、数据透视表、分类汇总功能都可以实现。

如图 2-17 所示是利用数据透视表按部门统计的报表，统计结果一目了然。

如图 2-18 所示是利用数据透视表按日期统计的报表。

图 2-18

如图 2-19 所示是利用数据透视表按产品、日期统计的报表。

图 2-19

2.2 不规范表格及数据的整理

就财务管理本身的职业特征来看，它具有很强的严谨性和规范性，所以在财务工作的处理过程中，要求每一个环节都有数据可循，每一个数据都是准确而清晰的。由于数据来源不同，难免会有一些不规范的数据表格，这种情况下一定要对数据进行编辑、整理，以形成规范表格，才有

21

利于在 Excel 中利用各种分析工具快速得出统计分析结果。

2.2.1 空白行、空白列的处理

从数据库或通过其他途径导出来的数据经常会在某行或者某列出现空单元格，一般需要对这些数据进行整理，形成规范的、方便分析的表格。

当前表格如图 2-20 所示，要求只要一行数据中有一个空单元格就将整行删除。

	A	B	C	D
1	日期	凭证号	凭证摘要	借方
2			年初余额	
3	1月2日	记账凭证2	财务部报销费	5000.00
4	1月2日	记账凭证3	税费缴纳	340.00
5	1月2日		合计	12230.00
6				
7	1月4日	记账凭证4	工程部签证费	3110.00
8	1月4日	记账凭证3	税费缴纳	3120.00
9	1月4日		合计	408790.00
10				
11	1月5日	记账凭证34	设计部报销费	2900.00
12	1月5日	记账凭证80	利息计算	3900.00
13	1月5日		合计	4000.00
14				
15	1月8日	记账凭证4	工程部签证费	3880.00
16	1月8日	记账凭证78	土地征用税	5000.00
17	1月8日	记账凭证3	税费缴纳	4300.00
18	1月8日	记账凭证80	利息计算	5000.00
19	1月8日		合计	33900.00
20				
21	1月11日	记账凭证34	设计部报销费	3210.00
22	1月11日	记账凭证3	税费缴纳	2290.00

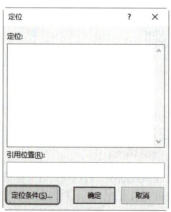

图 2-20

❶ 按 F5 键，打开“定位”对话框，如图 2-21 所示。单击“定位条件”按钮，打开“定位条件”对话框，选中“空值”单选按钮，如图 2-22 所示。

图 2-21

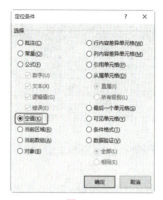

图 2-22

❷ 单击“确定”按钮回到工作表中，可以看到选中了表格中的所有空白单元格。在选中的任意空白单元格上右击，在打开的快捷菜单中选择“删除”命令，如图 2-23 所示，打开“删除”对话框。选中“整行”单选按钮，如图 2-24 所示。

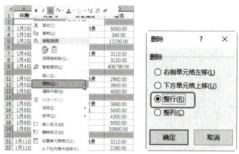

图 2-23

图 2-24

❸ 单击“确定”按钮完成设置，此时可以看到原先的空单元格所在行全部被删除，如图 2-25 所示。

	A	B	C	D
1	日期	凭证号	凭证摘要	借方
2	1月2日	记账凭证2	财务部报销费	5000.00
3	1月2日	记账凭证3	税费缴纳	340.00
4	1月4日	记账凭证4	工程部签证费	3110.00
5	1月4日	记账凭证3	税费缴纳	3120.00
6	1月5日	记账凭证34	设计部报销费	2900.00
7	1月5日	记账凭证80	利息计算	3900.00
8	1月8日	记账凭证4	工程部签证费	3880.00
9	1月8日	记账凭证78	土地征用税	5000.00
10	1月8日	记账凭证3	税费缴纳	4300.00
11	1月8日	记账凭证80	利息计算	5000.00
12	1月11日	记账凭证34	设计部报销费	3210.00
13	1月11日	记账凭证3	税费缴纳	2290.00

图 2-25

另外，还有一些情况是表格中有整行为空的，也有一行中部分为空的，如图 2-26 所示，要求只删除整行为空的，即删除后结果如图 2-27 所示。其操作需要借助于高级筛选功能来实现。

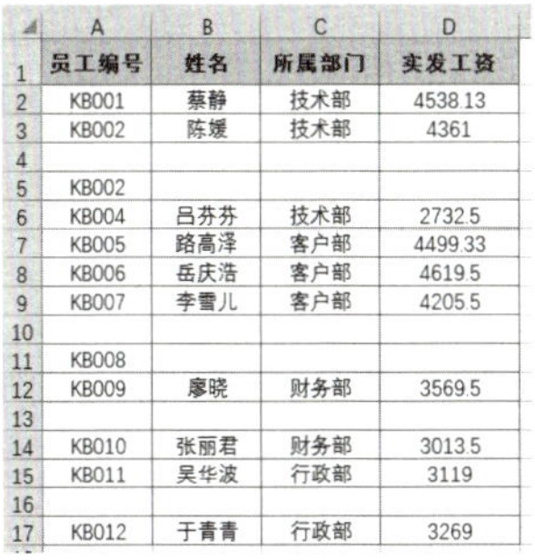

	A	B	C	D
1	员工编号	姓名	所属部门	实发工资
2	KB001	蔡静	技术部	4538.13
3	KB002	陈媛	技术部	4361
4				
5	KB002			
6	KB004	吕芬芬	技术部	2732.5
7	KB005	路高泽	客户部	4499.33
8	KB006	岳庆浩	客户部	4619.5
9	KB007	李雪儿	客户部	4205.5
10				
11	KB008			
12	KB009	廖晓	财务部	3569.5
13				
14	KB010	张丽君	财务部	3013.5
15	KB011	吴华波	行政部	3119
16				
17	KB012	于青青	行政部	3269

图 2-26

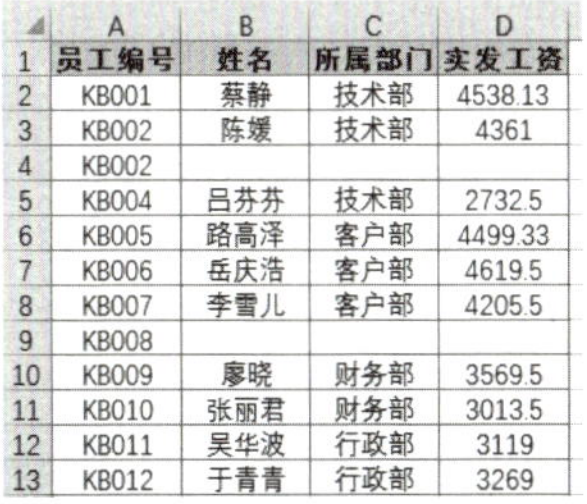

	A	B	C	D
1	员工编号	姓名	所属部门	实发工资
2	KB001	蔡静	技术部	4538.13
3	KB002	陈媛	技术部	4361
4	KB002			
5	KB004	吕芬芬	技术部	2732.5
6	KB005	路高泽	客户部	4499.33
7	KB006	岳庆浩	客户部	4619.5
8	KB007	李雪儿	客户部	4205.5
9	KB008			
10	KB009	廖晓	财务部	3569.5
11	KB010	张丽君	财务部	3013.5
12	KB011	吴华波	行政部	3119
13	KB012	于青青	行政部	3269

图 2-27

❶ 在“数据”选项卡的“排序和筛选”组中单击“高级”按钮，如图 2-28 所示。

❷ 打开“高级筛选”对话框，设置列表区域为整个数据区域，选中“选择不重复的记录”复选框，如图 2-29 所示。

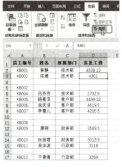

图 2-28

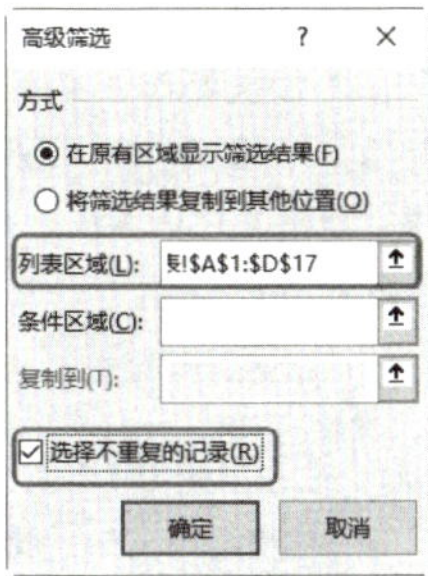

图 2-29

❸ 单击“确定”按钮，可以看到数据表中只有一个空行，如图 2-30 所示。

❹ 在空行上右击，选择“删除行”命令，如图 2-31 所示。

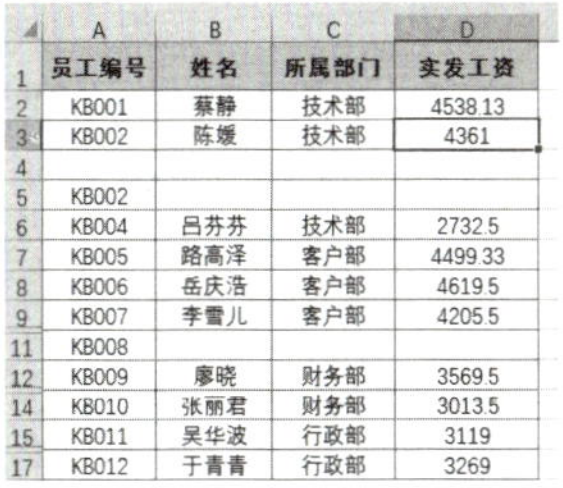

	A	B	C	D
1	员工编号	姓名	所属部门	实发工资
2	KB001	蔡静	技术部	4538.13
3	KB002	陈媛	技术部	4361
4				
5	KB002			
6	KB004	吕芬芬	技术部	2732.5
7	KB005	路高泽	客户部	4499.33
8	KB006	岳庆浩	客户部	4619.5
9	KB007	李雪儿	客户部	4205.5
11	KB008			
12	KB009	廖晓	财务部	3569.5
14	KB010	张丽君	财务部	3013.5
15	KB011	吴华波	行政部	3119
17	KB012	于青青	行政部	3269

图 2-30

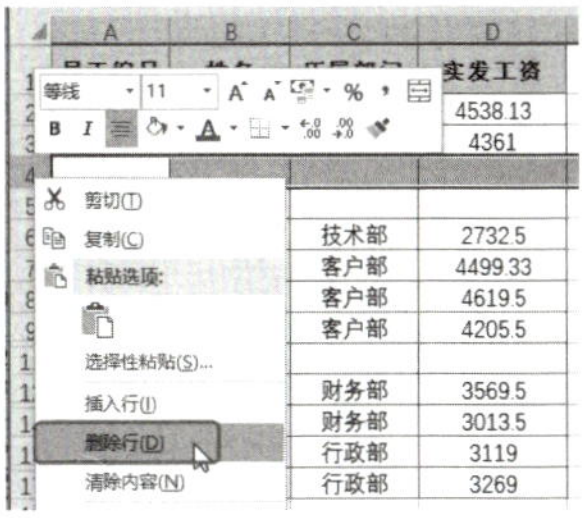

2-31

2.2.2 重复值、重复记录的处理

进行数据处理时，经常出现重复值，很多时候需要对重复值进行处理，以得到唯一值的清单或记录。

如果是单列数据中有重复值，可以使用 Excel 中的“删除重复值”按钮快速删除。

❶ 打开表格后，选中目标数据区域，切换到“数据”选项卡，在“数据工具”组中单击“删除重复值”按钮，如图 2-32 所示。

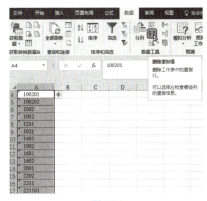

图 2-32

❷打开"删除重复值"对话框，保持默认选项，单击"确定"按钮，如图2-33所示，即可删除重复值，如图2-34所示。

图2-33

图2-34

另外，有时要根据某一列的数据特征来判断是否有重复值，如图2-35所示表格的"工号"列有重复值，要求只要"工号"列有重复值就删除，而不管后面6列中的数据是否重复。

	A	B	C	D	E	F
1			月份出差补助统计表			
2	工号	姓名	出差时间	返回时间	累计天数	补助金额（元
3	0015	陈山	2021/3/5	2021/3/8	3	￥360.00
4	0016	廖晓	2021/3/6	2021/3/10	4	￥480.00
5	0017	张丽君	2021/3/8	2021/3/13	5	￥600.00
6	0018	吴华波	2021/3/9	2021/3/14	5	￥600.00
7	0019	黄孝铭	2021/3/12	2021/3/16	4	￥480.00
8	0016	廖晓	2021/3/13	2021/3/16	3	￥480.00
9	0021	庄霞	2021/3/15	2021/3/19	4	￥480.00
10	0022	王福鑫	2021/3/16	2021/3/20	4	￥480.00
11	0023	王琪	2021/3/17	2021/3/22	5	￥600.00
12	0021	庄霞	2021/3/18	2021/3/22	4	￥480.00
13	0025	杨浪	2021/3/20	2021/3/25	5	￥600.00

图2-35

❶选中目标数据区域（即A3:F13），在"数据"选项卡的"数据工具"组中单击"删除重复项"按钮，如图2-36所示。

图2-36

❷弹出"删除重复值"对话框，在"列"区域中选中以哪一列为参照来删除重复值。此处要求只要"工号"列有重复值就删除，所以选中"工号"复选框，如图2-37所示。

图2-37

❸单击"确定"按钮弹出提示框，指出有多少重复值被删除，有多少唯一值被保留，如图2-38所示。单击"确定"按钮即可完成删除重复值的操作。如果没有重复值，则会弹出对话框提示未发现重复值。

图2-38

2.2.3 一格多属性数据的处理

一格多属性指的是一列中记录两种或多种不同的数据，这种情况经常在导入数据时出现。这时一般需要将多属性的数据重新分列处理，以方便对数据的计算与分析。最常用的解决方式是利用分列的办法来分割数据。

如图2-39所示为一定期间的应收账款数据，在"应收金额（元）"列中同时显示了日期与金额，这样的数据将不便于对到期日期的计算，如果有部分账款到账，也不便于对剩余账款的计算。因此，需要对数据进行分列处理。

图 2-39

❶ 选中D列，在右键快捷菜单中选中"插入"命令，插入一列（插入空列是为了显示分列后的数据），如图2-40所示。

图 2-40

❷ 选中需要分列数据的单元格区域，在"数据"选项卡的"数据工具"组中单击"分列"按钮，如图2-41所示。

❸ 弹出"文本分列向导-第1步，共3步"对话框，保持默认选项，单击"下一步"按钮，如图2-42所示。

图 2-41

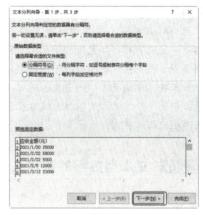

图 2-42

❹ 弹出"文本分列向导-第2步，共3步"对话框，在"分隔符号"栏中选中"空格"复选框，如图2-43所示。

图 2-43

❺ 单击“确定”按钮完成数据分列，如图 2-44 所示。根据数据特征重新建立列标识即可完成表格数据的整理。

	A	B	C	D	E
1	序号	公司名称	应收金额(元)		付款期(天)
2	001	宏运佳建材公司	2021/1/20	25000	15
3	002	海兴建材有限公司	2021/2/22	58000	60
4	003	孚盛装饰公司	2021/2/22	5000	90
5	004	澳菲斯建材有限公司	2021/2/5	12000	20
6	005	宏运佳建材公司	2021/3/12	23000	40
7	006	拓帆建材有限公司	2021/3/12	29000	60
8	007	澳菲斯建材有限公司	2021/3/17	50000	30
9	008	孚盛装饰公司	2021/3/20	4000	10
10	009	孚盛装饰公司	2021/4/3	18500	25
11	010	雅得丽装饰公司	2021/4/13	5000	15
12	011	宏运佳建材公司	2021/4/14	28000	90
13	012	雅得丽装饰公司	2021/4/18	24000	60
14	013	孚盛装饰公司	2021/4/28	6000	15
15	014	海兴建材有限公司	2021/5/3	8600	30

图 2-44

专家提示

值得注意的是，分列数据的前提是数据具有一定的规律，如宽度相等、使用同一种间隔符号（空格、逗号、分号均可）间隔等。如果在“分隔符号”栏中找不到可选的符号，则选中“其他”复选框，然后在后面的文本框中输入自定义的符号。

2.2.4 文本型数字的整理

公式计算是 Excel 最为强大的一项功能，但是有时候我们会遇到一些情况，如明明输入的是数据，却无法对数据进行运算与统计。这通常是由数字格式不规范造成的，需要将文本数字转换为数值数据。

如图 2-45 所示，当使用 D 列的数据计算应收账款的总金额时，出现了计算结果是 0 值的情况。可按如下操作解决此问题。

D14 =SUM(D2:D13)

	A	B	C	D	E
1	序号	公司名称	开票日期	应收金额(元)	付款期(天)
2	001	宏运佳建材公司	2020/12/3	8600	30
3	002	海兴建材有限公司	2020/12/4	5000	15
4	003	孚盛装饰公司	2020/12/5	10000	30
5	004	澳菲斯建材有限公司	2021/1/20	25000	15
6	005	宏运佳建材公司	2021/2/5	12000	20
7	006	拓帆建材有限公司	2021/2/22	58000	60
8	007	澳菲斯建材有限公司	2021/2/22	5000	90
9	008	孚盛装饰公司	2021/3/12	23000	40
10	009	孚盛装饰公司	2021/3/12	29000	60
11	010	雅得丽装饰公司	2021/3/17	50000	30
12	011	宏运佳建材公司	2021/3/20	4000	10
13	012	雅得丽装饰公司	2021/4/3	18500	25
14				0	

图 2-45

❶ 选中“应收金额（元）”列的数据区域，单击左方的按钮的下拉按钮，在下拉菜单中选择“转换为数字”，如图 2-46 所示。

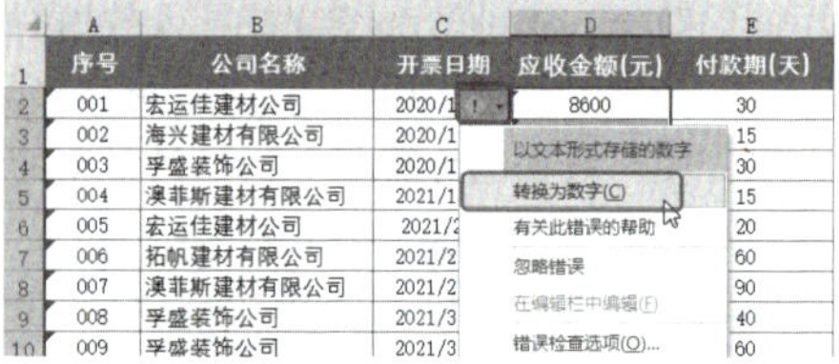

图 2-46

❷ 执行上述操作后，该列单元格左上角的绿色文本标志消失，同时得到了正确的计算结果，如图 2-47 所示。

	A	B	C	D	E
1	序号	公司名称	开票日期	应收金额(元)	付款期(天)
2	001	宏运佳建材公司	2020/12/3	8600	30
3	002	海兴建材有限公司	2020/12/4	5000	15
4	003	孚盛装饰公司	2020/12/5	10000	30
5	004	澳菲斯建材有限公司	2021/1/20	25000	15
6	005	宏运佳建材公司	2021/2/5	12000	20
7	006	拓帆建材有限公司	2021/2/22	58000	60
8	007	澳菲斯建材有限公司	2021/2/22	5000	90
9	008	孚盛装饰公司	2021/3/12	23000	40
10	009	孚盛装饰公司	2021/3/12	29000	60
11	010	雅得丽装饰公司	2021/3/17	50000	30
12	011	宏运佳建材公司	2021/3/20	4000	10
13	012	雅得丽装饰公司	2021/4/3	18500	25
14				248100	

图 2-47

2.2.5 带单位数据的整理

在如图 2-48 所示的表格中，C 列数据带上了金额单位，造成计算合计值时出错。因为当数值带上数据单位后，实际是文本数据，所以造成无法参与计算。为解决此问题，可以利用分列功能对数据进行处理。

	A	B	C	D	E	F
1	员工社保缴费表					
2	姓名	部门	养老保险	医疗保险	失业保险	合计
3	王琪	行政部	232元	68	29	97
4	陈潇	行政部	156元	49	19.5	68.5
5	张点点	行政部	124元	41	15.5	56.5
6	于青青	财务部	264元	76	33	109
7	邓兰兰	财务部	156元	49	19.5	68.5
8	蔡静	客户部	236元	69	29.5	98.5
9	陈媛	客户部	232元	68	29	97
10	王密	客户部	180元	55	22.5	77.5
11	吕芬芬	客户部	100元	35	12.5	47.5
12	路高泽	客户部	236元	69	29.5	98.5
13	岳庆浩	客户部	224元	68	27.5	95.5
14	李雪儿	客户部	156元	49	19.5	68.5

图 2-48

❶ 选中 C 列数据，在“数据”选项卡的“数据工具”组中单击“分列”按钮，如图 2-49 所示。

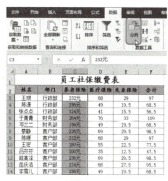

图 2-49

❷ 弹出"文本分列向导 - 第 1 步，共 3 步"对话框，保持默认选项，单击"下一步"按钮。弹出"文本分列向导 - 第 2 步，共 3 步"对话框，在"分隔符号"栏中选中"其他"复选框，然后在后面的文本框中输入"元"，如图 2-50 所示。

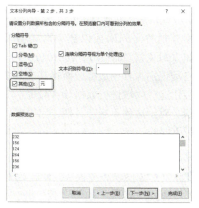

图 2-50

❸ 单击"完成"按钮，可以看到 C 列中的单位被删除，并且"合计"列也显示了正确的计算结果，如图 2-51 所示。

图 2-51

2.2.6 不规范文本的整理

就文本来说，不规范文本的表现形式有文本中含有空格、不可见字符和分行符等。因为这些字符的存在，数据呈现的是"所见非所得"的状态，当进行查找等操作时，会出现找不到匹配值的情况，因此需要进行处理。

如图 2-52 所示，要查询韩燕的应缴所得税，却出现无法查询的情况。双击 B4 单元格查看源数据，在编辑栏可发现光标所处的位置与最后一个文字间有一个空格，如图 2-53 所示。这样的空格是肉眼很难发现的，可用以下方法解决此问题。

图 2-52

图 2-53

❶ 选中不可见字符并复制。

❷ 按 Ctrl+H 组合键，打开"查找和替换"对话框，将光标定位到"查找内容"文本框中，按 Ctrl+V 组合键粘贴，将不可见字符粘贴至"查找内容"文本框中，"替换为"文本框中为空，如图 2-54 所示。

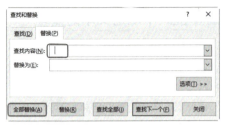

图 2-54

❸ 单击“全部替换”按钮，弹出提示对话框，提示共有多少处替换，单击“确定”按钮，即可看到解决了无法查询的问题，如图 2-55 所示。

编号	姓名	应发工资	应缴所得税
012	崔娜	2400	0
005	方婷婷	2300	0
002	韩燕	7472	292.2
007	郝艳艳	1700	0
004	何开运	3400	0
001	黎小健	6720	217
011	刘丽	2500	0
015	彭华	1700	0
003	钱丽	3550	1.5
010	王芬	8060	357
013	王海燕	8448	434.6
008	王青	10312	807.4
006	王雨虹	4495	29.85
009	吴银花	2400	0
016	武杰	3100	0
014	张燕	12700	1295

查询对象	应缴所得税
韩燕	292.2

图 2-55

知识扩展

在如图 2-56 所示的表格中查询黎小健的应缴所得税时也出现无法查询的问题，这不是因为有空格存在，而是数据源中有换行符。删除换行符的方法是：打开“查找和替换”对话框，将光标定位到“查找内容”文本框中，在英文状态下按 Ctrl+Enter 组合键输入分行符，“替换为”文本框保持为空，然后执行替换即可。

编号	姓名	应发工资	应缴所得税
012	崔娜	2400	0
005	方婷婷	2300	0
002	韩燕	7472	292.2
007	郝艳艳	1700	0
004	何开运	3400	0
001	黎小健	6720	217
011	刘丽	2500	0
015	彭华	1700	0
003	钱丽	3550	1.5
010	王芬	8060	357
013	王海燕	8448	434.6
008	王青	10312	807.4

查询对象	应缴所得税
黎小健	#N/A

图 2-56

2.2.7 不规范日期的整理

在 Excel 中必须按指定的格式输入日期，Excel 才会把它当作日期型数值，否则会将其视为不可计算的文本日期。因此当遇到不规范日期时，要将其处理为规范日期，以便于日期运算。

在 Excel 中输入以下 4 种格式的日期，Excel 均可识别。

- 短横线（-）分隔的日期，如 2021-4-1、2021-5。
- 用斜杠（/）分隔的日期，如 2021/4/1、2021/5。
- 使用中文年、月、日输入的日期，如 2021 年 4 月 1 日、2021 年 5 月。
- 使用包含英文月份或英文月份缩写输入的日期，如 April-1、May-18。

用其他符号间隔或以数字形式输入的日期，如 2021.4.1、2021\4\1、20210401 等，Excel 无法自动识别为日期数据，而将其视为文本数据，引用这些区域进行数据计算时也不能返回正确值。对于这种不规范日期，应根据具体情况进行不同的处理。

1. 查找和替换不规范日期

❶ 选中 C2:C13 单元格区域，如图 2-57 所示。按 Ctrl+H 组合键，打开“查找和替换”对话框。

序号	公司名称	开票日期	付款期(天)	到期日期	应收金额
001	宏运佳建材公司	2020.12.3	30	#VALUE!	8600
002	海兴建材有限公司	2020.12.4	15	#VALUE!	5000
003	孚盛装饰公司	2020.12.5	30	#VALUE!	10000
004	澳菲斯建材有限公司	2021.1.20	15	#VALUE!	25000
005	宏运佳建材公司	2021.2.5	20	#VALUE!	12000
006	拓帆建材有限公司	2021.2.22	60	#VALUE!	58000
007	澳菲斯建材有限公司	2021.2.22	90	#VALUE!	5000
008	孚盛装饰公司	2021.3.12	40	#VALUE!	23000
009	孚盛装饰公司	2021.3.12	60	#VALUE!	29000
010	雅得丽装饰公司	2021.3.17	30	#VALUE!	50000
011	宏运佳建材公司	2021.3.20	10	#VALUE!	4000
012	雅得丽装饰公司	2021.4.3	25	#VALUE!	18500

图 2-57

❷ 在“查找内容”文本框中输入“.”，在“替换为”文本框中输入“/”，如图 2-58 所示，单击“全部替换”按钮，此时可以看到 Excel 程序已将开票日期转换为可识别的规范日期值，如图 2-59 所示。同

时，E列中的计算结果也能正确返回了。

图 2-58

图 2-59

2. 分列功能规范日期

❶ 选中 C2:C13 单元格区域，在"数据"选项卡的"数据工具"组中单击"分列"按钮，如图 2-60 所示。打开"文本分列向导-第 1 步，共 3 步"对话框，如图 2-61 所示。

图 2-60

❷ 保持默认选项，依次单击"下一步"按钮，直到打开"文本分列向导-第 3 步，共 3 步"对话框，选中"日期"单选按钮，并在其后的下拉列表中选择 YMD 格式，如图 2-62 所示。

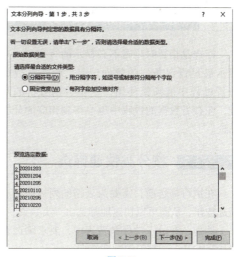

图 2-61

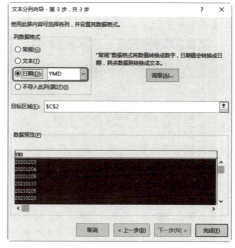

图 2-62

❸ 单击"完成"按钮，即可将表格中的数字全部转换为日期格式，如图 2-63 所示。

图 2-63

2.3 筛选满足条件的数据

筛选是指暂时隐藏不必显示的行或列，只显示满足设定条件的数据记录。筛选在数据分析过程中被频繁使用，它是数据分析的基础，在查看数据的过程中也会得到相应的分析结论。

2.3.1 按分类快速筛选

在执行筛选前，需要为表格的列标识添加筛选按钮，从而可以快速地筛选出一类数据。

例如，在员工社保缴费表中，要求筛选查看指定的某一个部门的缴费情况。

❶ 打开工作表，选中任意单元格，切换到"数据"选项卡，在"排序和筛选"组中单击"筛选"按钮，如图2-64所示。

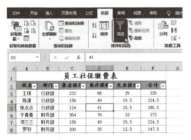

图2-64

❷ 单击"筛选"按钮后，系统为列标识添加筛选按钮。单击"部门"右侧的筛选按钮，取消选中"全选"复选框，然后选中"客户部"复选框，如图2-65所示。

图2-65

❸ 单击"确定"按钮，返回工作表中，即可看到筛选出客户部的社保缴纳情况，如图2-66所示。

图2-66

> **专家提示**
>
> 通过复选框可以实现筛选查看任意部门的记录，如果要筛选多个部门的数据，则可以一次选中多个复选框。

2.3.2 按数值大小筛选

数字筛选是分析数据时最常用的筛选方式，如以支出费用、成绩、销售额等作为字段进行筛选。数字筛选的类型有等于、不等于、大于、大于或等于、小于、小于或等于、介于等，不同的筛选类型可以得到不同的筛选结果。

例如，本例要筛选出工龄大于5年的所有记录。

❶ 选中数据区域任意单元格，在"数据"选项卡的"排序和筛选"组中单击"筛选"按钮，添加自动筛选。

❷ 单击"工龄"右侧的筛选按钮，在筛选菜单中选择"数字筛选"命令，在弹出的子菜单中选择"大于"命令，如图2-67所示。

❸ 打开"自定义自动筛选方式"对话框，在"大于"后面的文本框中输入"5"，如图2-68所示。

❹ 单击"确定"按钮，返回工作表中，即可筛选出工龄大于5年的记录，如图2-69所示。

图 2-67

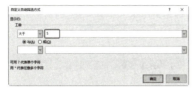

图 2-68

图 2-69

知识扩展

当不需要筛选查看，而要显示出全部数据时，可以取消筛选。例如，上面对"工龄"字段进行了筛选，则单击"工龄"右侧的筛选按钮，在筛选菜单中选择"从'工龄'中清除筛选"命令即可，如图 2-70 所示。

图 2-70

如果工作表中对多个字段进行了筛选，想要一次性取消多个字段的筛选，则可以单

击"数据"选项卡，在"排序和筛选"组中单击"清除"按钮，即可一次性取消本工作表的所有筛选。

例如，要筛选出出库量大于 1000 或小于 100 的记录。

❶ 切换到"数据"选项卡，在"排序和筛选"组中单击"筛选"按钮。单击"出库量"右侧的筛选按钮，在筛选菜单中选择"数字筛选"命令，在弹出的子菜单中选择"大于"命令，如图 2-71 所示。

图 2-71

❷ 打开"自定义自动筛选方式"对话框，在"大于"后面的文本框中输入"1000"；选中"或"单选按钮，设置条件为"小于"，并在后面的文本框中输入"100"，如图 2-72 所示。

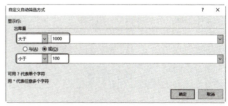

图 2-72

❸ 单击"确定"按钮，返回工作表中，即可筛选出出库量大于 1000 或小于 100 的记录，如图 2-73 所示。

	A	B	C
1	出库日期	库存量	出库量
2	2017/12/1	1200	1150
4	2017/12/3	300	90
8	2017/12/7	990	87
11	2017/12/11	1100	1060
12	2017/12/11	860	1200
13	2017/12/12	970	57

图 2-73

知识扩展

利用数字筛选还可以筛选出排名前几位的记录。在"数字筛选"子菜单中选择"前10项"命令，如图2-74所示。打开"自动筛选前10个"对话框，设置想显示的最大的项数，如图2-75所示。单击"确定"按钮即可完成筛选。

图2-74

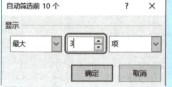

图2-75

2.3.3 按日期筛选

在Excel表格中可以对日期进行筛选，如筛选出本月、上月的记录，或筛选出某指定日期之前或之后的记录等。

例如，要求筛选出2021年2月之前的账款记录。

❶ 切换到"数据"选项卡，在"排序和筛选"组中单击"筛选"按钮，如图2-76所示。单击"开票日期"右侧的筛选按钮，在筛选菜单中选择"日期筛选"命令，在弹出的子菜单中选择"之前"命令，如图2-77所示。

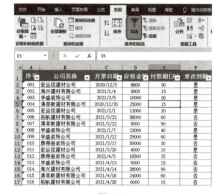

图2-76

图2-77

❷ 打开"自定义自动筛选方式"对话框，在"在以下日期之前"文本框中输入日期"2021/2/1"，如图2-78所示。

图2-78

❸ 单击"确定"按钮，返回工作表中，即可看到筛选出2021年2月1号之前的账款记录，如图2-79所示。

图2-79

专家提示

在“日期筛选”子菜单中包含多种筛选方式，如“上周”“上月”“今天”“明天”“下季度”等，它们都是以当前系统日期为参照，在选择相应命令后即可显示满足条件的筛选结果。

2.3.4 结果独立放置的高级筛选

自动筛选是在原有表格上实现数据的筛选，被排除的记录行自动隐藏，而使用高级筛选功能则可以将筛选的结果存放于其他位置，以得到单一的分析结果，便于使用。在高级筛选方式下可以实现只满足一个条件的筛选（即“或”条件筛选），也可以实现同时满足两个条件的筛选（即“与”条件筛选）。

1. 同时满足双条件的筛选

“与”条件筛选是指同时满足两个条件或多个条件的筛选。例如，在下面的员工社保缴费表中，需要筛选出客户部缴费合计大于300的记录。

❶ 在I1:J2单元格区域输入筛选条件，然后切换到“数据”选项卡，在“排序和筛选”组中单击“高级”按钮，如图2-80所示。

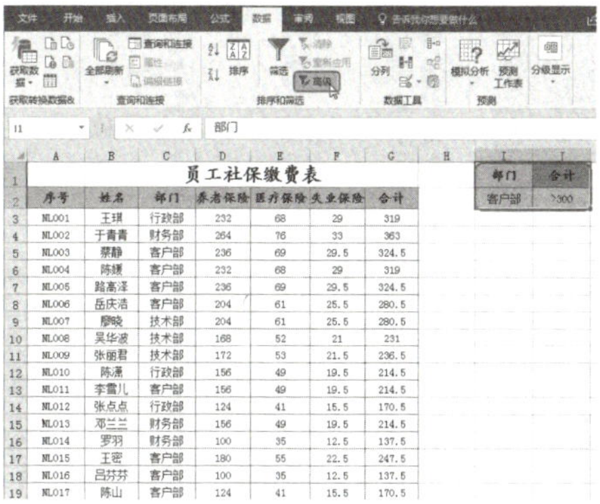

图 2-80

❷ 在打开的“高级筛选”对话框中，设置“列表区域”为A2:G19单元格区域，“条件区域”为I1:J2单元格区域，如图2-81所示。选中“将筛选结果复制到其他位置”单选按钮，将光标放置到激活的“复制到”文本框中，在工作表中单击I3单元格，如图2-82所示。

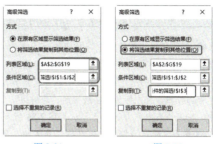

图 2-81

图 2-82

❸ 单击“确定”按钮，返回到工作表中，即可筛选出客户部缴费合计大于300的记录，如图2-83所示。

I	J	K	L	M	N	O
部门	合计					
客户部	>300					
序号	姓名	部门	养老保险	医疗保险	失业保险	合计
NL003	蔡静	客户部	236	69	29.5	324.5
NL004	陈媛	客户部	232	68	29	319
NL005	路高泽	客户部	236	69	29.5	324.5

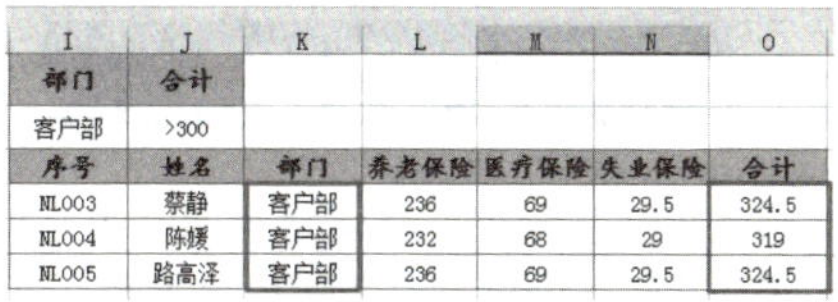

图 2-83

2. 满足多条件中任意一个条件的筛选

“或”条件筛选是指数据只要满足两个或多个条件中的任意一个就被作为满足要求的记录。例如，在下面的员工社保缴费表中，需要筛选出技术部或者缴费合计大于300的记录。

❶ 在I1:J3单元格区域输入筛选条件，然后切换到“数据”选项卡，在“排序和筛选”组中单击“高级”按钮，如图2-84所示。

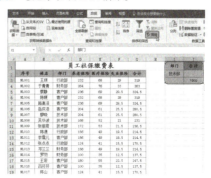

图 2-84

专家提示

通过对比“与”条件的设置，可以看到“与”条件设置中各条件显示在同一行，而“或”条件设置要保证各条件位于不同行中。

❷ 在打开的“高级筛选”对话框中，设置“列表区域”为 A2:G19 单元格区域，“条件区域”为 I1:J3 单元格区域；选中“将筛选结果复制到其他位置”单选按钮，将光标放置在激活的“复制到”文本框中，在工作表中单击 I4 单元格，如图 2-85 所示。

❸ 单击“确定”按钮，返回到工作表中，即可筛选出部门为“技术部”或者缴费合计值大于 300 的记录，如图 2-86 所示。

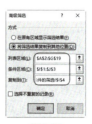

图 2-85

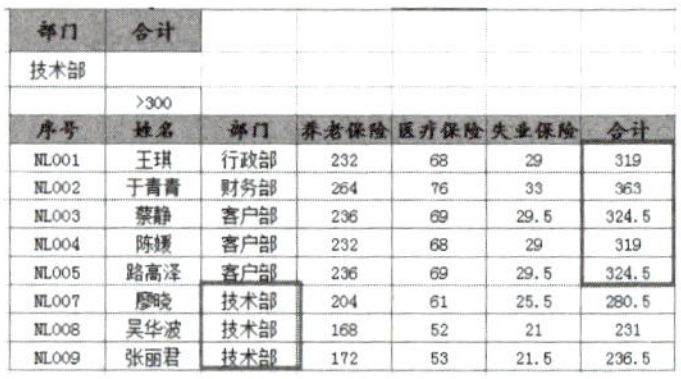

部门	合计					
技术部						
	>300					
序号	姓名	部门	养老保险	医疗保险	失业保险	合计
NL001	王琪	行政部	232	68	29	319
NL002	于青青	财务部	264	76	33	363
NL003	蔡静	客户部	236	69	29.5	324.5
NL004	陈媛	客户部	232	68	29	319
NL005	路高泽	客户部	236	69	29.5	324.5
NL007	廖晓	技术部	204	61	25.5	280.5
NL008	吴华波	技术部	168	52	21	231
NL009	张丽君	技术部	172	53	21.5	236.5

图 2-86

2.4 数据的分类汇总

顾名思义，分类汇总就是将同一类别的记录进行合并统计。用于合并统计的字段可以自定义，而合并统计的计算方式可以是求和、计数、平均值、最大值和最小值等。这项功能是数据分析乃至大数据统计分析中的常用功能之一。

2.4.1 单层分类汇总

在进行分类汇总之前，需要按目标字段进行排序，将同一类数据放置在一起，形成多个分类，然后才能对各个类别进行合并统计。例如，在如图 2-87 所示的表格中，可以通过分类汇总统计各仓库的库存总量，也可以统计各个商品类别的库存总量。

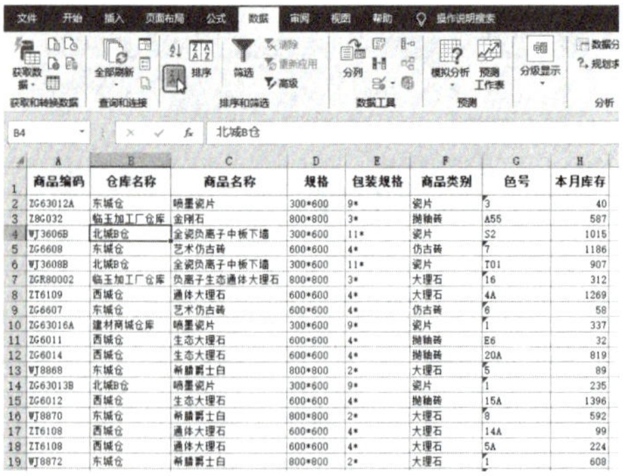

图 2-87

❶ 选中“仓库名称”列下任意单元格，在“数据”选项卡的“排序和筛选”组中单击“升序”按钮，即可将相同品类的记录排列到一起，如图 2-88 所示。

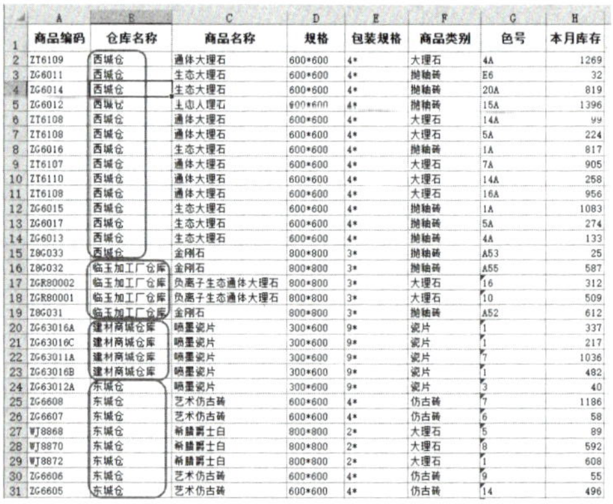

图 2-88

❷ 在“数据”选项卡的“分级显示”组中单击“分类汇总”按钮，如图 2-89 所示。

图 2-89

❸ 打开"分类汇总"对话框,单击"分类字段"栏中下拉按钮,在下拉列表中选择"仓库名称"(注意,分类字段一定是经过排序的那个字段),如图 2-90 所示;"汇总方式"采用默认的"求和",在"选定汇总项"中选中"本月库存"复选框,如图 2-91 所示。

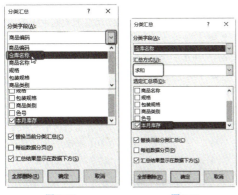

图 2-90   图 2-91

❹ 单击"确定"按钮,返回工作表中,即可看到表格中的数据以"仓库名称"为字段进行了汇总统计,即每一个相同的大类下出现了一个汇总项,如图 2-92 所示。

图 2-92

❺ 如果数据较多,为了能更清晰地查看分类统计结果,则可以单击左上角的"2",只显示出统计结果,如图 2-93 所示。

图 2-93

另外,在此表中也可以对不同的商品类别进行库存量的汇总。

❶ 选中"商品类别"列下任意单元格,在"数据"选项卡的"排序和筛选"组中单击"升序"按钮,即可将相同品类的记录排列到一起,如图 2-94 所示。

图 2-94

❷ 打开"分类汇总"对话框,单击"分类字段"栏中的下拉按钮,在下拉列表中选择"商品类别","汇总方式"采用默认的"求和",在"选定汇总项"中选中"本月库存"复选框,如图 2-95 所示。

图 2-95

❸ 单击"确定"按钮,返回工作表中,即可实现按商品类别进行分类汇总,如图 2-96 所示。

第 2 章 财务数据的整理与分析

图 2-96

2.4.2 多层分类汇总

多层分类汇总是指一级分类下还有下一级细分的情况，这时就可以同时显示出多层的分类汇总结果。例如，仍然沿用上面的数据表，下面的例子中可以首先对仓库名称进行分类汇总，然后对同一仓库名称下的各个商品类别进行二次分类汇总。

❶ 打开工作表，切换到"数据"选项卡，在"排序和筛选"组中单击"排序"按钮，如图 2-97 所示。

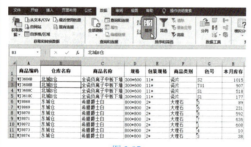

图 2-97

❷ 在打开的"排序"对话框中，分别设置"主要关键字"为"仓库名称"，"次要关键字"为"商品类别"，排序的次序可以采用默认的设置，如图 2-98 所示。

图 2-98

❸ 单击"确定"按钮，可见表格双关键字排序的结果，即先将同一仓库的数据排到一起，再将同一仓库下相同商品类别排到一起，如图 2-99 所示。

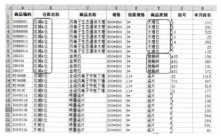

图 2-99

❹ 在"数据"选项卡的"分级显示"组中单击"分类汇总"按钮，打开"分类汇总"对话框。单击"分类字段"栏中的下拉按钮，在下拉列表中选择"仓库名称"，"汇总方式"采用默认的"求和"，在"选定汇总项"中选中"本月库存"复选框，如图 2-100 所示。

❺ 单击"确定"按钮，可以看到一次分类汇总的结果，即统计出了各个仓库的库存汇总数量。再次打开"分类汇总"对话框，将"分类字段"更改为"商品类别"，其他选项保持不变，取消选中"替换当前分类汇总"复选框，如图 2-101 所示。

图 2-100　　　　图 2-101

专家提示

系统默认在工作表中创建下一个分类汇总时，自动替换当前的分类汇总，如果需要在工作表中创建多级或者多种统计的分类汇总，则在创建一次分类汇总方式后，在"分类汇总"对话框中取消选中"替换当前分类汇总"复选框即可。

❻ 单击"确定"按钮，可以看到二次分类汇总的结果。因为当前数据量稍大，屏幕显示受到限制，可以单击左上角的显示级别 3 来查看统计的结果。从当前的统计结果可以看出是分两个级别来统计的，如图 2-102 所示。

图 2-102

知识扩展

当不需要对工作表中的数据进行分类汇总分析时，可以取消分类汇总。不管工作表中设置了一种还是多种，都可以一次性取消。打开"分类汇总"对话框，单击"全部删除"按钮（见图 2-103），返回工作表中，即可取消工作表中的分类汇总。

图 2-103

2.4.3 同一字段的多种不同计算

多种统计结果的分类汇总是指并不仅仅使用一种分类汇总结果，而是同时显示多种统计结果，如同时显示求和值、最大值、平均值等。例如，本例中想要同时显示各个班级的最大值与平均值两项分类汇总的结果。

❶ 针对本例数据源，首先对"班级"字段进行排序，将相同班级的数据排到一起。在"数据"选项卡的"分级显示"组中单击"分类汇总"按钮，如图 2-104 所示。

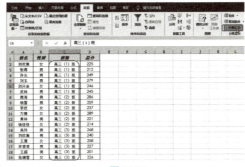

图 2-104

❷ 打开"分类汇总"对话框，设置"分类字段"为"班级"，"汇总方式"为"平均值"，"选定汇总项"为"总分"，如图 2-105 所示。

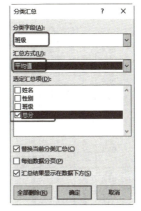

图 2-105

❸ 单击"确定"按钮，得到第一次分类汇总的结果，如图 2-106 所示。

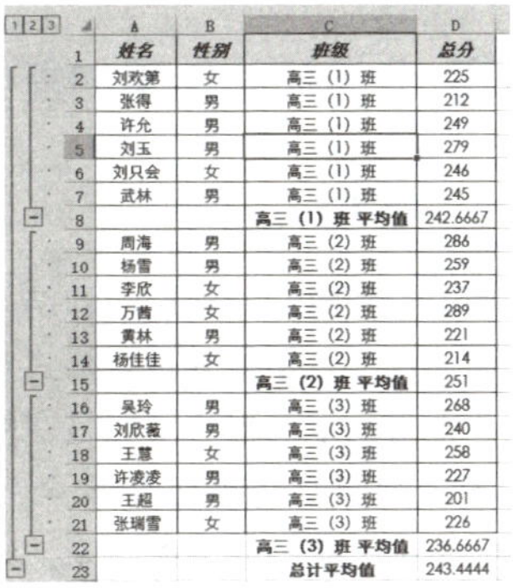

图 2-106

❹ 按相同的方法再次打开"分类汇总"对话框，

第 2 章 财务数据的整理与分析

37

重新设置"汇总方式"为"最大值",取消选中"替换当前分类汇总"复选框,如图2-107所示。

图2-107

❺ 单击"确定"按钮完成设置,此时可以看到表格中分类汇总的结果是两种统计结果,如图2-108所示。

图2-108

2.4.4 分类汇总结果的复制使用

在利用分类汇总功能获取统计结果后,可以通过复制使用汇总结果并进行格式整理,从而形成用于汇报的汇总报表。但是在复制分类汇总结果时,会自动将明细数据全部粘贴过来,如果只想把汇总结果复制下来,则需要按如下方法操作。

❶ 打开创建了分类汇总的表格,先选中有统计数据的单元格区域,如图2-109所示。

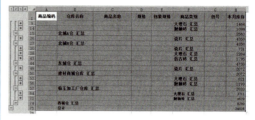

图2-109

❷ 按F5键打开"定位条件"对话按钮,选中"可见单元格"单选按钮,如图2-110所示。

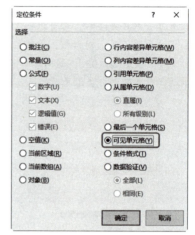

图2-110

❸ 单击"确定"按钮,即可将选中单元格中的所有可见单元格选中,再按Ctrl+C组合键执行复制命令,如图2-111所示。

图2-111

❹ 打开新工作表后,按Ctrl+V组合键执行粘贴命令,即可实现只将分类汇总结果粘贴到新表格中,如图2-112所示。

❺ 将一些没有统计项的列删除,并对表格稍做整理,形成的报表如图2-113所示。

商品编码	仓库名称	商品名称	规格	包装规格	商品类别	色号	本月库存
					大理石 汇总		1464
					抛釉砖 汇总		1099
	北城A仓 汇总						2563
					瓷片 汇总		4350
	北城B仓 汇总						4350
					瓷片 汇总		731
					大理石 汇总		2204
					仿古砖 汇总		1795
	东城仓 汇总						4730
					瓷片 汇总		2072
	建材商城仓库 汇总						2072
					大理石 汇总		821
					抛釉砖 汇总		1199
	临玉加工厂仓库 汇总						2020
					大理石 汇总		3711
					抛釉砖 汇总		4579
	西城仓 汇总						8290
	总计						24025

图 2-112

仓库名称	商品类别	本月库存
	大理石 汇总	1464
	抛釉砖 汇总	1099
北城A仓 汇总		2563
	瓷片 汇总	4350
北城B仓 汇总		4350
	瓷片 汇总	731
	大理石 汇总	2204
	仿古砖 汇总	1795
东城仓 汇总		4730
	瓷片 汇总	2072
建材商城仓库 汇总		2072
	大理石 汇总	821
	抛釉砖 汇总	1199
临玉加工厂仓库 汇总		2020
	大理石 汇总	3711
	抛釉砖 汇总	4579
西城仓 汇总		8290
总计		24025

图 2-113

2.5 多维度透视分析工具

数据透视表是日常工作中使用最频繁、最重要的数据分析工具之一，它能以极灵活的统计方式对数据进行多维度的透视分析。

数据透视表是汇总、分析数据的好工具，它可以按所设置的字段对数据表进行快速汇总统计与分析，并根据分析目的的不同，再次更改字段位置，重新获取统计结果。数据透视表可以进行的数据计算方式也是多样的，如求和、求平均值、求最大值以及计数等，可以根据具体的数据分析需求选择相应的汇总方式。

2.5.1 统计各个客户的应收账款总额

如图 2-114 所示的表格按日期统计了针对各个客户的应收账款，建立数据透视表可以轻松统计出各个客户的应收账款总额。下面通过此实例讲解建立数据透视表的基本步骤。

❶ 选中数据源表格中的任意单元格，在“插入”选项卡的“表格”组中单击“数据透视表”按钮，如图 2-114 所示。

序号	客户简称	发票日期	发票金额
001	光印印刷	18/11/24	¥ 58,500.00
002	伟业设计	19/1/23	¥ 4,320.00
003	金立广告	18/11/25	¥ 20,000.00
004	光印印刷	19/4/28	¥ 6,700.00
005	金立广告	19/4/3	¥ 6,900.00
006	金立广告	18/12/10	¥ 12,000.00
007	伟业设计	19/3/13	¥ 22,400.00
008	光印印刷	18/12/20	¥ 45,000.00
009	伟业设计	19/3/22	¥ 5,600.00
010	伟业设计	19/1/30	¥ 9,600.00
011	金立广告	19/1/3	¥ 43,000.00
012	金立广告	19/4/13	¥ 33,400.00
013	光印印刷	19/4/21	¥ 5,000.00
014	伟业设计	19/4/23	¥ 20,000.00
015	光印印刷	19/5/25	¥ 8,800.00

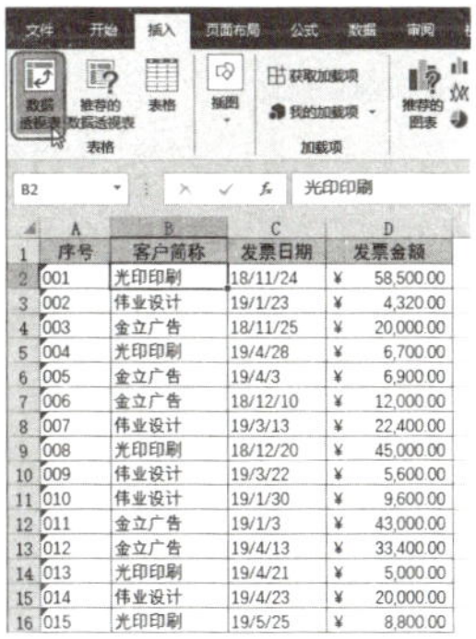

图 2-114

❷ 打开“创建数据透视表”对话框，在“表/区域”参数框中默认选择当前工作表的全部单元格区域，并默认选中“新工作表”单选按钮，表示默认将数据透视表创建到一张新工作表中，如图 2-115 所示。

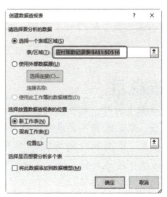

图 2-115

❸ 单击“确定”按钮，即可在新工作表中创建数据透视表，如图 2-116 所示。

❹ 在字段列表中将鼠标指针指向“客户简称”字段，按住鼠标左键将其拖动至“行”区域中，如图 2-117 所示；按相同方法将“发票金额”字段拖

动到"值"区域中，如图2-118所示，即可得到统计各个客户的应收账款总额的数据透视表，如图2-119所示。

图2-116

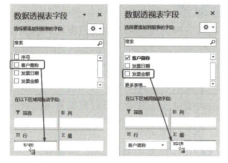

图2-117　　　　图2-118

图2-119

专家提示

在添加字段时，也可以直接选中字段前的复选框，默认情况下文本字段自动添加到"行"区域，日期和时间字段添加到"列"区域，数值字段添加到"值"区域。

2.5.2 统计各个车间不同技工的加班时长

在建立数据透视表时还可以设置双层标签，以达到多级统计的目的。例如，在本例中

可以实现统计各个车间的总加班时长，同时还能统计出各个车间中不同技工的加班时长合计值。

❶ 选中数据源表格中的任意单元格，在"插入"选项卡的"表格"组中单击"数据透视表"按钮，如图2-120所示。

图2-120

❷ 打开"创建数据透视表"对话框，在"表/区域"参数框中默认选择当前工作表的全部单元格区域，并默认选中"新工作表"单选按钮，如图2-121所示。

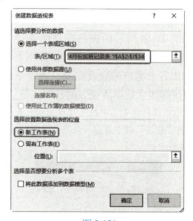

图2-121

❸ 单击"确定"按钮，即可在新工作表中创建数据透视表。将"部门"和"技工类别"两个字段拖入"行"区域中，将"加班时长"字段拖入"值"区域中，如图2-122所示。

由于此处添加了双行标签，在数据透视表中默认是折叠显示的，这让字段的名称不能完

整显示出来（只显示"行标签"字样），因此遇到这种情况一般会通过更改报表的布局让行标签名称都显示出来。

图 2-122

❹ 选中数据透视表的任意单元格，在"数据透视表工具→设计"选项卡的"布局"组中单击"报表布局"按钮，在下拉菜单中选择"以大纲形式显示"命令，如图 2-123 所示。这时可以看到两个行标签的名称都显示出来了，如图 2-124 所示。

图 2-123

图 2-124

调整双字段的顺序可以获取不同的统计效果。例如，本例中将"技工类别"字段移到"部门"的上方，其统计重点变为对各个技工类别的总加班时长进行统计，下面再对同一技工类别下的部门进行细分。

❺ 在"行"区域中单击"技工类别"字段右侧的下拉按钮，在弹出的快捷菜单中选择"上移"命令，如图 2-125 所示，可以看到统计结果如图 2-126 所示。

图 2-125　　　　　图 2-126

2.5.3 统计员工的平均工资

如图 2-128 所示的表格为某月的工资表。本例需要按部门统计人数，并统计出各个部门的平均工资。仍然可以通过建立数据透视表来达到统计目的。

❶ 选中数据源表格中的任意单元格，在"插入"选项卡的"表格"组中单击"数据透视表"按钮，如图 2-127 所示。

图 2-127

❷打开"创建数据透视表"对话框，保持默认设置，直接单击"确定"按钮，创建数据透视表。将"部门"字段拖入"行"区域中，将"姓名"字段和"实发工资"字段拖入"值"区域中，当前得到的统计结果如图 2-128 所示。

图 2-128

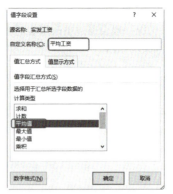

图 2-129

观察统计结果可以看到，一项是计数统计，一项是求和统计。在建立数据透视表时，程序会根据字段的类型决定默认的统计方式：如果字段下是数值数据，则会自动使用 SUM 函数进行求和运算；如果字段下是文本数据，则会自动使用 COUNT 函数进行计数统计。因此，"姓名"字段会使用计数的统计方式，即统计出各个部门下的人数；而"实发工资"字段会使用求和统计，即统计出各个部门的工资总额。而我们当前的统计目的是统计各个部门的平均工资，因此需要改变"实发工资"字段的统计方式。

❸双击 C3 单元格，打开"值字段设置"对话框，将"选择用于汇总所选字段数据的计算类型"更改为"平均值"，并自定义名称为"平均工资"，如图 2-129 所示。

❹单击"确定"按钮，即可汇总出各个部门的平均工资，效果如图 2-130 所示。

专家提示

在"值字段设置"对话框的"计算类型"列表中还有最大值、最小值等。因此除了根据字段的性质自动生成汇总方式，如果想得到其他的计算结果，还可以在这里进行设置。

图 2-130

❺选中 B3 单元格，在编辑栏中重新修改名称为"人数"，如图 2-131 所示。这样做是为了让统计报表的显示效果更加直观。

图 2-131

2.5.4 字段决定分析结果

数据透视表的强大功能体现在字段的设置上，不同的字段组合可以获取不同的统计效果，因此可以随时调整字段位置，多角度分析数据。下面以如图 2-132 所示的销售记录单为例，介绍如何通过设置不同的字段得到不同的统计结果。

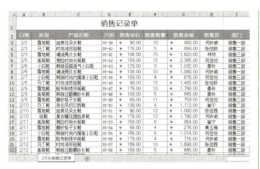

图 2-132

1. 各类别商品销售数量及金额统计报表

利用如图 2-132 所示的数据源创建统计各类别商品销售数量及金额的报表。

❶ 以图 2-132 所示的数据源创建数据透视表，如图 2-133 所示。

图 2-133

❷ 拖动"类别"字段到"行"区域中，拖动"销售数量"和"销售金额"字段到"值"区域中，即可得到分析各类别商品销售情况的数据透视表，如图 2-134 所示。

图 2-134

❸ 在 Sheet2 工作表上右击，在弹出的快捷菜单中选择"重命名"命令，如图 2-135 所示。将工作表重命名为"各类别商品销售分析"，如图 2-136 所示。

图 2-135

图 2-136

2. 各部门业绩统计报表

利用如图 2-132 所示的数据源创建各部门业绩统计报表。

❶ 创建数据透视表。

❷ 拖动"部门"和"类别"字段到"行"区域中，拖动"销售金额"字段到"值"区域中，即可得到各部门业绩统计报表，如图 2-137 所示。

图 2-137

❸ 将工作表重命名为"各部门业绩分析"，如图 2-138 所示。

图 2-138

3. 各销售员业绩统计报表

利用如图 2-132 所示的数据源创建各销售员业绩统计报表。

❶ 创建数据透视表。

❷ 拖动"销售员"字段到"行"区域中,拖动"销售金额"字段到"值"区域中,即可得到各销售员业绩统计报表,如图 2-139 所示。

图 2-139

❸ 将工作表重命名为"各销售员业绩分析",如图 2-140 所示。

图 2-140

4. 各类别商品各月销售统计报表

假设当前数据表中涉及多月的数据,还可以分月统计销售总额。

❶ 此处假设销售记录表中有 1 月与 2 月的数据,如图 2-141 所示。首先创建数据透视表。

图 2-141

❷ 拖动"类别"和"日期"字段到"行"区域中,拖动"销售金额"字段到"值"区域中,即可让各个类别商品的销售额按月统计,如图 2-142 所示。

图 2-142

2.5.5 迅速建立某汇总项的明细数据表

通过建立数据透视表,对各个字段、数值进行汇总统计之后,如果需要查看明细数据,可以通过以下方法实现。

例如，想在下面的透视表中查看"赵晗月"这位员工的加班明细数据，则双击 B8 单元格（见图 2-143），此时自动新建一张工作表显示明细数据，如图 2-144 所示。

到的明细表如图 2-146 所示。

图 2-145

图 2-143　　　　　　图 2-144

如果设置了双标签，还可以建立同时满足双条件的明细表。

例如，想在下面的透视表中查看同时满足"水嫩精纯系列"与"黄玉梅"两个条件的明细数据，则双击 C14 单元格（见图 2-145），得

图 2-146

第 章 财务数据计算的函数公式

  Excel中有的表格是作为资料显示的，有的表格是相关工作的原始数据记录，但Excel强大的功能之一是其公式计算能力，应用好Excel中的函数公式，可以对财务数据进行计算、统计与分析，从而辅助日常工作及为领导做出最终决策提供依据。

- ☑ 公式概述
- ☑ 公式对数据源的引用
- ☑ 函数概述
- ☑ 编辑函数的参数
- ☑ 专项财务函数
- ☑ 其他用于财务运算的公式范例

3.1 公式概述

公式是 Excel 进行数据计算的必备工具，在利用 Excel 进行财务数据计算处理的过程中，公式的使用必不可少。公式是进行数据计算的等式，以"="开头，等号后面可以包括函数、引用、运算符和常量。

3.1.1 加、减、乘、除等简易运算的公式

如图 3-1 所示，知道销售单价和销售数量，在 F 列中使用公式"=D2*E2"，可以快速计算出销售金额。

F2 =D2*E2

编号	产品名称	规格	销售单价	销售数量	销售金额
ZG6007	通体大理石	600*600	318	58	18444.00
ZG6008	生态大理石	300*600	207	49	10143.00
ZG6009	喷墨瓷片	600*600	318	45	14310.00
ZG6010	艺术仿古砖	400*800	231	72	16632.00
ZG6011	负离子通体全瓷中板	600*600	344	65	22360.00
ZG6012	通体仿古砖	400*800	231	50	11550.00
ZG6013	负离子钻石釉大理石	600*600	378	85	32130.00
ZG6014	木纹金刚石	300*600	207	50	10350.00
ZG6015	希腊爵士白	400*800	231	25	5775.00
ZG6016	负离子生态大理石	600*600	360	38	13680.00
ZG6017	全抛釉玻化砖	600*600	378	50	18900.00

图 3-1

如图 3-2 所示，知道员工各项工资和扣缴保险情况，在 F 列中使用公式"=B2+C2+D2-E2"，可以快速计算出应发工资。

F2 =B2+C2+D2-E2

姓名	基本工资	绩效工资	工龄工资	扣缴保险	应发工资
刘成瑞	2200	2500	120	230	4590
何杰	2500	1700	150	225	4125
魏元地	2500	1000	120	209	3411
汪正洋	2700	1750	200	225	4425
韩学平	2700	685	200	230	3355
张成	2700	980	200	225	3655
邓宏	2700	1200	100	209	3791
杨娜	2500	1098	101	225	3474
邓超超	2500	3560	102	200	5962

图 3-2

3.1.2 使用函数的公式

很多公式中会使用函数来完成特定的计算。运用函数可以简化表达式或完成特定的计算。例如，在如图 3-3 所示的表格中，想要根据销售业绩计算绩效奖金，并且要求当销售业绩小于 50000 时按 5% 给予奖金，当销售业绩大于 50000 时按 8% 给予奖金。此时，必须使用函数才能完成判断并得出计算结果。

D3 =IF(C3<=50000,C3*0.05,C3*0.08)

员工绩效奖金计算表

工号	姓名	销售业绩	绩效奖金
NO.007	焦文全	100600	8048
NO.010	莫云	125900	10072
NO.016	陈建	70800	5664
NO.018	张亚明	90600	7248
NO.020	郝亮	75000	6000
NO.023	吴小华	18500	925
NO.024	刘平	135000	10800
NO.025	韩学平	34000	1700
NO.026	张成	25900	1295
NO.027	邓宏	103000	8240
NO.028	杨娜	18000	900
NO.029	邓超超	48800	2440

图 3-3

专家提示

不使用函数的公式只能完成简单的计算，要想完成特殊的计算或进行较为复杂的数据计算，必须使用函数，如按条件求和、统计数目、数据查找、日期计算等。因此，Excel 程序中提供了很多类型的函数，用以完成各种各样的数据计算与分析。

3.2 公式对数据源的引用

公式的运算少不了对数据源的引用，只有引用了单元格区域进行计算，才能体现出公式计算的灵活性，否则只使用常量进行计算的公式等同于使用计算器，没有意义。在引用数据源计算时可以采用相对引用方式，也可以采用绝对引用方式，还可以引用其他工作表或工作簿中的数据。

3.2.1 引用相对数据源计算

在编辑公式时，当选择某个单元格或单元格区域参与运算时，其默认的引用方式是相对引用，显示为 A1、A3:C3 形式。下面以一个例子来说明使用数据源相对引用方式的情况。

❶ 选中 E2 单元格，在编辑栏中输入公式：

=SUM(B2:D2)

如图 3-4 所示，可以看到公式引用了 B2、C2、D2 单元格的数据源。

E2　=SUM(B2:D2)

	A	B	C	D	E
1	费用类别	1月支出	2月支出	3月支出	一季度总支出
2	广告宣传费	11800	8000	0	19800
3	办公费	10094	5600	6854	
4	业务招待费	4560	5980	8900	
5	差旅费	3873	654	621	
6	低值易耗品购置	2997	321	963	
7	通讯费	2987	346	987	
8	招聘培训费	2500	647	271	

图 3-4

❷ 按 Enter 键即可得到运算结果，将指针移动到 E2 单元格右下角，当呈黑色十字形状时，按住鼠标左键向下拖动复制公式，释放鼠标后，即可显示复制公式后的运算结果，如图 3-5 所示。

	A	B	C	D	E
1	费用类别	1月支出	2月支出	3月支出	一季度总支出
2	广告宣传费	11800	8000	0	19800
3	办公费	10094	5600	6854	22548
4	业务招待费	4560	5980	8900	19440
5	差旅费	3873	654	621	5148
6	低值易耗品购置	2997	321	963	4281
7	通讯费	2987	346	987	4320
8	招聘培训费	2500	647	271	3418

图 3-5

上例通过公式复制的办法实现了批量返回值，下面通过查看公式来理解何为数据源的相对引用。

❶ 选中 E3 单元格，在编辑栏中可以看到公式为“=SUM(B3:D3)”，如图 3-6 所示。

❷ 选中 E5 单元格，在编辑栏中看到公式为“=SUM(B5:D5)”，如图 3-7 所示。

通过对比 E2、E3、E5 单元格的公式可以看到，当向下复制 E2 单元格的公式时，相对引用的数据源也发生了相应的变化，而这正是我们在进行其他费用计算时需要使用的正确公式。在这种情况下，必须要使用相对引用的数据源，让数据源自动发生相对的变化，从而完成批量计算。

E3　=SUM(B3:D3)

	A	B	C	D	E
1	费用类别	1月支出	2月支出	3月支出	一季度总支出
2	广告宣传费	11800	8000	0	19800
3	办公费	10094	5600	6854	22548
4	业务招待费	4560	5980	8900	19440
5	差旅费	3873	654	621	5148
6	低值易耗品购置	2997	321	963	4281
7	通讯费	2987	346	987	4320
8	招聘培训费	2500	647	271	3418

图 3-6

E5　=SUM(B5:D5)

	A	B	C	D	E
1	费用类别	1月支出	2月支出	3月支出	一季度总支出
2	广告宣传费	11800	8000	0	19800
3	办公费	10094	5600	6854	22548
4	业务招待费	4560	5980	8900	19440
5	差旅费	3873	654	621	5148
6	低值易耗品购置	2997	321	963	4281
7	通讯费	2987	346	987	4320
8	招聘培训费	2500	647	271	3418

图 3-7

专家提示

很多时候建立一个公式后，希望通过这个公式完成其他相似的批量运算。比如，在本例中，当建立了第一个求解公式后，其他的求解公式都是通过复制的办法得到的。因此公式的复制是在应用公式过程中的一项最基本和使用最频繁的操作。

3.2.2 引用绝对数据源计算

绝对引用是指把公式移动或复制到其他单元格中，公式的引用位置保持不变。绝对引用的单元格地址前会使用“$”符号，表示“锁定”。添加了“$”符号的就是绝对引用。

❶ 选中 C2 单元格，在编辑栏中输入公式：

=IF($B$2>=30000," 达标 "," 不达标 ")

如图 3-8 所示。

❷ 按 Enter 键即可得到运算结果，将指针移动到 C2 单元格右下角，当呈黑色十字形状时，按住鼠标

左键向下拖动复制公式，释放鼠标后，即可显示复制公式后的运算结果，如图 3-9 所示。

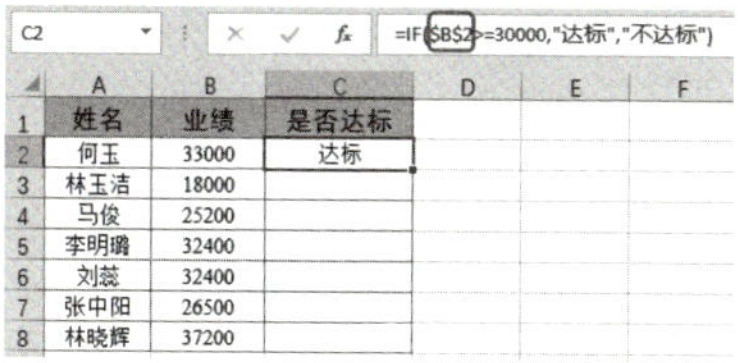

图 3-8

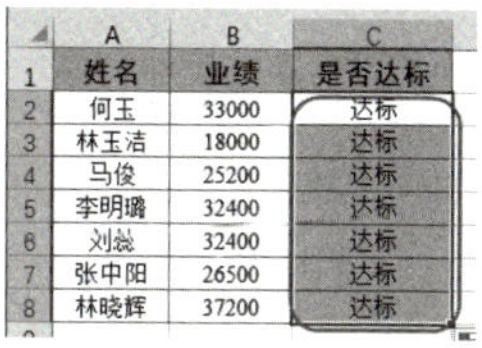

图 3-9

图 3-11

从如图 3-9 所示的返回结果可以看到，因为对 B2 单元格使用了绝对引用，向下复制公式时每个返回值完全相同，这是因为无论将公式复制到哪里，永远是"=IF($B$2>=30000,"达标","不达标")"，所以返回值不会有任何变化。

通过上面的分析，似乎相对引用才是我们需要的引用方式。其实并非如此，绝对引用也有其必须要使用的场合。例如，在如图 3-10 所示的表格中，要根据各位销售员的业绩排名次，首先在 C2 单元格中输入公式"=RANK(B2,B2:B8)"，得出的是第一位销售员的销售业绩，当前单元格中的公式是正确的。

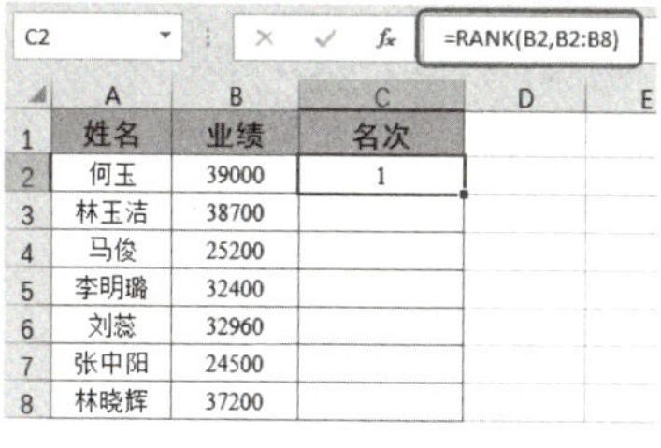

图 3-10

当向下填充公式到 C3 单元格时，得到的就是错误的结果了（因为用于排名的数值区域发生了变化，已经不是整个数据区域），如图 3-11 所示。

继续向下复制公式，可以看到返回的名次都是错的，如图 3-12 所示。

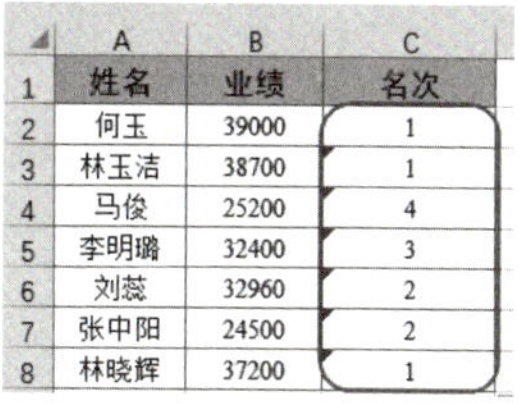

图 3-12

这种情况下，显然 RANK 函数用于排名的数值区域是不能发生变化的，必须对其进行绝对引用。因此将公式更改为"=RANK(B2,$B$2:$B$8)"，然后向下复制公式，即可得到正确的结果，如图 3-13 所示。

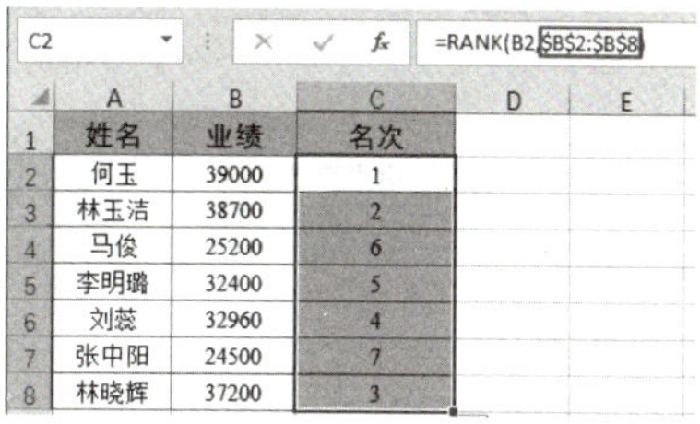

图 3-13

定位任意单元格，可以看到只有相对引用的单元格发生了变化，绝对引用的单元格不发生任何变化，如图 3-14 所示。

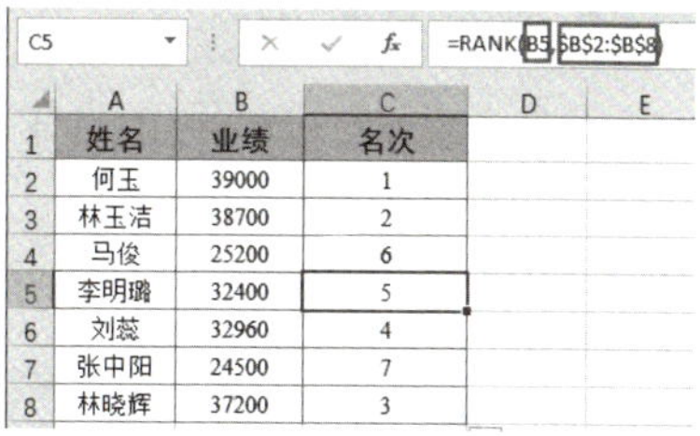

图 3-14

3.2.3 引用其他工作表中的数据计算

当数据分多表管理时，最终进行数据核算时通常要引用多表的数据完成计算或进行数据对比。引用其他工作表中数据的格式为：'工作表名'! 数据源地址。

❶ 选中 C3 单元格，在编辑栏中输入：
=SUM(,

接着按住 Shift 或 Ctrl 键，在工作表标签上单击，将所有要参加计算的工作表选中。如图 3-15 所示，表示"7月销售业绩""8月销售业绩""9月销售业绩"3 张工作表都参与运算。

图 3-15

❷ 单击 C3 单元格，按 Enter 键后，即可计算出"林丽"的季度销售金额，如图 3-16 所示。这个操作表示将"7月销售业绩""8月销售业绩""9月销售业绩"3 张工作表中 C3 单元格的数据累计相加。

图 3-16

专家提示

此处采用同时选中多工作表标签再选中用于计算的单元格区域方式，表示这几个工作表中同一位置上的单元格区域用于计算。如果各个工作表中用于计算的单元格区域不在同一位置，则需要依次进入各工作表中选择需要的单元格区域。

❸ 将指针移动到 C3 单元格右下角，当呈黑色十字形状时，按住鼠标左键向下拖动复制公式，释放鼠标后，即可引用其他工作表中的数据计算出员工的季度销售金额，如图 3-17 所示。

图 3-17

3.3 函数概述

函数是应用于公式中的一个非常重要的元素，有了函数的参与，才可以完成非常复杂的运算，甚至是无法通过手工完成的运算。函数是 Excel 中一项强大的功能，共有 9 大类函数，如数学函数、统计函数、文本函数、查找函数等。不同的函数能解决不同的问题，如计算一组数据的平均值（AVERAGE 函数）、计算贷款分期偿还额（IPMI 函数）、计算固定资产折旧值（SYD 函数）、查找满足条件的值（VLOOKUP 函数）等。在财务数据的处理中经常使用各种函数。

3.3.1 函数的构成

函数的结构以函数名称开始，后面是左圆括号，接着是参数，各参数间使用逗号分隔，参数设置完毕输入右圆括号表示结束。

例如，下面的公式中就使用了一个 IF 函数，其中 IF 是函数名称，B3=0、0、C3/D3 是 IF 函数的 3 个参数。

=IF(B3=0,0,C3/D3)

单一函数不能返回值，函数必须要在公式中使用才有意义，即前面添加"="号。在单元格中直接输入函数，返回的是一个文本而不是计算结果，如图 3-18 所示。

图 3-18

另外，函数的参数设定必须满足此函数的参数规则，否则也会返回错误值。如图 3-19 所示，因为"合格"与"不合格"是文本，应用于公式中时必须要使用双引号，当前未使用双引号，所以参数不符合规则，结果出错。

图 3-19

3.3.2 函数的用法

在函数的使用过程中，参数的设置是关键，可以通过插入函数参数向导学习函数的设置，还可以通过 Excel 内置的帮助功能学习函数的用法。

1. 函数的参数

❶ 选中单元格，在编辑栏中输入：

= 函数名 ()

将光标定位在括号内，此时可以显示出该函数的所有参数，如图 3-20 所示。

图 3-20

❷ 如果想更加清楚地了解每个参数该如何设置，可以单击编辑栏前的"插入函数"按钮 f_x，打开"插入函数"对话框，选择其中的函数，单击"确定"按钮，打开相应的"函数参数"对话框，将光标定位到不同参数的编辑框中，下面会显示对该参数的解释，从而便于初学者正确设置参数，如图 3-21 和图 3-22 所示。

图 3-21

图 3-22

2. 函数的帮助功能

❶ 在编辑栏中单击 f_x 按钮，打开"插入函数"对话框，选中要使用的函数，单击"有关该函数的帮助"超链接，如图 3-23 所示，打开相应函数的帮助窗口。

图 3-23

❷ 在打开的窗口中可以看到该函数的用法与语法，如图 3-24 所示。

图 3-24

3.4 编辑函数的参数

不同的函数能执行不同的计算，同时它们也有着不同的参数规则，只有设置满足规则的参数才能返回正确的计算结果。所以在使用任意一个函数时，首先要了解该函数的用途，并了解其参数的规则。在前两节中已经介绍了函数的基本知识和学习方法，但若要将函数用好，还需要多做多练，这是一个长期积累的过程。

3.4.1 手动输入函数及参数

若对一些函数很熟悉，则可以直接在编辑栏中输入函数名称并按该函数语法逐一设置参数。下面的工作表为各小组销售员的考核成绩表，需要计算平均分，可以手动输入函数名称及参数实现计算。

❶ 将光标定位在 D2 单元格中，输入 "=" 号，再输入函数名称 "AVERAGE("（左括号表示开始进入函数参数的设置），如图 3-25 所示。

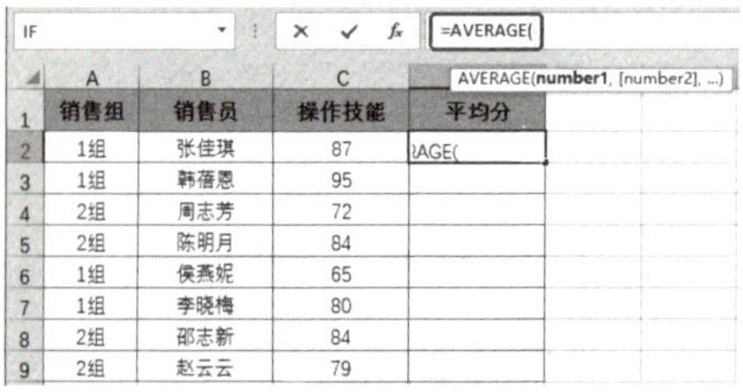

图 3-25

❷ 用鼠标拖动选择 C2:C9 单元格区域，此时可以看到 C2:C9 显示到公式编辑栏中，如图 3-26 所示。

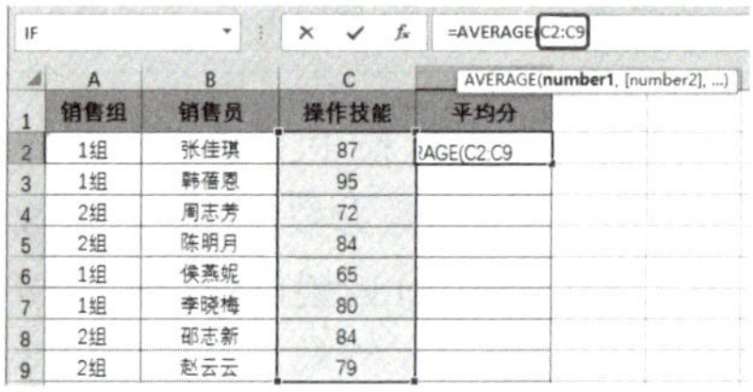

图 3-26

❸ 输入 ")" 表示函数参数设置完成，如图 3-27 所示。按 Enter 键，即可计算出平均分，如图 3-28 所示。

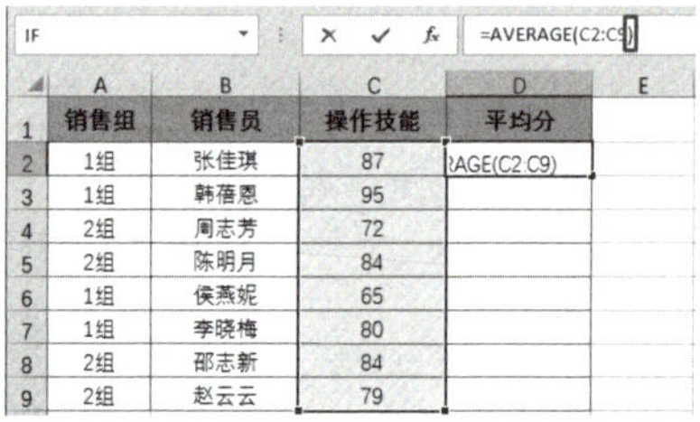

图 3-27

图 3-28

3.4.2 按向导设置参数

若不熟悉函数的用法，更不知该如何设置参数，则可以根据"函数参数"对话框中的提示来逐一设置各个参数。下面的工作表为员工考核成绩表，需要判断每位员工是否合格，下面使用向导来完成此公式的建立。

❶ 选中 C2 单元格，在"公式"选项卡的"函数库"组中单击"插入函数"按钮，如图 3-29 所示。

图 3-29

❷ 打开"插入函数"对话框，在"选择函数"列表框中选择 IF 函数，如图 3-30 所示。单击"确定"按钮，打开"函数参数"对话框。

图 3-30

❸ 将光标定位到第一个参数设置框中，输入"B2>=80"，如图 3-31 所示。

图 3-31

❹ 将光标定位到第二个参数设置框中，输入"合格"，如图 3-32 所示；再将光标定位到第三个参数设置框中，输入"不合格"，如图 3-33 所示。

图 3-32

图 3-33

❺ 单击"确定"按钮返回工作表中，可以看到编辑栏中显示了完整的公式，如图 3-34 所示。注意，如果熟悉该函数的使用方法，则可以按照顺序依次输入各参数，然后按 Enter 键即可。

图 3-34

3.4.3 函数的修改与删除

设置函数后，如果发现设置有误，可以在编辑栏或直接在单元格中修改函数，也可以将不需要的函数删除。

双击公式所在单元格，进入编辑状态后就可以按实际需要修改参数了。在本例的工作表中统计了产品的平均销售额，由于增加了两种产品的销售数据，需要修改参数来重新核算结果。

❶ 双击公式所在的 D2 单元格，进入编辑状态，选中需要修改的部分“B8”，如图 3-35 所示。

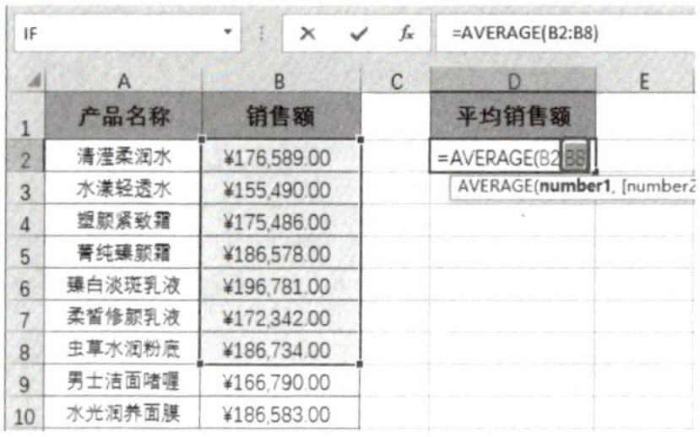

IF | =AVERAGE(B2:B8)

	A	B	C	D	E
1	产品名称	销售额		平均销售额	
2	清滢柔润水	¥176,589.00		=AVERAGE(B2:B8	
3	水漾轻透水	¥155,490.00		AVERAGE(number1, [number2	
4	塑颜紧致霜	¥175,486.00			
5	菁纯臻颜霜	¥186,578.00			
6	臻白淡斑乳液	¥196,781.00			
7	柔皙修颜乳液	¥172,342.00			
8	虫草水润粉底	¥186,734.00			
9	男士洁面啫喱	¥166,790.00			
10	水光润养面膜	¥186,583.00			

图 3-35

❷ 将其修改成“B10”，如图 3-36 所示。然后按 Enter 键，即可修改公式，并重新计算出平均销售额，如图 3-37 所示。

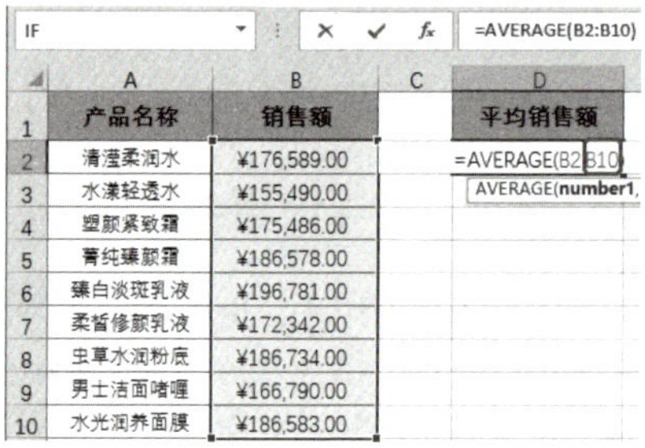

IF | =AVERAGE(B2:B10)

	A	B	C	D
1	产品名称	销售额		平均销售额
2	清滢柔润水	¥176,589.00		=AVERAGE(B2:B10)
3	水漾轻透水	¥155,490.00		AVERAGE(number1,
4	塑颜紧致霜	¥175,486.00		
5	菁纯臻颜霜	¥186,578.00		
6	臻白淡斑乳液	¥196,781.00		
7	柔皙修颜乳液	¥172,342.00		
8	虫草水润粉底	¥186,734.00		
9	男士洁面啫喱	¥166,790.00		
10	水光润养面膜	¥186,583.00		

图 3-36

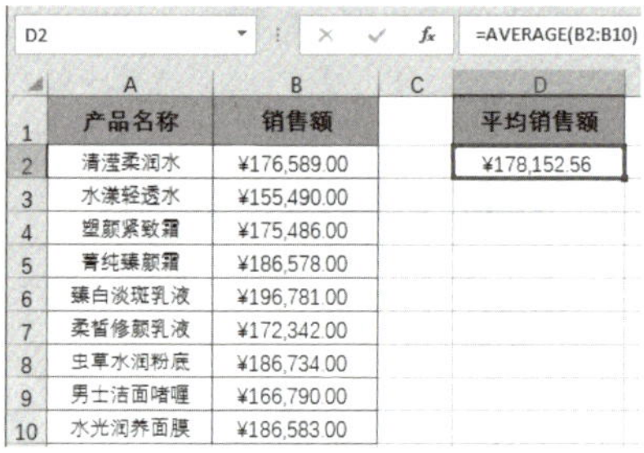

D2 | =AVERAGE(B2:B10)

	A	B	C	D
1	产品名称	销售额		平均销售额
2	清滢柔润水	¥176,589.00		¥178,152.56
3	水漾轻透水	¥155,490.00		
4	塑颜紧致霜	¥175,486.00		
5	菁纯臻颜霜	¥186,578.00		
6	臻白淡斑乳液	¥196,781.00		
7	柔皙修颜乳液	¥172,342.00		
8	虫草水润粉底	¥186,734.00		
9	男士洁面啫喱	¥166,790.00		
10	水光润养面膜	¥186,583.00		

图 3-37

3.5 专项财务函数

Excel 程序中有一个“财务”函数分类，其中包括用来进行财务处理的函数，主要用于金融和财务方面的业务计算，如确定贷款的偿还额、本金额、利息额、投资的未来值或净现值，以及计算固定资产折旧（关于固定资产折旧函数将在第 10 章中进行讲解）等。

3.5.1 计算贷款的每期偿还额

某银行的商业贷款利率为 6.55%，个人在银行贷款 100 万元，分 28 年还清，利用 PMT 函数可以返回每年的偿还金额。

❶ 选中 D2 单元格，在编辑栏中输入公式：=PMT(B1,B2,B3)

❷ 按 Enter 键，返回每年偿还金额，如图 3-38 所示。

D2 | =PMT(B1,B2,B3)

	A	B	C	D
1	贷款年利率	6.55%		每年偿还金额
2	贷款年限	28		(¥78,843.48)
3	贷款总金额	1000000		

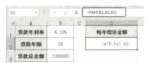

图 3-38

知识扩展

PMT 函数基于固定利率及等额分期付款方式，返回贷款的每期付款额。

PMT(rate,nper,pv,fv,type)

- rate：表示贷款利率。
- nper：表示该项贷款的付款总数。
- pv：表示现值，即本金。
- fv：表示未来值，即最后一次付款后希望得到的现金余额。
- type：指定各期的付款时间是在期初还是期末。若为 0，表示在期末；若为 1，表示在期初。

3.5.2 计算贷款每期偿还额中包含的本金额

使用 PPMT 函数可以计算出每期偿还额中包含的本金额。例如，已知某项贷款的金额、贷款年利率、贷款年限，付款方式为期末付款，现在要计算第一年与第二年的偿还额中包含的本金额。

❶ 选中 B5 单元格，在编辑栏中输入公式：

=PPMT($B$1,1,$B$2,$B$3)

按 Enter 键即可返回第一年的本金额，如图 3-39 所示。

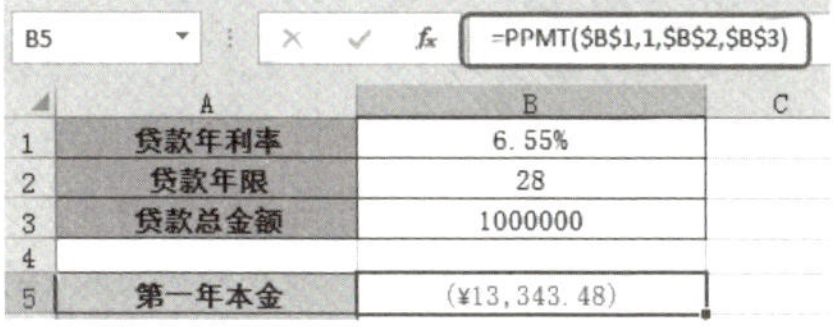

B5 =PPMT($B$1,1,$B$2,$B$3)

	A	B	C
1	贷款年利率	6.55%	
2	贷款年限	28	
3	贷款总金额	1000000	
4			
5	第一年本金	(¥13,343.48)	

图 3-39

❷ 选中 B6 单元格，在编辑栏中输入公式：

=PPMT($B$1,2,$B$2,$B$3)

按 Enter 键即可返回第二年的本金额，如图 3-40 所示。

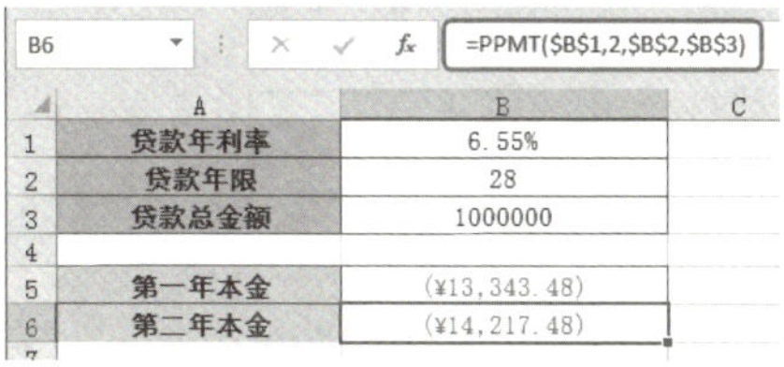

B6 =PPMT($B$1,2,$B$2,$B$3)

	A	B	C
1	贷款年利率	6.55%	
2	贷款年限	28	
3	贷款总金额	1000000	
4			
5	第一年本金	(¥13,343.48)	
6	第二年本金	(¥14,217.48)	

图 3-40

知识扩展

PPMT 函数基于固定利率及等额分期付款方式，返回投资在某一给定期间内的本金偿还额。

- PPMT(rate,per,nper,pv,fv,type)
- rate：表示各期利率。
- per：表示用于计算其利息数额的期数，范围为 1 ～ nper。
- nper：表示总投资期。
- pv：表示现值，即本金。
- fv：表示未来值，即最后一次付款后的现金余额。如果省略 fv，则假设其值为 0。
- type：指定各期的付款时间是在期初还是期末。若为 0，表示在期末；若为 1，表示在期初。

3.5.3 计算贷款每期偿还额中包含的利息额

已知某项贷款的金额、贷款年利率、贷款年限，付款方式为期末付款。要求计算每年偿还金额中的利息额。

❶ 选中 B6 单元格，在编辑栏中输入公式：

=IPMT($B$1,A6,$B$2,$B$3)

❷ 按 Enter 键即可返回第 1 年的利息金额，如图 3-41 所示。

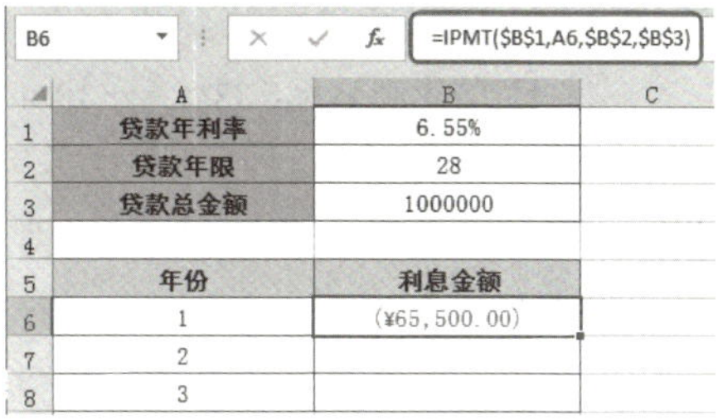

B6 =IPMT($B$1,A6,$B$2,$B$3)

	A	B	C
1	贷款年利率	6.55%	
2	贷款年限	28	
3	贷款总金额	1000000	
4			
5	年份	利息金额	
6	1	(¥65,500.00)	
7	2		
8	3		

图 3-41

❸ 选中 B6 单元格，拖动右下角的填充柄向下复制公式，即可返回各年的利息额，如图 3-42 所示。

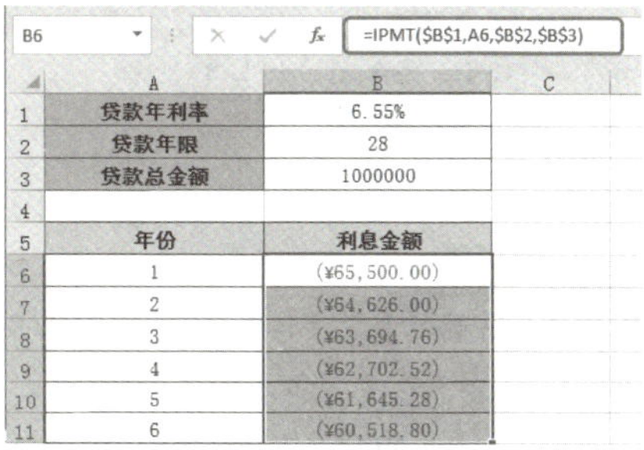

B6 =IPMT($B$1,A6,$B$2,$B$3)

	A	B	C
1	贷款年利率	6.55%	
2	贷款年限	28	
3	贷款总金额	1000000	
4			
5	年份	利息金额	
6	1	(¥65,500.00)	
7	2	(¥64,626.00)	
8	3	(¥63,694.76)	
9	4	(¥62,702.52)	
10	5	(¥61,645.28)	
11	6	(¥60,518.80)	

图 3-42

知识扩展

　　IPMT 函数在固定利率和等额本息还款方式下，返回投资或贷款在某一给定期限内的利息偿还额。

　　IPMT(rate,per,nper,pv,fv,type)
- rate：表示各期利率。
- per：表示用于计算其利息数额的期数，范围为 1～nper。
- nper：表示总投资期。
- pv：表示现值，即本金。
- fv：表示未来值，即最后一次付款后的现金余额。如果省略 fv，则假设其值为 0。
- type：指定各期的付款时间是在期初还是期末。若为 0，表示在期末；若为 1，表示在期初。

3.5.4　计算投资的未来值

　　若某些投资的年利率为 6.38%，分 10 年付款，各期应付金额为 15 000 元，付款方式为期初付款。现在要计算该项投资的未来值，需要使用 FV 函数来实现。

❶ 选中 C5 单元格，在编辑栏中输入公式：
=FV(C1,C2,C3,1)

❷ 按 Enter 键即可计算出该项投资的未来值，如图 3-43 所示。

图 3-43

知识扩展

　　FV 函数基于固定利率及等额分期付款方式，返回某项投资的未来值。

　　FV(rate,nper,pmt,pv,type)
- rate：表示各期利率。
- nper：表示总投资期，即该项投资

的付款期总数。
- pmt：表示各期所应支付的金额。
- pv：表示现值，即从该投资开始计算时已经入账的款项，或一系列未来付款的当前值的累积和，也称为本金。
- type：数字 0 或 1（0 表示付款时间为期末，1 表示付款时间为期初）。

3.5.5　计算投资的投资期数

　　例如，某项投资的回报率为 7.18%，每月需要投资的金额为 10 000 元，想最终获取 100 000 元的收益。现在要计算需要经过多少期的投资才能实现，可以使用 NPER 函数。

❶ 选中 B4 单元格，在编辑栏中输入公式：
=NPER(A2/12,B2,C2)

❷ 按 Enter 键即可计算出要取得预计的收益金额需要投资的总期数（约为 10 个月），如图 3-44 所示。

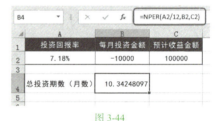

图 3-44

专家提示

　　NPER 函数基于固定利率及等额分期付款方式，返回某项投资（或贷款）的总期数。

　　NPER(rate,pmt,pv,fv,type)
- rate：表示各期利率。
- pmt：表示各期所应支付的金额。
- pv：表示现值，即本金。
- fv：表示未来值，即最后一次付款后希望得到的现金余额。
- type：指定各期的付款时间是在期初还是期末。若为 0，表示在期末；若为 1，表示在期初。

3.6 其他用于财务运算的公式范例

在日常财务工作中，除了使用专用的财务函数，更多的时候还需要使用其他函数来进行财务数据的处理、运算、统计等，如进行求和计算、求平均值计算、数据匹配查找等。

3.6.1 根据员工的职位和工龄调整工资

IF 函数是典型的条件判断函数，也是最常用的函数之一，本例中要根据员工的职位与工龄两个条件判断是否进行调薪，具体要求为：职位是“研发员”并且工龄达到 5 年的员工工资增加 1000 元，否则保持不变。

❶选中 E2 单元格，在编辑栏中输入公式：

=IF(AND(B2=" 研发员 ",C2>=5),D2+1000," 不变 ")

❷按 Enter 键，即可得出员工“何志新”的调薪情况，如图 3-45 所示。

E2 | =IF(AND(B2="研发员",C2>=5),D2+1000,"不变")

	A	B	C	D	E	F	G
1	姓名	职位	工龄	基本工资	调薪后		
2	何志新	设计员	1	4000	不变		
3	周志鹏	研发员	3	5000			
4	夏楚奇	会计	5	3500			
5	周金星	设计员	4	5000			
6	张明宇	研发员	5	4500			
7	赵思飞	测试员	4	3500			

图 3-45

❸选中 E2 单元格，拖动右下角的填充柄向下复制公式，即可实现批量获取各员工的调薪情况，如图 3-46 所示。

	A	B	C	D	E
1	姓名	职位	工龄	基本工资	调薪后
2	何志新	设计员	1	4000	不变
3	周志鹏	研发员	3	5000	不变
4	夏楚奇	会计	5	3500	不变
5	周金星	设计员	4	5000	不变
6	张明宇	研发员	5	4500	5500
7	赵思飞	测试员	4	3500	不变
8	韩佳人	研发员	6	6000	7000
9	刘莉莉	测试员	8	5000	不变
10	吴世芳	研发员	6	5000	6000

图 3-46

知识扩展

1. IF 函数

IF 函数是 Excel 中最常用的函数之一，它根据指定的条件来判断其“真”(TRUE)、“假”(FALSE)，从而返回相对应的内容。

2. AND 函数

当所有的条件均为“真”(TRUE)时，AND 函数返回的运算结果为“真”(TRUE)；反之，返回的运算结果为“假”(FALSE)。

3. 本例公式解析

=IF(AND(B2=" 研发员 ",C2>=5), D2+1000, " 不变 ")

①　②

①判断 B2=“研发员”与 C2>=5 这两个条件是否同时满足。

②如果同时满足，则返回 D2+1000 的结果，否则返回“不变”。

3.6.2 判断是否本月的应收账款

本例中表格对公司往来账款的应收账款进行了统计，现在需要快速找到本月的账款。

❶选中 D2 单元格，在编辑栏中输入公式：

=IF(MONTH(C2)=MONTH(TODAY())," 本月 ","")

❷按 Enter 键，即可根据 C2 单元格中的账款日期判断出是否本月的账款，如图 3-47 所示。

D2 | =IF(MONTH(C2)=MONTH(TODAY()),"本月","")

	A	B	C	D	E
1	款项编码	金额	账款日期	是否是本月账款	
2	KC-RE001	¥ 22,000.00	2020/12/24		
3	KC-RE012	¥ 25,000.00	2020/12/27		
4	KC-RE021	¥ 39,000.00	2021/1/25		
5	KC-RE114	¥ 85,700.00	2021/1/27		
6	KC-RE015	¥ 62,000.00	2021/4/8		
7	KC-RE054	¥124,000.00	2021/4/19		
8	KC-RE044	¥ 58,600.00	2021/2/12		
9	KC-RE011	¥ 8,900.00	2021/4/27		
10	KC-RE012	¥ 78,900.00	2021/3/15		

图 3-47

❸ 选中 D2 单元格，拖动右下角的填充柄向下复制公式，即可实现批量判断本月的账款，如图 3-48 所示。

图 3-48

知识扩展

1. MONTH 函数

MONTH 函数用于提取一个日期中的月份数。

2. TODAY 函数

TODAY 函数用于返回当前的系统日期。

3. 本例公式解析

=IF(MONTH(C2)=MONTH(TODAY()),
　　　①　　　　　②
"本月","")
　　　　　③

① 返回 C2 中日期的月份数。

② 先用 TODAY 函数返回当前日期，再用 MONTH 函数返回其月份数。

③ 如果①与②相等，返回"本月"，否则返回空值。

3.6.3 判断应收账款是否到期

本例要求根据到期日期判断各项应收账款是否到期，此处约定超过开票日期 90 天为到期。

❶ 选中 D2 单元格，在编辑栏中输入公式：
=IF(TODAY()-C2>90," 到期 "," 未到期 ")

❷ 按 Enter 键，即可根据 C2 单元格中的开票日期计算出应收款是否到期，如图 3-49 所示。

❸ 选中 D2 单元格，拖动右下角的填充柄向下

复制公式，即可批量得出各项应收款是否到期，如图 3-50 所示。

图 3-49

图 3-50

知识扩展

本例公式解析
=IF(TODAY()-C2>90," 到期 "," 未到期 ")
　　　　①　　　　　　②

① 用当前日期减去 C2 单元格中日期，判断差值是否大于 90。

② 如果①步结果为真，返回"到期"，否则返回"未到期"。

3.6.4 计算应收账款的逾期天数

本例要求根据各项应收账款的发票日期与账期（按日），建立公式判断应收账款是否到期，如果到期，则计算出逾期天数。

❶ 选中 F2 单元格，在编辑栏中输入公式：
=IF(TODAY()-C2>E2,TODAY()-C2-E2,"")

❷ 按 Enter 键，即可得出第一笔应收账款的逾期天数，如图 3-51 所示。

图 3-51

❸ 选中 F2 单元格，拖动右下角的填充柄向下复制公式，即可实现批量获取每位客户的逾期天数，如图 3-52 所示。

图 3-52

> **知识扩展**
>
> 本例公式解析
> =IF(TODAY()-C2>E2,TODAY()-C2-E2,"")
>   ①   ②
>
> ①判断当前日期与 C2 中日期的差值是否大于 E2 中的账期。
> ②如果①步结果为真，则计算当前日期减去发票日期再减去账期，得到的结果是逾期天数。

3.6.5 计算固定资产已使用月数

固定资产统计时经常要根据已使用的月数来计提折旧，而已使用的月数可以通过固定资产统计表中的新增日期来计算。

❶ 选中 D2 单元格，在编辑栏中输入公式：
=DATEDIF(C2,TODAY(),"m")

❷ 按 Enter 键，即可根据 C2 单元格中的新增日期计算出第一项固定资产已使用月数，如图 3-53 所示。

图 3-53

❸ 选中 D2 单元格，拖动右下角的填充柄向下复制公式，即可实现批量计算各固定资产的已使用月数，如图 3-54 所示。

图 3-54

> **知识扩展**
>
> **1. DATEDIF 函数**
>
> DATEDIF 函数用于计算两个日期之间的年数、月数和天数。其参数可以简单描述为：
>
> = DATEDIF（❶起始日期,❷终止日期,❸返回值类型）
>
> 这里要着重说一下第 3 个参数，它用于指定函数的返回值类型，共有 6 种设定。
>
> • "Y" 返回两个日期值间隔的整年数。
> • "M" 返回两个日期值间隔的整月数。
> • "D" 返回两个日期值间隔的天数。
> • "MD" 返回两个日期值间隔的天数（忽略日期中的年和月）。
> • "YM" 返回两个日期值间隔的月数

（忽略日期中的年和日）。

- "YD" 返回两个日期值间隔的天数（忽略日期中的年）。

2. 本例公式解析

=DATEDIF(C2,TODAY(),"m")

公式中指定第 3 个参数为 "m"，表示返回两个日期相差的月数。

3.6.6 按仓库名称统计库存量的月报表

在下面的库存记录表中，要求建立各仓库库存总量的统计报表。对于类似这样想通过一个公式完成多项求解需求的，都需要将判断条件以单元格引用的方式写入公式，所以在求解前需要在空白区域中建立引用标识。

❶ 在表格的空白处建立报表的标识，即各个仓库的名称，如图 3-55 所示。

	A	B	C	D	E	F	G	H
1	商品编码	仓库名称	商品名称	规格	包装规格	商品类别	色号	本月库存
2	WJ3606B	北城B仓	全瓷负离子中板下墙	300*600	11*	瓷片	S2	1015
3	WJ3608B	北城B仓	全瓷负离子中板下墙	300*600	11*	瓷片	T01	907
4	WJ3608C	北城B仓	全瓷负离子中板下墙	300*600	11*	瓷片	S1	518
5	WJ3610C	北城B仓	全瓷负离子中板下墙	300*600	11*	瓷片	S1	177
6	WJ8868	东城仓	希腊爵士白	800*800	2*	大理石	5	89
7	WJ8869	东城仓	希腊爵士白	800*800	2*	大理石	6	231
8	WJ8870	东城仓	希腊爵士白	800*800	2*	大理石	8	592
9	WJ8871	东城仓	希腊爵士白	800*800	2*	大理石	7	636
10	WJ8872	东城仓	希腊爵士白	800*800	2*	大理石	1	608
11	WJ8873	东城仓	希腊爵士白	800*800	2*	大理石	4	10
12	WJ8874	东城仓	希腊爵士白	800*800	2*	大理石	3	38
13	Z8G031	临玉加工厂仓库	金刚石	800*800	3*	抛釉砖	A52	612
14	Z8G031	北城A仓	金刚石	800*800	3*	抛釉砖	A05	156
15	Z8G032	临玉加工厂仓库	金刚石	800*800	3*	抛釉砖	A55	587
16	Z8G033	西城仓	金刚石	800*800	3*	抛釉砖	A53	25
17	Z8G034	北城A仓	金刚石	800*800	3*	抛釉砖	A52	380
18	Z8G036	北城A仓	金刚石	800*800	3*	抛釉砖	A53	191
19	Z8G037	北城A仓	金刚石	800*800	3*	抛釉砖	A51	372
20	ZG6011	西城仓	生态大理石	600*600	4*	抛釉砖	E6	32
21	ZG6012	西城仓	生态大理石	600*600	4*	抛釉砖	15A	1396
22	ZG6013	西城仓	生态大理石	600*600	4*	抛釉砖	4A	133
23	ZG6014	西城仓	生态大理石	600*600	4*	抛釉砖	20A	819
24	ZG6015	西城仓	生态大理石	600*600	4*	抛釉砖	1A	1083
25	ZG6016	西城仓	生态大理石	600*600	4*	抛釉砖	1A	817
26	ZG6017	西城仓	生态大理石	600*600	4*	抛釉砖	5A	274
27	ZG63010	东城仓	喷墨瓷片	300*600	9*	瓷片	3	691

	J	K
1	10月份各仓库存量统计表	
2	仓库名称	本期总库存
3	西城仓	
4	临玉加工厂仓库	
5	建材商城仓库	
6	东城仓	
7	北城B仓	
8	北城A仓	

图 3-55

❷ 选中 K3 单元格，在编辑栏中输入公式：

=SUMIF($B$2:$B$57,J3,$H$2:$H$57)

按 Enter 键，即可统计出"西城仓"的总库存，如图 3-56 所示。

K3 =SUMIF($B$2:$B$57,J3,$H$2:$H$57)

	A	B	C	D	E	F	G	H
1	商品编码	仓库名称	商品名称	规格	包装规格	商品类别	色号	本月库存
2	WJ3606B	北城B仓	全瓷负离子中板下墙	300*600	11*	瓷片	S2	1015
3	WJ3608B	北城B仓	全瓷负离子中板下墙	300*600	11*	瓷片	T01	907
4	WJ3608C	北城B仓	全瓷负离子中板下墙	300*600	11*	瓷片	S1	518
5	WJ3610C	北城B仓	全瓷负离子中板下墙	300*600	11*	瓷片	S1	177
6	WJ8868	东城仓	希腊爵士白	800*800	2*	大理石	5	89
7	WJ8869	东城仓	希腊爵士白	800*800	2*	大理石	6	231
8	WJ8870	东城仓	希腊爵士白	800*800	2*	大理石	8	592
9	WJ8871	东城仓	希腊爵士白	800*800	2*	大理石	7	636
10	WJ8872	东城仓	希腊爵士白	800*800	2*	大理石	1	608
11	WJ8873	东城仓	希腊爵士白	800*800	2*	大理石	4	10
12	WJ8874	东城仓	希腊爵士白	800*800	2*	大理石	3	38
13	Z8G031	临玉加工厂仓库	金刚石	800*800	3*	抛釉砖	A52	612
14	Z8G031	北城A仓	金刚石	800*800	3*	抛釉砖	A05	156
15	Z8G032	临玉加工厂仓库	金刚石	800*800	3*	抛釉砖	A55	587

	J	K
1	10月份各仓库存量统计表	
2	仓库名称	本期总库存
3	西城仓	8290
4	临玉加工厂仓库	
5	建材商城仓库	
6	东城仓	
7	北城B仓	
8	北城A仓	

图 3-56

❸ 选中 K3 单元格，将指针定位到右下角，向下填充公式到 K8 单元格中，分别得到其他仓库的总库存，如图 3-57 所示。当前图中显示的是 K4 单元格的公式，可以看到只有第 2 个参数发生变化，即判断条件发生

变化，其他参数都不变。

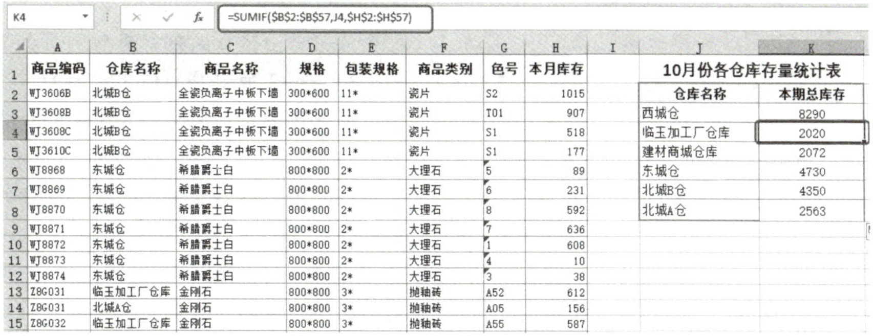

K4 =SUMIF($B$2:$B$57,J4,$H$2:$H$57)

商品编码	仓库名称	商品名称	规格	包装规格	商品类别	色号	本月库存
WJ3606B	北城B仓	全瓷负离子中板下墙	300*600	11*	瓷片	S2	1015
WJ3608B	北城B仓	全瓷负离子中板下墙	300*600	11*	瓷片	T01	907
WJ3608C	北城B仓	全瓷负离子中板下墙	300*600	11*	瓷片	S1	518
WJ3610C	北城B仓	全瓷负离子中板下墙	300*600	11*	瓷片	S1	177
WJ8868	东城仓	希腊爵士白	800*800	2*	大理石	5	89
WJ8869	东城仓	希腊爵士白	800*800	2*	大理石	6	231
WJ8870	东城仓	希腊爵士白	800*800	2*	大理石	8	592
WJ8871	东城仓	希腊爵士白	800*800	2*	大理石	7	636
WJ8872	东城仓	希腊爵士白	800*800	2*	大理石	1	608
WJ8873	东城仓	希腊爵士白	800*800	2*	大理石	4	10
WJ8874	东城仓	希腊爵士白	800*800	2*	大理石	3	38
Z8G031	临玉加工厂仓库	金刚石	800*800	3*	抛釉砖	A52	612
Z8G031	北城A仓	金刚石	800*800	3*	抛釉砖	A05	156
Z8G032	临玉加工厂仓库	金刚石	800*800	3*	抛釉砖	A55	587

10月份各仓库存量统计表

仓库名称	本期总库存
西城仓	8290
临玉加工厂仓库	2020
建材商城仓库	2072
东城仓	4730
北城B仓	4350
北城A仓	2563

图 3-57

知识扩展

1. SUMIF 函数

SUMIF 函数可以先进行条件判断，然后对满足条件的数据区域进行求和。其参数可以简单描述为：

= SUMIF(❶ 用于条件判断的区域，❷ 求和条件，❸ 用于求和的单元格区域)

其中第 2 个参数是求和条件，它可以是数字、文本、单元格引用或表达式等。如果是文本，必须使用双引号。

2. 本例公式解析

=SUMIF($B$2:$B$57,J3,$H$2:$H$57)

公式表示先判断 $B$2:$B$57 单元格区域中与 J3 单元格中名称相同的单元格，然后将所有找到的对应于 $H$2:$H$57 单元格区域上的值取出，并进行求和运算。

专家提示

在进行公式复制时，$B$2:$B$57 和 $H$2:$H$57 这两部分单元格区域始终是不能改变的，所以必须使用绝对引用方式；而此公式中只有 J3 单元格这个条件是需要改变的，所以使用相对引用方式。这里灵活运用了关于单元格的不同引用方式。

3.6.7 建立按品类统计的销售月报表

由于数据的存在样式多种多样，对于不同的数据表现形式，在进行数据计算时要采取不同的应对方式。例如，在下面的表格中，商品名称都包含商品的品类，但并未建立单独的列表管理品类。这时要想按品类来统计销售额，则可以借助通配符来实现。

通配符中包括问号（？）和星号（*）。问号匹配任意单个字符，星号匹配任意一串字符。

❶ 在表格的空白处建立报表标识，即各种不同的商品的品类，如图 3-58 所示。

❷ 选中 F2 单元格，在编辑栏中输入公式：

=SUMIF($A$2:$A$24,E2&"*",$C$2:$C$24)

按 Enter 键即可统计出所有手工曲奇类商品的总销售金额，如图 3-59 所示。

图 3-58

> **专家提示**
>
> 在设计上述公式时有两个注意要点。
>
> （1）关于通配符的使用，因为"手工曲奇"算一个分类，其又分为不同的口味，所以在后面使用"*"来匹配不同的口味。
>
> （2）因为想建立按各个品类统计的销售月报表，不但要匹配"手工曲奇"，还要匹配"马蹄酥""伏苓糕"等，因此要使用相对引用单元格的方式来写入参数，同时要使用"&"符号与通配符相连接。

图 3-59

❸ 选中 F2 单元格，向下填充公式到 F5 单元格中，分别得到其他品类商品的总销售金额，如图 3-60 所示。

图 3-60

3.6.8 返回指定部门的最高工资

本例表格统计了服装车间与鞋包车间工人的实发工资，要求分别将两个车间中的最高工资找出来并显示具体工资数额。

❶ 选中 G2 单元格，在编辑栏中输入公式：
=MAXIFS($D$2:$D$14,$B$2:$B$14,F2)

❷ 按 Enter 键，即可得出"服装车间"的最高工资，如图 3-61 所示。

图 3-61

❸ 选中 G2 单元格，拖动右下角的填充柄向下复制公式到 G3，即可得到"鞋包车间"的最高工资，如图 3-62 所示。

图 3-62

图 3-63

知识扩展

1. MAXIFS 函数

MAXIFS 函数返回一组给定条件或标准指定的单元格中的最大值。其参数可以简单描述为：

= MAXIFS (❶确定最大值的单元格区域，❷条件判断的单元格区域，❸判断条件)

2. 本例公式解析

=MAXIFS($D$2:$D$14,$B$2:$B$14,F2)

在 $B$2:$B$14 单元格区域中判断与 F2 中车间名相同的单元格，然后将所有找到的对应于 $D$2:$D$14 单元格区域上的值取出，并求出最大值。

3.6.9 核算临时工的实际工作天数并计算工资

假设企业在某一段时间雇用了一批临时工，现在需要对他们的工资进行核算。要进行此项计算，最重要的是对实际工作天数进行核算，这时需要使用 NETWORKDAYS 函数。本例假设临时工日工资为 220 元。

❶ 选中 D3 单元格，在编辑栏中输入公式：
=NETWORKDAYS(B3,C3,$G$3)

❷ 按 Enter 键，即可根据员工"高子轩"的开始日期与结束日期计算出其工作日数，如图 3-63 所示。

❸ 选中 D3 单元格，拖动右下角的填充柄向下复制公式，即可根据每位人员的开始日期与结束日期计算出其工作日数，如图 3-64 所示。

图 3-64

❹ 选中 E3 单元格，在编辑栏中输入公式：
=D3*220

❺ 按 Enter 键，即可得出员工"高子轩"的工资核算，然后向下复制公式，即可得出每位员工的工资核算，如图 3-65 所示。

图 3-65

知识扩展

1. NETWORKDAYS 函数

NETWORKDAYS 函数返回两个日期间的工作日数。其参数可以简单描述为：

= NETWORKDAYS (❶起始日期，❷终止日期，❸节假日)

2. 本例公式解析

=NETWORKDAYS(B3,C3,$G$3)

返回 B3 与 C3 中两个日期间的工作日数，计算时排除 G3 单元格中指定的法定假日。

3.6.10 扣除预支后实际报销给付核算

本例给出每位销售员的预支记录表（见图 3-66）和实际报销统计表，要求对扣除预支后的实际报销给付金额进行核算。

❶ 在“报销支付表”中选中 C3 单元格，在编辑栏中输入部分公式“=VLOOKUP(A3,”，如图 3-67 所示。

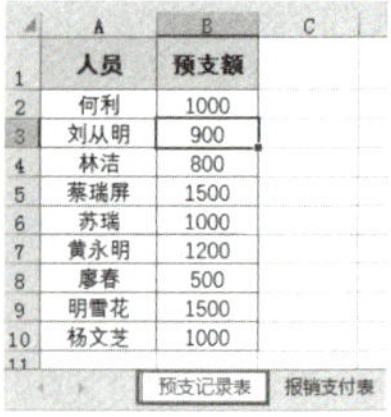

人员	预支额
何利	1000
刘从明	900
林洁	800
蔡瑞屏	1500
苏瑞	1000
黄永明	1200
廖春	500
明雪花	1500
杨文芝	1000

图 3-66

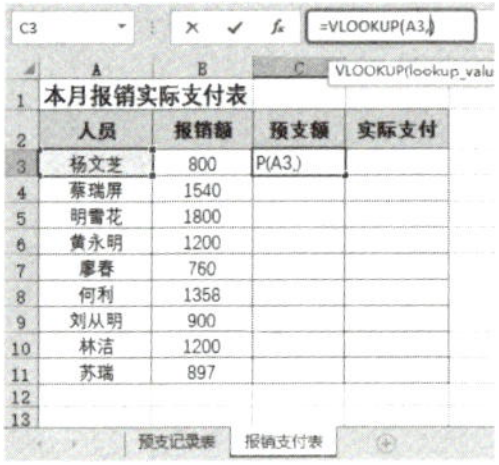

=VLOOKUP(A3,

本月报销实际支付表

人员	报销额	预支额	实际支付
杨文芝	800	P(A3,)	
蔡瑞屏	1540		
明雪花	1800		
黄永明	1200		
廖春	760		
何利	1358		
刘从明	900		
林洁	1200		
苏瑞	897		

图 3-67

❷ 切换到“预支记录表”中，选中单元格区域，如图 3-68 所示。

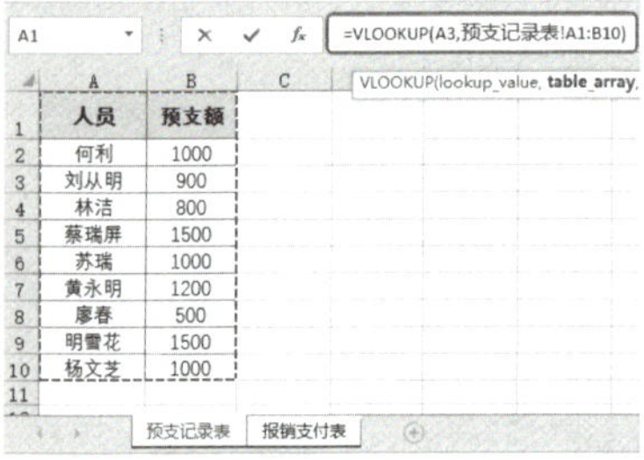

=VLOOKUP(A3,预支记录表!A1:B10)

人员	预支额
何利	1000
刘从明	900
林洁	800
蔡瑞屏	1500
苏瑞	1000
黄永明	1200
廖春	500
明雪花	1500
杨文芝	1000

图 3-68

❸ 切换回“报销支付表”中，将公式补充完整。注意，在“预支记录表”中的引用区域要改为绝对引用方式：

=VLOOKUP(A3, 预支记录表 !$A$1:$B$10,2, FALSE)

❹ 按 Enter 键，即得出“杨文芝”的预支额，如图 3-69 所示。

❺ 选中 C3 单元格，拖动右下角的填充柄向下复制公式，即可得出所有人员的预支额，如图 3-70 所示。

❻ 选中 D3 单元格，在编辑栏中输入公式“=B3-C3”，按 Enter 键后向下复制公式，计算出实际支付金额。正值表示实际支付金额，负值表示预支金额超过报销金额，如图 3-71 所示。

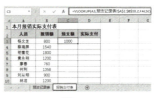

=VLOOKUP(A3,预支记录表!$A$1:$B$10,2,FALSE)

本月报销实际支付表

人员	报销额	预支额	实际支付
杨文芝	800	1000	
蔡瑞屏	1540		
明雪花	1800		
黄永明	1200		
廖春	760		
何利	1358		
刘从明	900		
林洁	1200		

图 3-69

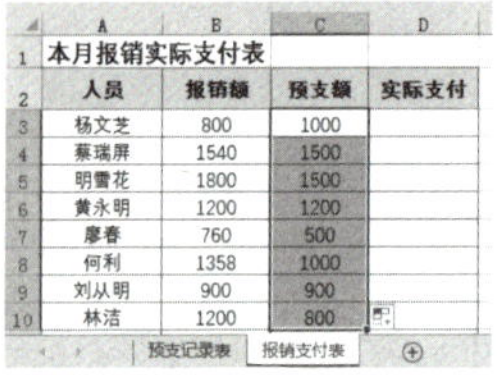

本月报销实际支付表

人员	报销额	预支额	实际支付
杨文芝	800	1000	
蔡瑞屏	1540	1500	
明雪花	1800	1500	
黄永明	1200	1200	
廖春	760	500	
何利	1358	1000	
刘从明	900	900	
林洁	1200	800	

图 3-70

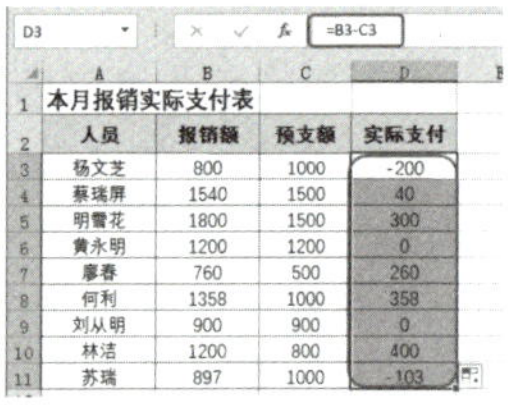

=B3-C3

本月报销实际支付表

人员	报销额	预支额	实际支付
杨文芝	800	1000	-200
蔡瑞屏	1540	1500	40
明雪花	1800	1500	300
黄永明	1200	1200	0
廖春	760	500	260
何利	1358	1000	358
刘从明	900	900	0
林洁	1200	800	400
苏瑞	897	1000	-103

图 3-71

知识扩展

1. VLOOKUP 函数

VLOOKUP 函数在表格或数值数组的首列查找指定的数值，并由此返回表格或数组当前行中指定列处的值。其参数可以简单描述为：

=VLOOKUP（❶ 要查找的值，❷ 用于查找的区域，❸ 指定要返回哪一列上的值）

2. 本例公式解析

=VLOOKUP(A3, 预支记录表 !$A$1:$B$10, 2,FALSE)

在“预支记录表”中 A1:B10 单元格区域的首列，即在 A 列中查找与“报销支付表”A3 单元格中指定的相同的人员。找到后返回对应在第 2 列上的值，即“预支额”这一列上的值。这里注意“预支记录表 !$A$1:$B$10”要使用绝对引用，因为建立的公式需要向下复制批量使用，而查找的区域是完全不变的。

第4章 财务部门日常工作实用表单

财务部门在日常工作中需要各种各样的表单，如费用支出报销单、费用预算单、记账凭证、日记账等。Excel 是创建表单的"高手"，只要规划好表格的用途及包含的项目，都可以在 Excel 中创建，用于打印、资料保存、统计分析等。

- ☑ 会议费用支出报销单
- ☑ 业务招待费用报销明细表
- ☑ 差旅费支出申请表
- ☑ 差旅费报销单
- ☑ 通用记账凭证表单
- ☑ 日记账表单

4.1 会议费用支出报销单

会议费用支出报销单用于报销时填写举办会议产生的相关费用,包含多个项目,如会议名称、会议时间、会议地点、会议费用的各项明细等。该表是财务部门常用的工作表单,如图4-1所示。

图4-1

4.1.1 创建表格框架

在创建表格时,首先要根据表格的用途规划好其该包含的项目,待输入各项目内容后调整表格的结构,同时对标题文本进行特殊化设置,以提升表格的整体视觉效果。

❶建立新工作表,输入规划好的项目,如图4-2所示。

图4-2

❷选中A1:D1单元格,在"开始"选项卡的"对齐方式"组中单击"合并后居中"按钮,接着依次设置标题文字的字体、字号,并选择加粗字体,如图4-3所示。

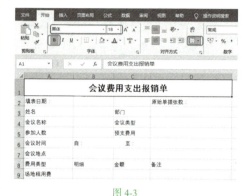

图4-3

❸对表格中所有需要合并的单元格区域进行合并,方法是首先选中目标单元格区域,在"开始"选项卡的"对齐方式"组中单击"合并后居中"按钮,如图4-4所示。

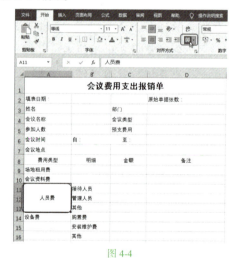

图4-4

4.1.2 设置表格边框底纹

Excel 2019默认显示的网格线是用于辅助单元格编辑的,实际上这些线条并不存在(打印预览状态下可以看到）。编辑表格后，如果想打印使用，需要为编辑区域添加边框。另外，为了美化表格，增强表达效果，特定区域的底纹设置也是很常用的一项操作。

❶ 选中 A3:D19 单元格区域，在"开始"选项卡的"对齐方式"组中单击对话框启动器按钮，如图 4-5 所示。

> **专家提示**
>
> 如果想设置不同样式的内外边框，则可以先设置好外边框想用的样式和颜色，单击"外边框"应用；再设置内边框想用的样式和颜色，单击"内部"应用。

❸ 设置完成后，单击"确定"按钮，即可看到边框的效果，如图 4-7 所示。

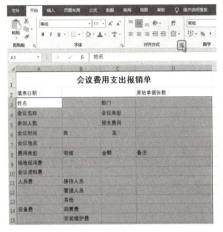

图 4-5

❷ 打开"设置单元格格式"对话框，选择"边框"选项卡，在"样式"列表框中选择线条样式，在"颜色"下拉列表框中选择要使用的线条颜色，在"预置"栏中单击"外边框"和"内部"按钮，即可将设置的线条样式和颜色同时应用到表格内外边框中，如图 4-6 所示。

图 4-7

❹ 选中要设置底纹色的单元格区域，在"开始"选项卡的"字体"组中单击"填充颜色"下拉按钮 ，在弹出的下拉列表中选择一种填充色，鼠标指针指向时可预览，单击即可应用，如图 4-8 所示。

图 4-6

图 4-8

❺ 对于一些需要特殊显示的区域也可以设置字体放大、加粗显示，如图 4-9 所示。

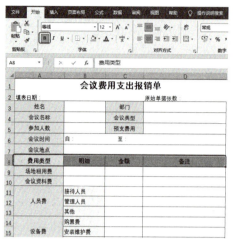

图 4-9

4.2 业务招待费用报销明细表

业务招待费用包括餐饮费、住宿费、礼品和娱乐活动支出等。对于业务招待费，一般实行"预先申请，据实报销"的管理方式，即业务招待费发生前要先提出申请，待相关部门审核通过后方可安排，紧急情况下经口头请示同意后可进行业务招待，但事后要履行审批手续，否则财务部门不予报销。如图 4-10 所示为建立的业务招待费用报销明细表范例。

图 4-10 图 4-11

4.2.1 表头区域特殊化设计

表格的表头经特殊化的设计后，可以清晰地区分标题与表格内容，同时提升表格的整体视觉效果。

❶ 建立新工作表，输入拟订的基本数据，选中 A1:J1 单元格区域，在"开始"选项卡的"对齐方式"组中单击"合并后居中"按钮，接着依次设置标题文字的字体、字号，并选择加粗字体，如图 4-11 所示。

❷ 选中 A2:J2 单元格区域，在"开始"选项卡的"对齐方式"组中单击"合并后居中"按钮，接着在"对齐方式"组中单击"左对齐"按钮，如图 4-12 所示。这个操作可以让 A2:J2 单元格区域合并，但内容并不居中。

❸ 在合并后的区域中定位光标并输入数据，注意每个项目间使用多个空格隔开，如图 4-13 所示。

❹ 选中一部分空格区域，在"开始"选项卡的"字体"组中单击"下划线"按钮，如图 4-14 所示，可以看到显示了用于填写的下画线。

图 4-12

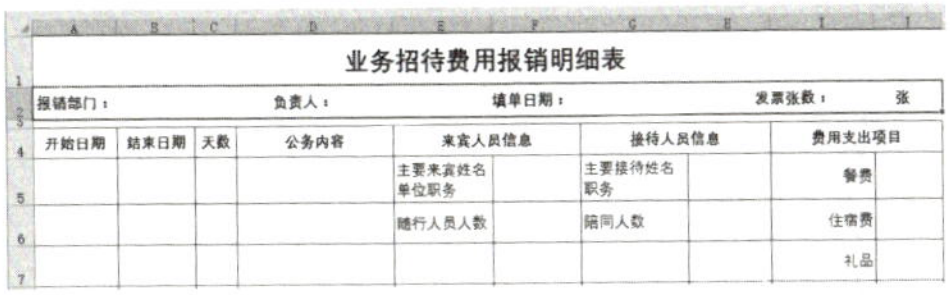

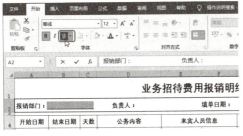

图 4-13

图 4-14

❺ 选中 A4:J4 的列标识区域，在"开始"选项卡的"字体"组中单击"填充颜色"下拉按钮，可以选择一种填充色，让标识更加醒目，如图 4-15 所示。

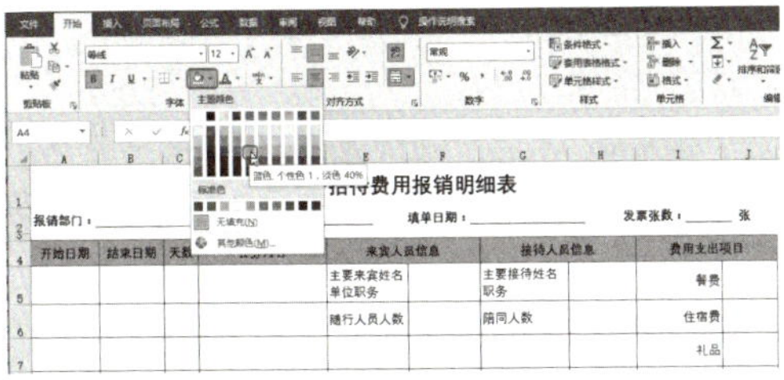

图 4-15

4.2.2 建立求和公式

如果表格作为电子表格使用，可以建立求解报销总金额的公式。

❶ 选中 J9 单元格，在"公式"选项卡的"函数库"组中单击"自动求和"按钮，如图 4-16 所示。

图 4-16

❷ 拖动选择参与运算的数据区域，如图 4-17 所示。

图 4-17

❸ 按 Enter 键即可完成公式的建立。

❹ 选中显示金额数据的单元格区域，在"开始"选项卡的"数字"组中单击"数字格式"下拉按钮，在弹出的下拉列表中选择"会计专用"，即可为选定的单元格区域设置会计数字格式，如图 4-18 所示。

图 4-18

4.3 差旅费预支申请表

费用预支申请表是企业中常用的一种财务单据,是预支费用前所要填写的一种表单。根据不同的费用类型,有差旅费预支申请表、培训费预支申请表等。由于企业性质或个人设计思路不同,差旅费预支申请表在框架结构上也会稍有不同,但一般包括基本信息、出差目的以及各项出差费用明细列表等。如图 4-19 所示为建立的差旅费预支申请表范例。

图 4-21 所示。

图 4-20

图 4-19

4.3.1 设置填表提醒

表格创建过程中首先需要对表格进行格式调整,此过程在前两节中已做讲解,此处省略。下面通过数据验证功能实现填表提醒,本表中的预支总额数据都是根据公式自动计算的,为了防止他人误填金额,可以使用数据验证设置文字提示。

❶ 选中 B12 和 E21 单元格,在"数据"选项卡的"数据工具"组中单击"数据验证"按钮,如图 4-20 所示。

❷ 打开"数据验证"对话框,在"输入信息"选项卡中,根据实际情况输入提示信息文字,如

图 4-21

❸ 单击"确定"按钮返回表格,此时当选中 B12 单元格时,其下方显示提示文字,如图 4-22 所示。

图 4-22

4.3.2 设置数值显示为会计专用格式

本例需要为表格中填写金额的单元格设置会计专用格式。在设计财务报表时，经常需要使用会计专用数字格式。

❶ 选中 B12 单元格和 E15:E21 单元格区域，在"开始"选项卡的"数字"组中选择"数字格式"下拉按钮，在打开的下拉列表中选择"会计专用"，如图 4-23 所示。

图 4-23

❷ 此时在这些单元格内输入数字时，会自动转为会计专用数字格式，效果如图 4-24 所示。

图 4-24

4.3.3 预支申请费用合计计算

在差旅费预支申请表中，可以使用 SUM 函数对各项预支费用进行求和运算，得到总预支费用。

❶ 选中 E21 单元格，在编辑栏中输入公式：=SUM(E15:E20)

按 Enter 键即可得到合计金额（由于没有填写各项费用，所以返回 0），如图 4-25 所示。

图 4-25

❷ 选中 B12 单元格，在编辑栏中输入公式：=E21

按 Enter 键即可得到预支总额，如图 4-26 所示。

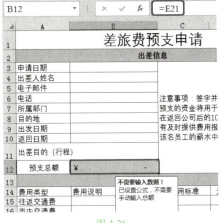

图 4-26

4.4 差旅费报销单

差旅费报销单是企业中常用的一种财务单据，是在差旅费用报销前对各项明细数据进行记录的表单。由于企业性质或个人设计思路不同，其框架结构也会稍有不同，但一般包括报销项目、金额，以及提供相应的原始单据等。如图4-27所示为建立的差旅费报销单范例。

图4-27

4.4.1 创建差旅费报销单

创建表格前要根据企业的实际情况规划好差旅费报销单包含的项目，可以在稿纸上对表格进行粗略规划。创建过程中需要对表格进行格式调整，如为标题添加下画线是制作财务报表的一种常用操作。另外，还有设置特殊区域的底纹色、竖排文字等。

❶新建工作表，将其重命名为"差旅费报销单"，选中A1单元格并输入标题文字，在"开始"选项卡的"字体"组中单击 按钮，打开"设置单元格格式"对话框。依次设置标题的字体、字形、字号，单击"下划线"右侧的下拉按钮，在弹出的下拉列表中选择"会计用单下划线"，如图4-28所示。

图4-28

❷单击"确定"按钮，即可看到添加下画线的标题效果，如图4-29所示。

图4-29

❸将拟订的项目输入表格中，然后对需要合并的单元格区域进行合并，表格的基本框架如图4-30所示。

图4-30

❹按住Ctrl键不放，依次选中要设置底纹的单元格或单元格区域，在"开始"选项卡的"字体"组中单击"填充颜色"右侧的下拉按钮，在其下拉列表中选择填充色，如图4-31所示。

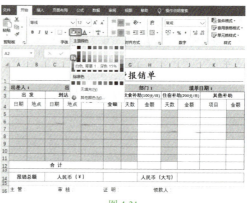

图4-31

❺选中M2:M14单元格区域，先进行"合并后居中"处理，然后输入文字"附单据　张"，保持选中状态，在"开始"选项卡的"对齐方式"组中单击"方向"按钮，在弹出的下拉菜单中选择"竖排文字"命令，如图4-32所示，即可实现文字的竖向显示，如图4-33所示。

图 4-32

图 4-33

4.4.2 设置数据验证

通过设置数据验证可以实现对单元格中输入的数据从内容到范围进行限制，或设置选中时显示输入提醒。因为制作完成的差旅费报销单需要分发到各个部门投入使用，所以通过数据验证功能实现选中单元格时给出输入提示是非常必要的。

❶ 选中 A5:A11 和 C5:C11 单元格区域，在"数据"选项卡的"数据工具"组中单击"数据验证"按钮，如图 4-34 所示。

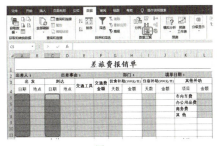

图 4-34

❷ 打开"数据验证"对话框，在"设置"选项卡中，单击"允许"右侧的下拉按钮，在弹出的下拉列表中选择"日期"选项，在"数据"下拉列表中选择"介于"选项，并设置"开始日期"与"结束日期"，如图 4-35 所示。

图 4-35

❸ 选择"输入信息"选项卡，选中"选定单元格时显示输入信息"复选框，在"输入信息"文本框中输入"请规范填写。示例 2020/3/5"，如图 4-36 所示。

图 4-36

❹ 选择"出错警告"选项卡，选中"输入无效数据时显示出错警告"复选框，在"样式"下拉列表中选择"警告"选项，并在"错误信息"文本框中输入"请规范填写。示例 2020/3/5"，如图 4-37 所示。单击"确定"按钮，完成数据验证。

图 4-37

❺ 返回到工作表中，选中设置了数据验证的单元格，会立刻出现提醒，如图4-38所示。

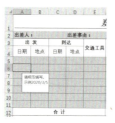

图 4-38

❻ 按住 Ctrl 键，依次选中 F12、H12、J12、L12、F14 和 J14 单元格，在"数据"选项卡的"数据工具"组中单击"数据验证"按钮，如图4-39所示。

图 4-39

❼ 打开"数据验证"对话框，选择"输入信息"选项卡，在"输入信息"文本框中输入"无需填写，公式自动计算"，单击"确定"按钮，完成数据验证，如图4-40所示。

图 4-40

❽ 返回到工作表中，单击 H12 单元格，即出现输入提醒，如图4-41所示。

图 4-41

4.4.3 报销金额自动求和计算

差旅费报销单中的金额计算包括两项，一是根据伙食补助的天数与住宿补助的天数计算补助金额，二是计算各项合计金额及总合计金额，都可以使用 SUM 函数来建立公式。

❶ 选中 H5 单元格，在编辑栏中输入公式：
=G5*100

按 Enter 键即可根据伙食补助的天数计算补助金额，如图4-42所示。

图 4-42

❷ 选中 J5 单元格，在编辑栏中输入公式：
=I5*200

按 Enter 键即可根据住宿补助的天数计算补助金额，如图4-43所示。

图 4-43

❸ 选中 F12 单元格，建立求和公式为：

=SUM(F5:F11)

如图 4-44 所示；选中 H12 单元格，建立求和公式为：

=SUM(H5:H11)

如图 4-45 所示；选中 J12 单元格，建立求和公式为：

=SUM(J5:J11)

如图 4-46 所示；选中 L12 单元格，建立求和公式为：

=SUM(L5:L11)

如图 4-47 所示。

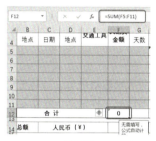

图 4-44

图 4-45

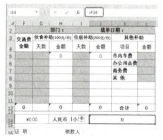

图 4-46

❹ 在 F14 单元格设置求和公式为：

=F12+H12+J12+L12

建立起计算总金额的公式，如图 4-48 所示。当输入数据时，所有设置了公式的单元格就会自动计算。

图 4-47

图 4-48

4.4.4 实现大写金额的自动填写

在完成金额的核算后往往需要向单据中填写大写金额，而在 Excel 中可以通过单元格格式的设置实现大写金额的自动填写。

❶ 选中 J14 单元格，在编辑栏中输入公式：

=F14

如图 4-49 所示。

图 4-49

❷ 按 Enter 键得到结果，在"开始"选项卡的"数字"组中单击 按钮，如图 4-50 所示。

❺ 如图 4-53 所示，当根据实际情况填写差旅费报销单中的相关费用时，J14 单元格中的金额会自动计算并显示。

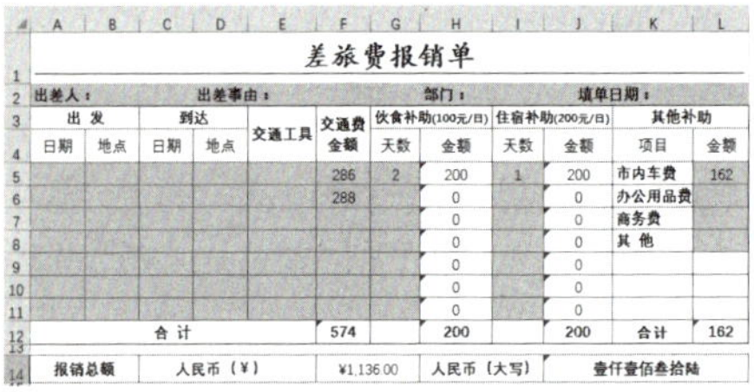

图 4-50

❸ 打开"设置单元格格式"对话框，在"分类"列表框中选择"特殊"选项，在"类型"列表框中选择"中文大写数字"选项，单击"确定"按钮，如图 4-51 所示。

图 4-53

4.4.5 设置表格除填写区域外其他区域不可编辑

本例要实现的效果是：只有表格中需要填写的灰色的区域允许编辑，除此之外的其他单元格区域都不能被编辑，也不能被选择。可以利用保护工作表功能实现这种效果。

❶ 按住 Ctrl 键依次拖动选取灰色单元格区域（需要填写的区域），然后右击，在弹出的快捷菜单中选择"设置单元格格式"命令，如图 4-54 所示。

图 4-51

❹ 返回到工作表中，即可看到原先的数字 0 变成了中文"零"，如图 4-52 所示。

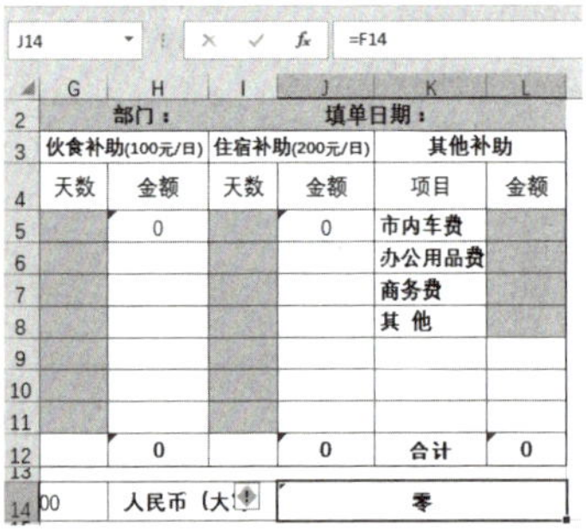

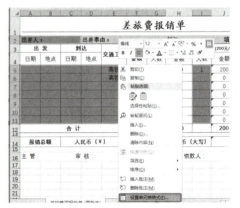

图 4-54

❷ 打开"设置单元格格式"对话框，选择"保护"选项卡，取消选中"锁定"复选框，如图 4-55 所示。

❸ 单击"确定"按钮，回到工作表中，在"审阅"选项卡下的"保护"组中单击"保护工作表"按钮，如图 4-56 所示。

图 4-52

图 4-55

❺单击"确定"按钮,打开"确认密码"对话框,在"重新输入密码"文本框中再次输入密码。单击"确定"按钮,完成操作。此时返回工作表中,可以看到灰色单元格区域是可编辑状态,如图 4-58 所示;而其他区域都不能进行编辑,甚至无法选中,如图 4-59 所示。

图 4-56

❹打开"保护工作表"对话框,在"取消工作表保护时使用的密码"文本框中输入密码,然后在下面的列表框中选中"选定解除锁定的单元格"复选框,取消选中其他复选框,如图 4-57 所示。

图 4-58

图 4-59

图 4-57

专家提示

此项操作的原理是,工作表的保护只对锁定了的单元格有效。因此,首先取消对整张表的锁定,然后设置只锁定需要保护的部分单元格区域,最后执行保护工作表的操作,其保护操作只对这一部分单元格有效。

4.5 公司日常运营费用预算及支出比较表

根据不同企业需求,有时需要制作日常运营费用预算,并记录当期的实际支出费用,按月填写,期末可进行总结统计并做出分析,从而合理控制每月费用支出。例表如图 4-60 所示。

图 4-60

此表的创建过程较为简单,在建立了第一张表格后,其他各月的表格可以复制完成,同时再建立一张本期的统计表,如季末统计表、半年统计表、年末统计表等。本例中以季末统计表为例,介绍如何在统计表中建立公式进行合计统计并做数据比较。

❶ 按单月比较表的格式创建"期末统计表",需要对列标识稍加修改,如图 4-61 所示。

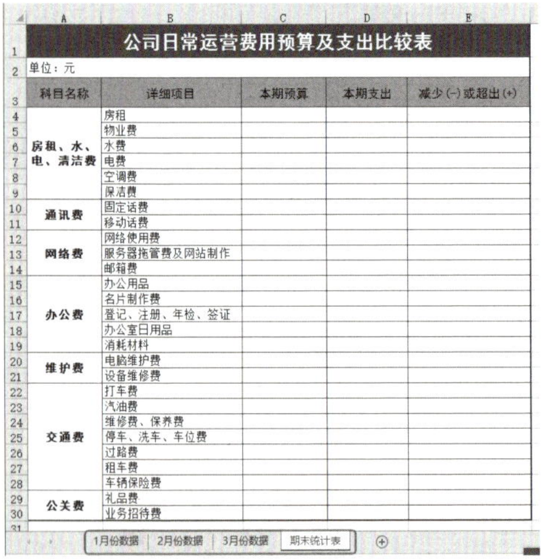

图 4-61

❷ 首先来完成统计表中公式的建立。在"期末统计表"中,选中 C4 单元格,在"公式"选项卡的"函数库"组中单击"自动求和"按钮,插入求和函数,如图 4-62 所示。

图 4-62

❸ 在"1月份数据"工作表标签上单击,按住 Shift 键不放,再在"3月份数据"工作表标签上单击,表示这 3 张工作表都参与运算,如图 4-63 所示。单击 C4 单元格,按 Enter 键后,即可计算出"房租"这个项目的本期预算总额,如图 4-64 所示。如果有更多的表格,操作也是一样的,凡是选中的工作表的 C4 单元格都参与计算。

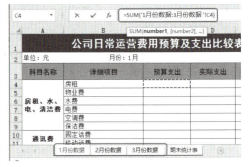

图 4-63

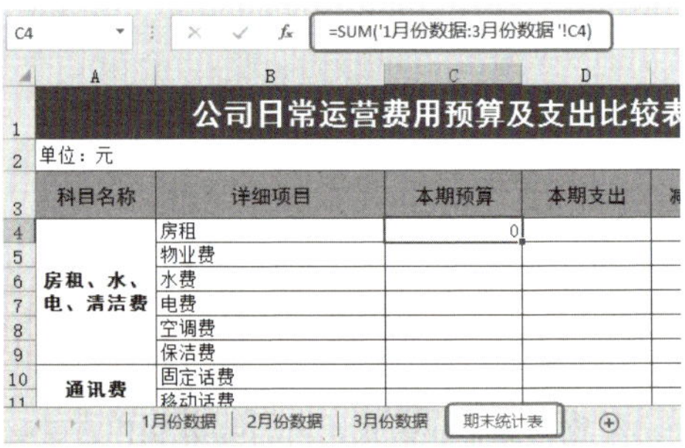

图 4-64

❹ 选中 C4 单元格,将鼠标指针指向右下角的填充柄,向右拖动至 D4 单元格,如图 4-65 所示。

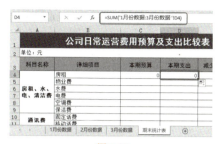

图 4-65

❺ 选中 E4 单元格，在编辑栏中输入公式：

=D4-C4

按 Enter 键，计算出差值，如图 4-66 所示。

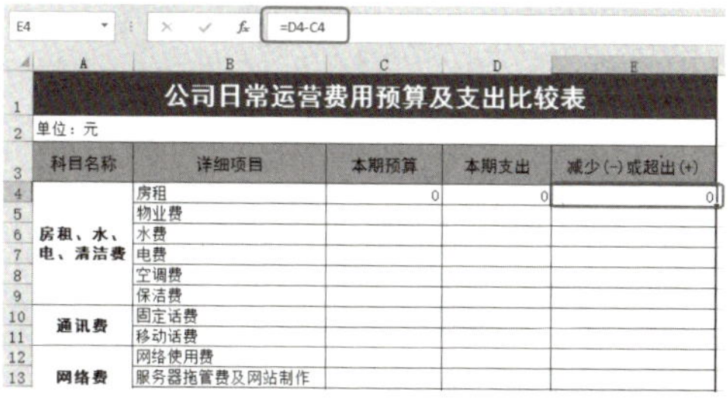

图 4-66

❻ 选中 C4:E4 单元格区域，将鼠标指针指向右下角的填充柄，向下拖动批量复制公式，如图 4-67 所示。

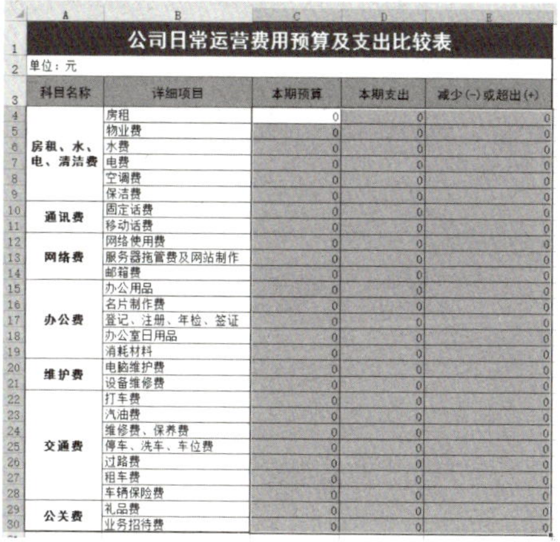

图 4-67

❼ 假设表格中已经按实际情况记录了数据，“期末统计表”中的数据则可以自动核算并计算出差值，如图 4-68 所示。

公司日常运营费用预算及支出比较表

单位：元

科目名称	详细项目	本期预算	本期支出	减少(-)或超出(+)
房租、水、电、清洁费	房租	120000	120000	0
	物业费	5000	5000	0
	水费	500	452	-48
	电费	2000	2092	92
	空调费	0	0	0
	保洁费	1000	1096	96
通讯费	固定话费	1000	2200	1200
	移动话费	5000	6420	1420
网络费	网络使用费	1200	1500	300
	服务器拖管费及网站制作	500	500	0
	邮箱费	0	0	0
办公费	办公用品	1000	2650	1650
	名片制作费	500	260	-240
	登记、注册、年检、签证	0	0	0
	办公室日用品	1000	803.5	-196.5
	消耗材料	50000	40200	-9800
维护费	电脑维护费	1000	0	-1000
	设备维修费	2000	6350	4350
交通费	打车费	600	400	-200
	汽油费	5000	6520	1520
	维修费、保养费	2000	0	-2000
	停车、洗车、车位费	2000	1860	-140
	过路费	5000	2360	-2640
	租车费	2000	0	-2000
	车辆保险费	0	0	0
公关费	礼品费	5000	6850	1850
	业务招待费	25000	36500	11500

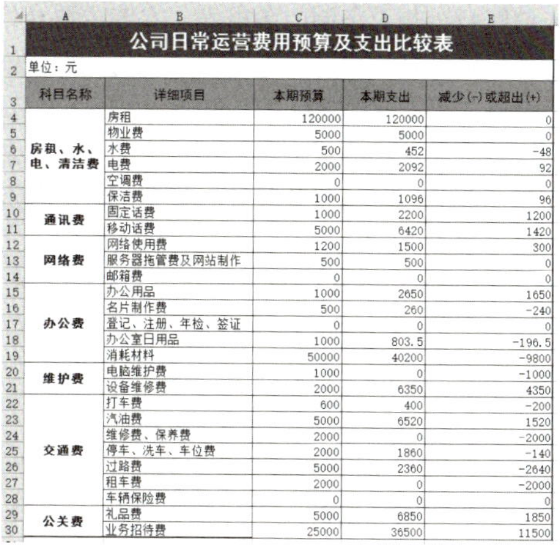

图 4-68

❽ 选中 C4:E30 单元格区域，在“开始”选项卡的“数字”组中单击“数字格式”下拉按钮，在打开的下拉列表中选择“会计专用”，即可将选定单元格区域的数字变成会计数字格式，如图 4-69 所示。

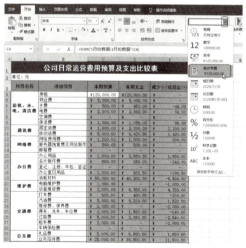

图 4-69

4.6 通用记账凭证表单

记账凭证是根据经审核确认为真实、完整和合法的原始凭证来进行填制的。在 Excel 中可以首先制作记账凭证表单，每当有经济业务发生时，都需要填写此表单，然后将这些表单的数据汇总到一张 Excel 表中，则可以进行本期月末的账目处理及编制财务报表。本节主要介绍创建记账凭证表单的操作，关于如何填制记账凭证将在第 6 章中进行详细介绍。

最常用的记账凭证是通用记账凭证，可用于填制收款凭证或付款凭证。记账凭证必须具备以下基本内容：

- 记账凭证的名称。
- 填制单位的名称。
- 填制凭证的日期和编号。
- 经济业务的简要说明。
- 会计科目的名称和金额。
- 所附原始凭证和汇总原始凭证的张数。
- 填制、审核、记账和会计主管等有关人员的签名或盖章。

所以在设计表单时，无论结构如何，都必须包含以上内容。

❶ 新建工作表，将其重命名为"通用记账凭证"。在表格中输入通用记账凭证的各项元素，主要包括"凭证号""科目代码""科目名称""借方金额""贷方金额"等，如图 4-70 所示。

图 4-70

❷ 选中表格中数据区域的外围区域，在"开始"选项卡的"字体"组中单击"填充颜色"下拉按钮，选择"水绿色"填充色，如图 4-71 所示；接着选中数据区域，单击"填充颜色"下拉按钮，选择"白色"填充色，如图 4-72 所示。

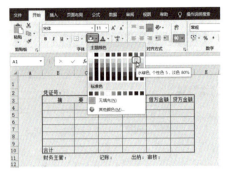

图 4-71

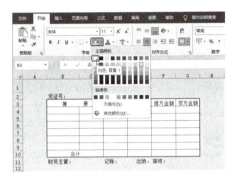

图 4-72

❸ 选中 C2 单元格，在"开始"选项卡的"数字"组中单击"数字格式"下拉按钮，在下拉列表中选择"文本"，如图 4-73 所示。设置为文本格式的目的是可以在 C2 单元格中输入以 0 开头的凭证号，如图 4-74 所示。

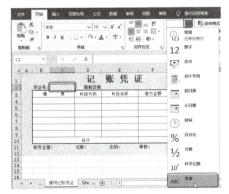

图 4-73

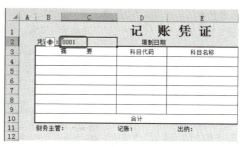

图 4-74

4.7 日记账表单

日记账通常称为序时账，主要用于按照时间的先后顺序记录经济业务，以保持会计资料的连续性与完整性。因此当一笔经济业务发生时，除了登记记账凭证，还需要登记日记账。日记账分为现金日记账与银行存款日记账。

4.7.1 现金日记账表单

现金日记账是专门记录现金收付业务的特种日记账。本节介绍建立日记账表单的方法，第6章讲解如何进行日记账的登记。

❶ 新建工作簿，单击"保存"按钮，将保存文件名设置为"日记账"。在Sheet1工作表标签上双击，进入文字编辑状态，重新输入名称为"现金日记账"。

❷ 输入表名"现金日记账"，建立如图4-75所示的列标识，并进行简易格式设置。

图 4-75

4.7.2 银行存款日记账表单

银行存款日记账是专门记录银行收付业务的特种日记账，它反映了银行存款的增减变化及其结果。此表格可以复制前面建立的"现金日记账"表单，稍加修改即可。

❶ 在"现金日记账"工作表标题上单击,按住 Ctrl 键不放,按住鼠标左键向右拖动,待鼠标指针变成 样式(见图 4-76),释放鼠标即可快速完成对"现金日记账"工作表的复制,如图 4-77 所示。

图 4-76

图 4-77

❷ 将"现金日记账(2)"重命名为"银行存款日记账",将表格标题更改为"银行存款日记账",如图 4-78 所示。

图 4-78

专家提示

　　无论是现金日记账还是银行存款日记账,都是根据实际经济业务的发生情况填制的。而利用 Excel 处理账务时,则可以根据审核无误的记账凭证来自动生成现金日记账与银行存款日记账。当然,这需要借助于强大的函数来建立表格间的关联,实现数据的相互引用。在第 6 章将会讲解日记账的填制,同时对公式进行透彻的分析,让每位读者都能读懂公式,进而会用公式。

第5章 公司办公费用支出管理

企业日常办公中会产生众多费用，必须建立表格对支出数据进行管理，在期末时需要对这些数据进行总结分析，由此派生出很多统计分析报表，用于辅助企业做出预算、规划和决策。因此，在 Excel 中管理支出数据非常重要。

- ☑ 日常费用支出明细表
- ☑ 由日常费用支出明细表派生的各统计报表
- ☑ 实际支出与预算比较表

5.1 日常费用支出明细表

日常费用支出表是企业常用的一种财务表单，用于记录公司日常费用的明细数据。表格中应当包含费用支出部门、费用类别名称、费用支出总额等项目。根据日常费用支出表，可以延伸建立各费用类别支出统计表、各部门费用支出统计表等。

5.1.1 建立日常费用支出统计表

创建日常费用支出统计表前要根据企业的实际情况规划好表格包含的项目。对于需要手工填写的数据必须手工认真填写，而对于"费用类别"和"产生部门"两列数据，因为只有几个可供选择的选项，因此可以设置数据验证，实现通过序列选择输入。费用类别一般包括差旅费、餐饮费、会务费、办公用品费用等，可以根据实际情况定义费用类别名称。

❶ 新建工作表，将其重命名为"日常费用统计表"。为表格的编辑区域设置边框，并输入已知的数据，如图 5-1 所示。

图 5-1

❷ 在表格的空白区域输入所有费用类别名称。

❸ 选中 C 列，在"数据"选项卡的"数据工具"组中单击"数据验证"下拉按钮，如图 5-2 所示。

❹ 在弹出的下拉菜单中选择"数据验证"命令，打开"数据验证"对话框，在"允许"下拉列表框中选择"序列"选项，然后单击"来源"文本框右侧的拾取器按钮，进入数据拾取状态，如图 5-3 所示。

图 5-2

图 5-3

❺ 拖动鼠标选取表格中的 H8:H18 单元格区域，单击右侧的拾取器按钮（见图 5-4），返回"数据验证"对话框，即可看到来源拾取的区域，如图 5-5 所示。

❻ 切换至"输入信息"选项卡，在"输入信息"文本框中输入"从下拉列表选择费用类别名称"（见图 5-6），单击"确定"按钮，完成数据验证的设置。单击"费用类别"列任意单元格右侧的下拉按钮，即可在弹出的下拉列表中选择费用类别，如图 5-7 所示。

图 5-4

图 5-5

图 5-6

图 5-7

❼ 由于费用的产生部门是根据公司的实际部门来设定填写的,也只有固定的几个选项,因此可以按相同的方法设置"产生部门"列的可选择输入序列,如图 5-8 所示。

图 5-8

5.1.2 建立指定类别费用支出明细表

建立"日常费用支出统计表"后,如果只想查看指定类别费用的支出明细,可以应用数据的筛选功能来建立明细表。本例筛选出费用类别为"差旅费"的所有支出记录,从而建立差旅费支出明细表。

❶ 选中 A4:F4 单元格区域,在"数据"选项卡的"排序和筛选"组中单击"筛选"按钮,如图 5-9 所示,即可为表格添加自动筛选按钮。

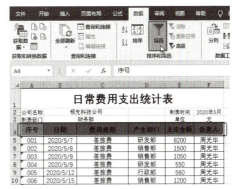

图 5-9

❷ 单击"费用类别"列右侧的筛选按钮,在弹出的下拉列表中取消选中"全选"复选框,再单独选中"差旅费"复选框,如图 5-10 所示。

第 5 章 公司办公费用支出管理

85

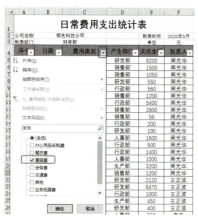

图 5-10

专家提示

由于工作表的 2、3 行都用于制作表头，因此程序无法自动识别列标识。在这种情况下，无论是进行筛选还是建立数据透视表的操作，必须先准确选中数据区域，即选中列标识及以下数据，再执行操作命令。

❸ 此时，“差旅费”的所有支出记录被筛选出来。选中所有筛选出的数据区域，按 Ctrl+C 组合键执行复制，如图 5-11 所示。

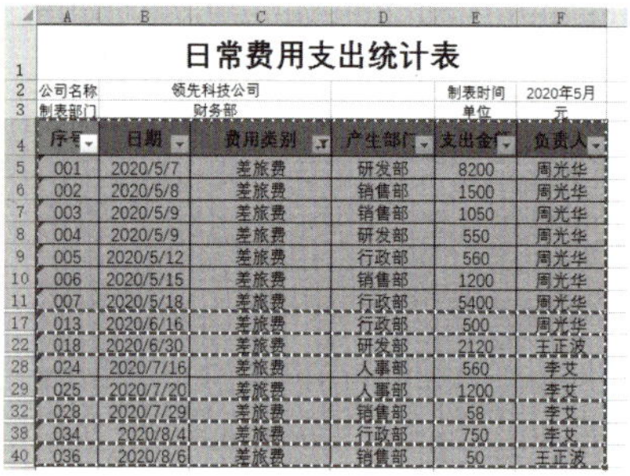

图 5-11

❹ 打开新工作表，单击 A2 单元格，按 Ctrl+V 组合键执行粘贴，然后为表格添加标题，如“差旅费支出明细表”，效果如图 5-12 所示。

差旅费支出明细表

序号	日期	费用类别	产生部门	支出金额	负责人
001	2020/5/7	差旅费	研发部	8200	周光华
002	2020/5/8	差旅费	销售部	1500	周光华
003	2020/5/9	差旅费	销售部	1050	周光华
004	2020/5/9	差旅费	研发部	550	周光华
005	2020/5/12	差旅费	行政部	560	周光华
006	2020/5/15	差旅费	销售部	1200	周光华
007	2020/5/18	差旅费	行政部	5400	周光华
013	2020/6/16	差旅费	行政部	500	周光华
018	2020/6/30	差旅费	研发部	2120	王正波
024	2020/7/16	差旅费	人事部	560	李艾
025	2020/7/20	差旅费	人事部	1200	李艾
028	2020/7/29	差旅费	销售部	58	李艾
034	2020/8/4	差旅费	行政部	750	李艾
036	2020/8/6	差旅费	销售部	50	王正波

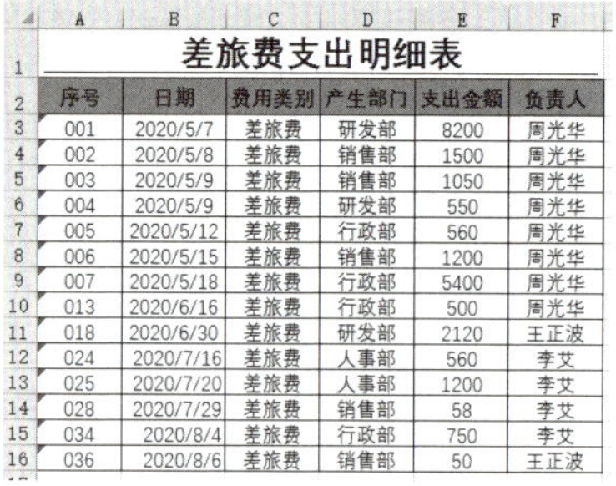

图 5-12

5.2 按日常费用明细表建立统计报表

根据 5.1 节中创建的“日常费用支出统计表”，可以使用数据透视表功能对企业某一时期的费用支出情况进行统计分析，如各费用类别支出汇总、各部门费用支出统计、各月费用支出统计等，从而建立各种统计报表。

5.2.1 各费用类别支出统计报表

利用数据透视表，可以将“日常费用支出统计表”中的数据按照各费用类别进行合计统计。插入数据透视表后，可以通过添加相应字段到指定列表区域，按照费用类别对表格中的支出金额进行汇总统计。

❶ 选中表格数据区域，在“插入”选项卡的“表格”组中单击“数据透视表”按钮（见图 5-13），打开“创建数据透视表”对话框。

❷ 保持默认设置，单击“确定”按钮（见图 5-14），即可创建数据透视表。

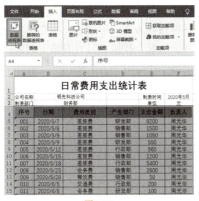

图 5-13

图 5-15

❹ 在"数据透视表工具 - 设计"选项卡的"布局"组中单击"报表布局"按钮，在打开的下拉菜单中选择"以大纲形式显示"命令（见图 5-16），让报表中的列标识显示出来，如图 5-17 所示。

图 5-16

图 5-14

> **专家提示**
>
> 　　如果表格的首行为列标识或第 1 行为标题，在建立数据透视表时，只要选中表格区域的任意单元格，执行 **"数据透视表"** 命令后就会自动扩展整个数据区域作为数据透视表的数据源。由于本例工作表的第 2、3 行都用于制作表头，因此破坏了表格的连续性，程序无法自动识别数据区域。在这种情况下建立数据透视表，需要手动选择包含列标识在内的整个数据区域。

图 5-17

❺ 为报表添加标题，即可投入使用，如图 5-18 所示。

❸ 拖动"费用类别"字段至"行"区域，拖动"支出金额"字段至"值"区域，得到如图 5-15 所示的数据透视表，可以看到各费用类别的支出合计金额。

图 5-18

第 5 章　公司办公费用支出管理

知识扩展

在利用数据透视表功能建立统计报表后，如果要将报表移到其他位置或设备上使用，则可以将报表转换为普通表格，其操作如下：

❶ 选中完整表格，按 Ctrl+C 组合键复制。

❷ 选中报表要粘贴到的起始位置，按 Ctrl+V 组合键粘贴，接着单击右下角出现的"粘贴选项"按钮，在打开的下拉列表中选择"值"选项（见图 5-19），即可得到普通表格，如图 5-20 所示。

❸ 重新对表格进行格式设置。

图 5-19

图 5-20

5.2.2 各部门费用支出统计报表

利用数据透视表，可以将"日常费用支出统计表"中的数据按照各部门进行合计统计。插入数据透视表后，可以通过添加相应字段到指定列表区域，按照部门对表格中的支出金额进行汇总统计。

❶ 沿用 5.2.1 节中的数据透视表，取消选中"费用类别"复选框。

❷ 添加"产生部门"字段至"行"区域，添加"支出金额"字段至"值"区域，得到如图 5-21 所示的数据透视表，可以看到各部门的支出合计金额。

图 5-21

❸ 为报表添加标题，如图 5-22 所示。

	A	B
1	各部门费用支出统计报表	
2		
3	产生部门	求和项:支出金额
4	行政部	9910
5	人事部	5710
6	生产部	3650
7	销售部	9116
8	研发部	28040
9	总计	56426

图 5-22

知识扩展

由于数据透视表是根据不同的字段设置得到不同的统计报表，如果要针对一个源数据进行多项分析，在建立一个数据透视表后，则可以在复制后通过重新设置字段而得到新的统计报表。

选中工作表标签，按住 Ctrl 键不放，按住鼠标左键拖动（见图 5-23），释放鼠标即可复制工作表，如图 5-24 所示。

图 5-23

图 5-24

5.2.3 各部门各类别支出费用统计表

利用数据透视表，可以将"日常费用支出统计表"中的数据按照各部门进行合计统计，并且在各个部门下显示明细支出项目。要建立这种统计报表，需要设置双行标签。

❶ 沿用 5.2.2 节中的数据透视表，保持原字段设置不变，在字段列表中选中"费用类别"字段，按住鼠标左键将其拖入"行"区域中，并放在"产生部门"字段的下方，得到如图 5-25 所示的数据透视表，可以看到在"产生部门"字段下方有了细分项目。

图 5-25

❷ 为报表添加标题，如图 5-26 所示。

图 5-26

5.2.4 各月费用支出统计报表

利用数据透视表，可以将"日常费用支出统计表"中的数据按照月份对支出金额进行统计。插入数据透视表后，可以通过添加相应字段到指定列表区域，按照月份对表格中的支出金额进行汇总统计。

❶ 沿用 5.2.1 节中的数据透视表，取消选中"费用类别"复选框。

❷ 添加"月"字段至"行"区域，添加"支出金额"字段至"值"区域，得到如图 5-27 所示的数据透视表，可以看到各月的支出合计金额。

图 5-27

❸ 为报表添加标题，如图 5-28 所示。

图 5-28

专家提示

如果有日期字段，程序会根据日期字段的跨度自动产生分组字段，即如果日期是跨月的，会自动产生"月"字段；如果日期是跨年的，则会自动产生"年"和"月"字段，同时统计数据会自动进行分组统计。

5.2.5 各部门各月费用支出统计报表

要建立各部门各月费用支出统计报表，可以建立一个二维表格，将"月"字段作为列标识，将"产生部门"字段作为行标识。

❶ 沿用 5.2.4 节中的数据透视表。

❷ 添加"产生部门"字段至"行"区域，添加"月"字段至"列"区域，添加"支出金额"字段至"值"区域，得到如图 5-29 所示的数据透视表。可以看到统计结果是按部门对各月费用支出金额进行了统计。

图 5-29

❸ 为报表添加标题，如图 5-30 所示。

图 5-30

5.2.6 各类别费用支出的次数统计表

要建立各类别费用支出的次数统计表，可以建立一个二维表格，将"费用类别"字段作为行标识，再将"费用类别"字段拖入"值"区域中，其统计结果就是各种费用类型支出的次数。

❶ 沿用 5.2.1 节中的数据透视表。在"值"区域中拖出"支出金额"字段，然后将"费用类别"字段拖入"值"区域中，得到的数据透视表如图 5-31 所示。

图 5-31

❷ 选中 B3 单元格，在编辑栏中将字段名称更改为"支出次数"，如图 5-32 所示。然后为表格添加标题，得到的完整报表如图 5-33 所示。

图 5-32　　　　　图 5-33

5.3 实际支出与预算比较表

企业一般会在期末或期初对各类别的日常支出费用进行预算，如本例中建立了表格，用于显示全年各个月份对各类别费用的支出预算金额，然后建立表格，统计各期中各个费用类别实际支出额，并与各类别费用的预算金额进行比较，从而得出实际支出金额是否超出预算金额等相关结论。

5.3.1 建立全年费用预算表

全年费用预算表用于记录全年各个月份各个费用类别的预算金额。在后面的分析表中将使用此表中的数据来对比实际支出额。如图 5-34 所示为各个月份中对各类别费用支出额的预算金额（本例中只输入前两个月的预算金额为例）。

图 5-34

5.3.2 建立实际支出与预算比较表

当前费用的实际支出数据都记录到"日常费用统计表"工作表中之后，可以建立表格来分析比较本月各个类别费用的实际支出与预算金额。

❶ 创建"实际支出与预算比较表"工作表，如图 5-35 所示。注意，列标识包含求解标识与几项分析标识，需要事先规划好。

❷ 选中 D 列与 F 列需要显示百分比值的单元格区域，在"开始"选项卡的"数字"组中单击 按钮（见图 5-36），打开"设置单元格格式"对话框。在"分类"列表中选择"百分比"，并设置"小数位数"为"2"，如图 5-37 所示。

图 5-35

图 5-36

图 5-37

5.3.3 计算各分析指标

统计各个类别费用实际支出额时需要使用“日常费用统计表”中相应单元格区域的数据，因此可以将要引用的单元格区域定义为相应名称，以简化公式的输入。

❶ 切换到“日常费用支出统计表”工作表中，选中“费用类别”列的单元格区域，在名称编辑框中定义其名称为“费用类别”，如图 5-38 所示。选中“支出金额”列的单元格区域，在名称编辑框中定义其名称为“支出金额”，如图 5-39 所示。

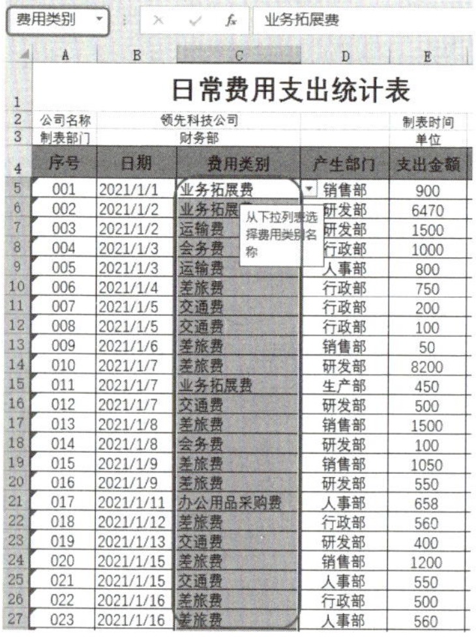

	A	B	C	D	E
1	日常费用支出统计表				
2	公司名称	领先科技公司			制表时间
3	制表部门	财务部			单位
4	序号	日期	费用类别	产生部门	支出金额
5	001	2021/1/1	业务拓展费	销售部	900
6	002	2021/1/2	业务拓展	研发部	6470
7	003	2021/1/2	运输费	研发部	1500
8	004	2021/1/3	会务费	行政部	1000
9	005	2021/1/3	运输费	人事部	800
10	006	2021/1/4	差旅费	行政部	750
11	007	2021/1/5	交通费	行政部	200
12	008	2021/1/5	交通费	行政部	100
13	009	2021/1/6	差旅费	销售部	50
14	010	2021/1/7	差旅费	研发部	8200
15	011	2021/1/7	业务拓展费	生产部	450
16	012	2021/1/7	交通费	研发部	500
17	013	2021/1/8	差旅费	销售部	1500
18	014	2021/1/8	会务费	研发部	100
19	015	2021/1/9	差旅费	销售部	1050
20	016	2021/1/9	差旅费	研发部	550
21	017	2021/1/11	办公用品采购费	人事部	658
22	018	2021/1/12	差旅费	行政部	560
23	019	2021/1/13	交通费	研发部	400
24	020	2021/1/15	差旅费	销售部	1200
25	021	2021/1/15	交通费	人事部	550
26	022	2021/1/16	差旅费	行政部	500
27	023	2021/1/16	差旅费	人事部	560

图 5-38

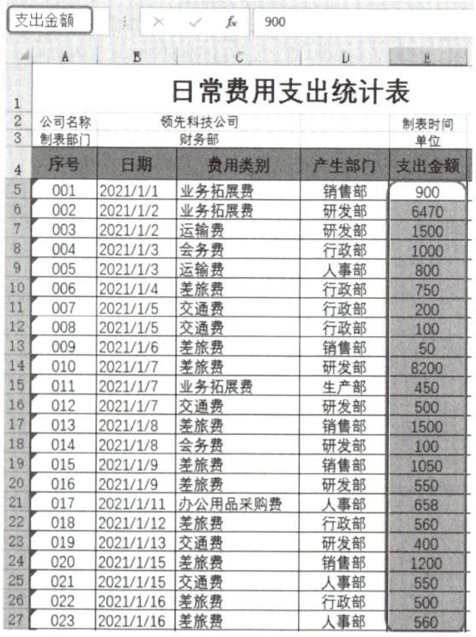

	A	B	C	D	E
1	日常费用支出统计表				
2	公司名称	领先科技公司			制表时间
3	制表部门	财务部			单位
4	序号	日期	费用类别	产生部门	支出金额
5	001	2021/1/1	业务拓展费	销售部	900
6	002	2021/1/2	业务拓展费	研发部	6470
7	003	2021/1/2	运输费	研发部	1500
8	004	2021/1/3	会务费	行政部	1000
9	005	2021/1/3	运输费	人事部	800
10	006	2021/1/4	差旅费	行政部	750
11	007	2021/1/5	交通费	行政部	200
12	008	2021/1/5	交通费	行政部	100
13	009	2021/1/6	差旅费	销售部	50
14	010	2021/1/7	差旅费	研发部	8200
15	011	2021/1/7	业务拓展费	生产部	450
16	012	2021/1/7	交通费	研发部	500
17	013	2021/1/8	差旅费	销售部	1500
18	014	2021/1/8	会务费	研发部	100
19	015	2021/1/9	差旅费	销售部	1050
20	016	2021/1/9	差旅费	研发部	550
21	017	2021/1/11	办公用品采购费	人事部	658
22	018	2021/1/12	差旅费	行政部	560
23	019	2021/1/13	交通费	研发部	400
24	020	2021/1/15	差旅费	销售部	1200
25	021	2021/1/15	交通费	人事部	550
26	022	2021/1/16	差旅费	行政部	500
27	023	2021/1/16	差旅费	人事部	560

图 5-39

❷ 切换到“实际支出与预算比较表”，选中 B3 单元格，在编辑栏中输入公式：

=SUMIF(费用类别 ,A3, 支出金额)

按 Enter 键，即可统计出“差旅费”的实际支出金额，如图 5-40 所示。

	A	B	C	D	E	F
1	实际支出与预算比较表					
2	费用类别	实际	预算	占总支出额比%	预算-实际(差异)	差异率%
3	差旅费	23698				
4	餐饮费					
5	办公用品采购费					
6	业务拓展费					
7	会务费					
8	招聘培训费					

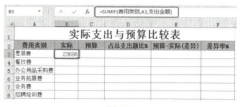

图 5-40

专家提示

SUMIF 函数可以先进行条件判断，然后对满足条件的数据区域进行求和。

“=SUMIF(费用类别 ,A3, 支出金额)”解析如下：

在“费用类别”单元格区域中判断费用类别是否为“差旅费”，如果是，则把对应在“支出金额”列上的值相加，最终得到的是所有差旅费的合计金额。

❸ 选中 C3 单元格，在编辑栏中输入公式：

=VLOOKUP(A3, 全年费用预算表 !$A$2: $M$14, 2,FALSE)

按 Enter 键，即可从“全年费用预算表”中返回 1 月份“差旅费”的预算金额，如图 5-41 所示。

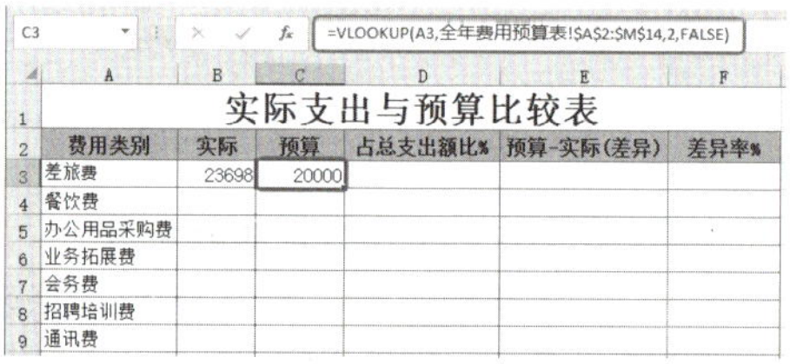

	A	B	C	D	E	F
1	实际支出与预算比较表					
2	费用类别	实际	预算	占总支出额比%	预算-实际(差异)	差异率%
3	差旅费	23698	20000			
4	餐饮费					
5	办公用品采购费					
6	业务拓展费					
7	会务费					
8	招聘培训费					
9	通讯费					

图 5-41

专家提示

VLOOKUP 函数在表格或数值数组的首列查找指定的数值，并由此返回表格或数组当前行中指定列处的值。

“=VLOOKUP(A3, 全年费用预算表 !$A$2:

$M$14,2,FALSE)”解析如下：

在“全年费用预算表!$A$2:$M$14”单元格区域的首列中寻找与A3单元格中相同的费用类别，找到后返回对应在第2列中的值，即对应的1月份的预算金额。注意，查找的区域与返回值的区域都使用绝对引用，查找对象使用相对引用。

④ 选中B3:C3单元格区域，将指针定位到该单元格区域右下角，当指针呈黑色十字型时，按住鼠标左键向下拖动至第14行，即可快速返回各个类别费用的实际支出金额与预算金额，如图5-42所示。

实际支出与预算比较表

费用类别	实际	预算	占总支出额比%	预算-实际(差异)	差异率%
差旅费	23698	20000			
餐饮费	4088	10000			
办公用品采购费	1883	2000			
业务拓展费	7820	15000			
会务费	3900	6500			
招聘培训费	0	500			
通讯费	0	3500			
交通费	1750	2500			
福利	11980	10000			
外加工费	0	5500			
设备修理费	0	1000			
其他	1022	3500			
总计					

图5-42

⑤ 选中B15单元格，在编辑栏中输入公式：

=SUM(B3:B14)

按Enter键，即可计算出实际支出金额的总计金额，复制B15单元格的公式到C15单元格，计算出预算金额的合计值，如图5-43所示。

B15 =SUM(B3:B14)

实际支出与预算比较表

费用类别	实际	预算	占总支出额比%	预算-实际(差异)	差异率%
差旅费	23698	20000			
餐饮费	4088	10000			
办公用品采购费	1883	2000			
业务拓展费	7820	15000			
会务费	3900	6500			
招聘培训费	0	500			
通讯费	0	3500			
交通费	1750	2500			
福利	11980	10000			
外加工费	0	5500			
设备修理费	0	1000			
其他	1022	3500			
总计	56141	80000			

图5-43

⑥ 选中D3单元格，在编辑栏中输入公式：

=IF(OR(B3=0,$B$15=0)," 无 ",B3/$B$15)

按Enter键，即可计算出“差旅费”占总支出额的比率，如图5-44所示。

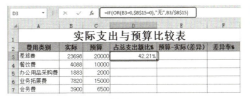

D3 =IF(OR(B3=0,$B$15=0),"无",B3/$B$15)

实际支出与预算比较表

费用类别	实际	预算	占总支出额比%	预算-实际(差异)	差异率%
差旅费	23698	20000	42.21%		
餐饮费	4088	10000			
办公用品采购费	1883	2000			
业务拓展费	7820	15000			
会务费	3900	6500			

图5-44

⑦ 选中E3单元格，在编辑栏中输入公式：

=C3-B3

按Enter键，即可计算出“差旅费”预算与实际支出金额的差值，如图5-45所示。

E3 =C3-B3

实际支出与预算比较表

费用类别	实际	预算	占总支出额比%	预算-实际(差异)	差异率%
差旅费	23698	20000	42.21%	-3698	
餐饮费	4088	10000			
办公用品采购费	1883	2000			
业务拓展费	7820	15000			
会务费	3900	6500			

图5-45

⑧ 选中F3单元格，在编辑栏中输入公式：

=IF(OR(B3=0,C3=0)," 无 ",E3/C3)

按Enter键，即可计算出“差旅费”预算与实际支出金额的差异率，如图5-46所示。

F3 =IF(OR(B3=0,C3=0),"无",E3/C3)

实际支出与预算比较表

费用类别	实际	预算	占总支出额比%	预算-实际(差异)	差异率%
差旅费	23698	20000	42.21%	-3698	-18.49%
餐饮费	4088	10000			
办公用品采购费	1883	2000			
业务拓展费	7820	15000			
会务费	3900	6500			

图5-46

⑨ 选中D3:F3单元格区域，将指针定位到该单元格区域右下角，当指针呈黑色十字型时（见图5-47），按住鼠标左键向下拖动复制公式，即可快速返回各个类别费用支出额占总支出额的比，预算与实际的差异额、差异率，如图5-48所示。

实际支出与预算比较表

费用类别	实际	预算	占总支出额比%	预算-实际(差异)	差异率%
差旅费	23698	20000	42.21%	-3698	-18.49%
餐饮费	4088	10000			
办公用品采购费	1883	2000			
业务拓展费	7820	15000			
会务费	3900	6500			

图5-47

图 5-48

知识扩展

其他月份的实际支出与预算金额比较表的建立方法与此类似。例如,建立 2 月的实际支出与预算比较表,首先需要将"日常费用统计表"中的记录更改为 2 月的数据;然后将"预算"列中的公式更改为"=VLOOKUP(A3,全年费用预算表!$A$2:$M$14,3,FALSE)"(因为这时要返回的是 2 月的预算金额,所以对应于"全年费用预算表"的第 3 列)。

另外,因为每个月的支出条目数量可能各不相同,所以在"日常费用统计表"中定义名称的单元格区域是需要根据情况更改的。在"公式"选项卡的"定义的名称"组中单击"名称管理器"按钮,如图 5-49 所示。

图 5-49

打开"名称管理器"对话框,选中名称,单击"编辑"按钮(见图 5-50),打开"编辑名称"对话框,可以在"引用位置"处重新修改引用的区域,如图 5-51 所示。

图 5-50

图 5-51

5.3.4 筛选查看超支项目

要想查看哪些类别的费用出现了超支情况,可以利用筛选的功能来实现。

❶ 在"实际支出与预算比较表"中选中数据区域中的任意一个单元格,在"数据"选项卡的"排序和筛选"组中单击"筛选"按钮,如图 5-52 所示。

图 5-52

❷ 单击"预算-实际(差异)"右侧的下拉按钮，在筛选菜单中选择"数字筛选"命令，在弹出的子菜单中选择"小于"（见图 5-53），打开"自定义自动筛选方式"对话框，设置"小于"的值为"0"，如图 5-54 所示。

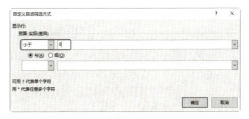

图 5-54

❸ 单击"确定"按钮，即可筛选出超支的项目，如图 5-55 所示。

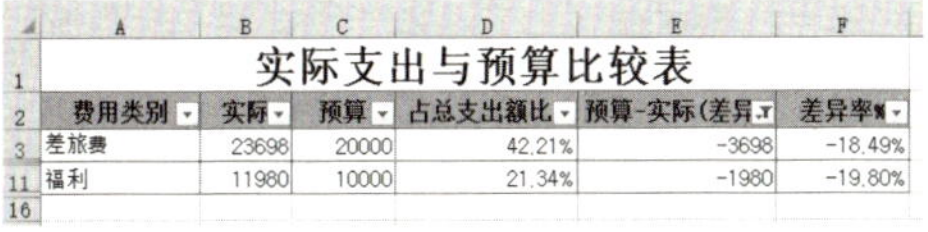

图 5-53

图 5-55

第6章 填制记账凭证并自动登记日记账

记账是财务人员最主要的工作，是指按企业依次发生的每一项经济业务而逐一记录的工作。会计记账的规则是"有借必有贷，借贷必相等"，因此整个记账的过程应清晰、正确、谨慎。在Excel中可以进行记账凭证的填制，并运用表格来统一管理，为期末的账务处理及制作财务报表做好准备，同时还可以通过建立公式实现自动登记日记账。

- ☑ 制作会计科目表
- ☑ 填制记账凭证
- ☑ 记账凭证管理
- ☑ 登记现金日记账
- ☑ 登记银行存款日记账

6.1 制作会计科目表

会计科目是指对会计对象的具体内容进行分类核算的标志或项目，它是处理账务所必须遵守的规则和依据，是正确组织会计核算的一个基本条件。通过设置会计科目，可以分类反映不同的经济业务。

任何一个作为会计主体的单位都必须设置一套适合自身特点的会计科目体系，其有以下几种分类方式。

（1）按其所提供信息的详细程度分类：
- 总分类科目：亦称总账科目或一级科目，是对会计对象的具体内容进行总括分类的项目。一级科目由国家有关部门统一制定。
- 明细分类科目：是对总分类科目进一步分类的项目。如果某一总分类科目所属的明细分类科目较多，可以增设二级科目。一级科目由4位数字组成，二级科目在一级科目的基础上再加两位数，即如果一级科目包含二级科目，那么前4位数字都是一样的，只在后面添加数字进行识别；如果二级科目包含三级科目，则前6位数字相同，再在其后添加两位数，依此类推。

（2）按其反映会计对象具体内容的不同分类：
- 资产类科目（第一位数字为1）。
- 负债类科目（第一位数字为2）。
- 所有者权益类科目（第一位数字为4）。
- 成本类科目（第一位数字为5）。
- 损益类科目（第一位数字为6）。

6.1.1 建立会计科目表框架

要在 Excel 中进行账目的处理，首先要建立工作表来保存企业的会计科目代码与会计科目名称，从而便于后期处理账目时随时对科目进行引用。

❶ 新建工作簿，将 Sheet1 工作表重命名为"会计科目表"，输入会计科目表的几个列标识。

❷ 对表格进行格式设置，让其更加便于阅读，效果如图 6-1 所示。

图 6-1

6.1.2 建立会计科目及明细科目

下面以执行《小企业会计准则》的一家企业为例来建立会计科目表。在后面的章节中介绍的每一笔账目的处理都会应用会计科目，因此一定要保障会计科目的正确性。

❶ 输入一级科目的代码与科目名称，如图 6-2 所示。

图 6-2

❷ 当某处涉及二级科目时，可以通过插入行的方式添加，如"银行存款"科目下有两个二级科目，

则同时选中 5、6 两行，右击，在弹出的菜单中选择"插入"命令（见图 6-3），即可插入两个空白行，如图 6-4 所示。

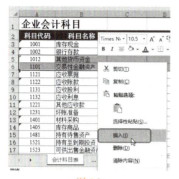

图 6-3

图 6-4

❸ 在空白行输入"1002"科目的二级科目，如图 6-5 所示。注意，一级科目由 4 位数字组成，二级科目在一级科目的基础上再加两位数，即如果一级科目包含二级科目，那么前 4 位数字都是一样的，只在后面添加数字进行识别，因此此处"科目名称"列填写一致，只在"明细科目"中进行二级区分。

图 6-5

❹ 按相同方法添加其他二级科目。例如，"应付职工薪酬"科目下包含 4 个二级科目，则一次性插入 4 行（见图 6-6），然后输入二级科目名称及明细科目，如图 6-7 所示。

图 6-6

图 6-7

❺ 返回账户名称。账户名称由科目名称与明细科目名称组成。当没有明细科目时，账户名称就是一级科目名称；如果有明细科目，则需要将一级科目名称与明细科目名称连接。因此选中 E3 单元格，在编辑栏中输入公式：

=IF(C3="",B3,B3&"-"&C3)

如图 6-8 所示。

图 6-8

❻ 按 Enter 键，返回结果如图 6-9 所示。

图 6-9

专家提示

"=IF(C3="",B3,B3&"-"&C3)" 公式解析如下：

IF 函数先判断 C3 单元格是否为空，如果是，返回 B3 单元格的值；如果不为空，则返回结果为"B3&"-"&C3"，即把 B3 与 C3 使用"-"相连接。

❼ 选中 E3 单元格，将指针定位到此单元格右下角的填充柄上，待指针呈黑色十字型时，按住鼠标左键不放向下拖动至最后一条科目记录，释放鼠标即可得出批量的账户名称结果，如图 6-10 所示。完成此操作后即完成了会计科目表的创建。

图 6-10

专家提示

在复制公式时，如果公式中对数据使用的是相对引用方式，则随着公式的复制，引用位置也发生相应的变化。本例中的数据源使用了相对引用，因此随着公式向下复制，可以依次返回各个科目代码的账户名称。

6.2 填制记账凭证

填制记账凭证是会计核算工作的重要环节，是由会计人员对原始凭证（收货单、发货单、收款或付款凭证、支票等）进行整理和分类，并按照复式记账的要求，运用会计科目，确定会计分录，为登记账簿做准备。填制记账凭证能使记账更为条理化，保证记账工作的质量，也能简化记账工作，提高核算效率。

6.2.1 在记账凭证表单中建立公式

在 4.6 节中我们已经创建了记账凭证表单，因此这里介绍填制记账凭证表单的方法。在填制之前，可以在记账凭证表单中建立公式，达到的目的是当输入会计科目时，科目的名称能自动返回，为后面所有的填制工作带来便利。

因为在记账凭证表单中建立公式需要使用会计科目，所以需要把会计科目表与记账凭证表创建到一个工作簿中。将第 4 章中建立的记账凭证表单复制到"会计科目表"工作簿中，如图 6-11 所示。

图 6-11

❶ 切换到"会计科目表"工作表中，选中"科目代码"列的单元格区域，在名称框中输入名称为"科目代码"，如图 6-12 所示，输入后按 Enter 键即定义成功。此操作是为了将选中的单元格区域定义名称为"科目代码"，以后想引用这个单元格区域时，可以直接使用该名称。

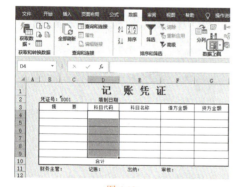

图 6-12

> **专家提示**
>
> 定义名称是指将一个单元格区域的地址定义为一个名称。定义名称后，当公式中需要引用这个单元格区域时，就可以使用名称代替。在跨工作表引用单元格区域时，这样做可以让公式更加简洁。

❷ 切换到"通用记账凭证"工作表中，在"数据"选项卡的"数据工具"组中单击"数据验证"按钮（见图 6-13），打开"数据验证"对话框。在"允许"下拉列表框中选择"序列"，在"来源"设置框中设置"=科目代码"，如图 6-14 所示。

图 6-13

> **专家提示**
>
> 注意，这里的数据来源直接使用了"科目代码"这个名称，因为数据来源为"会计科目表"中的"科目代码"列，而这一列在上文中被定义了名称。

图 6-14

❸ 单击"确定"按钮，在"通用记账凭证"表格中可以看到，填制"科目代码"时可直接在下拉列表中选择，如图 6-15 所示。

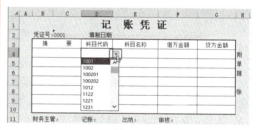

图 6-15

❹ 设置根据科目代码自动返回科目名称的公式。选中 E4 单元格，在编辑栏中输入公式：
=IF(D4="","",VLOOKUP(D4,会计科目表!$A$3:$E$72,5,FALSE))

按 Enter 键，如图 6-16 所示。

图 6-16

❺ 选中 E4 单元格，将鼠标指针指向该单元格右下角的填充柄上，按住鼠标左键不放向下拖动，即可实现公式的向下复制，如图 6-17 所示。由于当前 D 列单元格中未填入科目代码，因此返回空白。当填入科目代码后，科目名称则会自动返回，如图 6-18 所示。

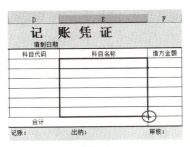

图 6-17

图 6-18

> **专家提示**
>
> "=IF(D4="","",VLOOKUP(D4,会计科目表!$A$3:$E$72,5,FALSE))" 公式解析如下:
>
> 当 D4 单元格为空时,返回空值;如果不是空值,则进入后面 VLOOKUP 部分的查询。在"会计科目表!$A$3:$E$72"的首列中查找与 D4 单元格相同的代码,然后返回对应在第 5 列上的值,即返回此代码对应的科目名称。

❻ 选中 F10 单元格,在"公式"选项卡的"函数库"组中单击"自动求和"按钮(见图 6-19),然后重新拖动选取参数为 F4:F9 单元格区域(见图 6-20),按 Enter 键即可建立求和公式。

图 6-19

图 6-20

❼ 将 F10 单元格的公式复制到 G10 单元格中,即可快速建立 G10 单元格的求和公式,如图 6-21 所示。

图 6-21

> **知识扩展**
>
> 如果预备打印出记账凭证来填制,则可以设置金额按位填写,以确保填写金额的正确性。这种格式的记账凭证也可以在 Excel 中制作完成,然后打印使用即可,如图 6-22 所示。

图 6-22

6.2.2 填制通用记账凭证

记账凭证表单建立完成后,可以根据各个原始凭证进行会计分录的填制。例如,报销招待费金额为 1045 元,原始凭证审核无误,现在要将此笔经费填制记账凭证,填制方法如下。

❶ 输入摘要和会计分录的借方(借记"销售费用"),在"科目代码"列中通过下拉列表选择科目代

码为"6601",科目名称则可以自动返回,如图6-23所示。

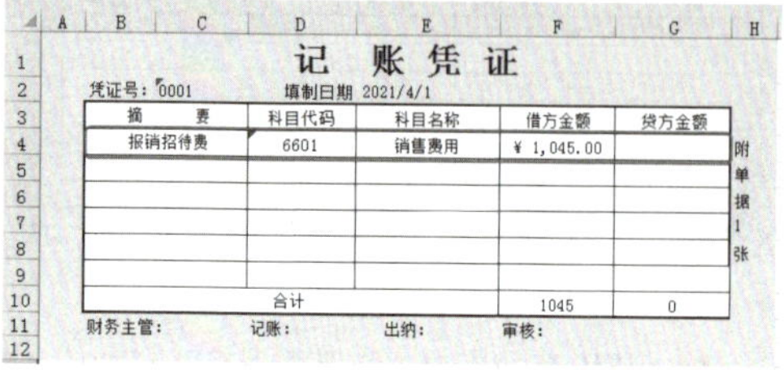

图6-23

❷ 输入摘要和会计分录的贷方（贷记"库存现金"），在"科目代码"列中通过下拉列表选择科目代码为"1001",科目名称则可以自动返回,如图6-24所示。

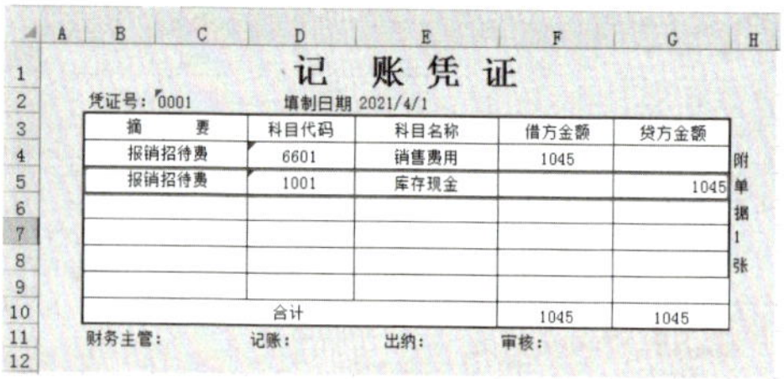

图6-24

❸ 选中显示金额的单元格区域,在"开始"选项卡的"数字"组中单击数字格式下拉按钮,在下拉列表中选择"会计专用"（见图6-25),即可让借方金额与贷方金额均显示为会计专用格式,如图6-26所示。

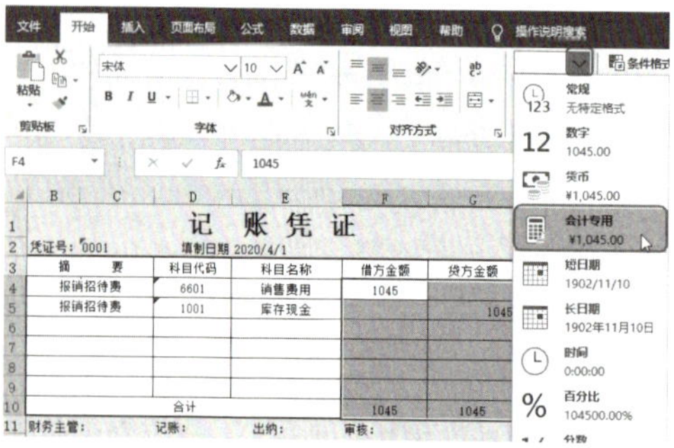

图6-25

完成上述操作后,此项经济业务的记账凭证则填制完成。按相同的方法可依次填制其他凭证。例如,企业在2021年4月2日签发了一张中国银行的现金支票,提取现金65 000元作

为企业的备用金,原始凭证已审核无误,其填制凭证的方法如下（借记"库存现金",贷记"银行存款-中国工商银行"）。

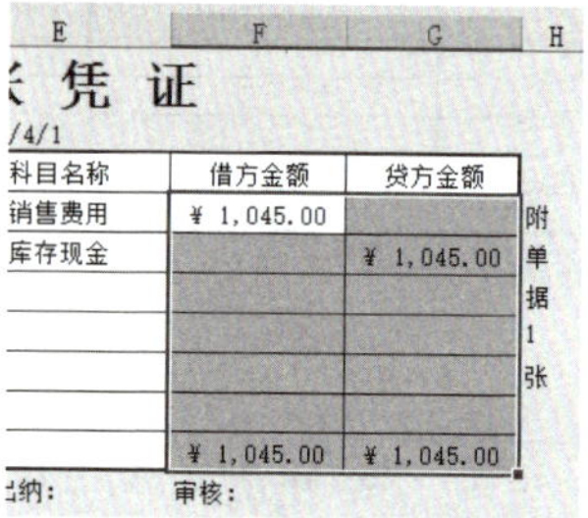

图6-26

❶ 输入凭证号、填制日期、摘要,选中D4单元格,在下拉列表中选择科目代码"1001"（见图6-27）,此时科目名称可以自动返回（见图6-28）。

❷ 选中D5单元格,在下拉列表中选择科目代码"100201",其对应的科目名称自动返回。然后填写借方金额与贷方金额,合计金额可以自动计算,如图6-29所示。

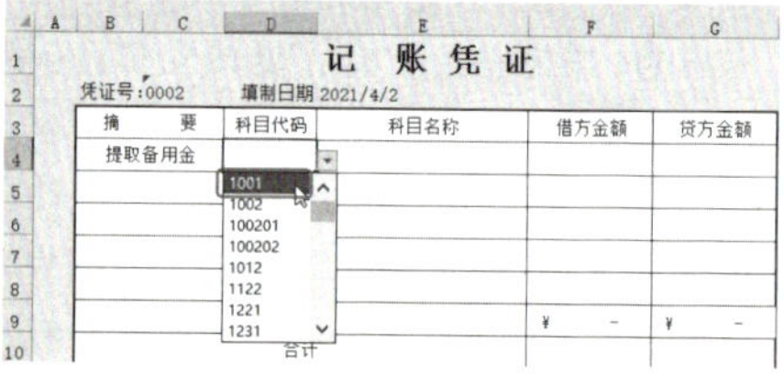

图6-27

图6-28

图6-29

6.3 记账凭证管理

填制完记账凭证后就可以登记有关账簿了。在 Excel 中可以通过自动化的方式来登记账簿，而原始数据则来源于记账凭证，因此在填制了各个单张记账凭证后，需要将本期的所有记账凭证放入同一张表格中，即记账凭证汇总表。

6.3.1 制作记账凭证汇总表

记账凭证汇总表对整月的账务处理非常重要，如月末账务处理的明细账、总账、财务报表等，都要以此表作为原始数据进行统计计算。

❶ 在"会计科目表"工作簿中添加一张新工作表，并将新工作表重命名为"记账凭证汇总表"。建立如图6-30所示的列标识，然后对表格标题、列标识等进行格式设置，以让表格更加容易阅读。

图 6-30

❷ 按6.2.1节的方法，选中D列的单元格区域，运用数据验证功能，设置"科目代码"的可选序列，如图6-31所示。

图 6-31

❸ 对表格中特定的单元格区域进行格式设置。设置"日期"列显示为需要的日期格式，如"21/04/01"格式；"凭证号"列为"文本"格式；"借方金额"与"贷方金额"列为"会计专用"格式。设置单元格格式的方法在前面已经介绍过，此处不再赘述。

6.3.2 在记账凭证汇总表中建立公式

由于记账凭证汇总表中的众多信息都要从会计科目表中返回得到，因此需要对多个公式实现数据的自动查询与匹配。

❶ 设置根据科目代码自动返回账户名称的公式。选中 E3 单元格，在编辑栏中输入公式：
=IF(D3="","",VLOOKUP(D3,会计科目表!$A$3:$E$72,5,FALSE))

按 Enter 键，即可根据 D3 单元格中科目代码返回账户名称，如图 6-32 所示。

图 6-32

> **专家提示**
>
> "=IF(D3="","",VLOOKUP(D3,会计科目表!$A$3:$E$72,5,FALSE))"公式解析如下：
>
> 当 D3 单元格为空时，返回空值；如果不是空值，则进入后面 VLOOKUP 部分的查询。在"会计科目表!$A$3:$E$72"的首列中查找与 D3 单元格相同的代码，然后返回对应在第 5 列上的值，即返回此代码对应的科目名称。

❷ 设置根据科目代码自动返回总账代码的公式。选中 F3 单元格，在编辑栏中输入公式：
=LEFT(D3,4)

按 Enter 键，提取总账代码，如图 6-33 所示。

图 6-33

专家提示

LEFT 函数用于从给定字符串的最左侧开始提取指定数目的字符。

"=LEFT(D3,4)"公式解析如下：

表示从 D3 单元格的最左侧提取，共提取 4 个字符。

❸ 设置根据科目代码自动返回总账科目的公式。选中 G3 单元格，在编辑栏中输入公式：

=IF(D3="","",VLOOKUP(D3,会计科目表!$A$3:$E$72,2,FALSE))

按 Enter 键，返回总账科目，如图 6-34 所示。

图 6-34

❹ 在工作表相应位置输入已记账的记账凭证信息，可以看到设置公式的单元格能自动返回相关信息。如图 6-35 所示，画框的位置为需要手工填制的部分。

图 6-35

❺ "日期""凭证号""摘要"需要重复记录，为了方便登记账簿，可以选中 A3:D3 单元格区域，按住 Ctrl 键不放，拖动此单元格区域右下角的填充柄向下一行（见图 6-36），即可实现内容的完全复制填充。

图 6-36

❻ 选中 D4 单元格，重新选择贷方科目代码，并输入贷方金额，如图 6-37 所示。

图 6-37

❼ 选中 E3:G3 单元格区域，将鼠标指针指向此单元格区域右下角的填充柄，按住鼠标左键向下拖动复制公式，如图 6-38 所示。复制到的位置根据实际凭证的条数决定，也可以随用随复制。

图 6-38

❽ 按相同方法可建立下一条记账凭证，如图 6-39 所示的画框区域为手工填写，其他区域为公式自动返回。

图 6-39

专家提示

后续发生的所有经济业务都需要填制到记账凭证汇总表中，同时这张表格也是期末进行账务处理及编制财务报表的原始数据。

6.4 登记日记账

根据填制好的记账凭证可以登记现金日记账和银行存款日记账,并对发生额与余额进行计算。

要想实现现金日记账与银行存款日记账的自动填制,需要完全引用"记账凭证汇总表"中的数据。由于"记账凭证汇总表"创建在"会计科目表"工作簿中,因此首先要将"会计科目表"与"记账凭证汇总表"两张工作表移到"日记账"工作簿中。

❶ 打开 4.7 节创建的"日记账"工作簿,同时打开"会计科目表"工作簿。

❷ 在"会计科目表"工作簿中选中"会计科目表"与"记账凭证汇总表"两张工作表,将其复制到"日记账"工作簿中,如图 6-40 所示。

图 6-40

> **专家提示**
>
> 在复制工作表时,不仅复制了工作表中的数据,还复制了工作表中各个单元格的公式及公式的引用。如果复制的是其他工作簿中的工作表,系统会自动将原来公式中的同工作簿中的引用更改为不同工作簿之间的引用,如果该工作簿中使用了名称,那么复制工作表的同时也将名称复制到了目标工作簿中。因此为了避免公式调用过于复杂,可以将引用数据的表格也一并复制到当前工作簿

中,例如本例除了复制"记账凭证汇总表",还复制了"会计科目表"(因为"记账凭证汇总表"中多处公式调用了"会计科目表"中的数据),从而避免在跨工作簿调用数据时出现错误。

6.4.1 自动确认"库存现金"与"银行存款"科目

在记账凭证汇总表中,可以利用公式自动确认"库存现金"与"银行存款"科目。有了标记后,在登记现金日记账与银行存款日记账时就可以利用公式实现自动返回,从而实现现金日记账与银行存款日记账的自动填制。

❶ 切换到"记账凭证汇总表"工作表,在 J 列建立辅助列,选中 J3 单元格,在编辑栏中输入公式:
=IF(E3=" 库存现金 ",ROW(),"")

按 Enter 键,判断 E3 单元格中的值是否"库存现金",如果是,则返回其行数;如果不是,则返回空值,如图 6-41 所示。

图 6-41

> **专家提示**
>
> ROW 函数用于返回引用的行号。
> "=IF(E3=" 库存现金 ",ROW(),"")"公式解析如下:
> 当 E3 单元格中的值是"库存现金"时,返回当前行的行号,否则返回空值。

❷ 选中 J3 单元格,将鼠标指针指向右下角的填充柄,按住鼠标左键向下拖动(见图 6-42),释放鼠

标后可以依次判断E列中的账户名称是否"库存现金"，如果是，则返回其行数；如果不是，则返回空值，如图6-43所示。这一辅助列用于填制后面的现金日记账。

图6-42

图6-43

> **专家提示**
>
> 公式向下拖动复制到什么位置结束由记账凭证的条数决定，也可以先向下复制几行，当添加多条记账凭证时，重新补充向下填充公式即可。

❸ 在K列建立辅助列，选中K3单元格，在编辑栏中输入公式：

=IF(LEFT(E3,4)="银行存款",ROW(),"")

按Enter键，判断E3单元格值的前4个字是否"银行存款"，如果是，则返回其行号；如果不是，则返回空值，如图6-44所示。

图6-44

❹ 选中K3单元格，将鼠标指针指向右下角的填充柄，按住鼠标左键向下拖动，释放鼠标后可以依次判断E列中的账户名称是否"银行存款"，如果是，则返回其行号；如果不是，则返回空值，如图6-45所示。这一辅助列用于填制后面的银行存款日记账。

图6-45

> **专家提示**
>
> ROW函数用于返回引用的行号。
> "=IF(LEFT(E3,4)="银行存款",ROW(),"")"
> 公式解析如下：
> 从E3单元格中字符串的最左侧开始提取，共提取4个字符，判断其是否"银行存款"。如果是，则返回公式所在行的行号；如果不是，则返回空值。在本公式中，因为"银行存款"科目涉及二级科目，因此使用LEFT函数实现对科目名称前几个字的提取，从而判断其是否"银行存款"。

6.4.2 自动登记现金日记账

现金日记账是专门记录现金收付业务的，反映了现金的增减变化及其结果。它对应的科目是"库存现金"，因此在记账凭证汇总表中确认了"库存现金"与"银行存款"科目后，如果要登记现金日记账，则只需要寻找"库存现金"科目，并将数据自动填制到"现金日记账"表格中。当然要想实现自动填制，必须要使用公式。这里公式的建立虽稍显复杂，但只要一次建立便可以长久使用，文中会给出关于此公式的详细解析，让读者做到读懂会用。

❶ 切换到"现金日记账"工作表，在工作表中输入期初日期和期初账面余额，如图6-46所示。

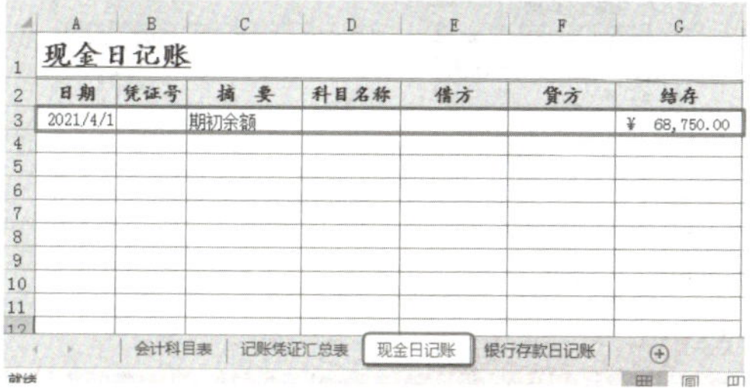

图6-46

❷ 选中A4单元格，在编辑栏中输入公式：
=IFERROR(INDEX(记账凭证汇总表!A:A,SMALL(记账凭证汇总表!$J:$J,ROW($A1))),"")

按Enter键，返回满足科目是"库存现金"的第一条记账凭证的日期，如图6-47所示。

图6-47

❸ 选中A4单元格，按住鼠标左键向右拖动，将公式复制到C4单元格，可依次返回凭证号与摘要，如图6-48所示。

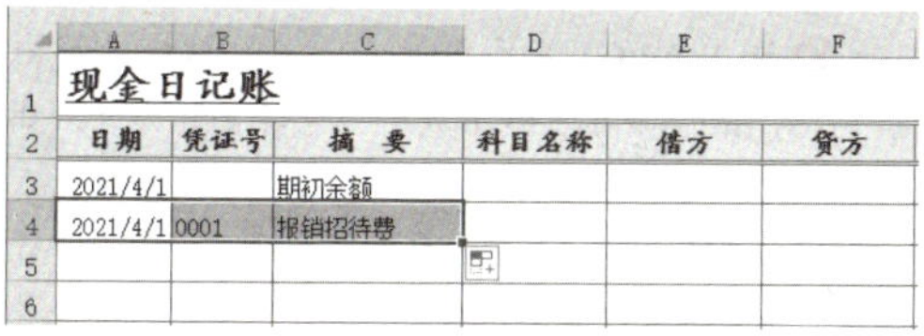

图6-48

专家提示

此公式牵涉到多个函数的组合使用，首先了解一下各函数的作用。

1. IFERROR函数

IFERROR函数用于判断指定数据是否错误值。

2. SMALL函数

SMALL函数用于返回某一数据集中的某个（可以指定）最小值。

3. INDEX函数

INDEX函数用于根据指定位置查询到该位置所对应的数据。其参数可以简单描述为：

=INDEX(❶要查找的区域，❷指定行，❸指定列)

"=IFERROR(INDEX(记账凭证汇总表!A:A,SMALL(记账凭证汇总表!$J:$J,ROW($A1))),"")"公式解析如下：

首先使用"SMALL(记账凭证汇总表!$J:$J,ROW($A1))"提取"记账凭证汇总表!$J:$J"区域中最小的一个值（因为ROW($A1)的返回值是1），即J列中第一个返回的行号，随着公式向下复制，会依次求取第二小的一个值、第三小的一个值……然后使用INDEX函数返回"记账凭证汇总表!A:A"列中前面一步返回值指定的行处的值，即"日期"列的对应数据。最后在外层使用IFERROR函数判断J列中是否还能找到需要提取的行，如果找的到，则继续执行INDEX部分；如果找不到，就返回空值。假设当前只有两条"库存现金"记录，如果顺利提取两条记录，再向下复制公式让ROW($A1)变为ROW($A3)时，SMALL找不到需要提取的行，则返回一个错误值"#NMM！"，这时外层的IFERROR函数判断结果是否错误值，如果是，就返回空值。

专家提示

因为"日期""凭证号""摘要"列在记账凭证汇总表中是连续显示的，因此在建立了A4单元格公式后可以通过复制公式返回凭证号与摘要。随着公式向右复制，公式中INDEX的第一个参数会依次变为"记账凭证汇总表!B:B"与"记账凭证汇总表!C:C"，即依次返回 B 列与 C 列对应的数据。

❹ 选中 D4 单元格，在编辑栏中输入公式：

=IFERROR(INDEX(记账凭证汇总表 !E:E, SMALL (记账凭证汇总表 !$J:$J,ROW($A1))),"")

因为科目名称在记账凭证汇总表的 E 列，因此公式只修改 INDEX 函数的第一个参数，其他部分不变，如图 6-49 所示。

图 6-49

❺ 选中 E4 单元格，在编辑栏中输入公式：

=IFERROR(INDEX(记账凭证汇总表 !H:H,SMALL (记账凭证汇总表 !$J:$J, ROW($A1))),"")

因为借方金额在记账凭证汇总表的 H 列，因此公式只修改 INDEX 函数的第一个参数，其他部分不变，如图 6-50 所示。

图 6-50

❻ 选中 F4 单元格，在编辑栏中输入公式：

=IFERROR(INDEX(记账凭证汇总表 !I:I,SMALL (记账凭证汇总表 !$J:$J, ROW ($A1))),"")

因为贷方金额在记账凭证汇总表的 I 列因此公式只修改 INDEX 函数的第一个参数，其他部分不变，如图 6-51 所示。

图 6-51

专家提示

D4、E4、F4 单元格中的公式与 C4 单元格中公式的不同之处只在于 INDEX 的第一个参数，即指定要返回哪一列上的值。如果要返回的数据在记账凭证汇总表中是连续显示的，可以采用向右复制公式的方法一次性返回数据；如果不是连续的，则需要先复制公式，再局部修改参数。

❼ 选中 G4 单元格，在编辑栏中输入公式：

=G3+E4-F4

按 Enter 键，计算出第一次现金收入或支出后的结存余额，如图 6-52 所示。

图 6-52

❽ 选中 A4:G4 单元格区域，将鼠标指针指向填充柄，按住鼠标左键不放向下拖动复制公式，如图 6-53 所示。释放鼠标时即可一次性将记账凭证汇总表中关于现金的记账凭证统计到现金日记账中并计算出结存金额（G 列中出现 "#VALUE！" 错误值是因为暂时没有日记账数据，当有现金日记账数据返回时，则会自动返回计算结果），如图 6-54 所示。

通过建立上面的公式，现金日记账就可以根据记账凭证自动返回了。下面假设在记账凭证汇总表中添加了新的记账凭证，以此来验证现金日记账是否能自动添加条目。

现金日记账

日期	凭证号	摘要	科目名称	借方	贷方	结存
2021/4/1		期初余额				¥ 68,750.00
2021/4/1	0001	报销招待费	库存现金	¥ -	¥ 1,045.00	¥ 67,705.00

图 6-53

现金日记账

日期	凭证号	摘要	科目名称	借方	贷方	结存
2021/4/1		期初余额				¥ 68,750.00
2021/4/1	0001	报销招待费	库存现金	¥ -	¥ 1,045.00	¥ 67,705.00
2021/4/2	0002	提取备用金	库存现金	¥65,000.00	¥ -	¥ 132,705.00
						#VALUE!
						#VALUE!
						#VALUE!
						#VALUE!
						#VALUE!
						#VALUE!
						#VALUE!
						#VALUE!
						#VALUE!

图 6-54

❶ 在记账凭证汇总表中添加新的记账凭证，因为在辅助列中建立了公式，所以可以根据 E 列中的账户名称自动判断是否满足条件，满足条件的返回行号，不满足的显示空值，在图 6-55 中可以看到返回了一条新增的"库存现金"科目。

记账凭证汇总表（2021年4月）

日期	凭证号	摘要	科目代码	账户名称	总账代码	总账科目	借方金额	贷方金额	辅助
2021/4/1	0001	报销招待费	6601	销售费用	6601	销售费用	¥ 1,045.00		
2021/4/1	0001	报销招待费	1001	库存现金	1001	库存现金		¥ 1,045.00	4
2021/4/2	0002	提取备用金	1001	库存现金	1001	库存现金	¥65,000.00		5
2021/4/2	0002	提取备用金	100201	银行存款-中国工商	1002	银行存款		¥65,000.00	
2021/4/2	0003	低值易耗品采买	6602	管理费用	6602	管理费用	¥ 1,265.00		
2021/4/2	0003	低值易耗品采买	1001	库存现金	1001	库存现金		¥ 1,265.00	8
2021/4/2	0004	收到欠款	100201	银行存款-中国工商	1002	银行存款	¥22,000.00		
2021/4/2	0004	收到欠款	1122	应收账款	1122	应收账款		¥22,000.00	

会计科目表 | 记账凭证汇总表 | 现金日记账 | 银行存款日记账

图 6-55

❷ 切换到"现金日记账"工作表，可以看到自动添加了这条新的现金日记账条目，如图 6-56 所示。这就验证了建立公式后，可以实现一些数据的自动计算、查找、匹配等。

现金日记账

日期	凭证号	摘要	科目名称	借方	贷方	结存
2021/4/1		期初余额				¥ 68,750.00
2021/4/1	0001	报销招待费	库存现金	¥ -	¥ 1,045.00	¥ 67,705.00
2021/4/2	0002	提取备用金	库存现金	¥65,000.00	¥ -	¥ 132,705.00
2021/4/2	0003	低值易耗品采买	库存现金	¥ -	¥ 1,265.00	¥ 131,440.00
						#VALUE!
						#VALUE!
						#VALUE!
						#VALUE!
						#VALUE!
						#VALUE!
						#VALUE!
						#VALUE!

会计科目表 | 记账凭证汇总表 | 现金日记账 | 银行存款日记账

图 6-56

6.4.3 自动登记银行存款日记账

银行存款日记账是用来记录银行存款收付业务的，它对应的科目是"银行存款"，因此当正确填制了记账凭证后，可以通过设置公式，根据记账凭证自动登记本期的银行存款日记账。通过 6.4.2 节中对登记现金日记账的学习，实现根据记账凭证自动登记本期的银行存款日记账并不难，其使用的公式是基本相同的，稍做修改即可。

❶ 切换到"银行存款日记账"工作表，在工作表中输入期初日期和期初结存余额，如图 6-57 所示。

银行存款日记账

日期	凭证号	摘要	科目名称	借方	贷方	结存
2021/4/1		期初余额				¥227,890.00

会计科目表 | 记账凭证汇总表 | 现金日记账 | 银行存款日记账

图 6-57

❷ 在"银行存款日记账"工作表中设置公式返回银行存款记录。公式的设置方法与上节相似，只需将用于查找判断的单元格区域从 J 列更换为 K 列，因为在登记银行存款日记账时，辅助列是记录凭证汇总表中的 K 列。

例如，A4单元格公式为：

=IFERROR(INDEX(记账凭证汇总表!A:A,SMALL(记账凭证汇总表!$K:$K,ROW($A1))),"")

如图6-58所示。

图6-58

D4单元格公式为：

=IFERROR(INDEX(记账凭证汇总表!E:E,SMALL(记账凭证汇总表!$K:$K,ROW($A1))),"")

如图6-59所示。

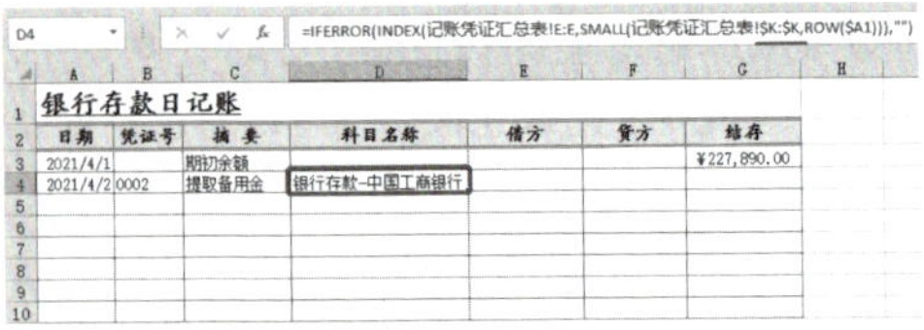

图6-59

❸ 选中G4单元格，在编辑栏中输入公式：

=G3+E4-F4

按Enter键，计算出第一次银行存款入账或出账后的结存余额，向下填充复制公式可依次计算每次银行存款入账或出账后的结存余额，如图6-60所示。

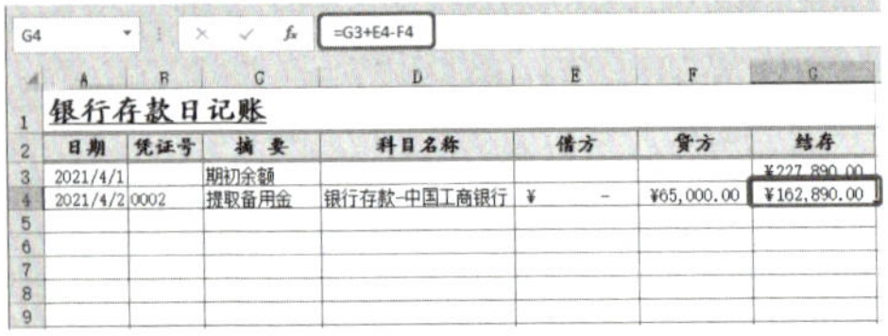

图6-60

❹ 选中A4:G4单元格区域，将鼠标指针指向填充柄，按住鼠标左键不放向下拖动复制公式，如图6-61所示。释放鼠标时即可一次性将记账凭证汇总表中关于银行存款的记账凭证填入银行存款日记账中，如图6-62所示。

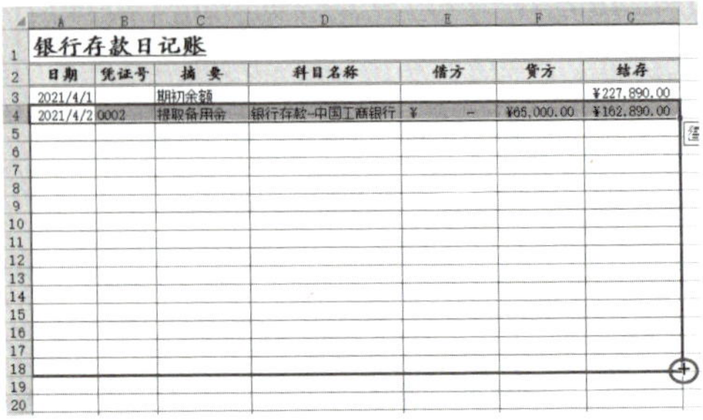

图6-61

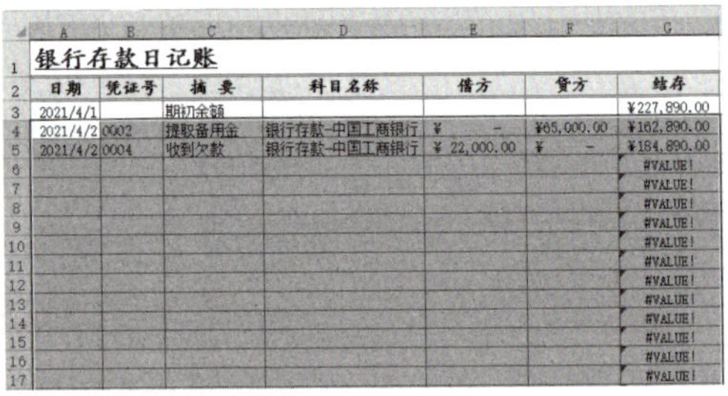

图6-62

> **专家提示**
>
> 银行存款日记账的单元格中配有公式后，只要在记账凭证汇总表中填入银行存款的记账凭证，就会在辅助列K列中返回数字，然后自动填入银行存款日记账中。

第7章 管理往来账款并处理账务

往来账款是企业流动资产的一个重要部分，对往来账款进行管理是企业财务管理的重要内容。往来账款是企业为扩大市场占有率，运用商业信用促进销售，从而产生了多项应收账款与应付账款。财务人员应妥善管理往来账款，既要及时收回账款，弥补企业在生产经营过程中的各种耗费，保证企业持续经营，也要合理处理应付账款，避免负债产生财务危机，维护企业信誉。

- ☑ 应收账款的统计
- ☑ 应收账款的账龄计算
- ☑ 按客户统计应收账款
- ☑ 坏账准备的账务处理
- ☑ 应付账款的管理

7.1 应收账款的统计

应收账款表示企业在销售过程中被购买单位所占用的资金。企业应及时收回应收账款，以弥补企业在生产经营过程中的各种耗费，保证企业持续经营；对于被拖欠的应收账款，应采取措施组织催收；对于确实无法收回的应收账款，凡符合坏账条件的，应在取得有关证明并按规定程序报批后，做坏账损失处理。

对于企业产生的每笔应收账款，可以建立 Excel 表格来统一管理，并利用函数或相关统计分析工具进行统计分析，从结果中获取相关信息，从而做出正确的财务决策。

7.1.1 建立应收账款记录表

应收账款是企业因出售商品或提供劳务给接受单位而应该收取的款项。财务人员需要记录企业日常运作中产生的每笔应收账款，可以在 Excel 中建立应收账款记录表管理应收账款，方便数据的计算，同时也便于后期对应收账款账龄的分析等。

应收账款记录表应该包括公司名称、开票日期、应收金额、付款期、是否到期等信息。

❶ 新建工作簿，并将其命名为“应收应付账款管理”。将 Sheet1 工作表重命名为“应收账款记录表”，建立如图 7-1 所示的列标识，并对表格进行格式设置，以便于阅读。

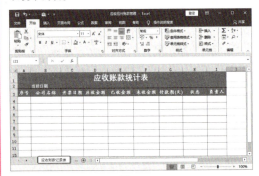

图 7-1

❷ 在后面计算应收账款是否到期或计算账龄时都需要使用到当前日期，因此可选中 C2 单元格，输入当前日期，如图 7-2 所示。

	A	B	C	D	E	F
1					应收账款统计表	
2		当前日期	2021/3/31			
3	序号	公司名称	开票日期	应收金额	已收金额	未收金额
4						
5						
6						
7						
8						
9						

图 7-2

❸ 对表格中特定的单元格区域进行格式设置：“序号”列设置为“文本”格式，以实现输入以 0 开头的编号；“开票日期”列设置为需要的日期格式，如“20/12/04”格式；显示金额的列可以设置为“会计专用”格式。

❹ 按日期顺序将应收账款基本数据（包括公司名称、开票日期、应收金额、已收金额等）记录到表格中。这些数据都是要根据实际情况手工输入的。输入数据后表格如图 7-3 所示。

	A	B	C	D	E	F	G	H	I
1				应收账款统计表					
2		当前日期	2021/3/31						
3	序号	公司名称	开票日期	应收金额	已收金额	未收金额	付款期(天)	状态	负责人
4	001	宏运佳建材公司	2020/11/6	¥ 22,000.00	¥ 10,000.00		20		方心瑶
5	002	海兴建材有限公	2020/12/22	¥ 10,000.00	¥ 5,000.00		20		李军
6	003	孚盛装饰公司	2021/1/12	¥ 29,000.00	¥ 5,000.00		60		刘心怡
7	004	澳菲斯建材有限	2021/1/17	¥ 28,700.00	¥ 10,000.00		20		许宇成
8	005	宏运佳建材公司	2021/1/10	¥ 15,000.00			15		李军
9	006	拓帆建材有限公	2021/1/17	¥ 22,000.00	¥ 8,000.00		15		秦玲
10	007	澳菲斯建材有限	2021/1/28	¥ 18,000.00			90		许宇成
11	008	孚盛装饰公司	2021/2/2	¥ 22,000.00	¥ 5,000.00		20		刘心怡
12	009	孚盛装饰公司	2021/2/4	¥ 23,000.00	¥ 10,000.00		40		张治
13	010	雅得丽装饰公司	2021/2/26	¥ 24,000.00	¥ 10,000.00		60		李军
14	011	宏运佳建材公司	2021/3/2	¥ 30,000.00	¥ 10,000.00		30		方心瑶
15	012	雅得丽装饰公司	2021/3/1	¥ 8,000.00			10		秦玲
16	013	雅得丽装饰公司	2021/3/3	¥ 8,500.00	¥ 5,000.00		25		彭丽丽
17	014	海兴建材有限公	2021/3/14	¥ 8,500.00	¥ 1,000.00		10		张治
18	015	澳菲斯建材有限	2021/3/15	¥ 28,000.00	¥ 8,000.00		90		秦玲
19	016	拓帆建材有限公	2021/3/17	¥ 22,000.00	¥ 10,000.00		60		刘心怡
20	017	海兴建材有限公	2021/3/21	¥ 6,000.00			15		张文轩

应收账款记录表

图 7-3

❺ 选中 F4 单元格，在编辑栏输入公式：

=D4-E4

按 Enter 键，计算出第一条记录的未收金额。选中 F4 单元格，向下复制公式，快速计算出各条应收账款的未收金额，如图 7-4 所示。

图 7-4

❻ 选中 H4 单元格，在编辑栏输入公式：
=IF(D4=E4,"已冲销√",IF((C4+G4)<$C$2,"已逾期","未到结账期"))

按 Enter 键，判断出第一条应收账款的目前状态，如图 7-5 所示。

图 7-5

❼ 选中 H4 单元格，向下复制公式，快速判断出各条应收账款是否到期，如图 7-6 所示。

图 7-6

专家提示

"=IF(D4=E4,"已冲销√",IF ((C4+G4)<$C$2,"已逾期","未到结账期"))" 公式解析如下：

这是一个 IF 函数多层嵌套的公式，首先判断 D4 和 E4 是否相等，如果是，则返回"已冲销√"；如果不是，则进行二次判断；如果 (C4+G4)<$C$2，则返回"已逾期"，否则返回"未到结账期"。

7.1.2 筛选查看已逾期账款

如果账目很多，为方便查看已逾期账款，可以通过筛选功能筛选查看。

❶ 选中包含列标识在内的所有数据区域，在"数据"选项卡的"排序和筛选"组中单击"筛选"按钮，此时列标识添加了筛选按钮，如图 7-7 所示。

图 7-7

❷ 单击"状态"字段右侧的筛选按钮，在展开的列表中只选中"已逾期"复选框，如图 7-8 所示。

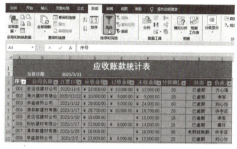

图 7-8

❸ 单击"确定"按钮，即可将已逾期的账款筛选出来，如图 7-9 所示。

图 7-9

7.1.3 处理已冲销账款

企业应收账款是不断发生变化的，新的销售业务都有可能产生新的应收账款，如果部分偿还款到账，则需要及时记录；如果全部偿还，则需要将记录删除。因此在判断应收账款当前状态时，在公式中设计了一个判断，即当“应收金额”等于“已收金额”时返回“已冲销√”，此项设计是为了实现当账款全部偿还时，能及时地删除应收账款的记录。

当某项账款已经全部偿还时，要先正确填入“已收金额”列，此时“状态”栏中则会返回“已冲销√”，如图 7-10 所示。

应收账款统计表

当前日期 2021/3/31

序号	公司名称	开票日期	应收金额	已收金额	未收金额	付款期(天)	状态	负责人
001	宏运佳建材公司	2020/11/6	¥ 22,000.00	¥ 10,000.00	¥ 12,000.00	20	已逾期	方心瑶
002	海兴建材有限公	2020/12/22	¥ 10,000.00	¥ 10,000.00	¥ -	20	已冲销√	李军
003	孚盛装饰公司	2021/1/12	¥ 29,000.00	¥ 5,000.00	¥ 24,000.00	60	已逾期	刘心怡
004	澳菲斯建材有限	2021/1/17	¥ 28,700.00	¥ 10,000.00	¥ 18,700.00	20	已逾期	许宇成
005	宏运佳建材公司	2021/1/10	¥ 15,000.00		¥ 15,000.00	15	已逾期	李军
006	拓帆建材有限公	2021/1/17	¥ 22,000.00	¥ 8,000.00	¥ 14,000.00	15	已逾期	秦玲
007	澳菲斯建材有限	2021/1/28	¥ 18,000.00	¥ 18,000.00	¥ -	90	已冲销√	许宇成
008	孚盛装饰公司	2021/2/2	¥ 22,000.00	¥ 5,000.00	¥ 17,000.00	20	已逾期	刘心怡
009	孚盛装饰公司	2021/2/4	¥ 23,000.00	¥ 10,000.00	¥ 13,000.00	40	已逾期	张治
010	雅得丽装饰公司	2021/2/26	¥ 24,000.00	¥ 10,000.00	¥ 14,000.00	60	未到结账期	李军
011	宏运佳建材公司	2021/3/2	¥ 30,000.00	¥ 10,000.00	¥ 20,000.00	30	未到结账期	方心瑶
012	雅得丽装饰公司	2021/3/1	¥ 8,000.00		¥ 8,000.00	10	已逾期	秦玲
013	雅得丽装饰公司	2021/3/3	¥ 8,500.00	¥ 5,000.00	¥ 3,500.00	25	已逾期	彭丽丽
014	海兴建材有限公	2021/3/14	¥ 8,500.00	¥ 1,000.00	¥ 7,500.00	10	已逾期	张治

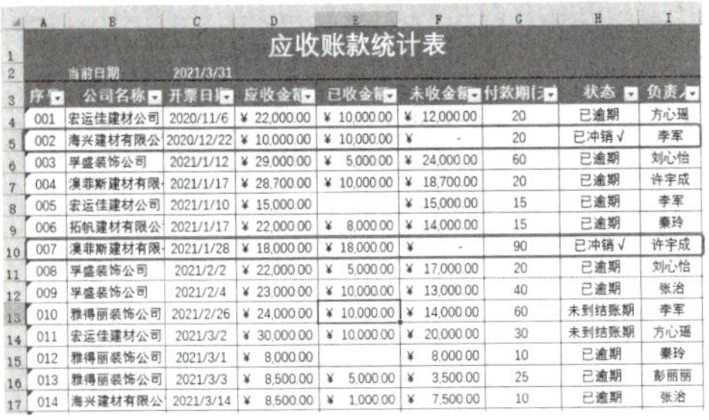

图 7-10

❶ 单击“状态”字段右侧的筛选按钮，在展开的列表中只选中“已冲销√”复选框，如图 7-11 所示。

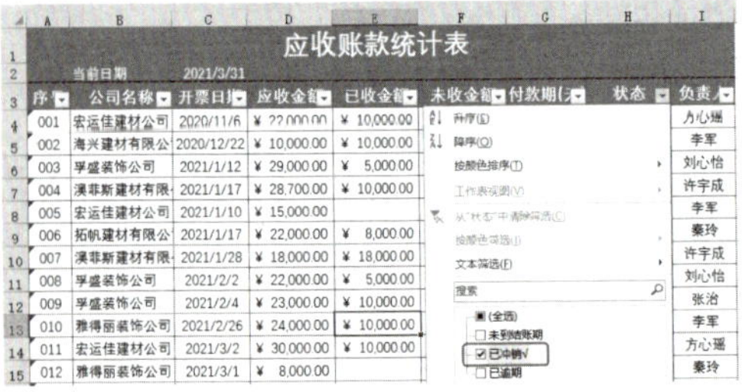

图 7-11

❷ 单击“确定”按钮，即可将已冲销的账款筛选出来，如图 7-12 所示。

应收账款统计表

当前日期 2021/3/31

序号	公司名称	开票日期	应收金额	已收金额	未收金额	付款期(天)	状态	负责人
002	海兴建材有限公	2020/12/22	¥ 10,000.00	¥ 10,000.00	¥ -	20	已冲销√	李军
007	澳菲斯建材有限	2021/1/28	¥ 18,000.00	¥ 18,000.00	¥ -	90	已冲销√	许宇成

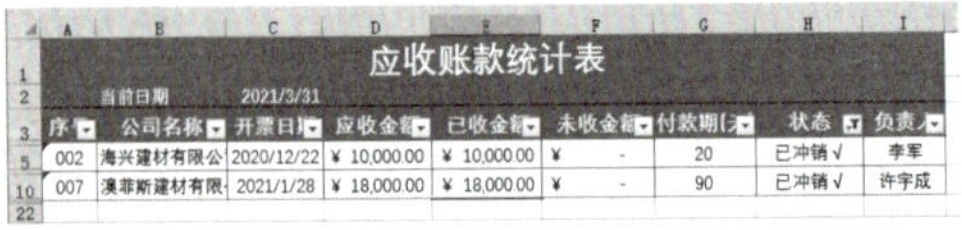

图 7-12

❸ 选中筛选出的已冲销记录行，在行标上右击，在弹出的快捷菜单中选择“删除行”命令，如图 7-13 所示，即可将已冲销的账款从工作表中删除。

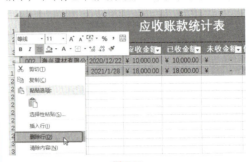

图 7-13

❹ 当删除已冲销的账款条目后，在“数据”选项卡的“排序和筛选”组中单击“筛选”按钮，取消其选中状态，即可恢复其他数据的显示。

7.1.4 应收账款的账务处理

在处理应收账款的账务时，一般都是按实际交易金额入账的，如果存在商业折扣，则需要将其扣减，即实际入账金额应该是扣除商业折扣后的金额，商业折扣不在买卖任何一方的账面反映。

1. 商业折扣情况下的账务处理

例如，2020 年 3 月 21 日，一笔销售订单金额为 98 000 元，商业折扣为 8.5%，扣除商业折扣后的金额为 89 670 元。因此记账金额为 89 670 元，3 月已记账（借记“应收账款”，贷记“主营业务收入”）。2020 年 4 月 4 日收到货款 50 000 元，此时应进行如下账务处理。

❶ 打开在第 6 章建立的“日记账”工作簿，并将“会计科目表”工作簿中的“通用记账凭证”表格复制到“日记账”工作簿中。

❷ 在“通用记账凭证”表格中输入该业务的记账凭证，借记“银行存款”，贷记“应收账款”，如图 7-14 所示。

❸ 切换到“记账凭证汇总表”中，填制日期、凭证号、摘要及金额，如图 7-15 所示。

图7-14

证汇总表,并且在设计表格时都是通过设计公式,实现数据的自动填制。因此,只要正确填制了记账凭证汇总表,银行存款日记账就可以自动填制,如图7-19所示。

图7-15

图7-18

❹ 在"科目代码"下拉列表中选择科目代码(见图7-16),选择后"账户名称""总账代码"与"总账科目"会自动返回,如图7-17所示。

图7-16

图7-19

2. 现金折扣情况下的账务处理

现金折扣是指为了鼓励客户尽早支付货款而采取的一种折扣政策,如10天内付款给予2%的折扣,20天内付款给予1%的折扣,超过此期限付款不予折扣等。其表示方法常用2/10、1/20、n/30的形式。

这种情况下的账务处理一般是将未扣除现金折扣的金额作为应收账款的入账金额,如果客户在折扣期内支付货款,应根据支付时间确定现金折扣,财务处理时将现金折扣金额作为财务费用处理。

图7-17

❺ 按相同方法选择贷方科目代码,自动返回"账户名称""总账代码"与"总账科目",如图7-18所示。

❻ 登记银行存款日记账。在第6章已经介绍过现金日记账与银行存款日记账的登记都来自于记账凭

例如,2021年3月22日,一笔销售订单金额为22 000元(给对方的现金折扣为10/10、5/20,表示付款期限在10天内,折扣为10%;付款期限在20天内,折扣为5%),3月已记账(借记"应收账款",贷记"主营业务收入")。2021年4月5日收到货款,由于此货款在20日内收到,因此给对方5%的现金折扣,即1100元,记作"财务费用"。收到此货款时进行如下账务处理。

第7章 管理往来账款并处理账务

❶ 在“通用记账凭证”表格中输入该业务的记账凭证，借记“银行存款”与“财务费用”，贷记“应收账款”，如图 7-20 所示。

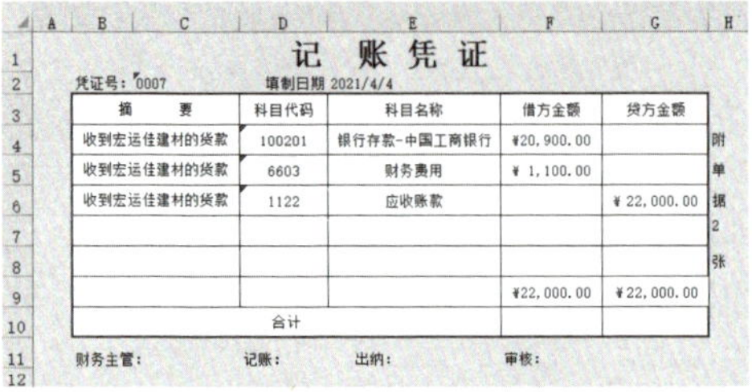

记 账 凭 证

凭证号：0007　　填制日期 2021/4/4

摘　要	科目代码	科目名称	借方金额	贷方金额
收到宏运佳建材的货款	100201	银行存款-中国工商银行	¥20,900.00	
收到宏运佳建材的货款	6603	财务费用	¥ 1,100.00	
收到宏运佳建材的货款	1122	应收账款		¥ 22,000.00
			¥22,000.00	¥22,000.00
合计				

附单据 2 张

财务主管：　记账：　出纳：　审核：

图 7-20

❷ 切换到“记账凭证汇总表”，按前面相同的方法填制记账凭证，如图 7-21 所示。

记 账 凭 证 汇 总 表（2021年4月）

日期	凭证号	摘　要	科目代码	账户名称	总账代码	总账科目	借方金额	贷方金额
2021/4/1	0001	报销招待费	6601	销售费用	6601	销售费用	¥ 1,045.00	
2021/4/1	0001	报销招待费	1001	库存现金	1001	库存现金		¥ 1,045.00
2021/4/2	0002	提取备用金	1001	库存现金	1001	库存现金	¥65,000.00	
2021/4/2	0002	提取备用金	100201	银行存款-中国工商	1002	银行存款		¥65,000.00
2021/4/2	0003	低值易耗品采买	6602	管理费用	6602	管理费用	¥ 1,265.00	
2021/4/2	0003	低值易耗品采买	1001	库存现金	1001	库存现金		¥ 1,265.00
2021/4/2	0004	收到欠款	100201	银行存款-中国工商	1002	银行存款	¥22,000.00	
2021/4/2	0004	收到欠款	1122	应收账款	1122	应收账款		¥22,000.00
2021/4/4	0005	收到孚盛装饰的货款	100202	银行存款-中国银行	1002	银行存款	¥50,000.00	
2021/4/4	0005	收到孚盛装饰的货款	1122	应收账款	1122	应收账款		¥50,000.00
2021/4/4	0006	福利采买	6602	管理费用	6602	管理费用	¥ 2,200.00	
2021/4/4	0006	福利采买	1001	库存现金	1001	库存现金		¥ 2,200.00
2021/4/5	0007	收到宏运佳建材的货款	100202	银行存款-中国银行	1002	银行存款	¥20,900.00	
2021/4/5	0007	收到宏运佳建材的货款	6603	财务费用	6603	财务费用	¥ 1,100.00	
2021/4/5	0007	收到宏运佳建材的货款	1122	应收账款	1122	应收账款		¥22,000.00

图 7-21

❸ 正确地填制了记账凭证汇总表后，银行存款日记账可以自动填制，如图 7-22 所示。此项银行存款日记账对应于记账凭证汇总表中凭证号为 0007 的科目。

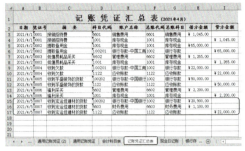

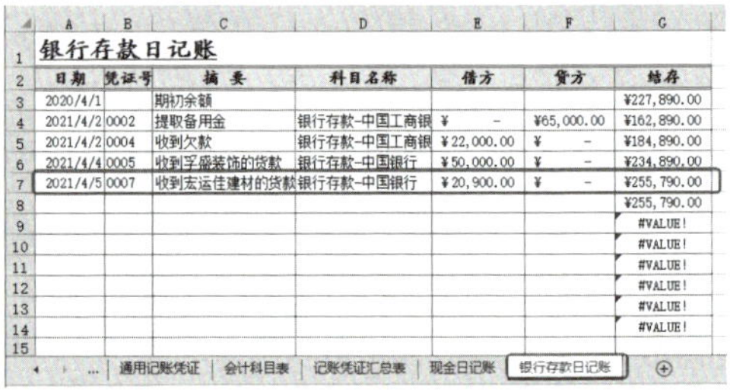

银行存款日记账

日期	凭证号	摘　要	科目名称	借方	贷方	结存
2020/4/1		期初余额				¥227,890.00
2021/4/2	0002	提取备用金	银行存款-中国工商银	¥ -	¥65,000.00	¥162,890.00
2021/4/2	0004	收到欠款	银行存款-中国工商银	¥22,000.00	¥ -	¥184,890.00
2021/4/4	0005	收到孚盛装饰的货款	银行存款-中国银行	¥50,000.00	¥ -	¥234,890.00
2021/4/5	0007	收到宏运佳建材的货款	银行存款-中国银行	¥20,900.00	¥ -	¥255,790.00
						¥255,790.00
						#VALUE!
						#VALUE!
						#VALUE!
						#VALUE!
						#VALUE!
						#VALUE!

图 7-22

7.2 应收账款的分析

应收账款的分析包括计算逾期未收金额、分客户统计应收账款等，从而得到一些统计报表。

7.2.1 计算各笔账款的账龄

利用公式对各笔应收账款的账龄（即按账期的长短统计）进行计算，是后面进行账龄分析的基础。

❶ 在应收账款统计表的右侧建立“账龄”分段标识（因为各个账龄段的未收金额的计算源数据来源于应收账款统计表，因此将分段标识建立在此处便于对数据的引用），如图 7-23 所示。

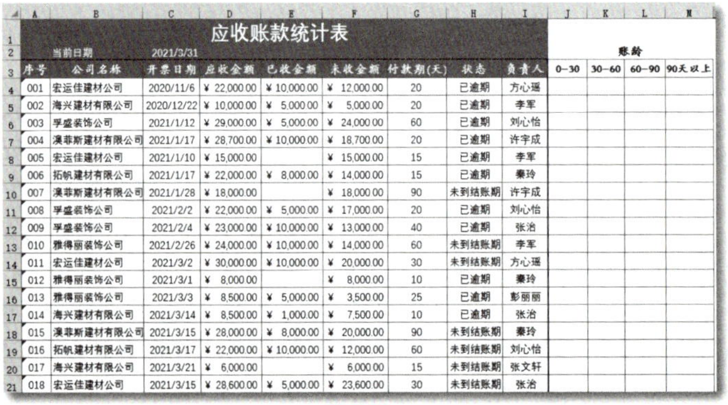

应收账款统计表

当前日期　2021/3/31

序号	公司名称	开票日期	应收金额	已收金额	未收金额	付款期(天)	状态	负责人	账龄 0-30	30-60	60-90	90天以上
001	宏运佳建材公司	2020/11/6	¥ 22,000.00	¥ 10,000.00	¥ 12,000.00	20	已逾期	方心瑶				
002	海兴建材有限公司	2020/12/22	¥ 10,000.00	¥ 5,000.00	¥ 5,000.00	20	已逾期	李军				
003	孚盛装饰公司	2021/1/12	¥ 29,000.00	¥ 5,000.00	¥ 24,000.00	60	已逾期	刘心怡				
004	澳菲斯建材有限公司	2021/1/17	¥ 28,700.00	¥ 10,000.00	¥ 18,700.00	20	已逾期	许宇成				
005	宏运佳建材公司	2021/1/10	¥ 15,000.00		¥ 15,000.00	15	已逾期	李军				
006	拓帆建材有限公司	2021/1/17	¥ 22,000.00	¥ 8,000.00	¥ 14,000.00	15	已逾期	秦玲				
007	澳菲斯建材有限公司	2021/1/28	¥ 18,000.00		¥ 18,000.00	90	未到结账期	许宇成				
008	孚盛装饰公司	2021/2/2	¥ 22,000.00	¥ 5,000.00	¥ 17,000.00	20	已逾期	刘心怡				
009	孚盛装饰公司	2021/2/4	¥ 23,000.00	¥ 10,000.00	¥ 13,000.00	40	已逾期	张治				
010	雅得丽装饰公司	2021/2/26	¥ 24,000.00	¥ 10,000.00	¥ 14,000.00	60	未到结账期	李军				
011	宏运佳建材公司	2021/3/2	¥ 30,000.00	¥ 10,000.00	¥ 20,000.00	30	未到结账期	方心瑶				
012	雅得丽装饰公司	2021/3/1	¥ 8,000.00		¥ 8,000.00	10	已逾期	秦玲				
013	雅得丽装饰公司	2021/3/3	¥ 8,500.00	¥ 5,000.00	¥ 3,500.00	25	已逾期	彭丽丽				
014	海兴建材有限公司	2021/3/14	¥ 8,500.00	¥ 1,000.00	¥ 7,500.00	10	已逾期	张治				
015	澳菲斯建材有限公司	2021/3/15	¥ 28,000.00	¥ 8,000.00	¥ 20,000.00	90	未到结账期	秦玲				
016	拓帆建材有限公司	2021/3/17	¥ 22,000.00	¥ 10,000.00	¥ 12,000.00	60	未到结账期	刘心怡				
017	海兴建材有限公司	2021/3/21	¥ 6,000.00		¥ 6,000.00	15	未到结账期	张文轩				
018	宏运佳建材公司	2021/3/15	¥ 28,600.00	¥ 5,000.00	¥ 23,600.00	30	未到结账期	张治				

图 7-23

❷ 选中 J4 单元格，在编辑栏中输入公式：
=IF(AND($C$2-(C4+G4)>0,$C$2-(C4+G4)<=30),D4-E4,0)

按 Enter 键，判断第一条应收账款记录是否到期，如果到期，判断是否在"0-30"区间，如果是，则返回未收金额，否则返回 0 值，如图 7-24 所示。

图 7-24

专家提示

AND 函数用于判断给定的条件值或表达式是否都为真，如果是，返回 TRUE，否则返回 FALSE。

"=IF(AND($C$2-(C4+G4)>0,$C$2-(C4+G4)<=30),D4-E4,0)"公式解析如下：

首先用 C4+G4 求取开票日期与付款期的和，即到期日期，用 C2 单元格为当前日期与到期日期求差值得到的是逾期天数。接着用 AND 函数判断 $C$2-(C4+G4)>0、$C$2-(C4+G4)<=30 这两个条件是否同时满足，当同时满足时，返回 D4-E4 的值，否则返回 0。

❸ 选中 K4 单元格，在编辑栏中输入公式：
=IF(AND($C$2-(C4+G4)>30,$C$2-(C4+G4)<=60),D4-E4,0)

按 Enter 键，判断第一条应收账款记录是否到期，如果到期，判断是否在"30-60"区间，如果是，则返回未收金额，否则返回 0 值，如图 7-25 所示。

图 7-25

❹ 选中 L4 单元格，在编辑栏中输入公式：

=IF(AND($C$2-(C4+G4)>60,$C$2-(C4+G4)<=90),D4-E4,0)

按 Enter 键，判断第一条应收账款记录是否到期，如果到期，判断是否在"60-90"区间，如果是，则返回未收金额，否则返回 0 值，如图 7-26 所示。

图 7-26

❺ 选中 M4 单元格，在编辑栏中输入公式：
=IF($C$2-(C4+G4)>90,D4-E4,0)

按 Enter 键，判断第一条应收账款记录是否到期，如果到期，判断是否在"90 天以上"区间，如果是，则返回未收金额，否则返回 0 值，如图 7-27 所示。

图 7-27

❻ 选中 J4:M4 单元格区域，将鼠标指针定位到该单元格区域右下角，当出现黑色十字形时，按住鼠标左键向下拖动。拖动到目标位置后，释放鼠标即可快速返回各条应收账款所在的账龄区间，如图 7-28 所示。

图 7-28

7.2.2 统计每位客户的应收账款

统计出各客户信用期内及各个账龄区间的

未收金额，可以让财务人员清楚地了解哪些客户是企业的重点债务对象。

各客户在各个账龄区间的未收金额主要可以通过使用 SUMIF 函数进行按条件求和运算。

❶ 插入新工作表，将工作表重命名为"**分客户分析逾期未收金额**"。输入各项列标识（按账龄区间显示）、公司名称并对表格进行格式设置，如图7-29所示。

图 7-29

❷ 选中 B2 单元格，在编辑栏中输入公式：
=SUMIF(应收账款记录表!$B$4:$B$25,$A2,应收账款记录表!J$4:J$25)

按 Enter 键，计算出"**澳菲斯建材有限公司**"在"0-30"账龄区间的金额，如图7-30所示。

图 7-30

> **专家提示**
>
> "=SUMIF(应收账款记录表!$B$4: $B$25, $A2,应收账款记录表!J$4:J$25)" 公式解析如下：
>
> 先判断"应收账款记录表!$B$4:$B$25"中哪些单元格为 A2 指定的公司名称，然后将对应于"应收账款记录表!J$4:J$25"的值求和。

❸ 选中 B2 单元格，将鼠标指针定位到该单元格的右下角，当出现黑色十字形时，按住鼠标左键向右拖动，释放鼠标即可快速统计出各账龄区间的金额，

如图7-31 所示。

图 7-31

❹ 选中 B2:E2 单元格区域，将鼠标指针定位到该单元格区域的右下角，当出现黑色十字形时，按住鼠标左键向下拖动，释放鼠标即可快速统计出各客户各个账龄区间的金额，如图7-32 所示。

公司名称	0-30	30-60	60-90	90天以上	合计
澳菲斯建材有限公司	0	18700	0	0	
孚盛装饰公司	37000	17000	0	0	
海兴建材有限公司	7500	0	5000	0	
宏运佳建材公司	0	0	15000	12000	
拓帆建材有限公司	0	14000	0	0	
雅得丽装饰公司	11500	0	0	0	
合计					

图 7-32

> **知识扩展**
>
> 由于在应收账款统计表中，"0-30""30-60""60-90""90天以上"几列是连续显示的，所以在设置了 B2 单元格的公式后，可以利用复制公式的方法快速完成其他单元格公式的设置，然后向下复制公式，则可批量求出各个公司在各个账龄期间的总额。
>
> 要实现这种既向右复制公式又向下复制公式的操作，对于单元格引用方式的设置是极为重要的。在第3章介绍了公式中对数据源引用的问题，除相对引用与绝对引用外，还有一种引用方式就是混合引用，即行采用相对引用、列采用绝对引用，或者行采用绝对引用、列采用相对引用。本例中的公式就需要使用混合引用的方式。
>
> "**应收账款记录表!$B$4:$B$25**"：无论公式是向右复制还是向下复制，此区域为条件判断的区域，所以始终不变。
>
> **$A2**：公式向右复制时，列不能变，即

> 这一行中始终判断 A2 单元格；而公式向下复制时，则要依次判断 A3、A4 等单元格，因此列采用绝对引用，对行采用相对引用。
>
> "应收账款记录表!J$4:J$25"：公式向右复制时，用于求值的区域要依次改变列为 K、L、M，所以列要使用相对引用。

❺ 选中 F2 单元格，在"公式"选项卡的"函数库"组中单击"自动求和"按钮，此时函数根据当前选中单元格左右的数据默认参与运算的单元格区域，如图 7-33 所示。

图 7-33

❻ 按 Enter 键即可得到求和结果。选中 F2 单元格，拖动填充柄向下复制公式得到批量结果，如图 7-34 所示。

图 7-34

在完成了上面统计表的建立后，可以创建图表来直观地显示各个账龄区间的金额。

❶ 选中 A1:F7 单元格区域，在"数据"选项卡的"排序和筛选"组中单击"排序"按钮（见图 7-35），打开"排序"对话框，选择排序的主要关键字为"合计"，并设置次序为"降序"，如图 7-36 所示。

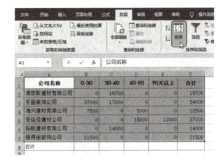

图 7-35

图 7-36

❷ 单击"确定"按钮，即可将账款按合计金额降序排列，如图 7-37 所示。

公司名称	0-30	30-60	60-90	90天以上	合计
孚盛装饰公司	37000	17000	0	0	54000
宏运佳建材公司	0	0	15000	12000	27000
澳菲斯建材有限公司	0	18700	0	0	18700
拓帆建材有限公司	0	14000	0	0	14000
海兴建材有限公司	7500	0	5000	0	12500
雅得丽装饰公司	11500	0	0	0	11500
合计					

图 7-37

❸ 选中 A2:A7、F2:F7 单元格区域，选择"插入"选项卡，在"图表"组中单击"饼图"按钮，在下拉菜单中选择一种图表，这里选择"二维饼图"（见图 7-38），单击即可创建图表。

图 7-38

❹ 选中图表，在"图表工具-设计"选项卡"图表样式"组中可选择图表样式（单击右侧的▼按钮，可以选择更多的样式），这里选择"样式3"，预览后单击即可应用，如图7-39所示。

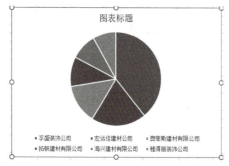

图 7-39

❺ 选中图表，单击右上角的"图表样式"按钮，在打开的菜单中选择"样式3"快速套用样式，如图7-40所示。

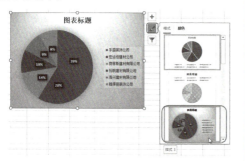

图 7-40

❻ 再次单击右上角的"图表样式"按钮，在打开的菜单中单击"颜色"标签，选择颜色搭配，如图7-41所示。

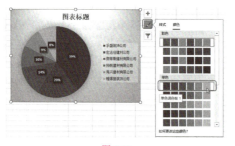

图 7-41

❼ 在饼图任意扇面上单击，然后单击最大的扇面，选中该扇面。在"图表工具-格式"选项卡

"形状样式"组中单击"形状轮廓"下拉按钮，在打开的下拉菜单中先选择"白色"主题颜色，再在"粗细"的子菜单中选择"2.25磅"，如图7-42所示。

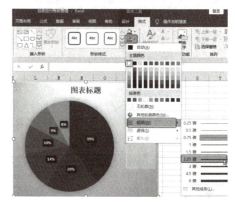

图 7-42

❽ 设置完成后，可以看到最大的扇面显示出白色轮廓线，如图7-43所示。

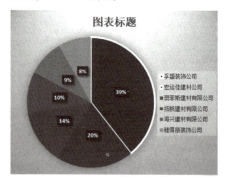

图 7-43

❾ 按相同的方法为第二大扇面设置白色轮廓线，然后在图表标题框中输入图表名称。图表效果如图7-44所示。

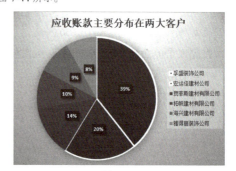

图 7-44

专家提示

图表标题是用来阐明重要信息的，是必不可少的重要元素。图表标题的文字并不是随意输入的，主要有两方面要求：一是足够鲜明；二是表明图表想表达的信息。因为通常标题明确的图表，能够更快速地引导阅读者理解图表意思，读懂分析目的。因此，可以使用类似于“会员数量持续增加”“A、B两种产品库存不足”“新包装销量明显提升”等直达主题的标题。

7.2.3 统计各账龄下的应收账款

账龄分析是有效管理应收账款的基础，是确定应收账款管理重点的依据。对应收账款进行账龄分析，可以真实地反映企业实际的资金流动情况，从而对收款难度较大的应收账款早做准备，同时对逾期较长的款项采取相应的催收措施。在分客户统计了各个账龄段的应收账款后，可以对各个账龄段的账款进行合计统计，从而为提取坏账做准备。

❶在“分客户分析逾期未收金额”工作表中，对各个账龄下的账款进行求和统计。选中B8单元格，在“数据”选项卡的“函数库”组中单击“自动求和”按钮，此时函数根据当前选中的单元格区域的数据进行求和运算，如图7-45所示。

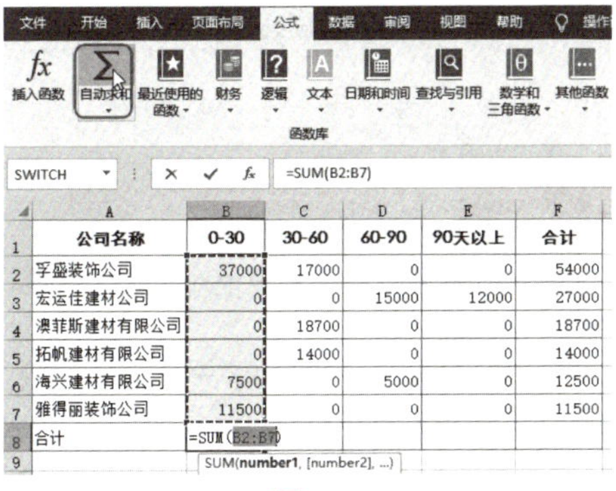

	A	B	C	D	E	F
1	公司名称	0-30	30-60	60-90	90天以上	合计
2	孚盛装饰公司	37000	17000	0	0	54000
3	宏运佳建材公司	0	0	15000	12000	27000
4	澳菲斯建材有限公司	0	18700	0	0	18700
5	拓帆建材有限公司	0	14000	0	0	14000
6	海兴建材有限公司	7500	0	5000	0	12500
7	雅得丽装饰公司	11500	0	0	0	11500
8	合计	=SUM(B2:B7)				
9		SUM(number1, [number2], ...)				

图 7-45

❷按Enter键即可得到求和结果。拖动B8单元格右下角的填充柄向右填充，得到批量结果，如图7-46所示。

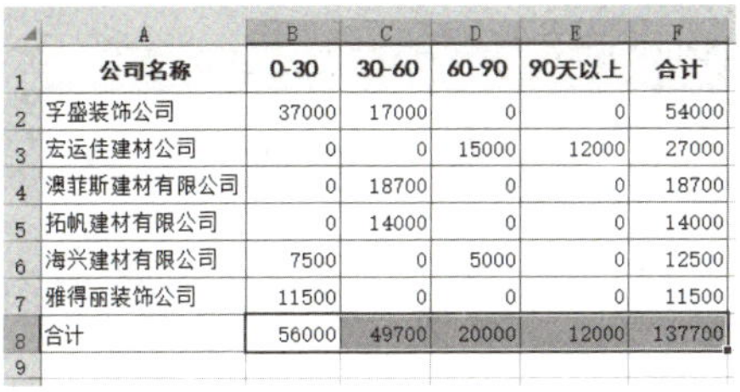

	A	B	C	D	E	F
1	公司名称	0-30	30-60	60-90	90天以上	合计
2	孚盛装饰公司	37000	17000	0	0	54000
3	宏运佳建材公司	0	0	15000	12000	27000
4	澳菲斯建材有限公司	0	18700	0	0	18700
5	拓帆建材有限公司	0	14000	0	0	14000
6	海兴建材有限公司	7500	0	5000	0	12500
7	雅得丽装饰公司	11500	0	0	0	11500
8	合计	56000	49700	20000	12000	137700
9						

图 7-46

❸添加一张新工作表，并重命名为“应收账款账龄分析表”，如图7-47所示。在表格中建立几个账龄标识，如图7-48所示。

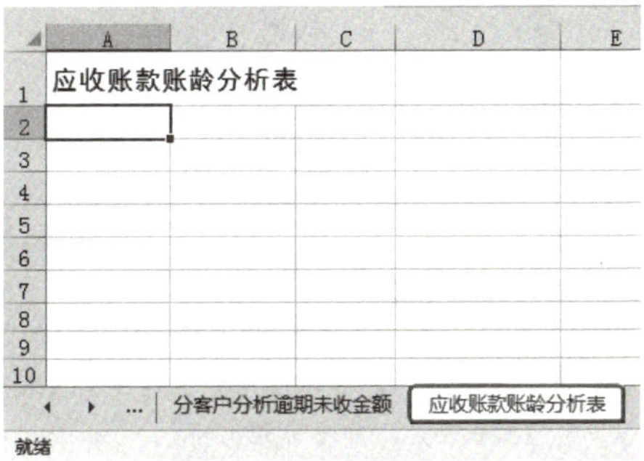

图 7-47

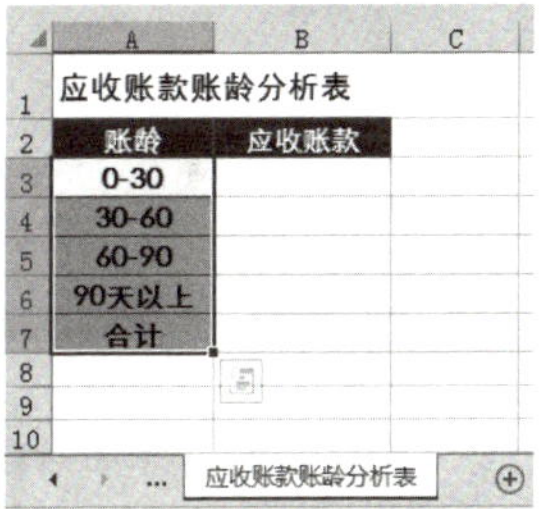

	A	B
1	应收账款账龄分析表	
2	账龄	应收账款
3	0-30	
4	30-60	
5	60-90	
6	90天以上	
7	合计	

图 7-48

❹切换到“分客户分析逾期未收金额”工作表，复制B8:F8单元格区域数据，如图7-49所示。

❺切换回“应收账款账龄分析表”，选中B3单元格并右击，在弹出的快捷菜单中选择“选择性粘贴”命令（见图7-50），打开“选择性粘贴”对话框。

（见图7-54），此时即可将数字格式转换为百分比，如图7-55所示。

图7-49

图7-53

图7-50

❻ 选中"**数值**"单选按钮与"**转置**"复选框，单击"**确定**"按钮，如图7-51所示，即可将复制的数据以数值形式粘贴，如图7-52所示。

图7-51

图7-52

❼ 在"**应收账款账龄分析表**"中新建列标识"**占比**"，选中C3单元格，在编辑栏中输入公式：
=B3/$B$7

按Enter键返回计算结果，如图7-53所示。

❽ 选中C3单元格，通过拖动右下角的填充柄向下复制公式得到批量结果。保持数据选中状态，在"**开始**"选项卡的"**数字**"组中单击"**数字格式**"右侧的下拉按钮，在下拉列表中选择"**百分比**"选项

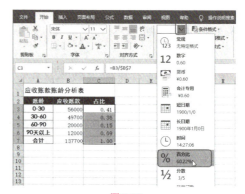

图7-54

图7-55

7.2.4 应收账款账龄分析图

建立图表可以更加直观地对各账龄段的应收款进行比较。

❶ 选中A2:B6单元格区域，在"**插入**"选项卡的"**图表**"组中单击"**插入柱形图或条形图**"按钮，在下拉菜单中选择"**簇状柱形图**"（见图7-56），单击即可创建图表，如图7-57所示。

❷ 选中图表，在"**图表工具-设计**"选项卡的"**图表样式**"组中单击右侧的 ▼ 按钮，在打开的列表

中选择图表样式，鼠标指针指向时可预览，单击即可应用，如图7-58所示。

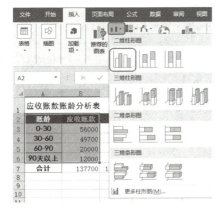

图 7-56

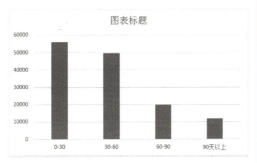

图 7-57

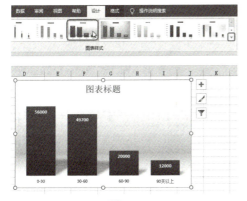

图 7-58

❸ 选中图表区，在"图表工具-格式"选项卡的"形状样式"组中单击"形状轮廓"下拉按钮，在下拉菜单中选择一种轮廓色，并设置轮廓的粗细为"1.5磅"，如图7-59所示。

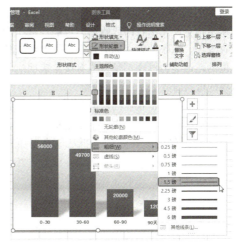

图 7-59

❹ 重命名图表标题，图表效果如图7-60所示。

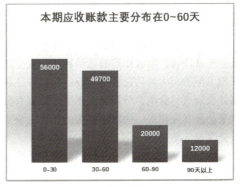

图 7-60

知识扩展

在图表中设置轮廓线条（如上面对图表区边框线条的设置）和填充颜色的操作方法类似，分别在"图表工具-设计"选项卡的"形状样式"组中的"形状填充"与"形状轮廓"功能按钮下设置。要想效果应用于哪个对象，一定要在设计前准确选中目标对象，操作结果会应用于选中的对象。

7.2.5 坏账准备的账务处理

商业信用的高度发展是市场经济的重要特征之一。商业信用的发展在为企业带来销售收入增加的同时，不可避免地导致坏账的发生。坏账是指企业无法收回或收回的可能性极小的应收款项。坏账的确认标准是有证据表明债务单位的偿还能力已经不足，或有迹象表明应收款项的可收回数小于其账面余额。

坏账准备是指企业的应收款项（含应收账款、其他应收款等）计提的，是备抵账户。企业对坏账损失的核算采用备抵法。在备抵法下，企业每期末要估计坏账损失，设置“坏账准备”会计科目，提取坏账准备金，借记“管理费用”科目，贷记“坏账准备”科目。

企业应当定期或者至少每年年度终了时对应收款项进行全面检查，预计各项应收款项可能发生的坏账，对于没有把握收回的应收款项，应当计提坏账准备。

估计坏账损失主要有余额百分比法、账龄分析法、销货百分比法等，其中账龄分析法是根据应收账款账龄的长短来估计坏账损失的方法。通常而言，应收账款的账龄越长，发生坏账的可能性越大。为此，将企业的应收账款按账龄长短进行分组，分别确定不同的计提百分比来估算坏账损失，使坏账损失的计算结果更符合客观情况。

例如，下面以前面所统计的账款账龄作为本期数据范例来进行坏账准备的账务处理。

❶在“应收账款账龄分析表”工作表中，建立“估计损失比例”和“损失金额”列标识，然后输入不同账龄下的估计损失比例，如图 7-61 所示。

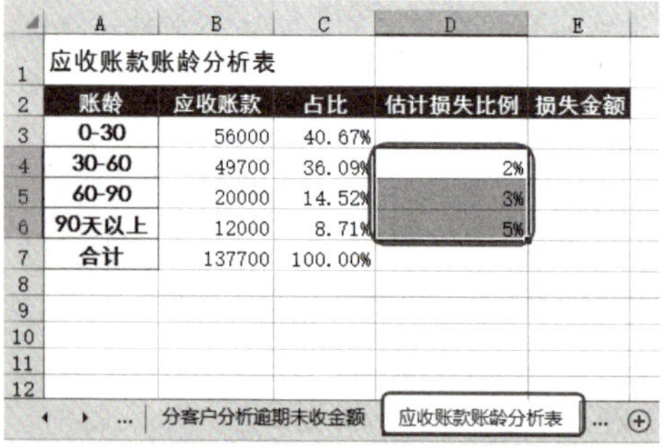

应收账款账龄分析表				
账龄	应收账款	占比	估计损失比例	损失金额
0-30	56000	40.67%		
30-60	49700	36.09%	2%	
60-90	20000	14.52%	3%	
90天以上	12000	8.71%	5%	
合计	137700	100.00%		

图 7-61

❷计算损失金额。选中 E3 单元格，输入公式：

=B3*D3

然后向下复制公式到 E6 单元格中，计算出各个账龄段估算的损失金额，如图 7-62 所示。

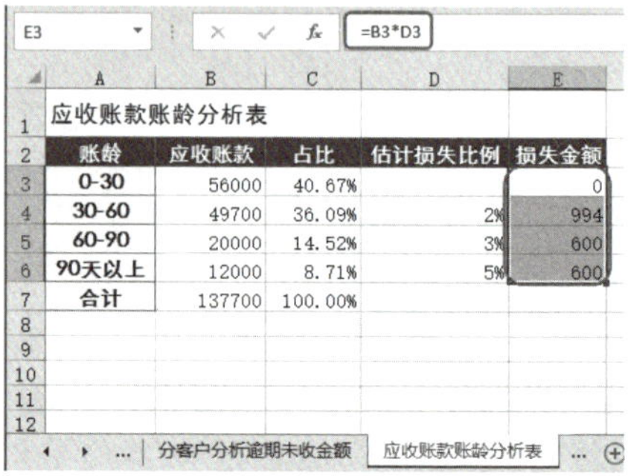

E3 =B3*D3

应收账款账龄分析表				
账龄	应收账款	占比	估计损失比例	损失金额
0-30	56000	40.67%		0
30-60	49700	36.09%	2%	994
60-90	20000	14.52%	3%	600
90天以上	12000	8.71%	5%	600
合计	137700	100.00%		

图 7-62

❸选中 E7 单元格，使用求和公式计算出估计的总损失金额，如图 7-63 所示。

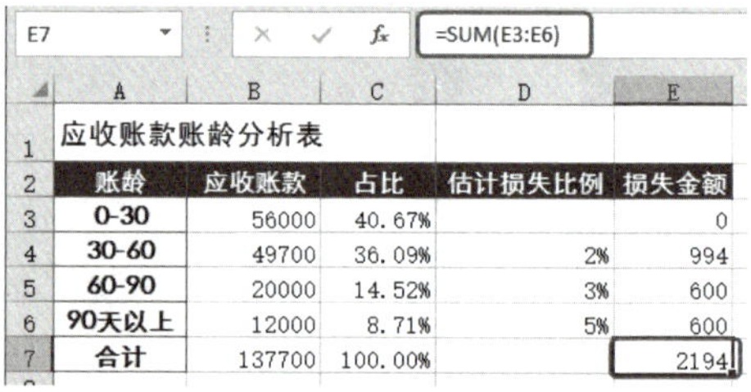

E7 =SUM(E3:E6)

应收账款账龄分析表				
账龄	应收账款	占比	估计损失比例	损失金额
0-30	56000	40.67%		0
30-60	49700	36.09%	2%	994
60-90	20000	14.52%	3%	600
90天以上	12000	8.71%	5%	600
合计	137700	100.00%		2194

图 7-63

❹打开“日记账”工作簿，在“通用记账凭证”表格中输入该业务的记账凭证，借记“管理费用”，贷记“坏账准备”，如图 7-64 所示。

记 账 凭 证

凭证号：0008　填制日期 2021/4/4

摘　要	科目代码	科目名称	借方金额	贷方金额
计提坏账准备	6602	管理费用	￥ 2,194.00	
计提坏账准备	1231	坏账准备		￥ 2,194.00
合计			￥ 2,194.00	￥ 2,194.00

附单据　张

财务主管：　记账：　出纳：　审核：

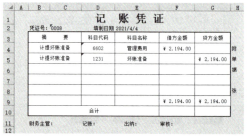

图 7-64

❺切换到“记账凭证汇总表”，填制记账凭证（“账户名称”“总账代码”“总账科目”列数据是由公式自动返回的），如图 7-65 所示。

日期	凭证号	摘要	科目代码	账户名称	总账代码	总账科目	借方金额	贷方金额
记账凭证汇总表（2021年4月）								
2021/4/1	0001	报销招待费	6601	销售费用	6601	销售费用	¥ 1,045.00	
2021/4/1	0001	报销招待费	1001	库存现金	1001	库存现金		¥ 1,045.00
2021/4/2	0002	提取备用金	1001	库存现金	1001	库存现金	¥65,000.00	
2021/4/2	0002	提取备用金	100201	银行存款-中国工商	1002	银行存款		¥65,000.00
2021/4/2	0003	低值易耗品采买	6602	管理费用	6602	管理费用	¥ 1,265.00	
2021/4/2	0003	低值易耗品采买	1001	库存现金	1001	库存现金		¥ 1,265.00
2021/4/2	0004	收到欠款	100201	银行存款-中国工商	1002	银行存款	¥22,000.00	
2021/4/2	0004	收到欠款	1122	应收账款	1122	应收账款		¥22,000.00
2021/4/4	0005	收到孚盛装饰的货款	100202	银行存款-中国银行	1002	银行存款	¥50,000.00	
2021/4/4	0005	收到孚盛装饰的货款	1122	应收账款	1122	应收账款		¥50,000.00
2021/4/4	0006	福利采买	6602	管理费用	6602	管理费用	¥ 2,200.00	
2021/4/4	0006	福利采买	1001	库存现金	1001	库存现金		¥ 2,200.00
2021/4/5	0007	收到宏运佳建材的贷款	100202	银行存款-中国银行	1002	银行存款	¥20,900.00	
2021/4/5	0007	收到宏运佳建材的贷款	6603	财务费用	6603	财务费用	¥ 1,100.00	
2021/4/5	0007	收到宏运佳建材的贷款	1122	应收账款	1122	应收账款		¥22,000.00
2021/4/10	0008	计提坏账准备	6602	管理费用	6602	管理费用	¥ 2,194.00	
2021/4/10	0008	计提坏账准备	1231	坏账准备	1231	坏账准备		¥ 2,194.00

图 7-65

7.3 应付账款的管理

应付账款通常是指因购买材料、商品或接受劳务供应等而发生的债务，这是买卖双方在购销活动中由于取得物资与支付贷款在时间上不一致而产生的负债。企业要避免财务危机，维护企业信誉，就一定要加强对应付账款的管理。

7.3.1 建立应付账款记录表

各项应付账款的产生日期、金额、已付款、结账期等基本信息需要手工填入表格中，然后可以设置公式返回到期日期、逾期天数、已逾期金额。

❶ 插入新工作表，将工作表重命名为“应付账款记录表”。输入应付账款记录表的各项列标识，包括用于显示基本信息的标识与用于统计计算的标识。再对工作表进行文字格式、边框、对齐方式等设置，效果如图 7-66 所示。

序号	公司名称	交易日期	应付金额	已付金额	应付余额	付款期(天)	到期日期	逾期天数	已逾期金额
应付账款记录表									
	当前日期	2021/3/30							

图 7-66

❷ 设置单元格格式：设置“序号”列单元格区域为“文本”格式，以实现输入以 0 开头的编号；设置“交易日期”“到期日期”列显示为“2021/1/5”形式的“日期”格式；设置显示金额的单元格区域为“货币”格式。

❸ 按日期顺序将应付账款基本数据（包括公司名称、交易日期、应付金额、已付金额、付款期等）记录到表格中，如图 7-67 所示。

序号	公司名称	交易日期	应付金额	已付金额	应付余额	付款期(天)	到期日期	逾期天数	已逾期金额
应付账款记录表									
	当前日期	2021/3/30							
001	云霄矿业公司	2021/1/5	¥ 22,000.00	¥10,000.00		30			
002	津乐泰矿业	2021/1/10	¥ 17,000.00	¥17,000.00		20			
003	宏途化工品加工厂	2021/1/8	¥ 15,000.00	¥10,000.00		50			
004	云霄矿业公司	2021/1/7	¥ 50,000.00	¥20,000.00		60			
005	顶峰科技	2021/2/2	¥ 22,000.00	¥10,000.00		20			
006	津乐泰矿业	2021/2/28	¥ 8,000.00			40			
007	海诺商贸有限公司	2021/3/1	¥ 15,000.00	¥ 5,000.00		20			
008	宏途化工品加工厂	2021/4/5	¥ 8,900.00	¥ 5,000.00		20			
009	顶峰科技	2021/4/12	¥ 24,000.00	¥12,000.00		40			
010	海诺商贸有限公司	2021/4/14	¥ 9,000.00			20			

图 7-67

7.3.2 设置公式分析各项应付账款

应付账款记录表中的应付余额、到期日期、逾期天数、已逾期金额等数据需要通过公式计算得到。

❶ 选中 F4 单元格，在编辑栏中输入公式：

=D4-E4

按 Enter 键即可根据应付金额与已付金额计算出应付余额，如图 7-68 所示。

F4 =D4-E4

应付账款记录

当前日期	2021/3/30			
公司名称	交易日期	应付金额	已付金额	应付余额
云雷矿业公司	2021/1/5	¥ 22,000.00	¥10,000.00	¥12,000.00
津乐泰矿业	2021/1/10	¥ 17,000.00	¥17,000.00	
宏途化工品加工厂	2021/1/8	¥ 15,000.00	¥10,000.00	
云雷矿业公司	2021/1/7	¥ 50,000.00	¥20,000.00	
顶峰科技	2021/2/2	¥ 22,000.00	¥10,000.00	
津乐泰矿业	2021/2/28	¥ 8,000.00		
海诺商贸有限公司	2021/3/1	¥ 15,000.00	¥ 5,000.00	
宏途化工品加工厂	2021/4/5	¥ 8,900.00	¥ 5,000.00	
顶峰科技	2021/4/12	¥ 24,000.00	¥12,000.00	
海诺商贸有限公司	2021/4/14	¥ 9,000.00		

图 7-68

❷ 选中 F4 单元格，拖动右下角的填充柄向下复制公式，可以得到每条应付账款的应付余额，如图 7-69 所示。

应付账款记录

当前日期	2021/3/30			
公司名称	交易日期	应付金额	已付金额	应付余额
云雷矿业公司	2021/1/5	¥ 22,000.00	¥10,000.00	¥12,000.00
津乐泰矿业	2021/1/10	¥ 17,000.00	¥17,000.00	¥ -
宏途化工品加工厂	2021/1/8	¥ 15,000.00	¥10,000.00	¥ 5,000.00
云雷矿业公司	2021/1/7	¥ 50,000.00	¥20,000.00	¥30,000.00
顶峰科技	2021/2/2	¥ 22,000.00	¥10,000.00	¥12,000.00
津乐泰矿业	2021/2/28	¥ 8,000.00		¥ 8,000.00
海诺商贸有限公司	2021/3/1	¥ 15,000.00	¥ 5,000.00	¥10,000.00
宏途化工品加工厂	2021/4/5	¥ 8,900.00	¥ 5,000.00	¥ 3,900.00
顶峰科技	2021/4/12	¥ 24,000.00	¥12,000.00	¥12,000.00
海诺商贸有限公司	2021/4/14	¥ 9,000.00		¥ 9,000.00

图 7-69

❸ 选中 H4 单元格，在编辑栏中输入公式：

=C4+G4

按 Enter 键即可根据交易日期与付款期返回到期日期，如图 7-70 所示。

❹ 选中 I4 单元格，在编辑栏中输入公式：

=IF($C$2-H4>0,$C$2-H4,"")

按 Enter 键即可首先判断该项应付账款是否逾期，如果逾期，则计算出其逾期天数，如图 7-71 所示。

❺ 选中 J4 单元格，在编辑栏中输入公式：

=IF(D4="","",IF(($C$2-H4)<0,0,D4-E4))

按 Enter 键即可判断 J 列是否未到结账期，如果是，则返回 0 值；如果不是，则根据应付金额与已付金额计算出已逾期金额，如图 7-72 所示。

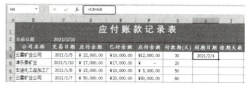

H4 =C4+G4

应付账款记录表

当前日期	2021/3/30						
公司名称	交易日期	应付金额	已付金额	应付余额	付款期(天)	到期日期	逾期天数
云雷矿业公司	2021/1/5	¥ 22,000.00	¥10,000.00	¥12,000.00	30	2021/2/4	
津乐泰矿业	2021/1/10	¥ 17,000.00	¥17,000.00	¥ -	20		
宏途化工品加工厂	2021/1/8	¥ 15,000.00	¥10,000.00	¥ 5,000.00	50		
云雷矿业公司	2021/1/7	¥ 50,000.00	¥20,000.00	¥30,000.00	60		

图 7-70

I4 =IF($C$2-H4>0,$C$2-H4,"")

应付账款记录表

当前日期	2021/3/30						
公司名称	交易日期	应付金额	已付金额	应付余额	付款期(天)	到期日期	逾期天数
云雷矿业公司	2021/1/5	¥ 22,000.00	¥10,000.00	¥12,000.00	30	2021/2/4	54
津乐泰矿业	2021/1/10	¥ 17,000.00	¥17,000.00	¥ -	20		
宏途化工品加工厂	2021/1/8	¥ 15,000.00	¥10,000.00	¥ 5,000.00	50		
云雷矿业公司	2021/1/7	¥ 50,000.00	¥20,000.00	¥30,000.00	60		

图 7-71

J4 =IF(D4="","",IF(($C$2-H4)<0,0,D4-E4))

应付账款记录表

当前日期	2021/3/30							
公司名称	交易日期	应付金额	已付金额	应付余额	付款期(天)	到期日期	逾期天数	已逾期金额
云雷矿业公司	2021/1/5	¥ 22,000.00	¥10,000.00	¥12,000.00	30	2021/2/4	54	12000
津乐泰矿业	2021/1/10	¥ 17,000.00	¥17,000.00	¥ -	20			
宏途化工品加工厂	2021/1/8	¥ 15,000.00	¥10,000.00	¥ 5,000.00	50			
云雷矿业公司	2021/1/7	¥ 50,000.00	¥20,000.00	¥30,000.00	60			
顶峰科技	2021/2/2	¥ 22,000.00	¥10,000.00	¥12,000.00	20			

图 7-72

❻ 选中 H4:J4 单元格区域，拖动右下角的填充柄向下复制公式，如图 7-73 所示。释放鼠标即可快速返回各条应付账款的到期日期、逾期天数、已逾期金额，如图 7-74 所示。

应付账款记录表

当前日期	2021/3/30							
公司名称	交易日期	应付金额	已付金额	应付余额	付款期(天)	到期日期	逾期天数	已逾期金额
云雷矿业公司	2021/1/5	¥ 22,000.00	¥10,000.00	¥12,000.00	30	2021/2/4	54	12000
津乐泰矿业	2021/1/10	¥ 17,000.00	¥17,000.00	¥ -	20			
宏途化工品加工厂	2021/1/8	¥ 15,000.00	¥10,000.00	¥ 5,000.00	50			
云雷矿业公司	2021/1/7	¥ 50,000.00	¥20,000.00	¥30,000.00	60			
顶峰科技	2021/2/2	¥ 22,000.00	¥10,000.00	¥12,000.00	20			
津乐泰矿业	2021/2/28	¥ 8,000.00		¥ 8,000.00	40			
海诺商贸有限公司	2021/3/1	¥ 15,000.00	¥ 5,000.00	¥10,000.00	20			
宏途化工品加工厂	2021/4/5	¥ 8,900.00	¥ 5,000.00	¥ 3,900.00	20			
顶峰科技	2021/4/12	¥ 24,000.00	¥12,000.00	¥12,000.00	40			
海诺商贸有限公司	2021/4/14	¥ 9,000.00		¥ 9,000.00	20			

图 7-73

应付账款记录表

当前日期	2021/3/30							
公司名称	交易日期	应付金额	已付金额	应付余额	付款期(天)	到期日期	逾期天数	已逾期金额
云雷矿业公司	2021/1/5	¥ 22,000.00	¥10,000.00	¥12,000.00	30	2021/2/4	54	12000
津乐泰矿业	2021/1/10	¥ 17,000.00	¥17,000.00	¥ -	20	2021/1/30	59	0
宏途化工品加工厂	2021/1/8	¥ 15,000.00	¥10,000.00	¥ 5,000.00	50	2021/2/27	31	5000
云雷矿业公司	2021/1/7	¥ 50,000.00	¥20,000.00	¥30,000.00	60	2021/3/8	22	30000
顶峰科技	2021/2/2	¥ 22,000.00	¥10,000.00	¥12,000.00	20	2021/2/22	36	12000
津乐泰矿业	2021/2/28	¥ 8,000.00		¥ 8,000.00	40	2021/4/9		0
海诺商贸有限公司	2021/3/1	¥ 15,000.00	¥ 5,000.00	¥10,000.00	20	2021/3/21	9	10000
宏途化工品加工厂	2021/4/5	¥ 8,900.00	¥ 5,000.00	¥ 3,900.00	20	2021/4/25		0
顶峰科技	2021/4/12	¥ 24,000.00	¥12,000.00	¥12,000.00	40	2021/5/22		0
海诺商贸有限公司	2021/4/14	¥ 9,000.00		¥ 9,000.00	20	2021/5/4		0

图 7-74

7.3.3 汇总统计各供应商的总应付账款

根据建立的应付账款记录表，可以对各往来单位的应付账款进行汇总统计和分析，以直观查看账龄过长及金额过大的应付账款，从而及时采取应对措施。通过建立数据透视表可以实现快速地对各供应商的应付账款进行汇总统计。

❶ 选中包含列标识在内的数据区域，在“插入”选项卡的“表格”组中单击“数据透视表”按钮（见图 7-75），弹出“创建数据透视表”对话框，其中的数据源即为选中的区域，如图 7-76 所示。

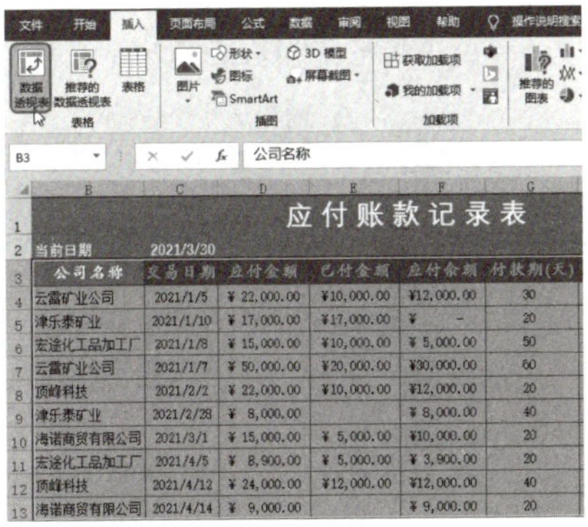
应付账款记录表

当前日期 2021/3/30

公司名称	交易日期	应付金额	已付金额	应付余额	付款期(天)
云雷矿业公司	2021/1/5	¥ 22,000.00	¥10,000.00	¥12,000.00	30
津乐泰矿业	2021/1/10	¥ 17,000.00	¥17,000.00	¥ -	20
宏途化工品加工厂	2021/1/8	¥ 15,000.00	¥10,000.00	¥ 5,000.00	50
云雷矿业公司	2021/1/7	¥ 50,000.00	¥20,000.00	¥30,000.00	60
顶峰科技	2021/2/2	¥ 22,000.00	¥10,000.00	¥12,000.00	20
津乐泰矿业	2021/2/28	¥ 8,000.00		¥ 8,000.00	40
海诺商贸有限公司	2021/3/1	¥ 15,000.00	¥ 5,000.00	¥10,000.00	20
宏途化工品加工厂	2021/4/5	¥ 8,900.00	¥ 5,000.00	¥ 3,900.00	20
顶峰科技	2021/4/12	¥ 24,000.00	¥12,000.00	¥12,000.00	40
海诺商贸有限公司	2021/4/14	¥ 9,000.00		¥ 9,000.00	20

图 7-75

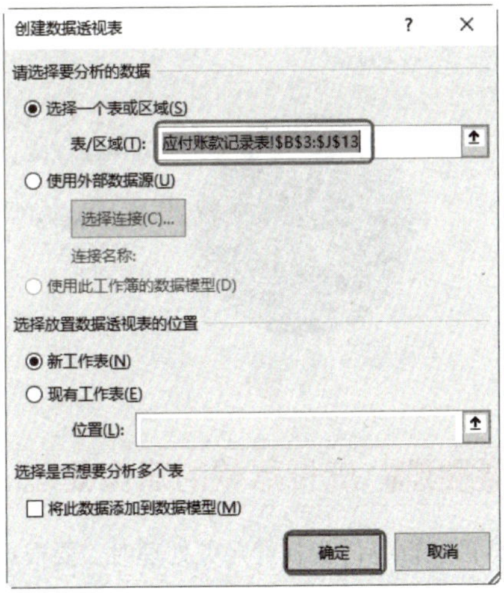

图 7-76

❷ 单击“确定”按钮，创建数据透视表，如图 7-77 所示。

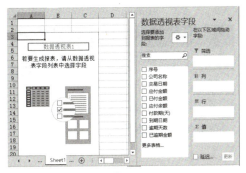

图 7-77

❸ 在右侧将“公司名称”添加到“行”区域，将“已逾期金额”添加到“值”区域，此时即可得到各供应商的应付账款合计金额，如图 7-78 所示。

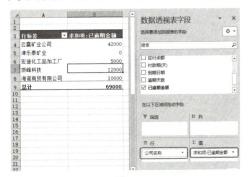

图 7-78

❹ 选中“求和项：已逾期金额”列下任意单元格，在“数据”选项卡的“排序”组中单击“降序”按钮，将数据从大到小排列，如图 7-79 所示。

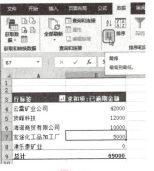

图 7-79

❺ 选中数据透视表的任意单元格，在“数据透

视表-分析"选项卡的"工具"组中单击"数据透视图"按钮（见图7-80），打开"插入图表"对话框，选择饼图，如图7-81所示。

拉菜单，在"数据标签"的子菜单中选择"更多选项"（见图7-83），打开"设置数据标签格式"窗格。

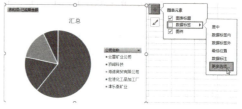

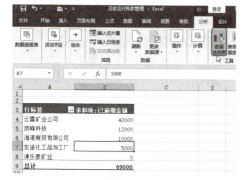

图7-80

图7-83

❽ 在"标签包括"栏下选中要显示标签前的复选框，这里选中"百分比"和"类别名称"（见图7-84），即可在图表中显示两种数据标签，如图7-85所示。通过图表可以直观地看到哪些公司的逾期金额较大。

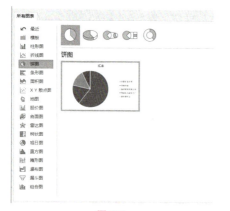

图7-81

图7-84

❻ 单击"确定"按钮，创建数据透视图，如图7-82所示。

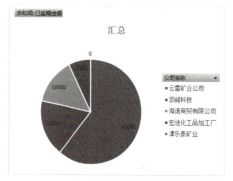

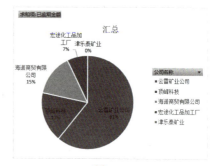

图7-82

图7-85

❼ 选中图表，单击"图表元素"按钮，打开下

7.3.4 应付账款的账务处理

在进行应付账款的账务处理时，要根据发票账单中的应付金额入账，而不是按到期日的应付金额入账。

例如，公司在 2021 年 3 月 22 日采购某企业的货品价值 10 000 元，尚未支付（3 月已记账，借记“材料采购”，贷记“应付账款”），2021 年 4 月 12 日已支付了该笔应付账款。该项经济业务的账务处理如下。

❶ 打开“日记账”工作簿，在“通用记账凭证”工作表中输入该业务的记账凭证，借记“应付账款”，贷记“银行存款”，如图 7-86 所示。

记 账 凭 证

凭证号：0009　　填制日期 2021/4/4

摘　要	科目代码	科目名称	借方金额	贷方金额
支付津乐泰矿业的货款	2202	应付账款	¥10,000.00	
支付津乐泰矿业的货款	100202	银行存款-中国银行		¥10,000.00
合计			¥10,000.00	¥10,000.00

附单据　张

财务主管：　记账：　出纳：　审核：

图 7-86

❷ 切换到“记账凭证汇总表”中，填制记账凭证（注意，“账户名称”“总账代码”“总账科目”列的数据是由公式自动返回的），如图 7-87 所示。

❸ 正确地填制了“记账凭证汇总表”后，切换到“银行存款日记账”工作表，可以看到银行存款日记账已自动填制（因为在 6.4 节中已在“银行存款日记账”表单中建立可自动返回“记账凭证汇总表”中银行存款科目的公式），如图 7-88 所示。

记 账 凭 证 汇 总 表（2021年4月）

日期	凭证号	摘　要	科目代码	账户名称	总账代码	总账科目	借方金额	贷方金额
2021/4/1	0001	报销招待费	6601	销售费用	6601	销售费用	¥ 1,045.00	
2021/4/1	0001	报销招待费	1001	库存现金	1001	库存现金		¥ 1,045.00
2021/4/2	0002	提取备用金	1001	库存现金	1001	库存现金	¥65,000.00	
2021/4/2	0002	提取备用金	100201	银行存款-中国工商	1002	银行存款		¥65,000.00
2021/4/2	0003	低值易耗品采买	6602	管理费用	6602	管理费用	¥ 1,265.00	
2021/4/2	0003	低值易耗品采买	1001	库存现金	1001	库存现金		¥ 1,265.00
2021/4/2	0004	收到欠款	100201	银行存款-中国工商	1002	银行存款	¥22,000.00	
2021/4/2	0004	收到欠款	1122	应收账款	1122	应收账款		¥22,000.00
2021/4/4	0005	收到孚盛装饰的货款	100202	银行存款-中国银行	1002	银行存款	¥50,000.00	
2021/4/4	0005	收到孚盛装饰的货款	1122	应收账款	1122	应收账款		¥50,000.00
2021/4/4	0006	福利采买	6602	管理费用	6602	管理费用	¥ 2,200.00	
2021/4/4	0006	福利采买	1001	库存现金	1001	库存现金		¥ 2,200.00
2021/4/5	0007	收到宏运佳建材的货款	100202	银行存款-中国银行	1002	银行存款	¥20,900.00	
2021/4/5	0007	收到宏运佳建材的货款	6603	财务费用	6603	财务费用	¥ 1,100.00	
2021/4/5	0007	收到宏运佳建材的货款	1122	应收账款	1122	应收账款		¥22,000.00
2021/4/10	0008	计提坏账准备	6602	管理费用	6602	管理费用	¥ 2,194.00	
2021/4/10	0008	计提坏账准备	1231	坏账准备	1231	坏账准备		¥ 2,194.00
2021/4/12	0009	支付津乐泰矿业的货款	2202	应付账款	2202	应付账款	¥10,000.00	
2021/4/12	0009	支付津乐泰矿业的货款	100202	银行存款-中国银行	1002	银行存款		¥10,000.00

通用记账凭证 (2)　通用记账凭证　会计科目表　记账凭证汇总表　现金日记账　银…

图 7-87

银行存款日记账

日期	凭证号	摘　要	科目名称	借方	贷方	结存
2020/4/1		期初余额				¥227,890.00
2021/4/2	0002	提取备用金	银行存款-中国工商银	¥ -	¥65,000.00	¥162,890.00
2021/4/2	0004	收到欠款	银行存款-中国工商银	¥22,000.00	¥ -	¥184,890.00
2021/4/4	0005	收到孚盛装饰的货款	银行存款-中国银行	¥50,000.00	¥ -	¥234,890.00
2021/4/5	0007	收到宏运佳建材的货款	银行存款-中国银行	¥20,900.00	¥ -	¥255,790.00
2021/4/12	0009	支付津乐泰矿业的货款	银行存款-中国银行	¥ -	¥10,000.00	¥245,790.00
						#VALUE!
						#VALUE!
						#VALUE!
						#VALUE!
						#VALUE!
						#VALUE!

通用记账凭证　会计科目表　记账凭证汇总表　现金日记账　银行存款日记账

图 7-88

第 8 章 管理进销存数据并处理账务

　　进销存管理是企业内部有效管理的重要环节，其中采购成本的管理直接影响企业的利润；销售是企业实现价值的主要手段，关系到企业的利润实现与发展前景；存货管理是会计核算中的一个重要环节，它提供的信息会直接影响企业采购、生产和销售的进行。因此，完整的进销存数据管理是基础，在此基础上的数据分析将会影响企业后期的各项决策。

☑ 采购管理
☑ 销售管理
☑ 库存管理

8.1 采购管理

采购管理指对企业的采购计划进行制订和管理，以采购单为源头，对确认订单、发货、到货、检验、入库等采购订单流转的各个环节进行准确的跟踪，实现全过程管理，以便于为企业提供及时、准确的采购计划和执行路线。

8.1.1 建立产品基本信息表

"产品信息表"中显示的是企业当前入库或销售的所有商品的列表，当增加新产品或减少老产品时，都需要在此表格中增加或删除。将这些数据按编号逐条记录到 Excel 报表中，可以很方便地对入库记录表与销售记录表进行统计。

❶ 新建工作簿，并将其命名为"企业进销存管理"。在 Sheet1 工作表标签上双击，将其重命名为"产品信息表"。

❷ 设置好列标识，产品的基本信息要包括商品的编号、名称、入库单价、销售单价等。建立好的商品列表如图 8-1 所示。

图 8-1

8.1.2 建立采购入库明细表

"采购记录表"中手工输入的信息包括采购时间、编号、采购数量、相关负责人等，产品的基本信息可以从"产品信息表"中利用公式获取。

❶ 新建工作表，在 Sheet2 工作表标签上双击，将其重命名为"采购记录表"。

❷ 输入表格的列标识，并设置单元格的字体、边框、底纹以及对齐方式，效果如图 8-2 所示。

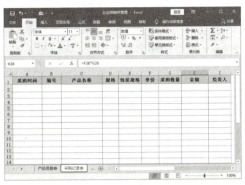

图 8-2

❸ 在 A2 与 B2 单元格中分别输入产品的采购时间和产品编号。选中 C2 单元格，在编辑栏中输入公式：

=VLOOKUP($B2,产品信息表!$A:$E,COLUMN(B2),FALSE)

按 Enter 键，返回该编号下对应的产品名称，如图 8-3 所示。

图 8-3

> **专家提示**
>
> "=VLOOKUP($B2,产品信息表!$A:$E,COLUMN(B2),FALSE)"公式解析如下：
>
> COLUMN(B2) 用于返回 B2 单元格引用的列号，所以当前结果为 1，随着公式的复制，则会依次返回 2、3、4……公式表示在"产品信息表!$A:$E"的首列中查找与 B2 单元格相同的编号，返回哪一列上的值由 COLUMN() 的返回值决定，因为公式建立后需要向右复制，所以使用 COLUMN() 来返

第 8 章 管理进销存数据并处理账务

131

回此参数，如果不需要复制公式，可以直接使用常数来指定。建立第一个公式后既要向右复制又要向下复制，所以把查找对象设置成 $B2 这种混合引用方式。向右复制时列不变，向下复制时行能自动变动。

❹ 选中 C2 单元格，拖动右下角的填充柄到 F2 单元格，即可一次性返回该产品的其他相关基本信息，如图 8-4 所示。

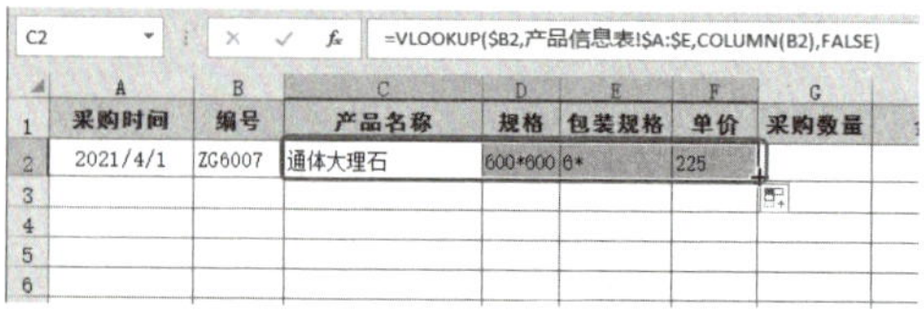

	A	B	C	D	E	F	G
1	采购时间	编号	产品名称	规格	包装规格	单价	采购数量
2	2021/4/1	ZG6007	通体大理石	600*600	6*	225	
3							
4							
5							
6							

图 8-4

❺ 输入采购数量，选中 H2 单元格，在编辑栏中输入公式：

=F2*G2

按 Enter 键，返回产品金额，如图 8-5 所示。

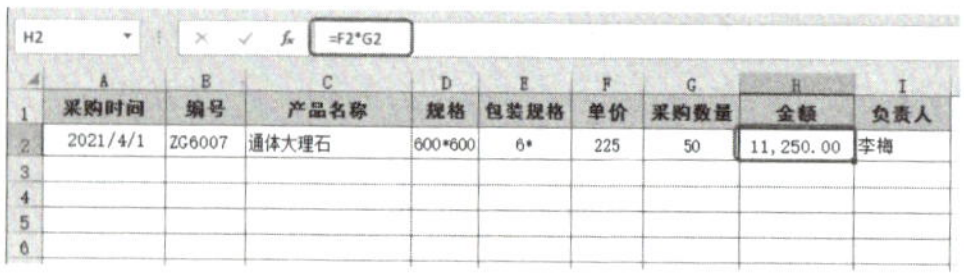

	A	B	C	D	E	F	G	H	I
1	采购时间	编号	产品名称	规格	包装规格	单价	采购数量	金额	负责人
2	2021/4/1	ZG6007	通体大理石	600*600	6*	225	50	11,250.00	李梅
3									
4									
5									
6									

图 8-5

❻ 按照产品采购时间和编号依次填写其他产品信息，对于能够用公式返回的，可以选择公式填充的方法。如图 8-6 所示，选中 C2:F2 单元格区域，向下拖动填充柄即可根据 B 列中的编号一次性返回所对应的基本信息。如图 8-7 所示，输入采购数量后，选中 H2 单元格，向下拖动填充柄即可分别计算出金额。

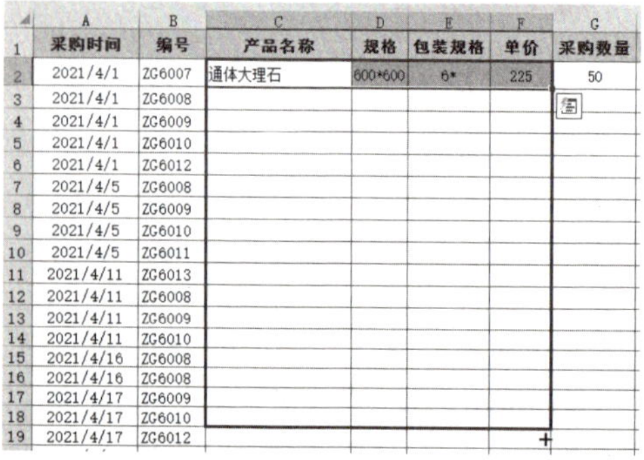

	A	B	C	D	E	F	G
1	采购时间	编号	产品名称	规格	包装规格	单价	采购数量
2	2021/4/1	ZG6007	通体大理石	600*600	6*	225	50
3	2021/4/1	ZG6008					
4	2021/4/1	ZG6009					
5	2021/4/1	ZG6010					
6	2021/4/1	ZG6012					
7	2021/4/5	ZG6008					
8	2021/4/5	ZG6009					
9	2021/4/5	ZG6010					
10	2021/4/5	ZG6011					
11	2021/4/11	ZG6013					
12	2021/4/11	ZG6008					
13	2021/4/11	ZG6009					
14	2021/4/11	ZG6010					
15	2021/4/16	ZG6008					
16	2021/4/16	ZG6008					
17	2021/4/17	ZG6009					
18	2021/4/17	ZG6010					
19	2021/4/17	ZG6012					

图 8-6

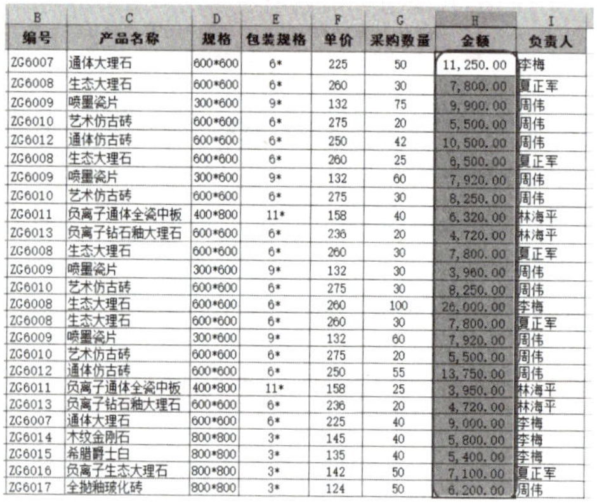

B	C	D	E	F	G	H	I
编号	产品名称	规格	包装规格	单价	采购数量	金额	负责人
ZG6007	通体大理石	600*600	6*	225	50	11,250.00	李梅
ZG6008	生态大理石	600*600	6*	260	30	7,800.00	夏正军
ZG6009	喷墨瓷片	300*600	9*	132	75	9,900.00	周伟
ZG6010	艺术仿古砖	600*600	6*	275	20	5,500.00	周伟
ZG6012	通体仿古砖	600*600	6*	250	42	10,500.00	周伟
ZG6008	生态大理石	600*600	6*	260	25	6,500.00	夏正军
ZG6009	喷墨瓷片	300*600	9*	132	60	7,920.00	周伟
ZG6010	艺术仿古砖	600*600	6*	275	30	8,250.00	周伟
ZG6011	负离子通体全瓷中板	400*800	11*	158	40	6,320.00	林海平
ZG6013	负离子钻石釉大理石	600*600	6*	236	20	4,720.00	林海平
ZG6008	生态大理石	600*600	6*	260	30	7,800.00	夏正军
ZG6009	喷墨瓷片	300*600	9*	132	30	3,960.00	周伟
ZG6010	艺术仿古砖	600*600	6*	275	30	8,250.00	周伟
ZG6008	生态大理石	600*600	6*	260	100	26,000.00	李梅
ZG6008	生态大理石	600*600	6*	260	30	7,800.00	夏正军
ZG6009	喷墨瓷片	300*600	9*	132	60	7,920.00	周伟
ZG6010	艺术仿古砖	600*600	6*	275	20	5,500.00	周伟
ZG6012	通体仿古砖	600*600	6*	250	55	13,750.00	周伟
ZG6011	负离子通体全瓷中板	400*800	11*	158	25	3,950.00	林海平
ZG6013	负离子钻石釉大理石	600*600	6*	236	20	4,720.00	林海平
ZG6007	通体大理石	600*600	6*	225	40	9,000.00	李梅
ZG6014	木纹金刚石	800*800	3*	145	40	5,800.00	李梅
ZG6015	希腊爵士白	800*800	3*	135	40	5,400.00	李梅
ZG6016	负离子生态大理石	800*800	3*	142	50	7,100.00	夏正军
ZG6017	全抛釉玻化砖	800*800	3*	124	50	6,200.00	周伟

图 8-7

8.1.3 采购数据透视分析

根据采购统计表，可以分字段统计金额，如按产品进行汇总，以直观查看产品的采购分布，或按供应商进行汇总，都能实现统计。

❶ 选中“采购记录表”工作表中的任意单元格，在“插入”选项卡的“表格”组中单击“数据透视表”按钮（见图 8-8），弹出“创建数据透视表”对话框，保持默认选项，如图 8-9 所示。

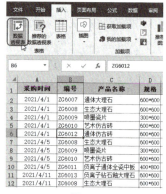

	A	B	C	D
1	采购时间	编号	产品名称	规格
2	2021/4/1	ZG6007	通体大理石	600*600
3	2021/4/1	ZG6008	生态大理石	600*600
4	2021/4/1	ZG6009	喷墨瓷片	300*600
5	2021/4/1	ZG6010	艺术仿古砖	600*600
6	2021/4/1	ZG6012	通体仿古砖	600*600
7	2021/4/5	ZG6008	生态大理石	600*600
8	2021/4/5	ZG6009	喷墨瓷片	300*600
9	2021/4/5	ZG6010	艺术仿古砖	600*600
10	2021/4/5	ZG6011	负离子通体全瓷中板	400*800
11	2021/4/11	ZG6013	负离子钻石釉大理石	600*600
12	2021/4/11	ZG6008	生态大理石	600*600

图 8-8

❷ 单击“确定”按钮即可创建数据透视表，如图 8-10 所示。

❸ 在右侧单击“产品名称”，默认添加到“行”区域，接着单击“金额”，默认添加到“值”区域（如果默认添加区域不正确，可选中字段并拖动到目标位置），此时即可按产品名称汇总金额，如图 8-11 所示。

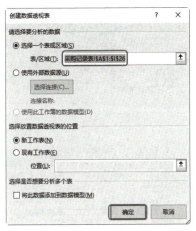

图 8-9

图 8-12

图 8-10

图 8-13

图 8-11

❹ 在"数据透视表工具 - 设计"选项卡的"布局"组中单击"报表布局"按钮,在打开的下拉菜单中选择"以表格形式显示"(见图 8-12),则可以让被压缩显示的列标识完整显示出来,接着可为表格添加一个标题,形成完整表格,如图 8-13 所示。

8.1.4 采购业务的账务处理

企业采购物资或产品时,由于结算方式不同,货品入库和货款的支付在时间上不一定完全同步,相应地其账务处理也有所不同。

采购业务发生时,按照应支付的款项金额,借记"材料采购""在途物资"等科目,按照发票上注明的增值税额,借记"应交税费 - 应交增值税(进项税额)"科目。如果已经结算了货款,贷记"银行存款"或"库存现金"科目;如果货款尚未支付,贷记"应付账款"科目。当物资验收入库时,借记"原材料""库存商品"等科目,贷记"材料采购""在途物资"等科目。

1. 货款已付，物资验收入库的账务处理

例如，企业在 2021 年 4 月 16 日采购生态大理石共计 26 000 元，取得增值税率为 12% 的采购专用发票，货款已由银行存款（中国工商银行）支付，在 2021 年 4 月 16 日收到商品并验收。该项业务的账务处理如下。

（1）支付货款时的账务处理

打开在第 7 章中创建的"日记账"工作簿，通过填制通用记账凭证，继续向记账凭证汇总表中添加项目。

❶ 在"通用记账凭证"工作表中输入该业务的记账凭证，借记"材料采购""应缴税费-应缴增值税-进项税额"科目，贷记"银行存款"科目，如图 8-14 所示。

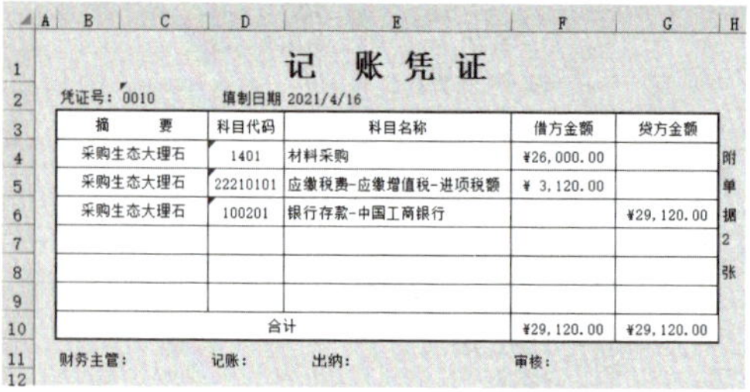

图 8-14

❷ 切换到"记账凭证汇总表"，填制日期、凭证号、摘要及金额 [应缴税费-应缴增值税（进项税额）的金额为 26 000×12%]，如图 8-15 所示。

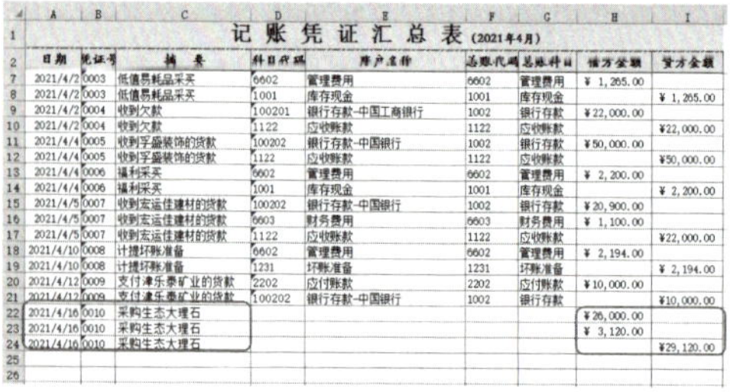

图 8-15

❸ 在"科目代码"下拉列表中选择科目代码（见图 8-16），选择后"账户名称""总账代码""总账科目"列数据会自动返回，如图 8-17 所示。

❹ 按相同方法选择其他科目代码，自动返回"账户名称""总账代码""总账科目"列数据，如图 8-18 所示。

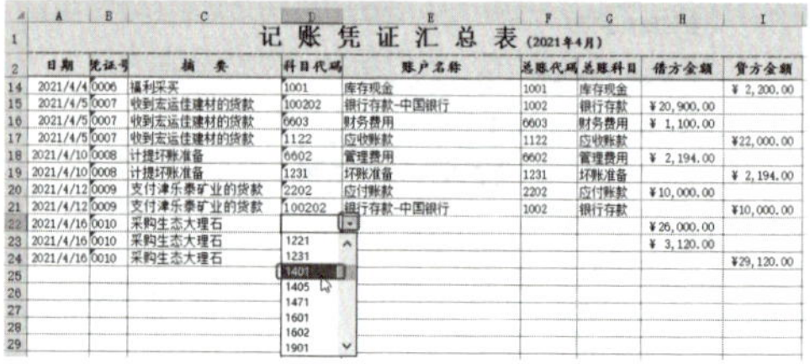

图 8-16

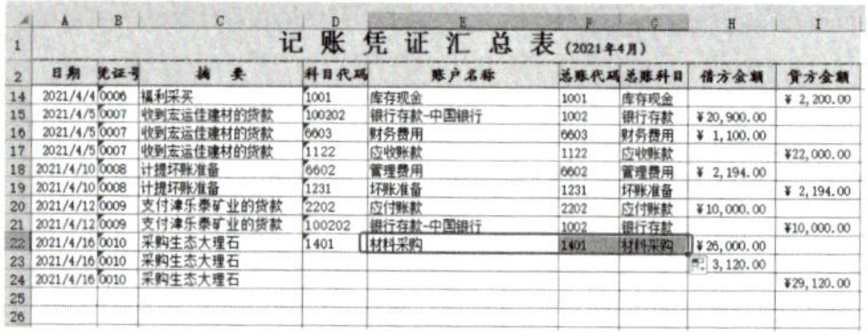

图 8-17

图 8-18

❺ 登记银行存款日记账。在"日记账"工作簿中，通过设定公式实现了银行存款日记账与现金日记账能够随着记账凭证汇总表中的填制而自动返回，因此在正确填制了记账凭证汇总表后，切换到"银行存款日记账"工作表可以看到自动填制的记录，如图 8-19 所示。

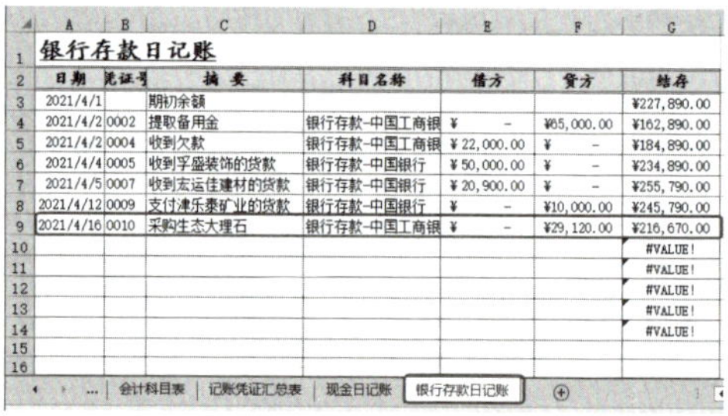

图 8-19

（2）验收入库时的账务处理

❶ 在"通用记账凭证"工作表中输入该业务的记账凭证，借记"库存商品"，贷记"材料采购"，如图 8-20 所示。

图8-20

❷切换到"记账凭证汇总表",填制日期、凭证号、摘要及金额,如图8-21所示。"科目代码"从下拉列表中选择,"账户名称""总账代码""总账科目"可自动返回。

图8-21

2. 货款未付,物资验收入库的账务处理

例如,2021年4月16日收到采购的通体仿古砖,共计10 500元,该物资已验收入库,但货款尚未支付。该业务的账务处理如下。

(1) 收到物资时的账务处理。

❶在"通用记账凭证"工作表中输入该业务的记账凭证,借记"材料采购",贷记"应付账款",如图8-22所示。

图8-22

❷切换到"记账凭证汇总表",填制日期、凭证号、摘要及金额,如图8-23所示。"科目代码"从下拉列表中选择,"账户名称""总账代码""总账科目"可自动返回。

图8-23

(2) 验收入库时的账务处理。

❶在记账凭证表中输入该业务的记账凭证,借记"库存商品",贷记"材料采购",如图8-24所示。

图8-24

❷切换到"记账凭证汇总表",填制日期、凭证号、摘要及金额,如图8-25所示。"科目代码"从下拉列表中选择,"账户名称""总账代码""总账科目"可自动返回。

图8-25

8.2 销售管理

销售管理是指通过销售报价、销售订单、销售发货、客户管理、价格管理等功能,实现对销售全过程进行有效地控制和跟踪,从而使企业的领导和相关部门及时掌握销售情况,准确地做出生产计划及其他计划安排。对于财务人员来说,其中最重要的一个环节是对产品销售数据进行统计、分析及账务处理。

8.2.1 创建销售明细表

分散的销售单据不便于进行数据的统计与分析,因此需要将一段时期分散的销售单据创建为销售记录汇总表,即将分散的数据汇总到一张表格中。有了这样的数据表,才能使用 Excel 中的多种分析工具实现计算、统计与分析。

"销售记录表"的创建方法与 8.1.2 节中创建"采购记录表"的方法相似。

❶ 新建工作表,并重命名为"销售记录表"。输入列标识,并对表格字体、对齐方式、底纹和边框进行设置,如图 8-26 所示。

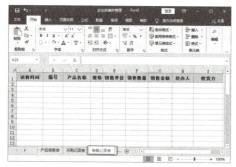

图 8-26

❷ 设置好格式后,输入销售时间、编号、产品名称、规格、销售单价、销售数量、销售金额、经办人、收货方等信息。选中 C2 单元格,在编辑栏中输入公式:

=VLOOKUP($B2,产品信息表!$A$1:$E$15,COLUMN(B1),FALSE)

按 Enter 键,返回该编号对应的产品名称,如图 8-27 所示。

图 8-27

❸ 选中 C2 单元格,向右拖动填充柄到 D2 单元格,返回产品的规格,如图 8-28 所示。

图 8-28

> **专家提示**
>
> "=VLOOKUP($B2,产品信息表!$A$1:$E$15,COLUMN(B1),FALSE)"公式解析如下:
>
> 此公式的使用方法与 8.1.2 节的公式一样。公式中对 B2 单元格的引用采用混合引用的方式,即对 B 列绝对引用,不会随着向右复制公式而改变;对行采用相对引用,在向下复制公式时,会随着位置的改变而改变行数。

❹ 选中 E2 单元格,在编辑栏中输入公式:

=VLOOKUP($B2,产品信息表!$A$1:$F$15,6,FALSE)

按 Enter 键,返回该编号对应的销售单价,如图 8-29 所示。

图 8-29

> **专家提示**
>
> 因为销售单价在"产品信息表"工作表中位于第 6 列,所以不能将 C2 单元格公式直接向右复制得到,而需要手动更改一下 VLOOKUP 函数的这一个参数,指定返回"产品信息表"工作表中第 6 列上的值。

❺ 选中 C2:E2 单元格区域，向下拖动填充柄复制公式，如图 8-30 所示。返回"#N/A"是因为 B 列中的编号还未输入，VLOOKUP 函数找不到查找对象。当输入编号后，则会自动返回相关信息。

8.2.2 按产品汇总销售金额

"销售记录表"建立完成后，可以通过数据透视工具统计各类别商品的销售金额，为后期的销售决策提供参考。

❶ 选中"销售记录表"工作表中的任意单元格，在"插入"选项卡的"表格"组中单击"数据透视表"按钮（见图 8-33），弹出"创建数据透视表"对话框，默认分析的数据为所有可见数据，如图 8-34 所示。

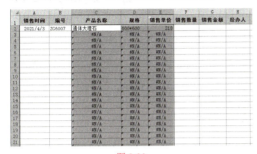

图 8-30

❻ 选中 G2 单元格，在编辑栏中输入公式：
=E2*F2

按 Enter 键，返回产品金额并向下填充公式，如图 8-31 所示。

图 8-33

❼ 按照实际销售单据，输入销售时间、编号、销售数量、经办人、收货方，上面设置过公式的单元格则自动返回相关信息，如图 8-32 所示。

图 8-31

图 8-32

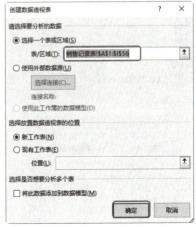

图 8-34

❷ 单击"确定"按钮即可创建数据透视表。在右侧单击"产品名称"，默认添加到"行"区域，接

着单击"销售金额",默认添加到"值"区域(如果默认添加到的区域不正确,可选中字段并拖动到目标位置),此时即可按产品名称汇总销售金额,如图8-35所示。

图 8-35

❸ 在"数据透视表工具-设计"选项卡的"布局"组中单击"报表布局"按钮,在打开的下拉菜单中选择"以表格形式显示"(见图8-36),则可以让被压缩显示的列标识完整显示出来,接着可为表格添加一个标题,形成完整表格,如图8-37所示。

图 8-36

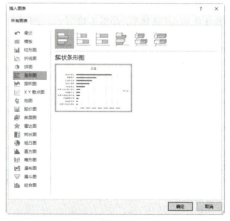

图 8-37

❹ 选中"求和项:销售金额"列下任意单元格,在"数据"选项卡的"排序和筛选"组中单击"升序"按钮,将数据从小到大排列,如图8-38所示。

图 8-38

❺ 在"数据透视表工具-分析"选项卡的"工具"组中单击"数据透视图"按钮(见图8-39),打开"插入图表"对话框。

图 8-39

❻ 选择合适的图表类型,这里选择"簇状条形图"(见图8-40),单击"确定"按钮,即可在工作表中插入初始条形图,如图8-41所示。

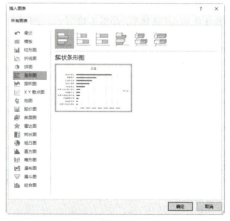

图 8-40

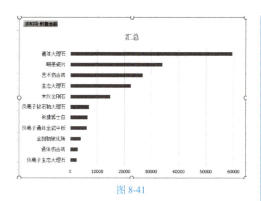

图 8-41

❼ 选中图表，单击右上角的"图表元素"按钮，在展开的列表中选中"数据标签"（见图 8-42），此时图表中添加了数据标签，可以将水平轴删除。

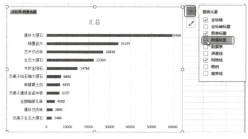

图 8-42

❽ 在图表的条形上双击，打开"设置数据系列格式"窗格，将"间隙宽度"的值调小（见图 8-43），这时可以看到图表的条形增宽了，如图 8-44 所示。

图 8-43

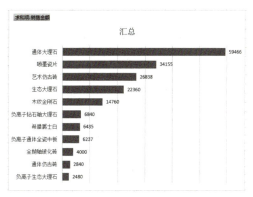

图 8-44

❾ 为图表添加标题，也可以通过套用图表样式实现美化，如图 8-45 所示。从图表中可以直观地比较数据大小，看到哪些产品销售最好。

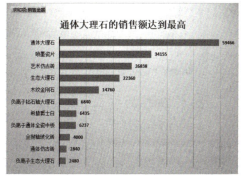

图 8-45

8.2.3 按客户汇总销售金额

按客户汇总销售金额也可以利用数据透视表快速统计。

❶ 选中"按产品汇总销售金额"工作表标签，按住 Ctrl 键不放，按住鼠标左键拖动（见图 8-46），释放鼠标即可复制工作表，如图 8-47 所示。

❷ 重命名工作表，将"产品名称"字段从"行"区域中拖出，再将"收货方"字段拖入"行"区域中，即可得到新的统计结果，并且数据透视表的格式保持不变，如图 8-48 所示。

❸ 重新为数据透视表输入名称，如图 8-49 所示。

图 8-46

8.2.4 销售员业绩统计

一位销售员通常对应多条销售记录,因此在期末需要对销售员的业绩进行汇总统计并进行销售奖金或提成的核算。

❶ 新建工作表,重命名为"员工销售业绩统计"。输入列标识,并对表格字体、对齐方式、底纹和边框进行设置,然后输入销售员姓名,如图 8-50 所示。

图 8-50

图 8-47

❷ 选中 B2 单元格,在编辑栏中输入公式:
=SUMIF(销售记录表!$H$2:$H$43,A2,销售记录表!$G$2:$G$43)

按 Enter 键可返回"刘玉洁"的销售业绩,如图 8-51 所示。

图 8-48

图 8-51

❸ 将鼠标指针定位于 B2 单元格右下角填充柄,向下填充公式可得到所有销售员的销售额,如图 8-52 所示。

图 8-49

图 8-52

> **专家提示**
>
> "=SUMIF(销售记录表!$H$2:$H$43,A2,销售记录表!$G$2:$G$43)"公式解析如下:
> 公式先判断销售记录表的H2:H43单元格区域中哪些单元格是A2单元格中指定的销售员,将所有满足条件的记录找到,然后将对应于G2:G43单元格区域上的值求和。

❹ 在统计出各位销售员的总销售额后,可以根据不同销售额计算出其提成金额。此处约定采取浮动式提成比例,小于50 000元,提成比例为2%;50 000~100 000元,提成比例为4%;大于100 000元,提成比例为8%,可以配合IF函数来统计。选中C2单元格,在编辑栏中输入公式:

=IF(B2<50000,B2*0.02,IF(B2<=100000,B2*0.04,B2*0.08))

按Enter键,计算出第一位销售员的提成,如图8-53所示。

图8-53

❺ 将鼠标指针定位于C2单元格右下角填充柄,向下填充公式可得到所有销售员的销售提成,如图8-54所示。

图8-54

8.2.5 销售业务的账务处理

销售商品时应及时确认收入,并结转相关的销售成本。

例如,2021年4月17日销售喷墨瓷片共计40 000元,使用的增值税率为12%。该项业务的账务处理如下。

1. 确认收入时的账务处理

确认收入实现时,按照应收取的款项金额,借记"应收账款"科目,贷记"主营业务收入"科目,按照发票上注明的增值税额,借记"应交税费-应交增值税(销项税额)"科目。

❶ 在"通用记账凭证"工作表中输入该业务的记账凭证,借记"应收账款"科目,贷记"主营业务收入""应缴税费-应缴增值税-销项税额"科目,如图8-55所示。

图8-55

❷ 切换到"记账凭证汇总表"中,填制日期、凭证号、摘要及金额,如图8-56所示。"科目代码"从下拉列表中选择,"账户名称""总账代码""总账科目"可自动返回。

图8-56

2. 结转销售成本时的账务处理

结转销售成本时,按照商品的成本,借记"主营业务成本"科目,贷记"库存商品"科目。对于该项业务,假设结转成本为22 000元。

❶ 在"通用记账凭证"工作表中输入该业务的记账凭证,借记"主营业务成本"科目,贷记"库存

商品”科目，如图 8-57 所示。

	记 账 凭 证				
凭证号：0015	填制日期 2021/4/17				
摘　要	科目代码	科目名称	借方金额	贷方金额	
结转销售成本	6401	主营业务成本	¥22,000.00		附
结转销售成本	1405	库存商品		¥22,000.00	单
					据
					2
					张
		合计	¥22,000.00	¥22,000.00	
财务主管：	记账：	出纳：	审核：		

图 8-57

❷ 切换到“记账凭证汇总表”中，填制日期、凭证号、摘要及金额，如图 8-58 所示。“科目代码”从下拉列表中选择，“账户名称”“总账代码”“总账科目”可自动返回。

记 账 凭 证 汇 总 表（2021年4月）

日期	凭证号	摘　要	科目代码	账户名称	总账代码	总账科目	借方金额	贷方金额
2021/4/5	0007	收到宏运佳建材的贷款	100202	银行存款-中国银行	1002	银行存款	¥20,900.00	
2021/4/5	0007	收到宏运佳建材的贷款	6603	财务费用	6603	财务费用	¥ 1,100.00	
2021/4/5	0007	收到宏运佳建材的贷款	1122	应收账款	1122	应收账款		¥22,000.00
2021/4/10	0008	计提坏账准备	6602	管理费用	6602	管理费用	¥ 2,194.00	
2021/4/10	0008	计提坏账准备	1231	坏账准备	1231	坏账准备		¥ 2,194.00
2021/4/12	0009	支付津乐泰矿业的贷款	2202	应付账款	2202	应付账款	¥10,000.00	
2021/4/12	0009	支付津乐泰矿业的贷款	100202	银行存款-中国银行	1002	银行存款		¥10,000.00
2021/4/16	0010	采购生态大理石	1401	材料采购	1401	材料采购	¥26,000.00	
2021/4/16	0010	采购生态大理石	22210101	应缴税费-应缴增值税-进项税额	2221	应缴税费	¥ 3,120.00	
2021/4/16	0010	采购生态大理石	100201	银行存款-中国工商银行	1002	银行存款		¥29,120.00
2021/4/16	0011	物资入库	1405	库存商品	1405	库存商品	¥26,000.00	
2021/4/16	0011	物资入库	1401	材料采购	1401	材料采购		¥26,000.00
2021/4/16	0012	采购通体仿古砖	1401	材料采购	1401	材料采购	¥10,500.00	
2021/4/16	0012	采购通体仿古砖	2202	应付账款	2202	应付账款		¥10,500.00
2021/4/16	0013	商品入库	1405	库存商品	1405	库存商品	¥10,500.00	
2021/4/16	0013	商品入库	1401	材料采购	1401	材料采购		¥10,500.00
2021/4/17	0014	销售喷墨瓷片	1122	应收账款	1122	应收账款	¥40,000.00	
2021/4/17	0014	销售喷墨瓷片	6601	销售费用	6601	销售费用		¥35,200.00
2021/4/17	0014	销售喷墨瓷片	22210102	应缴税费-应缴增值税-销项税额	2221	应缴税费		¥ 4,800.00
2021/4/17	0015	结转销售成本	6401	主营业务成本	6401	主营业务成	¥22,000.00	
2021/4/17	0015	结转销售成本	1405	库存商品	1405	库存商品		¥22,000.00

图 8-58

8.3 库存管理

库存管理主要是在一段时间内对产品的入库数量和单价、销售数量和单价以及本期库存量进行统计。库存管理能够使企业更好地掌握产品销售动态，为产品补给提供数据。

8.3.1 建立库存汇总表

汇总库存时主要记录产品的基本信息，还要记录本期入库、本期销售、本期库存的数据，其中各自需要记录产品的数量、单价和金额。

❶ 新建工作表，并重命名为“库存统计表”，编辑库存汇总表的框架，并输入相关产品的基本信息，效果如图 8-59 所示。

编号	产品名称	上期库存	本期入库			本期销售			本期库存	
			本期入库	单价	金额	数量	单价	金额	数量	金额
ZG6007	通体大理石									
ZG6008	生态大理石									
ZG6009	喷墨瓷片									
ZG6010	艺术仿古砖									
ZG6011	负离子通体全瓷中板									
ZG6012	通体仿古砖									
ZG6013	负离子钻石釉大理石									
ZG6014	木纹金刚石									
ZG6015	希腊爵士白									
ZG6016	负离子生态大理石									
ZG6017	全抛釉玻化砖									

… 销售记录表 | 按产品汇总销售金额 | 按客户汇总销售金额 | 员工销售业绩统计 | 库存统计表 | …

图 8-59

❷ 手工输入产品的基本信息和上期库存数据，如图 8-60 所示。

编号	产品名称	上期库存	本期入库			本期销售			本期库存	
			本期入库	单价	金额	数量	单价	金额	数量	金额
ZG6007	通体大理石	100								
ZG6008	生态大理石	5								
ZG6009	喷墨瓷片	12								
ZG6010	艺术仿古砖	40								
ZG6011	负离子通体全瓷中板	20								
ZG6012	通体仿古砖	2								
ZG6013	负离子钻石釉大理石	8								
ZG6014	木纹金刚石	35								
ZG6015	希腊爵士白	0								
ZG6016	负离子生态大理石	5								
ZG6017	全抛釉玻化砖	5								

图 8-60

8.3.2 计算本期入库、销售与库存

使用 SUMIF 函数可以从“采购记录表”与“销售记录表”中汇总计算出本期入库、本期销售等数据。

❶ 选中 D3 单元格，在编辑栏中输入公式：

=SUMIF(采购记录表!$B:$B,A3,采购记录表!$G:$G)

按 Enter 键，返回该编号产品的入库数量，如图 8-61 所示。

图 8-61

❷ 选中 D3 单元格，拖动右下角填充柄向下填充公式，即可得到所有产品的本期入库数量，如图 8-62 所示。

图 8-62

专家提示

"=SUMIF(采购记录表!$B:$B,A3,采购记录表!$G:$G)"公式解析如下：

公式先判断采购记录表 B 列单元格区域中哪些单元格是 A3 单元格中指定的产品名称，将所有满足条件的记录找到，然后将对应于 G 列上的值求和。

❸ 选中 E3 单元格，在编辑栏中输入公式：
=VLOOKUP($A3,产品信息表!$A$1:$E$15,5,FALSE)

按 Enter 键，返回该编号产品的入库单价，如图 8-63 所示。

图 8-63

❹ 选中 F3 单元格，在编辑栏中输入公式：
=D3*E3

按 Enter 键，返回该编号产品的入库金额，如图 8-64 所示。

图 8-64

❺ 选中 G3 单元格，在编辑栏中输入公式：
=SUMIF(销售记录表!$B:$B,A3,销售记录表!$F:$F)

按 Enter 键，返回该编号产品的入库数量，如图 8-65 所示。这个公式与步骤 ❶ 中使用的返回本期入库产品数量的公式含义相同，只是前者是从"采购记录表"中统计，后者是从"销售记录表"中统计。

图 8-65

❻ 选中 H3 单元格，在编辑栏中输入公式：
=VLOOKUP($A3,产品信息表!$A$1:$F$15,6,FALSE)

按 Enter 键，返回该编号产品的销售单价，如图 8-66 所示。此公式与步骤 ❸ 中返回本期入库产品单价的公式含义相同。前者返回"产品信息表"中第 5 列上的值，后者返回"产品信息表"中第 6 列上的值。

图 8-66

❼ 选中 I3 单元格，在编辑栏中输入公式：
=G3*H3

按 Enter 键，返回该编号产品的销售金额，如

图 8-67 所示。

图 8-67

❽ 选中 J3 单元格，在编辑栏中输入公式：
=C3+D3-G3

按 Enter 键，返回该编号产品的本期库存数量，如图 8-68 所示。

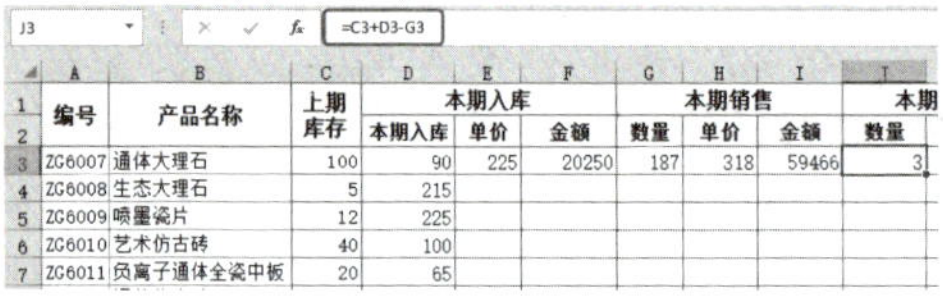

图 8-68

❾ 选中 K3 单元格，在编辑栏中输入公式：
=J3*E3

按 Enter 键，返回该编号产品的本期库存金额，如图 8-69 所示。

图 8-69

❿ 选中 E3:K3 单元格区域，拖动右下角填充柄向下填充公式，即可得到所有产品的库存统计数据，如图 8-70 所示。

图 8-70

8.3.3 任意产品库存量查询

编制库存量查询表能够帮助用户快速地查询产品库存信息。

❶ 新建一张工作表，并重命名为"产品库存量查询"，在新建工作表中创建如图 8-71 所示的表格框架，并设置表格的格式，美化表格。

图 8-71

❷ 选中 C2 单元格，在"数据"选项卡的"数据工具"组中单击"数字验证"按钮，打开"数据验证"对话框。

❸ 在"允许"下拉列表中选择"序列"（见图 8-72），单击"来源"右侧的按钮，切换到"产品信息表"工作表中，选择"商品编码"列的单元格区域，如图 8-73 所示。

图 8-72

图 8-73

④ 单击 按钮，返回"数据验证"对话框，可以看到来源数据，如图 8-74 所示。选择"输入信息"选项卡，在"输入信息"文本框中输入提醒信息，单击"确定"按钮，完成数据验证的设置，如图 8-75 所示。

图 8-74

图 8-75

⑤ 返回"产品库存量查询"工作表中，选中 C2 单元格，可看到提示信息，如图 8-76 所示。单击右侧的下拉按钮即可实现在下拉列表中选择产品的编号，如图 8-77 所示。

图 8-76　　　　图 8-77

⑥ 选中 C3 单元格，在编辑栏中输入公式：
=VLOOKUP($C$2,产品信息表!A:D,2,FALSE)

按 Enter 键，返回与 C2 单元格中产品编号对应的产品名称，如图 8-78 所示。

图 8-78

> **专家提示**
>
> "=VLOOKUP($C$2,产品信息表!A:D,2,FALSE)"公式解析如下：
>
> "产品信息表!A:D"区域的第 2 列为产品名称列，因此使用 VLOOKUP 函数查找 C2 单元格中的编号后返回"产品信息表!A:D"区域第 2 列上的值，表示返回产品名称。

⑦ 选中 C4 单元格，在编辑栏中输入公式：
=VLOOKUP($C$2,库存统计表!A:K,10,FALSE)

按 Enter 键，返回与 C2 单元格中产品编号对应的本期库存值，如图 8-79 所示。

图 8-79

⑧ 选中 C2 单元格，选择其他产品编号，公式自动重新计算，返回对应的产品名称和库存量，如图 8-80 所示。

图 8-80

> **专家提示**
>
> "=VLOOKUP($C$2,库存统计表!A:K,10,FALSE)"公式解析如下：

“库存统计表 !A:K”区域的第 10 列为本期库存数据，因此使用 VLOOKUP 函数找到 C2 单元格中的编号后返回“库存统计表 !A:K”区域第 10 列上的值，表示返回本期库存数据。

8.3.4 库存量控制

给定一个安全库存量，当产品的库存量低于安全库存量时会特殊显示，提醒采购人员及时补充库存。例如，在本例中设置当产品的本期库存量小于 10 时特殊显示。

❶ 切换回“库存统计表”，选中目标单元格区域，在“开始”选项卡的“样式”组中单击“条件格式”按钮，在弹出的下拉菜单中选择“突出显示单元格规则”子菜单中的“小于”命令（见图 8-81），打开“小于”对话框。

❷ 设置单元格值小于“10”，显示为“浅红填充色深红色文本”，如图 8-82 所示。

❸ 单击“确定”按钮回到工作表中，可以看到所有本期库存数量小于 10 的单元格都显示为浅红填充色深红色文本，表示库存不足，如图 8-83 所示。

图 8-81

图 8-82

编号	产品名称	上期库存	本期入库			本期销售			本期库存	
			本期入库	单价	金额	数量	单价	金额	数量	金额
ZG6007	通体大理石	100	90	225	20250	187	318	59466	3	675
ZG6008	生态大理石	5	215	260	55900	65	344	22360	155	40300
ZG6009	喷墨瓷片	12	225	132	29700	165	207	34155	72	9504
ZG6010	艺术仿古砖	40	100	275	27500	71	378	26838	69	18975
ZG6011	负离子通体全瓷中板	20	65	158	10270	27	231	6237	58	9164
ZG6012	通体仿古砖	2	97	250	24250	8	355	2840	91	22750
ZG6013	负离子钻石釉大理石	8	40	236	9440	19	360	6840	29	6844
ZG6014	木纹金刚石	35	40	145	5800	72	205	14760	3	435
ZG6015	希腊爵士白	0	40	135	5400	33	195	6435	7	945
ZG6016	负离子生态大理石	5	50	142	7100	10	248	2480	45	6390
ZG6017	全抛釉玻化砖	5	50	124	6200	20	200	4000	35	4340

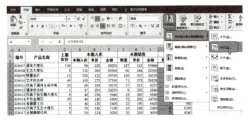

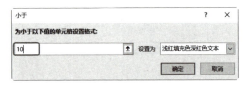

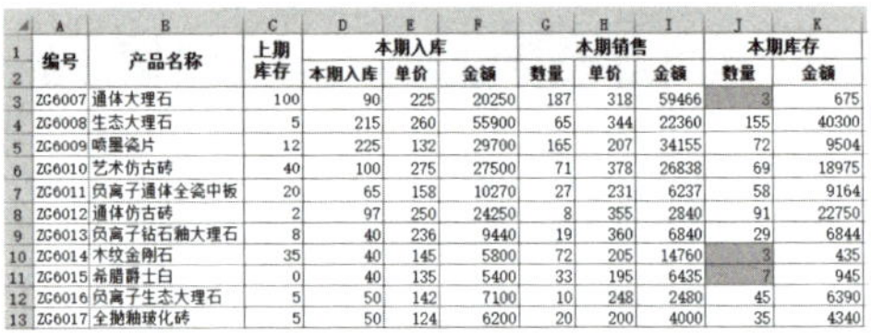

图 8-83

第9章 管理员工工资数据并处理账务

工资管理是保障企业运转的基础，是财务部门的一项重要工作，因此建立一个既方便又好用的工资管理系统是非常有必要的。它可以辅助每一期工资的计算，还可以对工资数据进行相关的统计分析。

- ☑ 创建员工基本工资管理表
- ☑ 创建员工个人所得税核算表
- ☑ 创建员工月度工资核算表
- ☑ 多角度分析工资数据
- ☑ 生成工资条
- ☑ 发放工资的账务处理

9.1 创建员工工资管理表格

工资明细项目中包含多项明细核算，如基本工资、工龄工资、各项补贴、加班工资、考勤扣款、个人所得税等，可以创建表格来管理这些数据，然后在月末将其汇总到工资表中，从而得出最终的应发工资。

9.1.1 创建员工基本工资管理表

基本工资管理表是最基础的工资管理类表格，主要记录员工的姓名、工龄、基本工资、工龄工资等，其他表格列标识的建立以基本工资管理表为准。

❶ 创建工作簿，并将其命名为"员工工资管理"。在 Sheet1 工作表标签上双击，将其重命名为"基本工资表"，如图 9-1 所示。

图 9-1

❷ 手动输入员工的编号、姓名、所在部门、所属职位和入职时间。选中 F3 单元格，在编辑栏中输入公式：

=YEAR(TODAY())-YEAR(E3)

按 Enter 键，计算出工龄，如图 9-2 所示。

图 9-2

❸ 在使用日期函数进行数据计算时，默认返回日期数据，需要在"开始"选项卡的"数字"组中重新设置单元格的格式为"常规"，才能正确显示工龄，如图 9-3 所示。

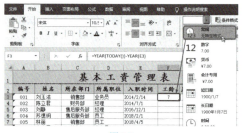

图 9-3

❹ 将鼠标指针定位于 F3 单元格右下角，向下拖动填充柄复制公式，得到所有员工的工龄，如图 9-4 所示。

图 9-4

> **专家提示**
>
> "=YEAR(TODAY())-YEAR(E3)"公式解析如下：
>
> YEAR(TODAY()) 用于提取当前日期的年份，YEAR(E3) 用于提取 E3 单元格中日期的年份，二者差值即为工龄值。

❺ 输入员工基本工资信息。选中 H3 单元格，在编辑栏中输入公式：

=IF(F3<=2,0,(F3-2)*100)

按 Enter 键，返回第一位员工的工龄工资，如图 9-5 所示。

H3 =IF(F3<=2,0,(F3-2)*100)

基本工资管理表

编号	姓名	所在部门	所属职位	入职时间	工龄	基本工资	工龄工资
001	刘玉洁	销售部	业务员	2014/2/14	7	2000	500
002	陈立君	财务部	经理	2014/7/1	7	4000	
003	刘静	售后服务部	经理	2016/12/1	5	4200	
004	苏德玥	售后服务部	员工	2018/2/1	3	3500	
005	林丽	销售部	员工	2018/4/5	3	2000	
006	李木子	销售部	业务员	2016/4/14	5	2000	
007	林成军	工程部	部门经理	2015/6/14	6	4800	
008	何莉丽	行政部	员工	2017/1/28	4	3600	
009	崔红	销售部	部门经理	2015/2/2	6	3300	

图 9-5

❻将鼠标指针定位于 H3 单元格右下角，向下拖动填充柄复制公式，得到所有员工的工龄工资，如图 9-6 所示。

基本工资管理表

编号	姓名	所在部门	所属职位	入职时间	工龄	基本工资	工龄工资
001	刘玉洁	销售部	业务员	2014/2/14	7	2000	500
002	陈立君	财务部	经理	2014/7/1	7	4000	500
003	刘静	售后服务部	经理	2016/12/1	5	4200	300
004	苏德玥	售后服务部	员工	2018/2/1	3	3500	100
005	林丽	销售部	员工	2018/4/5	3	2000	100
006	李木子	销售部	业务员	2016/4/14	5	2000	300
007	林成军	工程部	部门经理	2015/6/14	6	4800	400
008	何莉丽	行政部	员工	2017/1/28	4	3600	200
009	崔红	销售部	部门经理	2015/2/2	6	3300	400
010	周云燕	财务部	员工	2017/2/19	4	3000	200
011	叶佳怡	销售部	业务员	2016/4/7	5	2000	300
012	梅玲	售后服务部	员工	2018/2/25	3	3500	100
013	刘建忠	销售部	业务员	2017/2/25	4	2000	200
014	秦玲	行政部	员工	2015/2/25	6	3600	400
015	胡晓阳	售后服务部	员工	2018/2/25	3	3500	100
016	何浩成	销售部	业务员	2017/10/4	4	2000	200
017	李苏	工程部	员工	2015/10/6	6	3400	400

图 9-6

9.1.2 创建员工绩效奖金计算表

销售员根据销售额会有销售提成，由于公司性质及销售产品不同，提成规定也是多种多样的。例如，固定提成规定，无论销售额是多少，提成比例不变；浮动提成规定，到达一定销售额度，总提成比例是变化的。本例主要介绍浮动式提成的计算方法。

❶新建工作表并重命名为“员工绩效奖金计算表”，输入标题、列标识以及销售员的编号、姓名和所在部门，如图 9-7 所示。

员工绩效奖金计算表

编号	姓名	所在部门	销售业绩	绩效奖金
001	刘玉洁	销售部		
005	林丽	销售部		
006	李木子	销售部		
009	崔红	销售部		
011	叶佳怡	销售部		
013	刘建忠	销售部		
016	何浩成	销售部		
019	余一燕	销售部		
021	刘成杰	销售部		
022	李萍	销售部		
026	肖沼阳	销售部		

基本工资表　员工绩效奖金计算表

图 9-7

❷输入销售员的销售业绩（销售业绩可按实际情况进行统计）。选中 E3 单元格，在编辑栏中输入公式：

=IF(D3<=20000,D3*0.03,IF(D3<=50000,D3*0.05,D3*0.08))

按 Enter 键，返回第一位销售员的绩效奖金，如图 9-8 所示。

E3 =IF(D3<=20000,D3*0.03,IF(D3<=50000,D3*0.05,D3*0.08))

员工绩效奖金计算表

编号	姓名	所在部门	销售业绩	绩效奖金
001	刘玉洁	销售部	¥ 86,560.00	6924.8
005	林丽	销售部	¥ 101,900.00	
006	李木子	销售部	¥ 105,500.00	
009	崔红	销售部	¥ 82,580.00	
011	叶佳怡	销售部	¥ 64,600.00	
013	刘建忠	销售部	¥ 72,960.00	
016	何浩成	销售部	¥ 32,000.00	
019	余一燕	销售部	¥ 26,900.00	

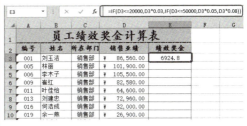

图 9-8

专家提示

“=IF(D3<=20000,D3*0.03,IF(D3<=50000,D3*0.05,D3*0.08))”公式解析如下：

这是 IF 函数多层嵌套的例子，首先判断销售额是否小于等于 20 000 元，如果是，则提成比例按 3% 计算（提成额为 D3* 返回的比例）；如果不是，接着判断销售额是否在 20 000 和 50 000 元之间，如果是，则提成比例按 5% 计算（提成额为 D3* 返回的比例）；如果不是，则表示销售额大于 50 000 元，提成比例按 8% 计算（提成额为 D3* 返回的比例）。

❸将鼠标指针定位于 E3 单元格右下角，向下拖动填充柄复制公式，得到所有销售员的绩效奖金，如图 9-9 所示。

员工绩效奖金计算表

编号	姓名	所在部门	销售业绩	绩效奖金
001	刘玉洁	销售部	¥ 86,560.00	6924.8
005	林丽	销售部	¥ 101,900.00	8152
006	李木子	销售部	¥ 105,500.00	8440
009	崔红	销售部	¥ 82,580.00	6606.4
011	叶佳怡	销售部	¥ 64,600.00	5168
013	刘建忠	销售部	¥ 72,960.00	5836.8
016	何浩成	销售部	¥ 32,000.00	1600
019	余一燕	销售部	¥ 26,900.00	1345
021	刘成杰	销售部	¥ 40,620.00	2031
022	李萍	销售部	¥ 46,000.00	2300
026	肖沼阳	销售部	¥ 25,870.00	1293.5

图 9-9

9.1.3 个人所得税核算

由于个人所得税的计算牵涉税率的计算、速算扣除数等，因此可以另建一张表格来进行计算。在进行工资核算时，可以将此表计算出的个人所得税额匹配到工资核算表中。

用 IF 函数配合其他函数计算个人所得税。相关规则如下：

- 起征点为 5000 元。
- 税率及速算扣除数如表 9-1 所示。

表 9-1

应纳税所得额 / 元	税率 /%	速算扣除数 / 元
不超过 3000	3	0
3001～12 000	10	210
12 001～25 000	20	1410
25 001～35 000	25	2660
35 001～55 000	30	4410
55 001～80 000	35	7160
超过 80 001	45	15 160

❶ 创建"所得税计算表"，输入基本数据与用于求解的几项标识，并对表格进行格式设置，如图 9-10 所示。

图 9-10

❷ 选中 D3 单元格，在编辑栏中输入公式：
=员工月度工资表!J3

对"员工月度工资表"的"应发工资"列单元格采用粘贴链接，因为此表还未建立，所以暂时返回 0，如图 9-11 所示。

图 9-11

> **专家提示**
>
> 这里有一个注意要点，D3 单元格中的公式是返回"员工月度工资表"中的应发工资额，如果"员工月度工资表"还未创建也没有关系，这里也可以先不设置"应发工资"列的公式，待后面创建了"员工月度工资表"并计算出"应发工资"后再返回此表中补充公式即可。

❸ 选中 E3 单元格，在编辑栏中输入公式：
=IF(D3>5000,D3-5000,0)

按 Enter 键，建立起求解"应缴税所得额"的公式，如图 9-12 所示（先建立公式）。

图 9-12

❹ 选中 F3 单元格，在编辑栏中输入公式：
=IF(E3<=3000,0.03,IF(E3<=12000,0.1,IF(E3<=25000,0.2,IF(E3<=35000,0.25,IF(E3<= 55000,0.3,IF(E3<=80000,0.35,0.45))))))

按 Enter 键，建立起根据"应缴税所得额"求解"税率"的公式，如图 9-13 所示。

图 9-13

专家提示

"=IF(E3<=3000,0.03,IF(E3<=12000,0.1,IF(E3<=25000,0.2,IF(E3<=35000,0.25,IF(E3<=55000,0.3,IF(E3<=80000,0.35,0.45))))))" 公式解析如下：

这是一个IF函数多层嵌套的例子（最多允许7层嵌套），利用多层嵌套实现多条件的判断。不同的工资区间对应的税率各不相同，在上面的表格中已经列出，这里通过对数值的判断实现返回对应的税率。

❺ 选中G3单元格，在编辑栏中输入公式：
=VLOOKUP(F3,{0.03,0;0.1,210;0.2,1410;0.25,2660;0.3,4410;0.35,7160;0.45,15160},2,)

按Enter键，建立起根据"税率"计算"速算扣除数"的公式，如图9-14所示。

图9-14

专家提示

"=VLOOKUP(F3,{0.03,0;0.1,210;0.2,1410; 0.25,2660;0.3, 4410;0.35,7160;0.45,15160},2,)" 公式解析如下：

F3为查找对象，后面大括号中，每一个分号间隔的两个值相当于数组的两列，在首列中查找值，然后返回第二列上的值。例如，当F3单元格中的值为0.1时，对应输出210；当F3单元格中的值为0.25时，对应输出2660。

❻ 选中H3单元格，在编辑栏中输入公式：
=E3*F3-G3

按Enter键，建立起计算"应缴所得税"的公式，如图9-15所示。

❼ 选中D3:H3单元格区域，将鼠标指针定位到右下角的填充柄上，按住鼠标左键向下拖动复制公式，即可批量建立公式，如图9-16所示。当前这张表格中建立的公式都与D列的"应发工资"相关，

因为此列暂无数据，所以其他数据都显示为0。待到后面建立了"员工月度工资表"时，可以再次查看此表的计算数据。

图9-15

图9-16

9.1.4 考勤扣款及满勤奖统计表

"考勤统计表"中包括各项出勤记录，以及通过公式统计出"满勤奖"与因迟到、请假而统计出的"应扣合计"。其中，"满勤奖"要计入工资的应发部分，"应扣合计"要计入工资的应扣部分，所以月末可以从人事部门获取此表并复制到当前工作簿中来备用，如图9-17所示。

图9-17

9.1.5 员工月度工资核算

工资表中数据包含应发工资和应扣工资两部分,应发工资合计减去应扣工资合计即可得到实发工资金额。准备好工资核算的相关表格后,便可以进行工资的核算了。

❶ 创建"员工月度工资表",建立好相关列标识后,输入员工编号、姓名、所在部门几项基本信息(这几项数据可以从"基本工资表"中复制得到),如图9-18所示。

图9-18

❷ 选中D3单元格,在编辑栏中输入公式:
=VLOOKUP(A3,基本工资表!$A$2:$H$50, 7, FALSE)

按Enter键,即可从"基本工资表"中返回第一位员工的基本工资,如图9-19所示。

图9-19

专家提示

"=VLOOKUP(A3,基本工资表!$A$2:$H$50,7,FALSE)"公式解析如下:

在"基本工资表!$A$2:$H$50"的首列中查找与A3单元格相同的编号,然后返回对应在第7列上的值,即返回指定员工的基本工资。

❸ 选中E3单元格,在编辑栏中输入公式:
=VLOOKUP(A3,基本工资表!$A$2:$H$50,8,FALSE)

按Enter键,即可从"基本工资表"中返回第一位员工的工龄工资,如图9-20所示。

图9-20

❹ 选中F3单元格,在编辑栏中输入公式:
=IFERROR(VLOOKUP(A3,员工绩效奖金计算表!$A$2:$E$50,5,FALSE),"")

按Enter键,即可从"员工绩效奖金计算表"中返回第一位员工的绩效奖金,如图9-21所示。

图9-21

专家提示

IFERROR函数是在当公式计算结果为错误时,返回指定的值;否则,返回公式的结果。使用IFERROR函数可以捕获和处理公式中的错误。

"=IFERROR(VLOOKUP(A3,员工绩效奖金计算表!$A$2:$E$50,5,FALSE),"")"公式解析如下:

在"员工绩效奖金计算表!$A$2:$E$50"的首列中查找与A3中相同的编号,找到后返回对应在该区域第5列上的值。再在外层使用IFERROR函数判断VLOOKUP是否返回了错误值,如果返回错误,则最终显示为空值。

❺ 选中G3单元格,在编辑栏中输入公式:
=VLOOKUP(A3,考勤统计表!$A$2:$L$50, 11,FALSE)

按 Enter 键，即可从“考勤统计表”中返回第一位员工的满勤奖金，如图 9-22 所示。

G3 | =VLOOKUP(A3,考勤统计表!$A$2:$L$50,11,FALSE)

编号	姓名	所在部门	基本工资	工龄工资	绩效奖金	满勤奖金	请假迟到扣款
001	刘玉洁	销售部	2000	500	6924.8		
002	陈立君	财务部					
003	刘静	售后服务部					
004	苏德玥	售后服务部					
005	林丽	销售部					
006	李木子	销售部					
007	林成军	工程部					

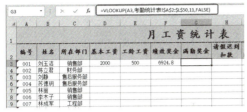

图 9-22

❻ 选中 H3 单元格，在编辑栏中输入公式：

=VLOOKUP(A3, 考勤统计表 !$A$2:$L$50,12, FALSE)

按 Enter 键，即可从“考勤统计表”中返回第一位员工的请假迟到扣款，如图 9-23 所示。

H3 | =VLOOKUP(A3,考勤统计表!$A$2:$L$50,12,FALSE)

编号	姓名	所在部门	基本工资	工龄工资	绩效奖金	满勤奖金	请假迟到扣款	保险\公积金扣款
001	刘玉洁	销售部	2000	500	6924.8		280	
002	陈立君	财务部						
003	刘静	售后服务部						
004	苏德玥	售后服务部						
005	林丽	销售部						
006	李木子	销售部						
007	林成军	工程部						

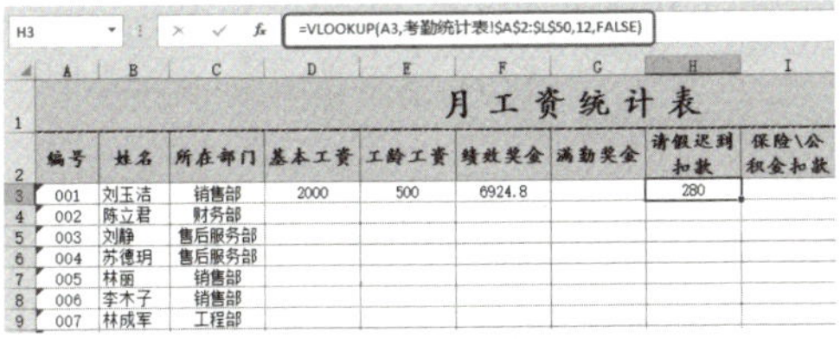

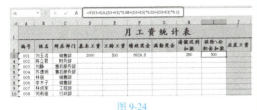

图 9-23

专家提示

“=VLOOKUP(A3, 考勤统计表 !$A$2:$L$50,12,FALSE)”公式解析如下：

在“考勤统计表 !$A$2:$L$50”的首列中查找与 A3 中相同的编号，找到后返回对应在该区域第 12 列上的值。

❼ 选中 I3 单元格，在编辑栏中输入公式：

=IF(E3=0,0,(D3+E3)*0.08+(D3+E3)*0.02+(D3+E3)*0.1)

按 Enter 键，计算出第一位员工的保险及公积金扣款，如图 9-24 所示。

I3 | =IF(E3=0,0,(D3+E3)*0.08+(D3+E3)*0.02+(D3+E3)*0.1)

编号	姓名	所在部门	基本工资	工龄工资	绩效奖金	满勤奖金	请假迟到扣款	保险\公积金扣款	应发工资
001	刘玉洁	销售部	2000	500	6924.8		280	500	
002	陈立君	财务部							
003	刘静	售后服务部							
004	苏德玥	售后服务部							
005	林丽	销售部							
006	李木子	销售部							
007	林成军	工程部							
008	何莉丽	行政部							

图 9-24

❽ 选中 J3 单元格，在编辑栏中输入公式：

=SUM(D3:G3)-SUM(H3:I3)

按 Enter 键，即可计算出员工的应发工资合计值，如图 9-25 所示。

J3 | =SUM(D3:G3)-SUM(H3:I3)

姓名	所在部门	基本工资	工龄工资	绩效奖金	满勤奖金	请假迟到扣款	保险\公积金扣款	应发工资
刘玉洁	销售部	2000	500	6924.8		280	500	8644.8
陈立君	财务部							
刘静	售后服务部							
苏德玥	售后服务部							
林丽	销售部							
李木子	销售部							
林成军	工程部							
何莉丽	行政部							

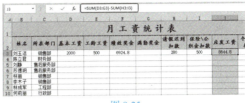

图 9-25

❾ 选中 K3 单元格，在编辑栏中输入公式：

=VLOOKUP(A3, 所得税计算表 !$A$2:$H$50,8, FALSE)

按 Enter 键，从“所得税计算表”中返回第一位员工的个人所得税，如图 9-26 所示。

K3 | =VLOOKUP(A3,所得税计算表!$A$2:$H$50,8,FALSE)

姓名	所在部门	基本工资	工龄工资	绩效奖金	满勤奖金	请假迟到扣款	保险\公积金扣款	应发工资	个人所得税
刘玉洁	销售部	2000	500	6924.8		280	500	8644.8	154.48
陈立君	财务部								
刘静	售后服务部								
苏德玥	售后服务部								
林丽	销售部								
李木子	销售部								
林成军	工程部								

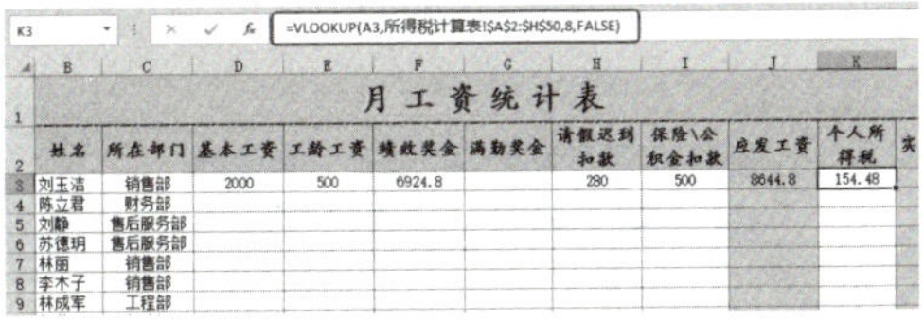

图 9-26

❿ 选中 L3 单元格，在编辑栏中输入公式：

=J3-K3

按 Enter 键，计算出第一位员工的实发工资，如图 9-27 所示。

L3 | =J3-K3

姓名	所在部门	基本工资	工龄工资	绩效奖金	满勤奖金	请假迟到扣款	保险\公积金扣款	应发工资	个人所得税	实发工资
刘玉洁	销售部	2000	500	6924.8		280	500	8644.8	154.48	8490.32
陈立君	财务部									
刘静	售后服务部									
苏德玥	售后服务部									
林丽	销售部									
李木子	销售部									
林成军	工程部									

图 9-27

⓫ 利用填充功能求出每一位员工的工资明细，如图 9-28 所示。

姓名	所在部门	基本工资	工龄工资	绩效奖金	满勤奖金	请假迟到扣款	保险\公积金扣款	应发工资	个人所得税	实发工资
刘玉洁	销售部	2000	500	6924.8		280	500	8644.8	154.48	8490.32
陈立君	财务部	4000	500		300	0	900	3900	0	3900
刘静	售后服务部	4200	300			50	900	3550	0	3550
苏德玥	售后服务部	3500	100		300	0	720	3180	0	3180
林丽	销售部	2000	100	8152	300	0	420	10132	303.2	9828.8
李木子	销售部	2000	300	8440	300	0	460	10580	348	10232
林成军	工程部	4800	400			0	1040	4160	0	4160
何莉丽	行政部	3600	200		300	0	760	3340	0	3340
崔红	销售部	3300	400	6606.4		20	740	9546.4	244.64	9301.76
周云燕	财务部	3000	200			20	640	2540	0	2540
叶佳怡	销售部	2000	300	5168		40	460	6968	59.04	6908.96
梅玲	售后服务部	3500	100			100	720	2780	0	2780
刘建忠	销售部	2000	200	5836.8	300	40	440	7856.8	85.704	7771.096
秦玲	行政部	3600	400		300	0	800	3500	0	3500
胡晓阳	售后服务部	3500	100			100	720	2780	0	2780
何浩成	销售部	2000	200	1600		140	440	3220	0	3220
李苏	工程部	3400	400			60	760	2980	0	2980
余一燕	销售部	2000	100	1345		0	420	3025	0	3025
李庆海	工程部	3000	200		300	20	640	2840	0	2840
刘成杰	销售部	2000	0	2031		400	0	3631	0	3631

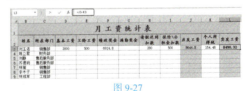

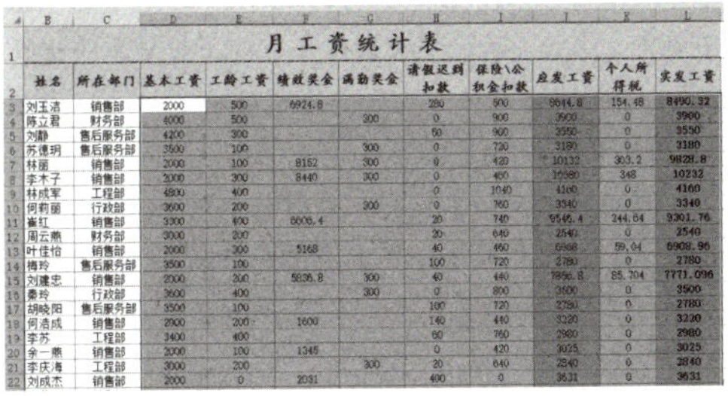

图 9-28

> **知识扩展**

此时切换到"个人所得税计算表",可以看到完整的数据,也就是说工作表中建立公式的单元格都进行了自动计算,如图 9-29 所示。

图 9-29

9.2 分析工资数据

"员工月度工资表"创建完成后,可以利用 Excel 中的筛选、分类汇总、数据透视表等工具对工资数据进行统计分析,以了解工资的分布特点,为企业制定更有效的薪资制度提供建议。

9.2.1 突出显示低于平均工资的记录

工资统计表制作完成后,由于数据众多,想要查看低于平均工资的记录是不太容易的,此时可以通过设置条件格式,将满足条件的记录以特殊格式标识出来。

❶ 切换回"员工月度工资表",选中"实发工资"列数据区域,在"开始"选项卡的"样式"组中单击"条件格式"按钮,在弹出的下拉菜单中选择"最前/最后规则"子菜单中的"低于平均值"命令(见图 9-30),打开"低于平均值"对话框。

❷ 在"低于平均值"对话框的"针对选定区域,设置为"下拉列表框中重置满足条件的单元格格式,也可以保持默认设置,如图 9-31 所示。

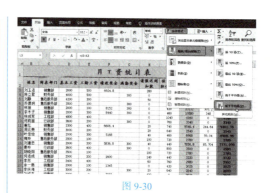

图 9-30

图 9-31

❸ 单击"确定"按钮回到工作表中，可以看到所有低于平均值的单元格都显示为浅红填充色深红色文本，如图 9-32 所示。

图 9-32

9.2.2 按部门统计工资额

按部门汇总统计工资额可以通过建立数据透视表实现快速统计。

❶ 选中"员工月度工资表"工作表中的任意单元格，在"插入"选项卡的"表格"组中单击"数据透视表"按钮（见图 9-33），弹出"创建数据透视表"对话框，默认以所有数据来创建数据透视表，如图 9-34 所示。

图 9-33

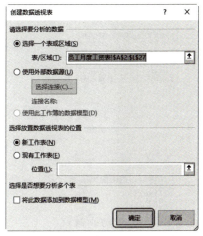

图 9-34

图 9-35

❷ 单击"确定"按钮即可创建数据透视表，在工作表标签上双击重命名工作表。在右侧单击"所在部门"，默认添加到"行"区域，接着单击"实发工资"，默认添加到"值"区域（如果默认添加区域不正确，可选中字段并拖动到目标位置），此时即可按部门统计工资额，如图 9-35 所示。

9.2.3 部门平均薪酬比较图

在创建上述数据透视表添加字段时，默认的值汇总方式为"求和"。本例要求用图表比较部门的平均薪酬，则需要先统计出各部门的平均薪酬，因此可以将上面建立的数据透视表的值汇总方式更改为"平均值"。

❶ 选中"按部门统计工资额"工作表，同时按住 Ctrl 键与鼠标左键不放向右拖动复制该表（如图 9-36 所示显示🗎图标），得到"按部门统计工资额（2）"，重命名工作表为"部门平均薪酬比较图"，如图 9-37 所示。

❷ 右击"求和项：实发工资"字段，在弹出的快捷菜单中选择"值字段设置"命令（见图 9-38），弹出"值字段设置"对话框。

155

图 9-36

图 9-37

图 9-38

❸ 在"值字段汇总方式"选项卡的"计算类型"列表框中选择"平均值"选项,接着在"自定义名称"文本框中输入"平均工资",如图 9-39 所示。

图 9-39

❹ 单击"确定"按钮,即可将数据汇总方式更改为"平均值",即计算出部门平均工资,如图 9-40 所示。

图 9-40

❺ 此时选中"平均工资"字段任意数据单元格,在"数据"选项卡的"排序和筛选"组中单击"升序"按钮,即可将平均工资进行排序,如图 9-41 所示。

图 9-41

❻ 选中数据透视表的任意单元格,在"数据透视表工具-分析"选项卡的"工具"组中单击"数据透视图"按钮,打开"插入图表"对话框。选择合适的图表类型,这里选择"簇状柱形图"(见图 9-42),单击"确定"按钮即可在工作表中插入图表,如图 9-43 所示。

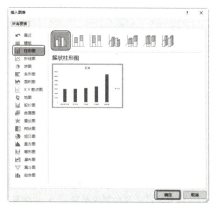

图 9-42

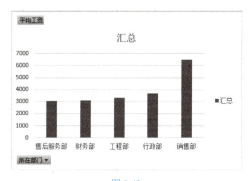

图 9-43

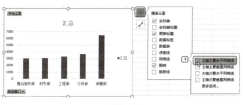

图 9-44

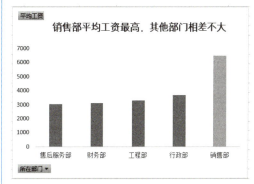

图 9-45

❼ 选中图表，单击"图表元素"按钮，在展开的列表中取消选中"网格线"的"主轴主要水平网格线"复选框，如图 9-44 所示。

❽ 重新输入直观的图表标题，为需要特殊显示的分类重新设置填充颜色（如"销售部"分类），达到如图 9-45 所示的效果。

9.3 生成员工工资条

工资表做好以后，一方面用作存档，另一方面用于打印工资条发给员工。工资条是员工领取工资的一个详单，便于员工详细地了解本月应发工资明细与应扣工资明细。

9.3.1 生成工资条

工资条主要引用"员工月度工资表"中的数据，通过建立公式可快速生成员工工资条。当生成了第一位员工的工资条后，则可以利用填充的办法来快速生成每位员工的工资条。

❶ 在"员工月度工资表"工作表中，选中从第 3 行开始的数据区域，在名称框中定义其名称为"工资表"，如图 9-46 所示，按 Enter 键即可完成名称的定义。

图 9-46

专家提示

这里将工资统计表的整表定义为名称是为了方便公式对数据源的引用,因为下面建立工资条时,多处公式都会用到"工资表"中的数据区域。为了方便公式跨表对数据源引用,可以先将数据区域定义为名称,然后将名称直接应用于公式中,从而简化公式。

❷ 新建工作表并重命名名为"工资条",可以把表格结构建立为如图 9-47 所示的样式。

图 9-47

❸ 在 A3 单元格中输入第一位员工的编号。选中 B3 单元格,在编辑栏中输入公式:

=VLOOKUP(A3,工资表,2)

按 Enter 键,即可返回第一位员工的姓名(姓名在"工资表"单元格区域的第 2 列),如图 9-48 所示。

图 9-48

❹ 选中 C3 单元格,在编辑栏中输入公式:

=VLOOKUP(A3,工资表,3)

按 Enter 键,即可返回第一位员工的所在部门(所在部门在"工资表"单元格区域的第 3 列),如图 9-49 所示。

图 9-49

❺ 选中 D3 单元格,在编辑栏中输入公式:

=VLOOKUP(A3,工资表,12)

按 Enter 键,即可返回第一位员工的实发工资(实发工资在"工资表"单元格区域的第 12 列),如

图 9-50 所示。

图 9-50

❻ 选中 A6 单元格,在编辑栏中输入公式:

=VLOOKUP($A3,工资表,COLUMN(D1))

按 Enter 键,即可返回第一位员工的基本工资,如图 9-51 所示。

图 9-51

❼ 选中 A6 单元格,将鼠标指针定位到该单元格右下角,出现黑色十字形时按住鼠标左键向右拖动至 H6 单元格,释放鼠标即可一次性返回第一位员工的工资明细,如图 9-52 所示。

图 9-52

专家提示

COLUMN 函数表示返回指定单元格引用的列号。

"=VLOOKUP($A3,工资表,COLUMN(D1))"公式解析如下:

在"工资表"单元格区域的首列中查找与 A3 中相同的编号,找到后返回 COLUMN(D1) 返回值指定列上对应的值。注意,COLUMN(D1) 用于返回 D1 列的列号,结果为 4,随着公式的复制,则会依次返回 5、6、7……因此可以依次返回工龄工资、绩效奖金、满勤奖金等。

❽ 选中 A2:H7 单元格区域,将鼠标指针定位到该单元格区域右下角,当其变为黑色十字形时(见

图 9-53），按住鼠标左键向下拖动，释放鼠标即可得到每位员工的工资条，如图 9-54 所示（拖动到什么位置释放鼠标要根据当前员工的人数来决定，即通过填充得到所有员工的工资条后释放鼠标）。

图 9-53

图 9-54

专家提示

在选中填充源时，下面多选择了一个空行，这样做的目的是让生成的每位员工的工资条中间有空行间隔，便于打印后的裁剪。

9.3.2 打印输出工资条

完成工资条的建立后，一般都需要进行打印输出。用户可以在打印预览界面预览工资条的打印效果。

单击"文件"选项卡，在左侧选择"打印"选项，可以预览打印效果，如图 9-55 所示。如果预览效果没有问题，则可以设置打印份数并单击"打印"按钮，打印出工资条。

图 9-55

知识扩展

在打印预览时，如果右侧有少部分内容不能完整显示，则可以单击设置选项底部的"页面设置"超链接，打开"页面设置"对话框，在"页边距"选项卡中，将"左""右"边距调小，如图 9-56 所示。如果待打印的表格是横向数据，则可以在"页面"选项卡中，将纸张的方向设置为"横向"，如图 9-57 所示。

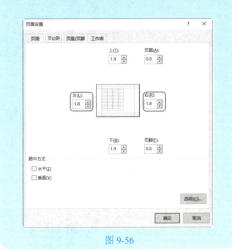

图 9-56

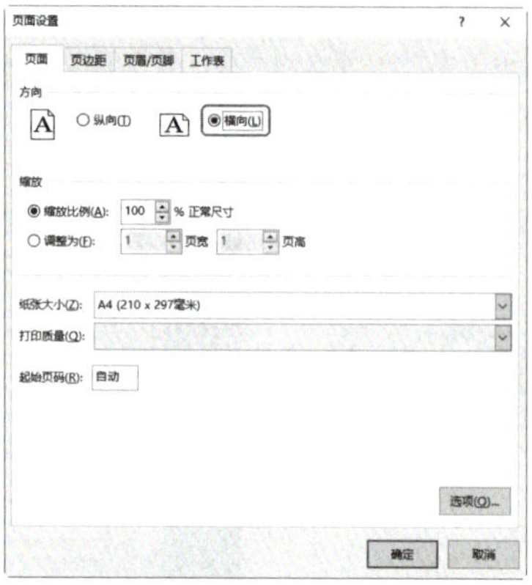

图 9-57

9.4 发放工资的账务处理

会计准则中设置了“应付职工薪酬”科目，该科目下设置“员工工资”“员工福利费”“保险费”“代扣个人所得税”等明细科目。切换到“员工月度工资表”中，通过求和运算统计出 4 月的工资为 117 495.94 元（见图 9-58），保险 / 公积金扣款为 12 480 元，代扣个人所得税为 1211.564 元（见图 9-59）。

L28 =SUM(L3:L27)

月工资统计表

编号	姓名	所在部门	基本工资	工龄工资	绩效奖金	满勤奖金	请假迟到扣款	保险\公积金扣款	应发工资	个人所得税	实发工资
001	刘玉洁	销售部	2000	500	6924.8		280	500	8644.8	154.48	8490.32
002	陈立君	财务部	4000	500		300	0	900	3900	0	3900
003	刘静	售后服务部	4200	300			50	900	3550	0	3550
004	苏德玥	售后服务部	3500	100		300	0	720	3180	0	3180
005	林丽	销售部	2000	100	8152	300	0	420	10132	303.2	9828.8
006	李木子	销售部	2000	300	8440	300	0	460	10580	348	10232
007	林成军	工程部	4800	400			0	1040	4160	0	4160
008	何莉丽	行政部	3600	200		300	0	760	3340	0	3340
009	崔红	销售部	3300	400	6606.4		20	740	9546.4	244.64	9301.76
010	周云燕	财务部	3000	200			20	640	2540	0	2540
011	叶佳怡	销售部	2000	300	5168		40	460	6968	59.04	6908.96
012	梅玲	售后服务部	3500	100			100	720	2780	0	2780
013	刘建忠	销售部	2000	200	5836.8	300	40	440	7856.8	85.704	7771.096
014	秦玲	行政部	3600	400		300	0	800	3500	0	3500
015	胡晓阳	售后服务部	3500	100			100	720	2780	0	2780
016	何浩成	销售部	2000	200	1600		140	440	3220	0	3220
017	李苏	工程部	3400	400			60	760	2980	0	2980
019	余一燕	销售部	2000	100	1345		0	420	3025	0	3025
020	李庆海	工程部	3000	200		300	20	640	2840	0	2840
021	刘成杰	销售部	2000	0	2031		400	0	3631	0	3631
022	李萍	销售部	3300	0	2300		50	0	5550	16.5	5533.5
024	陈艳霞	财务部	3000	0			100	0	2900	0	2900
025	杨海洋	工程部	3000	0		300	0	0	3300	0	3300
026	肖沼阳	销售部	2000	0	1293.5	300	0	0	3593.5	0	3593.5
030	胡光霞	行政部	4300	0			90	0	4210	0	4210
											117495.94

图 9-58

月工资统计表

编号	姓名	所在部门	基本工资	工龄工资	绩效奖金	满勤奖金	请假迟到扣款	保险\公积金扣款	应发工资	个人所得税	实发工资
001	刘玉洁	销售部	2000	500	6924.8		280	500	8644.8	154.48	8490.32
002	陈立君	财务部	4000	500		300	0	900	3900	0	3900
003	刘静	售后服务部	4200	300			50	900	3550	0	3550
004	苏德玥	售后服务部	3500	100		300	0	720	3180	0	3180
005	林丽	销售部	2000	100	8152	300	0	420	10132	303.2	9828.8
006	李木子	销售部	2000	300	8440	300	0	460	10580	348	10232
007	林成军	工程部	4800	400			0	1040	4160	0	4160
008	何莉丽	行政部	3600	200		300	0	760	3340	0	3340
009	崔红	销售部	3300	400	6606.4		20	740	9546.4	244.64	9301.76
010	周云燕	财务部	3000	200			20	640	2540	0	2540
011	叶佳怡	销售部	2000	300	5168		40	460	6968	59.04	6908.96
012	梅玲	售后服务部	3500	100			100	720	2780	0	2780
013	刘建忠	销售部	2000	200	5836.8	300	40	440	7856.8	85.704	7771.096
014	秦玲	行政部	3600	400		300	0	800	3500	0	3500
015	胡晓阳	售后服务部	3500	100			100	720	2780	0	2780
016	何浩成	销售部	2000	200	1600		140	440	3220	0	3220
017	李苏	工程部	3400	400			60	760	2980	0	2980
019	余一燕	销售部	2000	100	1345		0	420	3025	0	3025
020	李庆海	工程部	3000	200		300	20	640	2840	0	2840
021	刘成杰	销售部	2000	0	2031		400	0	3631	0	3631
022	李萍	销售部	3300	0	2300		50	0	5550	16.5	5533.5
024	陈艳霞	财务部	3000	0			100	0	2900	0	2900
025	杨海洋	工程部	3000	0		300	0	0	3300	0	3300
026	肖沼阳	销售部	2000	0	1293.5	300	0	0	3593.5	0	3593.5
030	胡光霞	行政部	4300	0			90	0	4210	0	4210
								12480		1211.564	117495.94

图 9-59

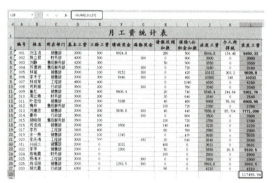

9.4.1 计提员工工资

4 月的工资额为 117 495.94 元，借记“管理费用”科目，贷记“应付职工薪酬 - 员工工资”科目，该账务的处理如下。

❶ 打开在第 8 章中创建的“日记账”工作簿，通过填制通用记账凭证，向“记账凭证汇总表”中添加项目。

❷ 在“通用记账凭证”表格中输入该业务的记账凭证，借记“管理费用”科目，贷记“应付职工薪酬 - 员工工资”科目，如图 9-60 所示。

记　账　凭　证

凭证号：0030　　填制日期 2021/4/27

摘　　要	科目代码	科目名称	借方金额	贷方金额
计提4月份员工工资	6602	管理费用	¥117,495.94	
计提4月份员工工资	221101	应付职工薪酬-员工工资		¥ 117,495.94
		合计	¥117,495.94	¥ 117,495.94

附单据2张

财务主管：　记账：　出纳：　审核：

图 9-60

❸ 切换到“记账凭证汇总表”中，填制日期、凭证号、摘要及金额，如图 9-61 所示。“科目代码”从下拉列表中选择，“账户名称”“总账代码”“总账科目”可自动返回。

记 账 凭 证 汇 总 表（2021年4月）

	日期	凭证号	摘　要	科目代码	账户名称	总账代码	总账科目	借方金额	贷方金额
53	2021/4/21	0023	发放3月份工资	2211	应付职工薪酬	2211	应付职工薪酬	¥ 85,654.00	
54	2021/4/21	0023	发放3月份工资	100201	银行存款-中国工商银行	1002	银行存款		¥ 85,654.00
55	2021/4/22	0024	支付银行手续费	6603	财务费用	6603	财务费用	¥ 1,065.50	
56	2021/4/22	0024	支付银行手续费	100202	银行存款-中国银行	1002	银行存款		¥ 1,065.50
57	2021/4/22	0025	预借差旅费	1221	其他应收款	1221	其他应收款	¥ 1,000.00	
58	2021/4/22	0025	预借差旅费	1001	库存现金	1001	库存现金		¥ 1,000.00
59	2021/4/23	0026	支付运输费	6601	销售费用	6601	销售费用	¥ 1,020.00	
60	2021/4/23	0026	支付运输费	1001	库存现金	1001	库存现金		¥ 1,020.00
61	2021/4/23	0027	支付水电费	6602	管理费用	6602	管理费用	¥ 680.00	
62	2021/4/23	0027	支付水电费	1001	库存现金	1001	库存现金		¥ 680.00
63	2021/4/26	0028	销售全抛釉玻化砖	6001	主营业务收入	6001	主营业务收入	¥ 182,000.00	
64	2021/4/26	0028	销售全抛釉玻化砖	6001	主营业务收入	6001	主营业务收入		¥ 167,440.00
65	2021/4/26	0028	销售全抛釉玻化砖	22210102	应缴税费-应缴增值税-销项税额	2221	应缴税费		¥ 14,560.00
66	2021/4/26	0029	结转销售成本	6401	主营业务成本	6401	主营业务成本	¥ 65,000.00	
67	2021/4/26	0029	结转销售成本	1405	库存商品	1405	库存商品		¥ 65,000.00
68	2021/4/27	0030	计提4月份员工工资	6602	管理费用	6602	管理费用	¥ 117,495.94	
69	2021/4/27	0030	计提4月份员工工资	221101	应付职工薪酬-员工工资	2211	应付职工薪酬		¥ 117,495.94
70									
71									

图 9-61

9.4.2 代扣保险费

企业员工 4 月应交的保险费为 12 480 元，这部分费用从员工工资中扣除。借记“应付职工薪酬 - 保险费”科目，贷记“其他应收款”科目。该账务的处理如下。

❶ 在“通用记账凭证”表格中输入该业务的记账凭证，借记“应付职工薪酬 - 保险费”科目，贷记“其他应收款”科目，如图 9-62 所示。

记　账　凭　证

凭证号：0031　　填制日期 2021/4/28

摘　　要	科目代码	科目名称	借方金额	贷方金额
代扣保险费	221103	应付职工薪酬-保险费	¥ 12,480.00	
代扣保险费	1221	其他应收款		¥ 12,480.00
		合计	¥ 12,480.00	¥ 12,480.00

附单据2张

财务主管：　记账：　出纳：　审核：

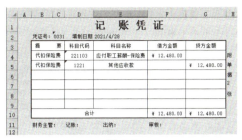

图 9-62

❷ 切换到“记账凭证汇总表”中，填制日期、凭证号、摘要及金额，如图 9-63 所示。“科目代码”从下拉列表中选择，“账户名称”“总账代码”“总账科目”可自动返回。

记 账 凭 证 汇 总 表（2021年4月）

	日期	凭证号	摘　要	科目代码	账户名称	总账代码	总账科目	借方金额	贷方金额
55	2021/4/22	0024	支付银行手续费	6603	财务费用	6603	财务费用	¥ 1,065.50	
56	2021/4/22	0024	支付银行手续费	100202	银行存款-中国银行	1002	银行存款		¥ 1,065.50
57	2021/4/22	0025	预借差旅费	1221	其他应收款	1221	其他应收款	¥ 1,000.00	
58	2021/4/22	0025	预借差旅费	1001	库存现金	1001	库存现金		¥ 1,000.00
59	2021/4/23	0026	支付运输费	6601	销售费用	6601	销售费用	¥ 1,020.00	
60	2021/4/23	0026	支付运输费	1001	库存现金	1001	库存现金		¥ 1,020.00
61	2021/4/23	0027	支付水电费	6602	管理费用	6602	管理费用	¥ 680.00	
62	2021/4/23	0027	支付水电费	1001	库存现金	1001	库存现金		¥ 680.00
63	2021/4/26	0028	销售全抛釉玻化砖	6001	主营业务收入	6001	主营业务收入	¥ 182,000.00	
64	2021/4/26	0028	销售全抛釉玻化砖	6001	主营业务收入	6001	主营业务收入		¥ 167,440.00
65	2021/4/26	0028	销售全抛釉玻化砖	22210102	应缴税费-应缴增值税-销项税额	2221	应缴税费		¥ 14,560.00
66	2021/4/26	0029	结转销售成本	6401	主营业务成本	6401	主营业务成本	¥ 65,000.00	
67	2021/4/26	0029	结转销售成本	1405	库存商品	1405	库存商品		¥ 65,000.00
68	2021/4/27	0030	计提4月份员工工资	6602	管理费用	6602	管理费用	¥ 117,495.94	
69	2021/4/27	0030	计提4月份员工工资	221101	应付职工薪酬-员工工资	2211	应付职工薪酬		¥ 117,495.94
70	2021/4/28	0031	代扣保险费	221103	应付职工薪酬-保险费	2211	应付职工薪酬	¥ 12,480.00	
71	2021/4/28	0031	代扣保险费	1221	其他应收款	1221	其他应收款		¥ 12,480.00
72									
73									

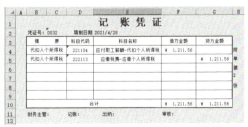

图 9-63

9.4.3 代扣个人所得税

企业 4 月代扣个人所得税的金额是 1211.56 元。借记“应付职工薪酬 - 代扣个人所得税”科目，贷记“应缴税费 - 应缴个人所得税”科目。该账务的处理如下。

❶ 在“通用记账凭证”表格中输入该业务的记账凭证，借记“应付职工薪酬 - 代扣个人所得税”科目，贷记“应缴税费 - 应缴个人所得税”科目，如图 9-64 所示。

记　账　凭　证

凭证号：0032　　填制日期 2021/4/28

摘　　要	科目代码	科目名称	借方金额	贷方金额
代扣个人所得税	221104	应付职工薪酬-代扣个人所得税	¥ 1,211.56	
代扣个人所得税	222113	应缴税费-应缴个人所得税		¥ 1,211.56
		合计	¥ 1,211.56	¥ 1,211.56

附单据2张

财务主管：　记账：　出纳：　审核：

图 9-64

❷ 切换到“记账凭证汇总表”中，填制日期、

凭证号、摘要及金额，如图 9-65 所示。“科目代码”从下拉列表中选择，“账户名称”“总账代码”“总账科目”可自动返回。

记 账 凭 证 汇 总 表（2021年4月）

日期	凭证号	摘要	科目代码	账户名称	总账代码	总账科目	借方金额	贷方金额
2021/4/22	0024	支付银行手续费	6603	财务费用	6603	财务费用	¥ 1,065.50	
2021/4/22	0024	支付银行手续费	100202	银行存款-中国银行	1002	银行存款		¥ 1,065.50
2021/4/22	0025	预借差旅费	1221	其他应收款	1221	其他应收款	¥ 1,000.00	
2021/4/22	0025	预借差旅费	1001	库存现金	1001	库存现金		¥ 1,000.00
2021/4/23	0026	支付运输费	6601	销售费用	6601	销售费用	¥ 1,020.00	
2021/4/23	0026	支付运输费	1001	库存现金	1001	库存现金		¥ 1,020.00
2021/4/23	0027	支付水电费	6602	管理费用	6602	管理费用	¥ 680.00	
2021/4/23	0027	支付水电费	1001	库存现金	1001	库存现金		¥ 680.00
2021/4/26	0028	销售全抛釉玻化砖	6001	主营业务收入	6001	主营业务收入	¥ 182,000.00	
2021/4/26	0028	销售全抛釉玻化砖	6001	主营业务收入	6001	主营业务收入		¥ 167,440.00
2021/4/26	0028	销售全抛釉玻化砖	22210102	应缴税费-应缴增值税-销项税额	2221	应缴税费		¥ 14,560.00
2021/4/26	0029	结转销售成本	6401	主营业务成本	6401	主营业务成本	¥ 65,000.00	
2021/4/26	0029	结转销售成本	1405	库存商品	1405	库存商品		¥ 65,000.00
2021/4/27	0030	计提4月份员工工资	6602	管理费用	6602	管理费用	¥ 117,495.94	
2021/4/27	0030	计提4月份员工工资	221101	应付职工薪酬-员工工资	2211	应付职工薪酬		¥ 117,495.94
2021/4/28	0031	代扣保险费	221103	应付职工薪酬-保险费	2211	应付职工薪酬	¥ 12,480.00	
2021/4/28	0031	代扣保险费	1221	其他应收款	1221	其他应收款		¥ 12,480.00
2021/4/28	0032	代扣人个所得税	221104	应付职工薪酬-代扣个人所得税	2211	应付职工薪酬	¥ 1,211.56	
2021/4/28	0032	代扣人个所得税	222113	应缴税费-应缴个人所得税	2221	应缴税费		¥ 1,211.56

图 9-65

9.4.4 缴纳个人所得税

企业代员工缴纳个人所得税也需要进行账务处理。例如，企业 4 月代缴的个人所得税金额是 1211.56 元。借记“应缴税费 - 应缴个人所得税”科目，贷记“银行存款”科目。该账务的处理如下。

❶ 在“通用记账凭证”表格中输入该业务的记账凭证，借记“应缴税费 - 应缴个人所得税”科目，贷记“银行存款”科目，如图 9-66 所示。

记　账　凭　证

凭证号：0033　　填制日期 2021/4/28

摘要	科目代码	科目名称	借方金额	贷方金额
缴纳人个所得税	222113	应缴税费-应缴个人所得税	¥ 1,211.56	
缴纳人个所得税	100202	银行存款-中国银行		¥ 1,211.56
合计			¥ 1,211.56	¥ 1,211.56

附单据 2 张

财务主管：　记账：　出纳：　审核：

图 9-66

❷ 切换到“记账凭证汇总表”中，填制日期、凭证号、摘要及金额，如图 9-67 所示。“科目代码”从下拉列表中选择，“账户名称”“总账代码”“总账科目”可自动返回。

记 账 凭 证 汇 总 表（2021年4月）

日期	凭证号	摘要	科目代码	账户名称	总账代码	总账科目	借方金额	贷方金额
2021/4/22	0025	预借差旅费	1221	其他应收款	1221	其他应收款	¥ 1,000.00	
2021/4/22	0025	预借差旅费	1001	库存现金	1001	库存现金		¥ 1,000.00
2021/4/23	0026	支付运输费	6601	销售费用	6601	销售费用	¥ 1,020.00	
2021/4/23	0026	支付运输费	1001	库存现金	1001	库存现金		¥ 1,020.00
2021/4/23	0027	支付水电费	6602	管理费用	6602	管理费用	¥ 680.00	
2021/4/23	0027	支付水电费	1001	库存现金	1001	库存现金		¥ 680.00
2021/4/26	0028	销售全抛釉玻化砖	6001	主营业务收入	6001	主营业务收入	¥ 182,000.00	
2021/4/26	0028	销售全抛釉玻化砖	6001	主营业务收入	6001	主营业务收入		¥ 167,440.00
2021/4/26	0028	销售全抛釉玻化砖	22210102	应缴税费-应缴增值税-销项税额	2221	应缴税费		¥ 14,560.00
2021/4/26	0029	结转销售成本	6401	主营业务成本	6401	主营业务成本	¥ 65,000.00	
2021/4/26	0029	结转销售成本	1405	库存商品	1405	库存商品		¥ 65,000.00
2021/4/27	0030	计提4月份员工工资	6602	管理费用	6602	管理费用	¥ 117,495.94	
2021/4/27	0030	计提4月份员工工资	221101	应付职工薪酬-员工工资	2211	应付职工薪酬		¥ 117,495.94
2021/4/28	0031	代扣保险费	221103	应付职工薪酬-保险费	2211	应付职工薪酬	¥ 12,480.00	
2021/4/28	0031	代扣保险费	1221	其他应收款	1221	其他应收款		¥ 12,480.00
2021/4/28	0032	代扣人个所得税	221104	应付职工薪酬-代扣个人所得税	2211	应付职工薪酬	¥ 1,211.56	
2021/4/28	0032	代扣人个所得税	222113	应缴税费-应缴个人所得税	2221	应缴税费		¥ 1,211.56
2021/4/28	0033	交纳人个所得税	222113	应缴税费-应缴个人所得税	2221	应缴税费	¥ 1,211.56	
2021/4/28	0033	交纳人个所得税	100202	银行存款-中国银行	1002	银行存款		¥ 1,211.56

图 9-67

第10章
管理固定资产并计提折旧

　　固定资产是指企业为生产产品、提供劳务、出租或者经营管理而持有的、使用时间超过12个月的、价值达到一定标准的非货币性资产。固定资产是企业进行生产经营活动的物质基础，是企业赖以生产经营的主要资产，所以对于财务人员来说，有必要对企业的固定资产进行管理。

- ☑ 建立固定资产清单
- ☑ 固定资产查询
- ☑ 固定资产折旧计算
- ☑ 固定资产折旧的账务处理

10.1 建立固定资产清单

固定资产是企业长期使用的财产，企业需要定期对固定资产进行盘点，对于资产报废、新增都应该有明细记录，以便对固定资产进行估值判断。

10.1.1 创建固定资产清单表

在进行固定资产折旧计提、分析前，需要将企业固定资产的初始数据记录到工作簿中，建立一个管理固定资产的数据库。有了这一数据库，后期固定资产的增加、减少和调拨等都可以在数据库中统一管理。

❶ 创建工作簿，并将其命名为"固定资产管理"。建立如图 10-1 所示的"固定资产清单"工作表，列标识包括"编号""所属部门""资产名称""规格型号""新增日期""使用年限""使用状况""原值"，并对表格进行基本的格式设置。

图 10-1

❷ 选中 H1 单元格，输入当前日期，如图 10-2 所示。

图 10-2

❸ 将固定资产按照编号记录到表格中，这些数据都是要根据实际情况手工输入的。输入后表格如图 10-3 所示。

图 10-3

❹ 选中 G3 单元格，在编辑栏中输入公式：
=IF((DAYS360(E3,$H$1))/360<=F3,"正常使用","报废")

按 Enter 键，返回该项固定资产的使用状况，如图 10-4 所示。

图 10-4

❺ 选中 G3 单元格，向下复制公式，快速返回每项固定资产的使用状况，如图 10-5 所示。

图 10-5

专家提示

DAYS360 函数按照一年 360 天的算法（每个月以 30 天计算），返回两日期间相差的天数，此函数在一些会计计算中将会用到。

"=IF((DAYS360(E3,$H$1))/360<=F3,"正常使用","报废")" 公式解析如下：

DAYS360(E3,$H$1) 表示以一年 360 天的算法计算 E3 单元格日期与 H1 单元格日期的差值。用前一步的结果除以 360 转换为年份，当年份小于等于 F3 单元格中年份时，返回"正常使用"文字，否则返回"报废"文字。

10.1.2 固定资产的新增与减少

假设在统计固定资产数据的过程中，有些固定资产达到使用上限，即处于"报废"状态，此时可以通过筛选功能将其筛选出来并一次性删除；假设有新增资产，此时也需要通过固定资产增加单来加以补充。

如图 10-6 所示为一份简略的资产增加明细表，现在可以将明细表提供的信息补充到固定资产清单表中。

图 10-6

将固定资产增加单中的信息填入"固定资产清单"工作表中，如图 10-7 所示。

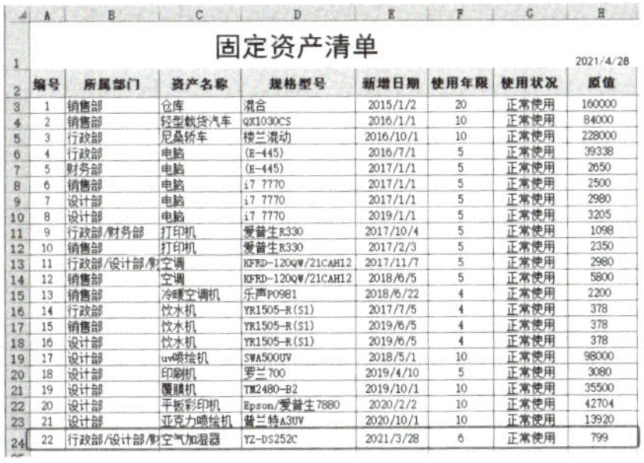

图 10-7

随着时间的推移，有些资产到了使用期限而进入"报废"状态。可以将"报废"状态的固定资产筛选出来，然后进行删除。

❶ 选中数据区域的任意单元格，在"数据"选项卡的"排序和筛选"组中单击"筛选"按钮，此时所有列标识添加筛选按钮，如图 10-8 所示。

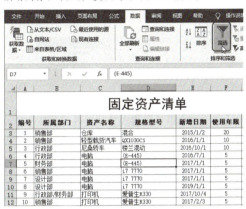

图 10-8

❷ 单击"使用状况"右侧的下拉按钮，在展开的下拉菜单中取消选中"正常使用"复选框，选中"报废"复选框，如图 10-9 所示。

图 10-9

❸ 单击"确定"按钮，即可将报废产品筛选出来，如图 10-10 所示。

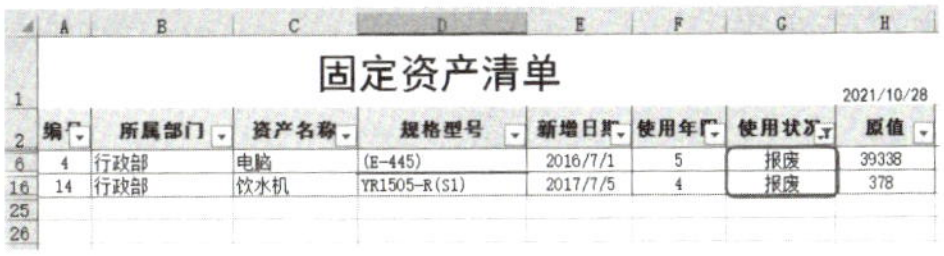

图 10-10

❹ 根据实际需要核实报废情况。当确认报废时，则在行标上右击，在打开的快捷菜单中选择"删除

行"命令，如图 10-11 所示。

图 10-11

🖊 专家提示

在完成对报废固定资产条目的删除后，在"数据"选项卡的"排序和筛选"组中单击"筛选"按钮，取消其选中状态，即可恢复原数据。

10.2 固定资产查询

企业固定资产信息过多时，可以使用条件格式、筛选等方法对不同固定资产信息进行有目标的查询。

10.2.1 查询报废的固定资产

给表格设置条件格式，当随着时间的推移，有新的固定资产的使用状况变为"报废"时，则会自动以特殊的格式显示出来。

❶ 选中"使用状况"列，在"开始"选项卡的"样式"组中单击"条件格式"按钮，在弹出的下拉菜单中选择"等于"命令（见图 10-12），打开"等于"对话框。

图 10-12

❷ 在"为等于以下值的单元格设置格式"文本

框中输入"报废"，在"设置为"下拉列表框中选择"浅红填充色深红色文本"，如图 10-13 所示。

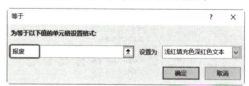

图 10-13

❸ 单击"确定"按钮回到工作表中，可以看到所有"报废"单元格都显示为浅红填充色深红色文本，如图 10-14 所示。

	A	B	C	D	E	F	G
1				固定资产清单			
2	编号	所属部门	资产名称	规格型号	新增日期	使用年月	使用状况
3	1	销售部	仓库	混合	2015/1/2	20	正常使用
4	2	销售部	轻型载货汽车	QX1030CS	2016/1/1	10	正常使用
5	3	行政部	尼桑轿车	楼兰混动	2016/10/1	10	正常使用
6	4	行政部	电脑	(E-445)	2016/7/1	5	报废
7	5	销售部	电脑	(E-445)	2017/1/1	5	正常使用
8	6	财务部	电脑	i7 7770	2017/1/1	5	正常使用
9	7	设计部	电脑	i7 7770	2019/1/1	5	正常使用
10	8	行政部/财务部	打印机	爱普生R330	2017/10/4	5	正常使用
11	9	销售部	打印机	爱普生R330	2017/2/3	5	正常使用
12	10	行政部/设计部	空调	KFRD-120QW/21CAH12	2017/11/7	5	正常使用
13	11	销售部	空调	KFRD-120QW/21CAH12	2018/6/5	5	正常使用
14	12	销售部	冷暖空调机	乐声P0981	2018/6/22	5	正常使用
15	13	销售部	饮水机	YR1505-R(S1)	2017/7/5	4	报废
16	14	销售部	饮水机	YR1505-R(S1)	2019/6/5	4	正常使用
17	15	设计部	饮水机	YR1505-R(S1)	2019/6/5	4	正常使用

图 10-14

④ 随着时间的推移，会有更多的资产进入"报废"状态，如图10-15所示。

图10-15

10.2.2 查询特定使用年限的固定资产

使用高级筛选功能可以根据选定的单元格条件进行筛选，将筛选结果显示到其他位置上，这样可以保证源数据不被破坏。

例如，要查询特定使用年限的固定资产，操作如下：

❶ 在工作表右侧输入查询标识及要求的查询条件，如图10-16所示。

图10-16

❷ 在"数据"选项卡的"排序和筛选"组中单击"高级"按钮，如图10-17所示。

❸ 打开"高级筛选"对话框，此时"列表区域"默认选中的是整个数据区域，选中"将筛选结果复制到其他位置"单选按钮，如图10-18所示。

❹ 单击"条件区域"右侧的 按钮，回到工作表中，选中J3:K4单元格区域作为筛选条件，如图10-19所示。

❺ 将光标定位到"复制到"设置框中，按照相同的方法设置"复制到"的起始单元格位置为J5，

如图10-20所示。

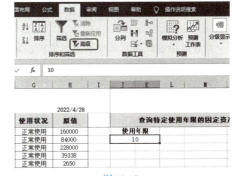

图10-17

图10-18　　　　　图10-19

图10-20

❻ 单击"确定"按钮，即可筛选出使用年限为10年的固定资产记录，如图10-21所示。

图10-21

10.2.3 查询指定日期后新增的固定资产

要查询指定日期后新增的固定资产，同样可以使用高级筛选功能来实现。

❶ 在工作表右侧输入查询标识与要求的查询条件，如图10-22所示。

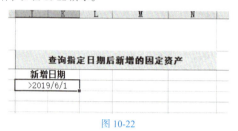

图10-22

❷ 在"数据"选项卡的"排序和筛选"组中单击"高级"按钮，如图10-23所示。

图10-23

❸ 打开"高级筛选"对话框，此时"列表区域"默认选中的是整个数据区域，选中"将筛选结果复制到其他位置"单选按钮，按与上一小节相同的方法设置"条件区域"与"复制到"区域，如图10-24所示。

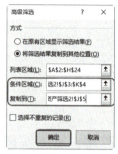

图10-24

❹ 单击"确定"按钮，即可筛选出满足条件的数据记录，如图10-25所示。

	I	J	K	L	M	N	O	P	Q
		查询指定日期后新增的固定资产							
		新增日期							
		>2019/6/1							
	编号	所属	资产	规格型号	新增日期	使用年	使用状	原值	
	15	销售部	饮水机	YR1505-R(S1)	2019/6/5	4	正常使用	378	
	16	设计部	饮水机	YR1505-R(S1)	2019/6/5	4	正常使用	378	
	19	设计部	覆膜机	TM2480-B2	2019/10/1	10	正常使用	35500	
	20	设计部	平板彩印	Epson/爱普生78	2020/2/2	10	正常使用	42704	
	21	设计部	亚克力喷	普兰特A3UV	2020/10/1	10	正常使用	13920	
	22	行政部	空气加湿	YZ-DS252C	2021/3/28	6	正常使用	799	

图10-25

10.3 固定资产折旧计提

折旧是固定资产使用过程中因逐渐耗损而转移到产品或劳务中的价值。企业的固定资产都需要计算折旧，折旧的金额在一定程度上影响产品的价格和企业的利润。因此企业应当对所有的固定资产计提折旧，一般是按月计提折旧，当月增加的固定资产不计提折旧；当月减少的固定资产仍然计提当月折旧，从下月开始不再计提；提前报废的固定资产也不再补提折旧。

10.3.1 创建固定资产折旧表

为了正确计算每一项固定资产的折旧额，需要建立固定资产折旧表，计算每一项固定资产的预计净残值和已使用月数，从而计算出每项固定资产每月的折旧额。

❶ 在"固定资产清单"工作表标签上右击，在弹出的快捷菜单中选择"移动或复制"命令（见图10-26），打开"移动或复制工作表"对话框，选中"建立副本"复选框，如图10-27所示。

❷ 单击"确定"按钮即可复制工作表。选中不需要的几列，如B、D、G列，在列标上右击，在弹出的快捷菜单中选择"删除"命令，如图10-28所示，即可删除不需要的列。

图 10-26

图 10-29

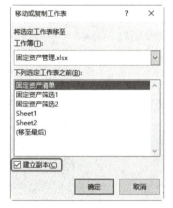

图 10-27

图 10-30

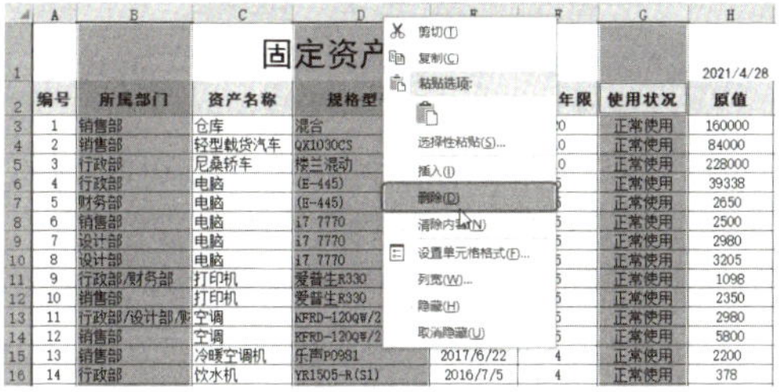

图 10-28

❸ 删除列后将工作表重命名为"固定资产折旧",如图 10-29 所示。

❹ 在"固定资产折旧"表中添加需要的列标识,如图 10-30 所示。

❺ 输入资产净残值率。选中 G3 单元格,在编辑栏中输入公式:

=E3*F3

按 Enter 键,返回第一条资产的净残值,如图 10-31 所示。

图 10-31

❻ 选中 H3 单元格,在编辑栏中输入公式:

=INT(DAYS360(C3,$E$1)/30)

按 Enter 键,返回第一条资产的已计提月数,如图 10-32 所示。

图 10-32

专家提示

"=INT(DAYS360(C3,$E$1)/30)" 公式解析如下：

DAYS360(C3,$E$1) 以一年 360 天的算法计算 C3 单元格日期与 E1 单元格日期的差值，把计算结果除以 30，转换为月数。

10.3.2 直线折旧法计提折旧

直线折旧法计提折旧又称为平均年限法计提折旧，是指将固定资产按预计使用年限平均计算折旧，均衡地分摊到各期的一种方法。采用这种方法计算的每期（年、月）折旧额都是相等的。

1. SLN 函数

在 Excel 中有专门用于计算折旧额的函数，其中 SLN 函数用于计算某项资产在一个期间中的线性折旧值。

直线折旧法用于不考虑减值准备的情况下，其计算公式如下：

固定资产年折旧率 =（1- 预计净残值率）÷ 预计使用寿命（年）

固定资产月折旧率 = 年折旧率 ÷12

固定资产月折旧额 = 固定资产原值 × 月折旧率

（1）函数含义及说明如下：

SLN 函数用于计算某项资产在一个期间中的线性折旧值。

（2）语法及说明如下：

SLN(cost,salvage,life)

- cost：表示资产原值。
- salvage：表示资产在折旧期末的价值，即称为资产残值。
- life：表示折旧期限，即称为资产的使用寿命。

2. 直线折旧法计算折旧额

要使用直线折旧法计算折旧额，可按如下操作设置公式。

❶ 选中 I3 单元格，在编辑栏中输入公式：

=SLN(E3,G3,D3*12)

按 Enter 键，返回第一项固定资产按直接折旧法计算得到的折旧额，如图 10-33 所示。

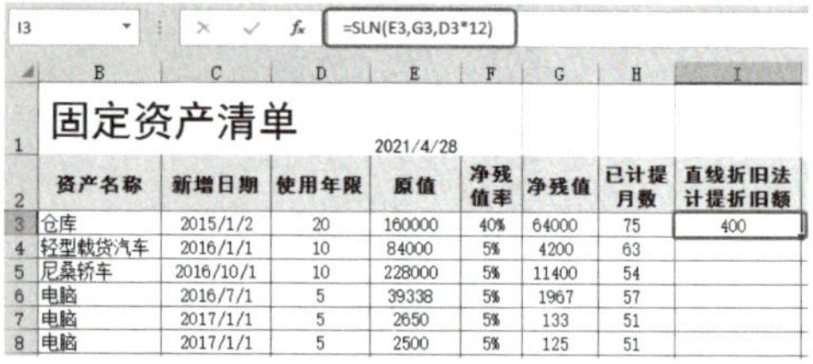
I3 =SLN(E3,G3,D3*12)

固定资产清单 2021/4/28

资产名称	新增日期	使用年限	原值	净残值率	净残值	已计提月数	直线折旧法计提折旧额
仓库	2015/1/2	20	160000	40%	64000	75	400
轻型载货汽车	2016/1/1	10	84000	5%	4200	63	
尼桑轿车	2016/10/1	10	228000	5%	11400	54	
电脑	2016/7/1	5	39338	5%	1967	57	
电脑	2017/1/1	5	2650	5%	133	51	
电脑	2017/1/1	5	2500	5%	125	51	

图 10-33

❷ 选中 G3:I3 单元格区域，拖动填充柄复制公式，得到批量结果，即计算出每一项固定资产的折旧额，如图 10-34 所示。

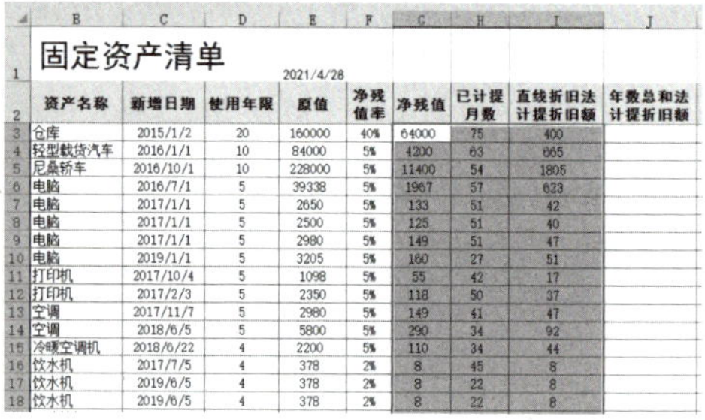
固定资产清单 2021/4/28

资产名称	新增日期	使用年限	原值	净残值率	净残值	已计提月数	直线折旧法计提折旧额	年数总和法计提折旧额
仓库	2015/1/2	20	160000	40%	64000	75	400	
轻型载货汽车	2016/1/1	10	84000	5%	4200	63	665	
尼桑轿车	2016/10/1	10	228000	5%	11400	54	1805	
电脑	2016/7/1	5	39338	5%	1967	57	623	
电脑	2017/1/1	5	2650	5%	133	51	42	
电脑	2017/1/1	5	2500	5%	125	51	40	
电脑	2017/1/1	5	2980	5%	149	51	47	
电脑	2019/1/1	5	3205	5%	160	27	51	
打印机	2017/10/4	5	1098	5%	55	42	17	
打印机	2017/2/3	5	2350	5%	118	50	37	
空调	2017/11/7	5	2980	5%	149	41	47	
空调	2018/6/5	5	5800	5%	290	34	92	
冷暖空调机	2018/6/22	4	2200	5%	110	34	44	
饮水机	2017/7/5	4	378	2%	8	45	8	
饮水机	2019/6/5	4	378	2%	8	22	8	
饮水机	2019/6/5	4	378	2%	8	22	8	

图 10-34

10.3.3 年数总和法计提折旧

年数总和法又称总和年限法、折旧年限积数法、年数比率法、级数递减法，是固定资产加速折旧法的一种。它通过将固定资产原值减去残值后的净额乘以一个逐年递减的分数，计算固定资产折旧额。

1. SYD 函数

SYD 函数用于返回某项资产按年数总和法计算的指定期间的折旧值。

逐年递减分数的分子代表固定资产尚可使用的年数，分母代表使用年数的逐年数字之总和，假定使用年限为 n 年，分母即为 $1+2+3+\cdots+n=n(n+1)\div 2$，相关计算公式如下：

年折旧率 = 尚可使用年数 ÷ 年数总和 ×100%

年折旧额 =（固定资产原值 - 预计净残值）× 年折旧率

月折旧率 = 年折旧率 ÷12

月折旧额 =（固定资产原值 - 预计净残值）× 月折旧率

年数总和法主要用于以下两种固定资产的计提折旧：

- 由于技术进步，产品更新换代较快的。
- 常年处于强震动、高腐蚀状态的。

（1）函数含义及说明如下：

SYD 函数按年数总和法计算某项固定资产指定期间的折旧值。

（2）语法及说明如下：

SYD(cost,salvage,life,per)

- cost：表示资产原值。
- salvage：表示资产在折旧期末的价值，即资产残值。
- life：表示折旧期限，即资产的使用寿命。
- per：表示期间，单位要与 life 相同。

如图 10-35 所示为使用年数总和法计算某项固定资产每年的折旧额，可以看到折旧额是逐年递减的。计算出年折旧额后，除以 12 可以计算出月折旧额。

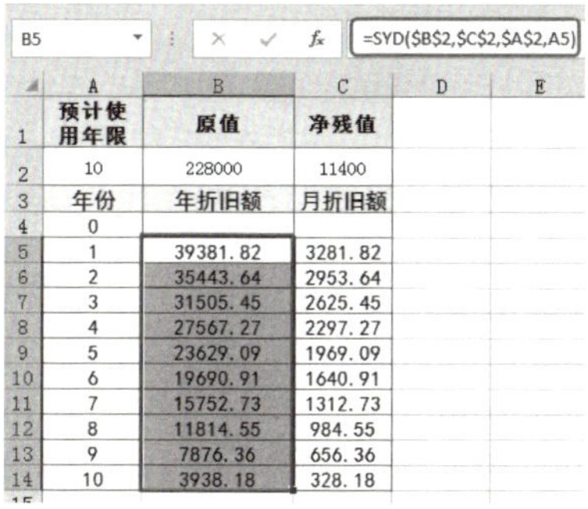
B5 =SYD($B$2,$C$2,$A$2,A5)

	A	B	C	D	E
1	预计使用年限	原值	净残值		
2	10	228000	11400		
3	年份	年折旧额	月折旧额		
4	0				
5	1	39381.82	3281.82		
6	2	35443.64	2953.64		
7	3	31505.45	2625.45		
8	4	27567.27	2297.27		
9	5	23629.09	1969.09		
10	6	19690.91	1640.91		
11	7	15752.73	1312.73		
12	8	11814.55	984.55		
13	9	7876.36	656.36		
14	10	3938.18	328.18		

图 10-35

2. 年数总和法计算折旧额

要使用年数总和法计算折旧额，可按如下操作设置公式。

❶ 选中 J3 单元格，在编辑栏中输入公式：

=SYD(E3,G3,D3*12,H3)

按 Enter 键，返回第一条按年数总和法计算得到的折旧额，如图 10-36 所示。

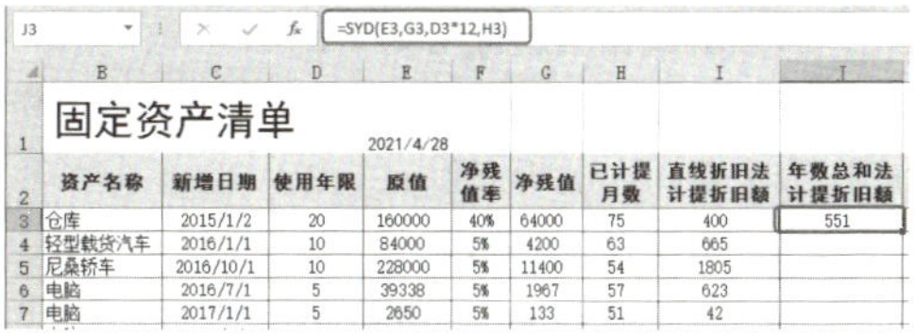
J3 =SYD(E3,G3,D3*12,H3)

	B	C	D	E	F	G	H	I	J
1	固定资产清单			2021/4/28					
2	资产名称	新增日期	使用年限	原值	净残值率	净残值	已计提月数	直线折旧法计提折旧额	年数总和法计提折旧额
3	仓库	2015/1/2	20	160000	40%	64000	75	400	551
4	轻型载货汽车	2016/1/1	10	84000	5%	4200	63	665	
5	尼桑轿车	2016/10/1	10	228000	5%	11400	54	1805	
6	电脑	2016/7/1	5	39338	5%	1967	57	623	
7	电脑	2017/1/1	5	2650	5%	133	51	42	

图 10-36

❷ 选中 J3 单元格，拖动填充柄复制公式，得到批量结果，如图 10-37 所示。

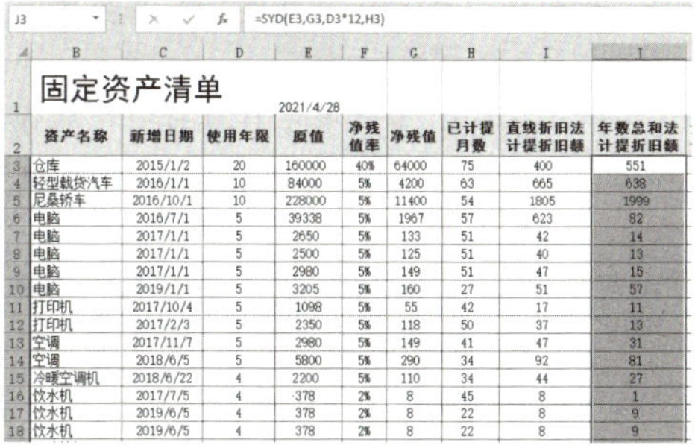
J3 =SYD(E3,G3,D3*12,H3)

	B	C	D	E	F	G	H	I	J
1	固定资产清单			2021/4/28					
2	资产名称	新增日期	使用年限	原值	净残值率	净残值	已计提月数	直线折旧法计提折旧额	年数总和法计提折旧额
3	仓库	2015/1/2	20	160000	40%	64000	75	400	551
4	轻型载货汽车	2016/1/1	10	84000	5%	4200	63	665	638
5	尼桑轿车	2016/10/1	10	228000	5%	11400	54	1805	1999
6	电脑	2016/7/1	5	39338	5%	1967	57	623	82
7	电脑	2017/1/1	5	2650	5%	133	51	42	14
8	电脑	2017/1/1	5	2500	5%	125	51	40	13
9	电脑	2017/1/1	5	2980	5%	149	51	47	15
10	电脑	2019/1/1	5	3205	5%	160	27	51	57
11	打印机	2017/10/4	5	1098	5%	55	42	17	11
12	打印机	2017/2/3	5	2350	5%	118	50	37	13
13	空调	2017/11/7	5	2980	5%	149	41	47	31
14	空调	2018/6/5	5	5800	5%	290	34	92	81
15	冷暖空调机	2018/6/22	4	2200	5%	110	34	44	27
16	饮水机	2017/7/5	4	378	2%	8	45	8	1
17	饮水机	2019/6/5	4	378	2%	8	22	8	9
18	饮水机	2019/6/5	4	378	2%	8	22	8	9

图 10-37

10.3.4 双倍余额递减法计提折旧

双倍余额递减法是一种加速计提固定资产折旧的方法，是在不考虑固定资产残值的情况下，根据每期期初固定资产账面余额和双倍的直线法折旧率计算固定资产折旧。

1. DDB 函数

DDB 函数用于采用双倍余额递减法计算一笔资产在给定期间内的折旧值。

双倍余额递减法的相关计算公式如下：

年折旧率 =2÷ 预计使用年限 ×100%

年折旧额 = 该年年初固定资产账面净值 × 年折旧率

月折旧额 = 年折旧额 ÷12

由于采用双倍余额递减法在确定固定资产折旧率时，不考虑固定资产的净残值因素，因此在连续计算各年折旧额时，如果发现使用双倍余额递减法计算的折旧额小于采用直线法计算的折旧额，应改用直线法计提折旧。

（1）函数含义及说明如下：

DDB 函数采用双倍余额递减法计算一笔资产在给定期间内的折旧值。

（2）语法及说明如下：

DDB(cost,salvage,life,period,factor)

- cost：表示资产原值。
- salvage：表示资产在折旧期末的价值，也称为资产残值。
- life：表示折旧期限，也称作资产的使用寿命。
- period：表示需要计算折旧值的期间。period 必须使用与 life 相同的单位。
- factor：表示余额递减速率。若省略，则默认为 2。

如图 10-38 所示为使用双倍余额递减法计算某项固定资产每年的折旧额，可以看到折旧额是加速计提的。为了方便操作，采用双倍余额递减法计提折旧的固定资产，应当在固定折旧年限到期以前两年内，将固定资产账面净值扣除预计净残值后的余额平均摊销。所以公式中使用了 IF 函数进行年数的判断，即当使用年限进入倒数第 2 年时，不再计提折旧。

B5 =IF(A5<=$A$2-2,DDB($B$2,$C$2,$A$2,A5),0)

预计使用年限	原值	净残值
10	228000	11400
年份	年折旧额	月折旧额
0		
1	45600.00	3800.00
2	36480.00	3040.00
3	29184.00	2432.00
4	23347.20	1945.60
5	18677.76	1556.48
6	14942.21	1245.18
7	11953.77	996.15
8	9563.01	796.92
9	0.00	0.00
10	0.00	0.00

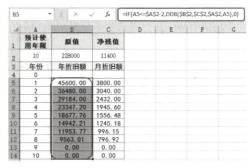

图 10-38

2. 双倍余额递减法计算折旧额

要使用双倍余额递减法计算折旧额，可按如下操作设置公式。

❶ 选中 K3 单元格，在编辑栏中输入公式：

=DDB(E3,G3,D3*12,H3)

按 Enter 键，返回第一条按双倍余额递减法计算得到的折旧额，如图 10-39 所示。

K3 =DDB(E3,G3,D3*12,H3)

固定资产清单 2021/4/28

资产名称	新增日期	使用年限	原值	净残值率	净残值	已计提月数	直线折旧法计提折旧额	年数总和法计提折旧额	余额递减法计提折旧额
仓库	2015/1/2	20	160000	40%	64000	75	400	551	718
轻型载货汽车	2016/1/1	10	84000	5%	4200	63	665	638	
尼桑轿车	2016/10/1	10	228000	5%	11400	54	1805	1999	
电脑	2016/7/1	5	39338	5%	1967	57	623	82	
电脑	2017/1/1	5	2650	5%	133	51	42	14	
电脑	2017/1/1	5	2500	5%	125	51	40	13	
电脑	2017/1/1	5	2980	5%	149	51	47	15	
电脑	2019/1/1	5	3205	5%	160	27	51	57	

图 10-39

❷ 选中 K3 单元格，拖动填充柄复制公式，得到批量结果，如图 10-40 所示。

固定资产清单 2021/4/28

资产名称	新增日期	使用年限	原值	净残值率	净残值	已计提月数	直线折旧法计提折旧额	年数总和法计提折旧额	余额递减法计提折旧额
仓库	2015/1/2	20	160000	40%	64000	75	400	551	718
轻型载货汽车	2016/1/1	10	84000	5%	4200	63	665	638	494
尼桑轿车	2016/10/1	10	228000	5%	11400	54	1805	1999	1559
电脑	2016/7/1	5	39338	5%	1967	57	623	82	196
电脑	2017/1/1	5	2650	5%	133	51	42	14	16
电脑	2017/1/1	5	2500	5%	125	51	40	13	15
电脑	2017/1/1	5	2980	5%	149	51	47	15	18
电脑	2019/1/1	5	3205	5%	160	27	51	57	44
打印机	2017/10/4	5	1098	5%	55	42	17	11	9
打印机	2017/2/3	5	2350	5%	118	50	37	13	15
空调	2017/11/7	5	2980	5%	149	41	47	31	26
空调	2018/6/5	5	5800	5%	290	34	92	81	63
冷暖空调机	2018/6/22	4	2200	5%	110	34	44	27	23
饮水机	2017/7/5	4	378	2%	8	45	8	1	2
饮水机	2019/6/5	4	378	2%	8	22	8	9	6
饮水机	2019/6/5	4	378	2%	8	22	8	9	6
uv喷绘机	2018/5/1	10	98000	10%	9800	35	735	1045	922
印刷机	2019/4/10	5	3080	5%	154	24	49	59	47

图 10-40

10.4 固定资产折旧的账务处理

企业对固定资产计提的累计折旧，可通过"累计折旧"科目进行核算。

"累计折旧"科目应当按照固定资产的类别或项目进行明细核算，企业按月计提固定资产折旧，借记"制造费用""销售费用""管理费用""其他业务支出"等科目，贷记"累计折旧"。"累计折旧"科目期末贷方金额反映企业固定资产累计折旧额。

假设企业采用直线法计提折旧，根据前面在"固定资产折旧"表中计算出的各项固定资产的折旧额，通过求和运算，计算出本月总折旧金额为 5433 元，如图 10-41 所示。该账务的处理如下。

图 10-41

❶ 打开在第 9 章中创建的"日记账"工作簿，通过填制"通用记账凭证"，向"记账凭证汇总表"中添加项目。

❷ 在"通用记账凭证"表格中输入该业务的记账凭证，借记"管理费用"科目，贷记"累计折旧"科目，如图 10-42 所示。

❸ 切换到"记账凭证汇总表"中，填制日期、凭证号、摘要及金额，如图 10-43 所示。"科目代码"从下拉列表中选择，"账户名称""总账代码""总账科目"可自动返回。

图 10-42

图 10-43

第11章 月末账务处理并建立财务总账表

在每期的期末，会计人员要对本月发生的账务进行汇总，结转企业当前实现的利润，并通过对账和结账的工作，结出本期发生额合计和期末余额，建立总账表，为编制财务报表做好准备。

- ☑ 结转本期利润
- ☑ 编制科目汇总表
- ☑ 编制财务总账表
- ☑ 编制财务明细账表
- ☑ 财务试算平衡检验
- ☑ 账目保护

11.1 结转本期利润

通过"本年利润"科目核算，结转后"本年利润"科目贷方余额为当期实现的净利润，借方余额为当期发生的净亏损。

在年度末，需要将年收入和支出相抵后结转的本年实现的净利润（即各期净利润的总额）转入"利润分配"科目。

企业期末（可以是年末或月末，本章中以月末为例）结转利润时，应将各"主营业务收入""其他业务收入""营业外收入"等科目的金额转入"本年利润"科目，借记"主营业务收入""其他业务收入""营业外收入"等科目，贷记"本年利润"科目。然后将"主营业务成本""营业税金及附加""其他业务支出""销售费用""管理费用""财务费用""营业外支出""应缴税费"等科目的金额转入"本年利润"科目，借记"本年利润"科目，贷记"主营业务成本""营业税金及附加""其他业务支出""销售费用""管理费用""财务费用""营业外支出""应缴税费"等科目。

11.1.1 汇总主营业务收入、主营业务成本、销售费用等

利用 Excel 中的分类汇总功能可以快速实现对本期利润的结转，具体账务处理如下。

❶ 复制第 10 章中的"日记账"工作簿。打开工作簿，在"记账凭证汇总表"工作表的标签上单击（假设本月的日记账已填制完成），按住 Ctrl 键不放向右拖动（见图 11-1）即可复制该工作表，如图 11-2 所示。

❷ 切换到"记账凭证汇总表（2）"工作表，选中"总账代码"列任意一个单元格，在"数据"选项卡"排序和筛选"组中单击"升序"按钮（见图 11-3），此时"总账代码"列数据按升序排列，如图 11-4 所示。

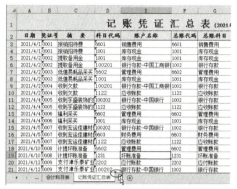

图 11-1

图 11-2

图 11-3

记 账 凭 证 汇 总 表（2021年4月）

	日期	凭证号	摘 要	科目代码	账户名称	总账代码	总账科目	借方金额	贷方金额
3	2021/4/1	0001	报销招待费	1001	库存现金	1001	库存现金		¥ 1,045.00
4	2021/4/2	0002	提取备用金	1001	库存现金	1001	库存现金	¥ 65,000.00	
5	2021/4/2	0003	低值易耗品采买	1001	库存现金	1001	库存现金		¥ 1,265.00
6	2021/4/4	0006	福利采买	1001	库存现金	1001	库存现金		¥ 2,200.00
7	2021/4/22	0025	预借差旅费	1001	库存现金	1001	库存现金		¥ 1,000.00
8	2021/4/23	0026	支付运输费	1001	库存现金	1001	库存现金		¥ 1,020.00
9	2021/4/23	0027	支付水电费	1001	库存现金	1001	库存现金		¥ 680.00
10	2021/4/2	0002	提取备用金	100201	银行存款-中国工商银	1002	银行存款		¥ 65,000.00
11	2021/4/2	0004	收到欠款	100201	银行存款-中国工商银	1002	银行存款	¥ 22,000.00	
12	2021/4/4	0005	收到孚盛装饰的	100202	银行存款-中国银行	1002	银行存款	¥ 50,000.00	
13	2021/4/5	0007	收到宏运佳建材	100202	银行存款-中国银行	1002	银行存款	¥ 20,900.00	
14	2021/4/12	0009	支付津乐泰矿业	100202	银行存款-中国银行	1002	银行存款		¥ 10,000.00
15	2021/4/16	0010	采购生态大理石	100201	银行存款-中国工商银	1002	银行存款		¥ 29,120.00
16	2021/4/18	0018	收到雅得丽装饰	100202	银行存款-中国银行	1002	银行存款	¥ 26,000.00	
17	2021/4/21	0022	销售负离子通体	100202	银行存款-中国银行	1002	银行存款	¥ 154,000.00	
18	2021/4/21	0023	发放3月份工资	100201	银行存款-中国工商银	1002	银行存款		¥ 85,654.00
19	2021/4/22	0024	支付银行手续费	100202	银行存款-中国银行	1002	银行存款		¥ 1,065.50
20	2021/4/28	0033	交纳人个所得税	100202	银行存款-中国银行	1002	银行存款		¥ 1,211.56
21	2021/4/2	0004	收到欠款	1122	应收账款	1122	应收账款		¥ 22,000.00
22	2021/4/4	0005	收到孚盛装饰的	1122	应收账款	1122	应收账款		¥ 50,000.00
23	2021/4/5	0007	收到宏运佳建材	1122	应收账款	1122	应收账款		¥ 22,000.00
24	2021/4/17	0014	销售喷墨瓷片	1122	应收账款	1122	应收账款	¥ 40,000.00	
25	2021/4/18	0016	销售艺术仿古砖	1122	应收账款	1122	应收账款	¥ 98,000.00	
26	2021/4/18	0018	收到雅得丽装饰	1122	应收账款	1122	应收账款		¥ 26,000.00

图 11-4

❸ 在“数据”选项卡的“分级显示”组中单击“分类汇总”按钮（见图 11-5），弹出“分类汇总”对话框。

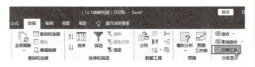

图 11-5

❹ 在“分类字段”下拉列表框中选择“总账科目”，在“汇总方式”下拉列表框中选择“求和”，在“选定汇总项”列表中选中“借方金额”和“贷方金额”复选框，如图 11-6 所示。

❺ 单击“确定”按钮，即可按总账科目进行分类汇总，如图 11-7 所示。

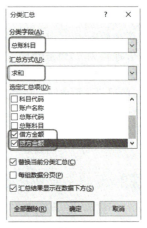

图 11-6

//记 账 凭 证 汇 总 表//

	日期	凭证号	摘 要	科目代码	账户名称	总账代码	总账科目	借方金额	贷方金额
3	2020/4/1	0001	报销招待费	1001	库存现金	1001	库存现金		¥ 1,045.00
4	2020/4/2	0002	提取备用金	1001	库存现金	1001	库存现金	¥ 65,000.00	
5	2020/4/2	0003	低值易耗品采	1001	库存现金	1001	库存现金		¥ 1,265.00
6	2020/4/4	0006	福利采买	1001	库存现金	1001	库存现金		¥ 2,200.00
7	2020/4/22	0025	预借差旅费	1001	库存现金	1001	库存现金		¥ 1,000.00
8	2020/4/23	0026	支付运输费	1001	库存现金	1001	库存现金		¥ 1,020.00
9	2020/4/23	0027	支付水电费	1001	库存现金	1001	库存现金		¥ 680.00
10							**库存现金 汇**	¥ 65,000.00	¥ 7,210.00
11	2020/4/2	0002	提取备用金	100201	银行存款-中国工商银	1002	银行存款		¥ 65,000.00
12	2020/4/2	0004	收到欠款	100201	银行存款-中国工商银	1002	银行存款	¥ 22,000.00	
13	2020/4/4	0005	收到智禾佳慧	100202	银行存款-中国银行	1002	银行存款	¥ 50,000.00	
14	2020/4/5	0007	收到晟成科技	100202	银行存款-中国银行	1002	银行存款	¥ 20,900.00	
15	2020/4/12	0009	支付科威电子	100202	银行存款-中国银行	1002	银行存款		¥ 10,000.00
16	2020/4/16	0010	采购F7plus	100201	银行存款-中国工商银	1002	银行存款		¥ 29,120.00
17	2020/4/18	0018	收到晟成科技	100202	银行存款-中国银行	1002	银行存款	¥ 26,000.00	
18	2020/4/21	0022	销售F18中控	100202	银行存款-中国银行	1002	银行存款	¥154,000.00	
19	2020/4/21	0023	发放3月份工	100201	银行存款-中国工商银	1002	银行存款		¥ 85,654.00
20	2020/4/22	0024	支付银行手续	100202	银行存款-中国银行	1002	银行存款		¥ 1,065.50
21	2020/4/28	0033	交纳人个所得	100202	银行存款-中国银行	1002	银行存款		¥ 1,211.56
22							**银行存款 汇**	¥ 272,900.00	¥192,051.06
23	2020/4/2	0004	收到欠款	1122	应收账款	1122	应收账款		¥ 22,000.00
24	2020/4/4	0005	收到智禾佳慧	1122	应收账款	1122	应收账款		¥ 50,000.00
25	2020/4/5	0007	收到晟成科技	1122	应收账款	1122	应收账款		¥ 22,000.00
26	2020/4/17	0014	销售F7plus	1122	应收账款	1122	应收账款	¥ 40,000.00	

图 11-7

❻ 单击左上角的数字按钮中的 2 按钮，将各项明细隐藏起来，达到如图 11-8 所示的效果。

记 账 凭 证 汇 总 表（2021年4月）

日期	凭证号	摘　要	科目代码	账户名称	总账代码	总账科目	借方金额	贷方金额
					1001 汇总		¥ 65,000.00	¥ 7,210.00
					1002 汇总		¥ 272,900.00	¥ 192,051.06
					1122 汇总		¥ 572,200.00	¥ 274,000.00
					1221 汇总		¥ 1,000.00	¥ 12,480.00
					1231 汇总		¥ -	¥ 2,194.00
					1401 汇总		¥ 36,500.00	¥ 36,500.00
					1405 汇总		¥ 36,500.00	¥ 208,200.00
					1602 汇总		¥ -	¥ 5,433.00
					2202 汇总		¥ 10,000.00	¥ 10,500.00
					2211 汇总		¥ 99,345.56	¥ 117,495.94
					2221 汇总		¥ 4,331.56	¥ 62,595.56
					6001 汇总		¥ -	¥ 510,816.00
					6401 汇总		¥ 208,200.00	¥ -
					6601 汇总		¥ 2,065.00	¥ -
					6602 汇总		¥ 129,267.94	¥ -
					6603 汇总		¥ 2,165.50	¥ -
					总计		¥ 1,439,475.56	¥ 1,439,475.56

图 11-8

11.1.2 结转利润的账务处理

在完成本月记账凭证汇总表的创建并按11.1.1节的方法汇总出主营业务收入、主营业务成本等后，可以进行本月结转利润的账务处理。

（1）将统计出的“主营业务收入”科目的金额（510 816元）转入“本年利润”科目。

❶切换到“通用记账凭证”表格，输入该业务的记账凭证，借记“主营业务收入”科目，贷记“本年利润”科目，如图11-9所示。

记 账 凭 证

凭证号：0035　　填制日期 2021/4/30

摘　要	科目代码	科目名称	借方金额	贷方金额
结转利润	6001	主营业务收入	¥510,816.00	
结转利润	4103	本年利润		¥ 510,816.00
	合计		¥510,816.00	¥ 510,816.00

附单据2张

财务主管：　记账：　出纳：　审核：

图 11-9

❷切换到“记账凭证汇总表”，将审核无误的记账凭证登记到该表中，填制日期、凭证号、摘要及金额，如图11-10所示。“科目代码”从下拉列表中选择，“账户名称”“总账代码”“总账科目”可自动返回。

记 账 凭 证 汇 总 表（2021年4月）

凭证号	摘　要	科目代码	账户名称	总账代码	总账科目	借方金额	贷方金额
0026	支付运输费	1001	库存现金	1001	库存现金		¥ 1,020.00
0027	支付水电费	6602	管理费用	6602	管理费用	¥ 680.00	
0027	支付水电费	1001	库存现金	1001	库存现金		¥ 680.00
0028	销售全抛釉玻化	1122	应收账款	1122	应收账款	¥ 182,000.00	
0028	销售全抛釉玻化	6001	主营业务收入	6001	主营业务收入		¥ 167,440.00
0028	销售全抛釉玻化	22210102	应缴税费-应缴增值税-	2221	应缴税费		¥ 14,560.00
0029	结转销售成本	6401	主营业务成本	6401	主营业务成本	¥ 65,000.00	
0029	结转销售成本	1405	库存商品	1405	库存商品		¥ 65,000.00
0030	计提4月份员工	6602	管理费用	6602	管理费用	¥ 117,495.94	
0030	计提4月份员工	221101	应付职工薪酬-员工工	2211	应付职工薪酬		¥ 117,495.94
0031	代扣保险费	221103	应付职工薪酬-保险费	2211	应付职工薪酬	¥ 12,480.00	
0031	代扣保险费	1221	其他应收款	1221	其他应收款		¥ 12,480.00
0032	代扣人个所得税	221104	应付职工薪酬-代扣个	2211	应付职工薪酬	¥ 1,211.56	
0032	代扣人个所得税	222113	应缴税费-应缴个人所	2221	应缴税费		¥ 1,211.56
0033	交纳人个所得税	222113	应缴税费-应缴个人所	2221	应缴税费	¥ 1,211.56	
0033	交纳人个所得税	100202	银行存款-中国银行	1002	银行存款		¥ 1,211.56
0034	计提固定资产折	6602	管理费用	6602	管理费用	¥ 5,433.00	
0034	计提固定资产折	1602	累计折旧	1602	累计折旧		¥ 5,433.00
0035	结转利润	6001	主营业务收入	6001	主营业务收入	¥ 510,816.00	
0035	结转利润	4103	本年利润	4103	本年利润		¥ 510,816.00

通用记账凭证　记账凭证汇总表

图 11-10

（2）将“主营业务成本”“销售费用”“管理费用”“财务费用”等科目的金额转入“本年利润”。

❶从分类汇总统计表中的统计结果得出，“主营业务成本”科目的金额为208 200元，“销售费用”科目的金额为2065元，“管理费用”科目的金额为129 267.94元，“财务费用”科目的金额为2165.5元。因此切换到“通用记账凭证”表格，输入该业务的记账凭证，借记“本年利润”科目（金额为“主营业务成本”金额＋“销售费用”金额＋“管理费用”金额＋“财务费用”金额），贷记“主营业务成本”“销售费用”“管理费用”“财务费用”科目，如图11-11所示。

❷切换到“记账凭证汇总表”，将审核无误的记账凭证登记到该表中，填制日期、凭证号、摘要及金额，如图11-12所示。“科目代码”从下拉列表中选择，“账户名称”“总账代码”“总账科目”可自动返回。

记 账 凭 证

凭证号：0036　填制日期 2021/4/30

摘　要	科目代码	科目名称	借方金额	贷方金额
结转利润	4103	本年利润	¥341,698.44	
结转利润	6401	主营业务成本		¥ 208,200.00
结转利润	6601	销售费用		¥ 2,065.00
结转利润	6602	管理费用		¥ 129,267.94
结转利润	6603	财务费用		¥ 2,165.50
合计			¥341,698.44	¥ 341,698.44

附单据 2 张

财务主管：　记账：　出纳：　审核：

图 11-11

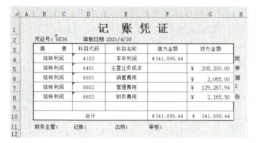

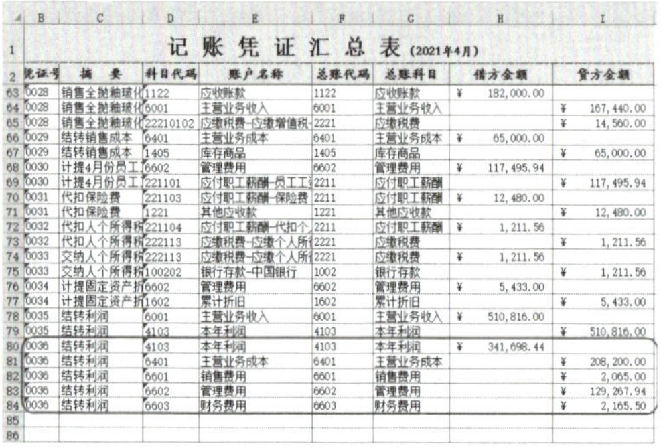

记 账 凭 证 汇 总 表 (2021年4月)

凭证号	摘　要	科目代码	账户名称	总账代码	总账科目	借方金额	贷方金额
0028	销售全抛釉玻化	1122	应收账款	1122	应收账款	¥ 182,000.00	
0028	销售全抛釉玻化	6001	主营业务收入	6001	主营业务收入		¥ 167,440.00
0028	销售全抛釉玻化	22210102	应缴税费-应缴增值税-	2221	应缴税费		¥ 14,560.00
0029	结转销售成本	6401	主营业务成本	6401	主营业务成本	¥ 65,000.00	
0029	结转销售成本	1405	库存商品	1405	库存商品		¥ 65,000.00
0030	计提4月份员工	6602	管理费用	6602	管理费用	¥ 117,495.94	
0030	计提4月份员工	221101	应付职工薪酬-员工工	2211	应付职工薪酬		¥ 117,495.94
0031	代扣保险费	221103	应付职工薪酬-保险费	2211	应付职工薪酬	¥ 12,480.00	
0031	代扣保险费	1221	其他应收款	1221	其他应收款		¥ 12,480.00
0032	代扣人个所得税	221104	应付职工薪酬-代扣个	2211	应付职工薪酬	¥ 1,211.56	
0032	代扣人个所得税	222113	应缴税费-应缴个人所	2221	应缴税费		¥ 1,211.56
0033	交纳人个所得税	222113	应缴税费-应缴个人所	2221	应缴税费	¥ 1,211.56	
0033	交纳人个所得税	100202	银行存款-中国银行	1002	银行存款		¥ 1,211.56
0034	计提固定资产折	6602	管理费用	6602	管理费用	¥ 5,433.00	
0034	计提固定资产折	1602	累计折旧	1602	累计折旧		¥ 5,433.00
0035	结转利润	6001	主营业务收入	6001	主营业务收入	¥ 510,816.00	
0035	结转利润	4103	本年利润	4103	本年利润		¥ 510,816.00
0036	结转利润	4103	本年利润	4103	本年利润	¥ 341,698.44	
0036	结转利润	6401	主营业务成本	6401	主营业务成本		¥ 208,200.00
0036	结转利润	6601	销售费用	6601	销售费用		¥ 2,065.00
0036	结转利润	6602	管理费用	6602	管理费用		¥ 129,267.94
0036	结转利润	6603	财务费用	6603	财务费用		¥ 2,165.50

图 11-12

（3）提取所得税（假设所得税税率为20%）并进行账务处理。

❶ 切换到“记账凭证汇总表 (2)”，在任意空白单元格中输入公式：

=(I75-H80-H83-H90-H93)*20%

按 Enter 键，即可返回所得税的计算结果，如图 11-13 所示。

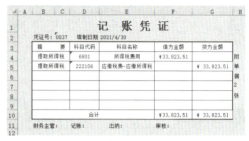

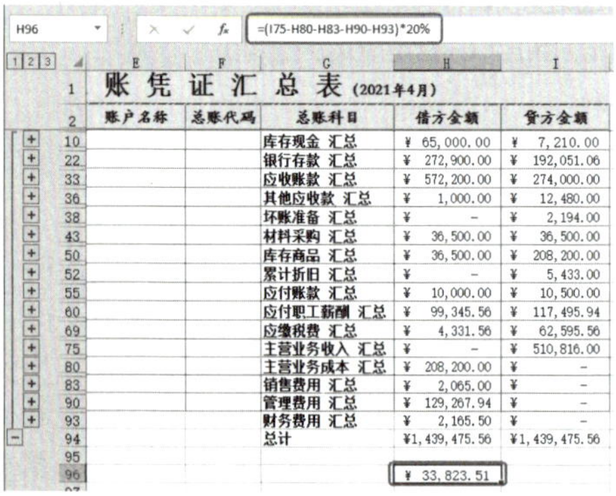

H96　=(I75-H80-H83-H90-H93)*20%

账 凭 证 汇 总 表 (2021年4月)

账户名称	总账代码	总账科目	借方金额	贷方金额
		库存现金 汇总	¥ 65,000.00	¥ 7,210.00
		银行存款 汇总	¥ 272,900.00	¥ 192,051.06
		应收账款 汇总	¥ 572,200.00	¥ 274,000.00
		其他应收款 汇总	¥ 1,000.00	¥ 12,480.00
		坏账准备 汇总	¥ -	¥ 2,194.00
		材料采购 汇总	¥ 36,500.00	¥ 36,500.00
		库存商品 汇总	¥ 36,500.00	¥ 208,200.00
		累计折旧 汇总	¥ -	¥ 5,433.00
		应付账款 汇总	¥ 10,000.00	¥ 10,500.00
		应付职工薪酬 汇总	¥ 99,345.56	¥ 117,495.94
		应缴税费 汇总	¥ 4,331.56	¥ 62,595.56
		主营业务收入 汇总	¥ -	¥ 510,816.00
		主营业务成本 汇总	¥ 208,200.00	¥ -
		销售费用 汇总	¥ 2,065.00	¥ -
		管理费用 汇总	¥ 129,267.94	¥ -
		财务费用 汇总	¥ 2,165.50	¥ -
		总计	¥1,439,475.56	¥1,439,475.56
			¥ 33,823.51	

图 11-13

❷ 切换到“通用记账凭证”表格，输入该业务的记账凭证，借记“所得税费用”科目，贷记“应缴税费 - 应缴所得税”科目，如图 11-14 所示。

记 账 凭 证

凭证号：0037　填制日期 2021/4/30

摘　要	科目代码	科目名称	借方金额	贷方金额
提取所得税	6801	所得税费用	¥33,823.51	
提取所得税	222106	应缴税费-应缴所得税		¥ 33,823.51
合计			¥33,823.51	¥ 33,823.51

附单据 2 张

财务主管：　记账：　出纳：　审核：

图 11-14

专家提示

所得税的计算公式为“= 利润总额 *20%”。其中利润总额 = 主营业务收入 − 主营业务成本 − 营业税金及附加 − 销售费用 − 管理费用 − 财务费用 − 资产减值损失 + 公允价值变动收益 + 投资收益 + 营业外收入 − 营业外支出。本例中营业税金及附加、资产减值损失、公允价值变动收益等都为 0。

❸ 切换到“记账凭证汇总表”，将审核无误的记账凭证登记到该表中，填制日期、凭证号、摘要及金额，如图 11-15 所示。“科目代码”从下拉列表中选择，“账户名称”“总账代码”“总账科目”可自动返回。

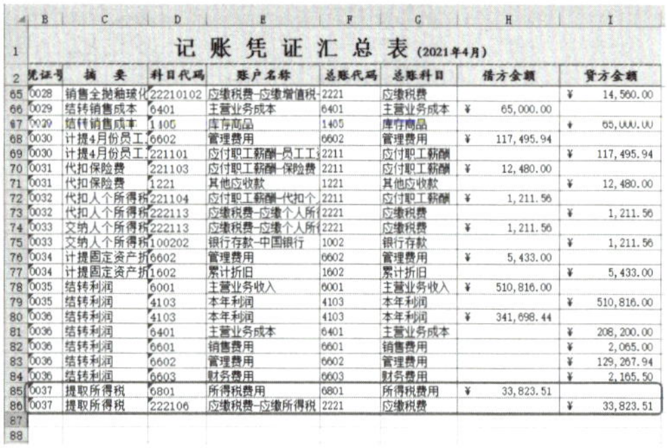

记 账 凭 证 汇 总 表 (2021年4月)

凭证号	摘　要	科目代码	账户名称	总账代码	总账科目	借方金额	贷方金额
0028	销售全抛釉玻化	22210102	应缴税费-应缴增值税-	2221	应缴税费		¥ 14,560.00
0029	结转销售成本	6401	主营业务成本	6401	主营业务成本	¥ 65,000.00	
0029	结转销售成本	1405	库存商品	1405	库存商品		¥ 65,000.00
0030	计提4月份员工	6602	管理费用	6602	管理费用	¥ 117,495.94	
0030	计提4月份员工	221101	应付职工薪酬-员工工	2211	应付职工薪酬		¥ 117,495.94
0031	代扣保险费	221103	应付职工薪酬-保险费	2211	应付职工薪酬	¥ 12,480.00	
0031	代扣保险费	1221	其他应收款	1221	其他应收款		¥ 12,480.00
0032	代扣人个所得税	221104	应付职工薪酬-代扣个	2211	应付职工薪酬	¥ 1,211.56	
0032	代扣人个所得税	222113	应缴税费-应缴个人所	2221	应缴税费		¥ 1,211.56
0033	交纳人个所得税	222113	应缴税费-应缴个人所	2221	应缴税费	¥ 1,211.56	
0033	交纳人个所得税	100202	银行存款-中国银行	1002	银行存款		¥ 1,211.56
0034	计提固定资产折	6602	管理费用	6602	管理费用	¥ 5,433.00	
0034	计提固定资产折	1602	累计折旧	1602	累计折旧		¥ 5,433.00
0035	结转利润	6001	主营业务收入	6001	主营业务收入	¥ 510,816.00	
0035	结转利润	4103	本年利润	4103	本年利润		¥ 510,816.00
0036	结转利润	4103	本年利润	4103	本年利润	¥ 341,698.44	
0036	结转利润	6401	主营业务成本	6401	主营业务成本		¥ 208,200.00
0036	结转利润	6601	销售费用	6601	销售费用		¥ 2,065.00
0036	结转利润	6602	管理费用	6602	管理费用		¥ 129,267.94
0036	结转利润	6603	财务费用	6603	财务费用		¥ 2,165.50
0037	提取所得税	6801	所得税费用	6801	所得税费用	¥ 33,823.51	
0037	提取所得税	222106	应缴税费-应缴所得税	2221	应缴税费		¥ 33,823.51

图 11-15

❹ 切换到“通用记账凭证”表格，输入该业务的记账凭证，借记“本年利润”科目，贷记“所得税费用”科目，如图 11-16 所示。

图 11-16

额，如图 11-17 所示。"科目代码"从下拉列表中选择，"账户名称""总账代码""总账科目"可自动返回。

❺ 切换到"记账凭证汇总表"，将审核无误的记账凭证登记到该表中。填制日期、凭证号、摘要及金

图 11-17

11.2 编制科目汇总表

记账凭证中的账目数据按其反映会计对象具体内容的不同而分为以下几类。

- 资产类科目（第一位数字为1）：按资产的流动性分为反映流动资产的科目和反映非流动资产的科目。反映流动资产的科目有"现金""原材料""库存商品""应收账款"等；反映非流动资产的科目有"长期股权投资""固定资产""无形资产"等。
- 负债类科目（第一位数字为2）：按负债的偿还期限分为反映流动负债的科目和反映长期负债的科目。反映流动负债的科目有"短期借款""应付账款""应缴税金"等；反映长期负债的科目有"长期借款""应付债券""长期应付款"等。
- 所有者权益类科目（第一位数字为4）：按权益的形成和性质可分为反映资本的科目和反映留存收益的科目。反映资本的科目有"实收资本"和"资本公积"；反映留存收益的科目有"盈余公积""本年利润""利润分配"等。
- 损益类科目（第一位数字为6）：反映企业在生产经营过程中取得的各项收入和发生的各项费用的科目。收入类科目，如"主营业务收入""其他业务收入"；费用类科目，如"管理费用""财务费用""营业费用""所得税"等。

编制科目汇总表就是将本期记账凭证中的账目数据按照科目进行汇总，然后以表单的形式表现出来。

11.2.1 利用分类汇总功能进行科目汇总

科目汇总表是根据记账凭证信息生成的，利用分类汇总功能可以轻松实现科目的汇总统计。

1. 分类汇总科目

要进行科目汇总，首先需要根据科目代码生成科目分类，然后启用分类汇总功能建立科目汇总表。

❶ 复制"记账凭证汇总表"工作表，得到"记账凭证汇总表（3）"工作表（因为前面已经复制"记账凭证汇总表"工作表，用于结转利润数据的统计）。在复制得到的"记账凭证汇总表（3）"工作表标签上单击，重命名为"科目汇总表"，如图 11-18 所示。

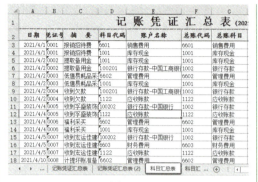

图 11-18

图 11-20

❷ 选中 F 列至 I 列单元格区域的数据，按 Ctrl+C 组合键复制，再按 Ctrl+V 组合键粘贴，单击"粘贴选项"按钮，在下拉菜单中单击"值"按钮（见图 11-19），从而将这一部分数据转为值。若不进行此转换，当进入第 ❸ 步中删除部分数据时，公式的计算结果将全部丢失。

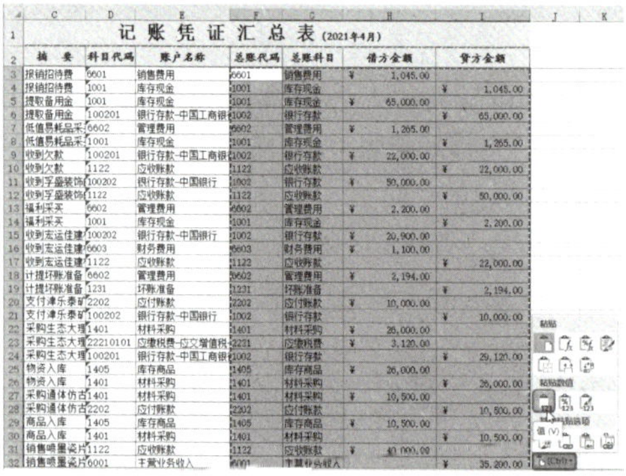

图 11-19

图 11-21

❸ 选中 A 列到 E 列并右击，在弹出的快捷菜单中选择"删除"命令（见图 11-20），接着选中 A 列并右击，在弹出的快捷菜单中选择"插入"命令（见图 11-21）插入新列，重新输入列标识，如图 11-22 所示。

❹ 选中 A3 单元格，在编辑栏中输入公式：
=IF(LEFT(B3,1)="1"," 资 产 类 ",IF(LEFT (B3,1) ="2"," 负债类 ",IF(LEFT(B3,1)="4"," 所有者权益类 ", IF(LEFT(B3,1)="6"," 损益类 "))))

按 Enter 键，即可根据总账代码返回其对应的科目类别，如图 11-23 所示。

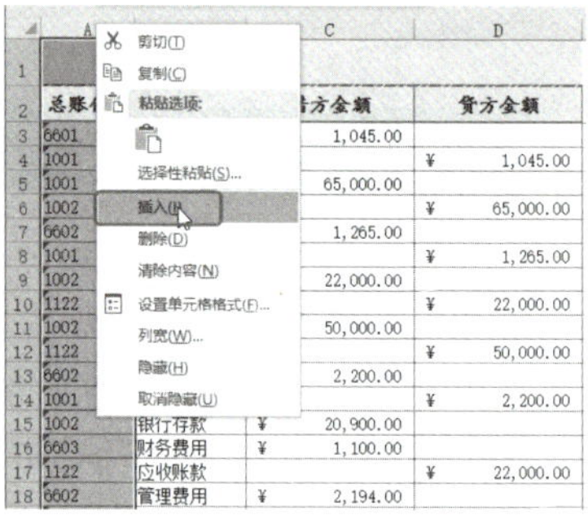

图 11-22

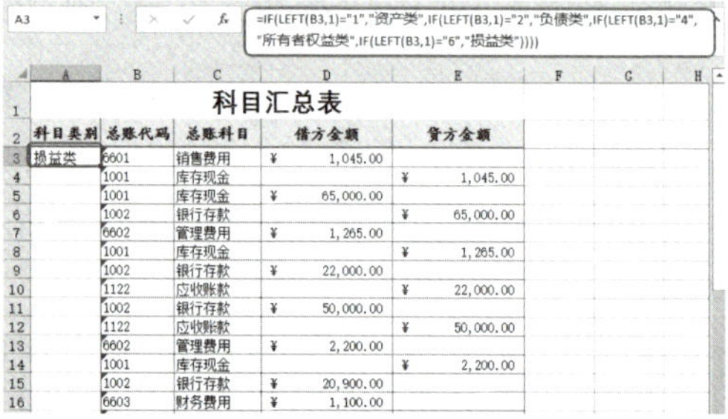

图 11-23

❺ 选中 A3 单元格，将鼠标指针指向右下角的填充柄，拖动填充柄向下复制公式，即可得到批量结果，如图 11-24 所示。

图 11-24

> 📝 **专家提示**
>
> "=IF(LEFT(B3,1)="1","资产类",IF(LEFT(B3,1)="2","负债类",IF(LEFT(B3,1)="4","所有者权益类",IF(LEFT(B3,1)="6","损益类"))))" 公式解析如下：
>
> 首先使用 LEFT 函数从 B3 单元格的最左侧开始提取一个字符，提取的字符如果是 "1"，则返回 "资产类" 文字。后面以此类推。

❻ 选中 "总账代码" 列任意一个单元格，在 "数据" 选项卡 "排序和筛选" 组中单击 "升序" 按钮，该列数据即可实现按升序排列，如图 11-25 所示。注意，这里的排序是为分类汇总做准备，分类汇总前必须把相同的科目代码排列到一起。

❼ 在 "数据" 选项卡的 "分级显示" 组中单击 "分类汇总" 按钮（见图 11-26），弹出 "分类汇总" 对话框。

❽ 在 "分类字段" 下拉列表框中选择 "科目类别"，在 "汇总方式" 下拉列表框中选择 "求和"，在 "选定汇总项" 列表中选中 "借方金额" 和 "贷方金额" 复选框，如图 11-27 所示。单击 "确定" 按钮，即可按科目类别进行汇总，如图 11-28 所示。

❾ 再次打开 "分类汇总" 对话框，在 "分类字段" 下拉列表框中选择 "总账科目"，在下方取消选中 "替换当前分类汇总" 复选框（见图 11-29），单击 "确定" 按钮，实现数据的二次分类汇总，如图 11-30 所示。

图 11-25

图 11-26

图 11-27

科目汇总表

	科目类别	总账代码	总账科目	借方金额	贷方金额
41	资产类	1405	库存商品		¥ 56,400.00
42	资产类	1405	库存商品		¥ 64,800.00
43	资产类	1405	库存商品		¥ 65,000.00
44	资产类	1602	累计折旧		¥ 5,433.00
45	资产类 汇总			¥ 984,100.00	¥ 738,068.06
46	负债类	2202	应付账款	¥ 10,000.00	
47	负债类	2202	应付账款		¥ 10,500.00
48	负债类	2211	应付职工薪酬	¥ 85,654.00	
49	负债类	2211	应付职工薪酬		¥ 117,495.94
50	负债类	2211	应付职工薪酬	¥ 12,480.00	
51	负债类	2211	应付职工薪酬	¥ 1,211.56	
52	负债类	2221	应缴税费	¥ 3,120.00	
53	负债类	2221	应缴税费		¥ 4,800.00
54	负债类	2221	应缴税费		¥ 11,760.00
55	负债类	2221	应缴税费		¥ 14,904.00
56	负债类	2221	应缴税费		¥ 15,360.00
57	负债类	2221	应缴税费		¥ 14,560.00
58	负债类	2221	应缴税费		¥ 1,211.56
59	负债类	2221	应缴税费	¥ 1,211.56	
60	负债类	2221	应缴税费		¥ 33,823.51
61	负债类 汇总			¥ 113,677.13	¥ 224,415.01
62	所有者权益	4103	本年利润		¥ 510,816.00
63	所有者权益	4103	本年利润	¥ 341,698.44	
64	所有者权益类 汇总			¥ 341,698.44	¥ 510,816.00
65	损益类	6001	主营业务收入		¥ 35,200.00

... | 记账凭证汇总表 | 记账凭证汇总表 (2) | 科目汇总表

图 11-28

图 11-29

科目汇总表

	科目类别	总账代码	总账科目	借方金额	贷方金额
38			坏账准备 汇总	¥ -	¥ 2,194.00
39	资产类	1401	材料采购	¥ 26,000.00	
40	资产类	1401	材料采购		¥ 26,000.00
41	资产类	1401	材料采购	¥ 10,500.00	
42	资产类	1401	材料采购		¥ 10,500.00
43			材料采购 汇总	¥ 36,500.00	¥ 36,500.00
44	资产类	1405	库存商品	¥ 26,000.00	
45	资产类	1405	库存商品	¥ 10,500.00	
46	资产类	1405	库存商品		¥ 22,000.00
47	资产类	1405	库存商品		¥ 56,400.00
48	资产类	1405	库存商品		¥ 64,800.00
49	资产类	1405	库存商品		¥ 65,000.00
50			库存商品 汇总	¥ 36,500.00	¥ 208,200.00
51	资产类	1602	累计折旧		¥ 5,433.00
52			累计折旧 汇总	¥ -	¥ 5,433.00
53	资产类 汇总			¥ 984,100.00	¥ 738,068.06
54	负债类	2202	应付账款	¥ 10,000.00	
55	负债类	2202	应付账款		¥ 10,500.00
56			应付账款 汇总	¥ 10,000.00	¥ 10,500.00
57	负债类	2211	应付职工薪酬	¥ 85,654.00	
58	负债类	2211	应付职工薪酬		¥ 117,495.94
59	负债类	2211	应付职工薪酬	¥ 12,480.00	

图 11-30

专家提示

在进行第二次分类汇总时，一定要取消选中“替换当前分类汇总”复选框，否则会用新的分类汇总结果替换上一次的分类汇总结果，而无法同时保存两次分类汇总结果。

⑩ 单击左上角数字按钮中的3按钮，工作表中只显示前三级数据，如图 11-31 所示。通过此数据即可得到科目汇总的统计结果。

科目汇总表

	科目类别	总账代码	总账科目	借方金额	贷方金额
38			坏账准备 汇总	¥ -	¥ 2,194.00
43			材料采购 汇总	¥ 36,500.00	¥ 36,500.00
50			库存商品 汇总	¥ 36,500.00	¥ 208,200.00
52			累计折旧 汇总	¥ -	¥ 5,433.00
53	资产类 汇总			¥ 984,100.00	¥ 738,068.06
56			应付账款 汇总	¥ 10,000.00	¥ 10,500.00
61			应付职工薪酬 汇总	¥ 99,345.56	¥ 117,495.94
71			应缴税费 汇总	¥ 4,331.56	¥ 96,419.08
72	负债类 汇总			¥ 113,677.13	¥ 224,415.01
75			本年利润 汇总	¥ 341,698.44	¥ 510,816.00
76	所有者权益类 汇总			¥ 341,698.44	¥ 510,816.00
83			主营业务收入 汇总	¥ 510,816.00	¥ 510,816.00
89			主营业务成本 汇总	¥ 208,200.00	¥ 208,200.00
93			销售费用 汇总	¥ 2,065.00	¥ 2,065.00
101			管理费用 汇总	¥ 129,267.94	¥ 129,267.94
105			财务费用 汇总	¥ 2,165.50	¥ 2,165.50
107			所得税费用 汇总	¥ 33,823.51	¥ -
108	损益类 汇总			¥ 886,337.95	¥ 852,514.44
109	总计			¥2,325,813.52	¥ 2,325,813.52

图 11-31

知识扩展

数据分类汇总是对数据进行分组分级显示，通过此功能可以将汇总结果中的一些数据隐藏起来，当需要查看隐藏的数据时再将其显示出来。

例如，在表格的 C 列中选中“库存现金 汇总”，然后单击数字按钮下与“库存现金 汇总”对应的+按钮（如图 11-32 所示）即可将对应的明细数据显示出来，同时+变成了-按钮，如图 11-33 所示。如果想再次隐藏数据，则单击-按钮即可。

科目汇总表

	科目类别	总账代码	总账科目	借方金额	贷方金额
10			库存现金 汇总	¥ 65,000.00	¥ 7,210.00
22			银行存款 汇总	¥ 272,900.00	¥ 192,051.06
33			应收账款 汇总	¥ 572,200.00	¥ 274,000.00
36			其他应收款 汇总	¥ 1,000.00	¥ 12,480.00
38			坏账准备 汇总	¥ -	¥ 2,194.00
43			材料采购 汇总	¥ 36,500.00	¥ 36,500.00
50			库存商品 汇总	¥ 36,500.00	¥ 208,200.00
52			累计折旧 汇总	¥ -	¥ 5,433.00
53	资产类 汇总			¥ 984,100.00	¥ 738,068.06
56			应付账款 汇总	¥ 10,000.00	¥ 10,500.00
61			应付职工薪酬 汇总	¥ 99,345.56	¥ 117,495.94
71			应缴税费 汇总	¥ 4,331.56	¥ 96,419.08
72	负债类 汇总			¥ 113,677.13	¥ 224,415.01
75			本年利润 汇总	¥ 341,698.44	¥ 510,816.00
76	所有者权益类 汇总			¥ 341,698.44	¥ 510,816.00

图 11-32

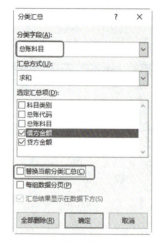

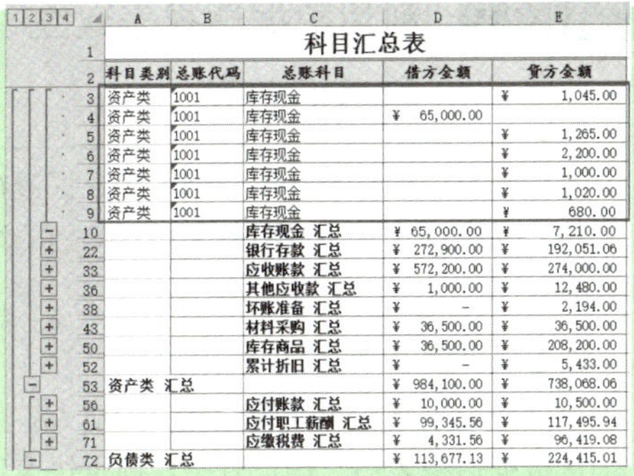

图 11-33

2. 将分类汇总结果转换为报表

因为"科目汇总表"中的统计结果是分类汇总的结果，因此可以将分类汇总的结果转化为报表，以更加方便使用。

❶ 定位在"科目汇总表"中，按 F5 键，打开"定位"对话框，单击"定位条件"按钮，打开"定位条件"对话框，选中"可见单元格"单选按钮，如图 11-34 所示。

图 11-34

专家提示

此处选中"可见单元格"单选按钮是因为分类汇总的结果将其他记录隐藏起来了，如果不定位可见单元格，则会复制所有数据。

❷ 单击"确定"按钮，即可选中工作表中所有可见单元格。按 Ctrl+C 组合键复制，如图 11-35 所示。

❸ 选择要粘贴到的位置（新建的工作表 Sheet2 的 A1 单元格），在"开始"选项卡的"剪贴板"组中单击"粘贴"按钮，在下拉菜单中单击"值"按钮（见图 11-36），即可将分类汇总结果转换为报表，如图 11-37 所示。

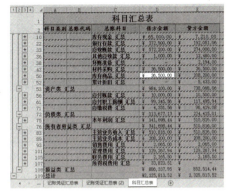

图 11-35

图 11-36

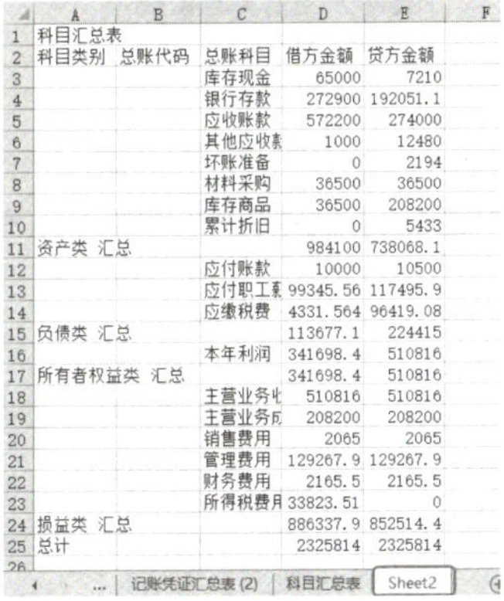

图 11-37

❹ 以更加便于阅读为目的对数据表格进行格式调整，并将新工作表重命名为"科目汇总表"，如图 11-38 所示。

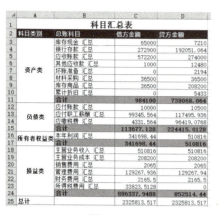

图 11-38

❺ 选中显示金额的单元格区域，在"开始"选项卡"数字"组中单击格式设置的下拉按钮，在下拉列表中选择"会计专用"（见图 11-39），即可更改所有金额数据的显示方式，如图 11-40 所示。

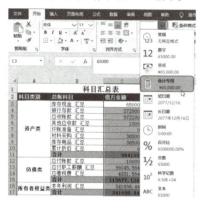

图 11-39

图 11-40

11.2.2 利用数据透视表建立科目汇总表

要编辑科目汇总表，可以借助于数据透视表功能实现统计，从而得出各个科目类别的统计数据。

1. 创建数据透视表

数据透视表具有极强的分类统计能力，因此创建数据透视表后正确设置字段即可快速建立科目汇总表。

❶ 复制"科目汇总表"，在"数据"选项卡"分级显示"组中单击"分类汇总"按钮（见图 11-41），打开"分类汇总"对话框，单击"全部删除"按钮，取消之前的分类汇总结果，如图 11-42 所示。

❷ 选中表格中任意单元格，在"插入"选项卡的"表格"组中单击"数据透视表"按钮（见图 11-43），打开"创建数据透视表"对话框，如图 11-44 所示。

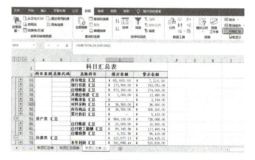

图 11-41

图 11-42

图 11-43

图 11-44

❸ 保持默认选项,单击"确定"按钮,即可在新工作表中创建数据透视表。依次将"科目类别""总账科目"拖至"行"区域,将"借方金额""贷方金额"拖至"值"区域,得到的统计结果如图 11-45 所示。

图 11-45

2. 调节数据透视表外观

建立数据透视表后,默认按行标签字段首文字拼音的首字母升序排列。为了让统计结果按资产类、负债类、损益类、所有者权益类的顺序显示,可以对数据透视表的结果进行调整,也可以在每个分类下添加空行以增加可视化效果。

❶ "资产类"科目要求排在最前面,其操作方法为:选中"资产类"下的所有项(包括汇总值),将鼠标指针定位在边框上,直到出现四向箭头(见图 11-46)时,按住鼠标左键不放拖动到目标位置(出现横向的 I 型),如图 11-47 所示,释放鼠标即可完成顺序调节,如图 11-48 所示。

图 11-46

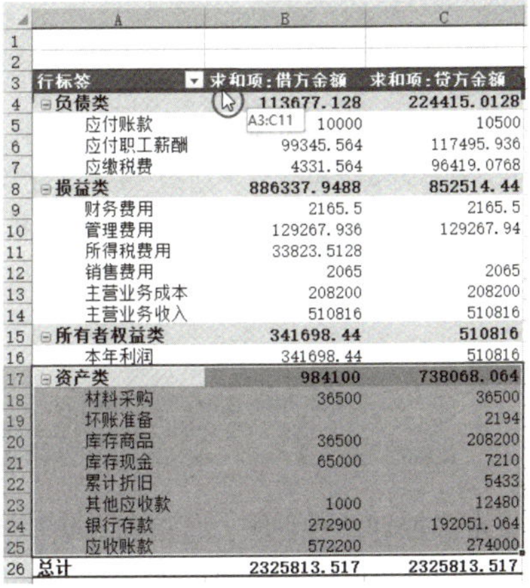

图 11-47

图 11-48

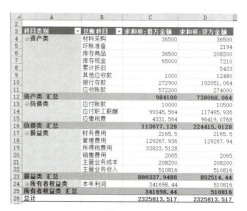

图 11-50

❷ 选中数据透视表中的任意单元格，切换到"数据透视表工具-设计"选项卡，在"布局"组中单击"报表布局"右侧的下拉按钮，在下拉菜单中选择"以表格形式显示"，如图 11-49 所示。得到的表格如图 11-50 所示。

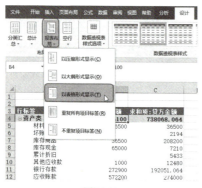

图 11-49

图 11-51

❸ 选中数据透视表中的金额区域，切换到"开始"选项卡，在"数字"组中单击数字格式设置右侧的下拉按钮，在下拉列表中选择"会计专用"（见图 11-51），金额即可以会计专用的形式出现，如图 11-52 所示。

图 11-52

11.3 编制财务总账表

财务总账即总分类账，是根据一级会计科目设置的，总结反映全部经济业务和资金状况的账簿。除了统计出本期发生额，还应记录期初余额，并计算出期末余额。

11.3.1 提取总账科目

建立总分类账需要先提取总账科目，然后从"记账凭证汇总表"中利用公式匹配汇总计算出各科目的本期发生额（因为一个科目可能多次发生）。

❶ 建立一张新工作表，并将工作表命名为"总分类账"，输入总分类账表格的标题和相应的列标识，如图 11-53 所示。

图 11-53

❷ 在"总分类账"工作表中选中 A4 单元格，在编辑栏中输入公式：

=会计科目表!A3

然后将 A4 单元格的公式向下复制填充，得到结果如图 11-54 所示。

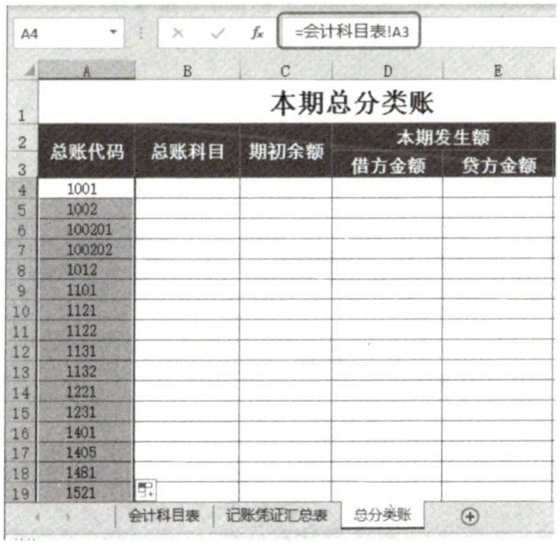

图 11-54

❸ 提取不重复的总账名称。选中 B4 单元格，在编辑栏中输入公式：

=IF(COUNTIF(会计科目表 !$B$3:B3, 会计科目表 !B3)<=1, 会计科目表 !B3,"")

按 Enter 键，返回第一个总账科目，如图 11-55 所示。

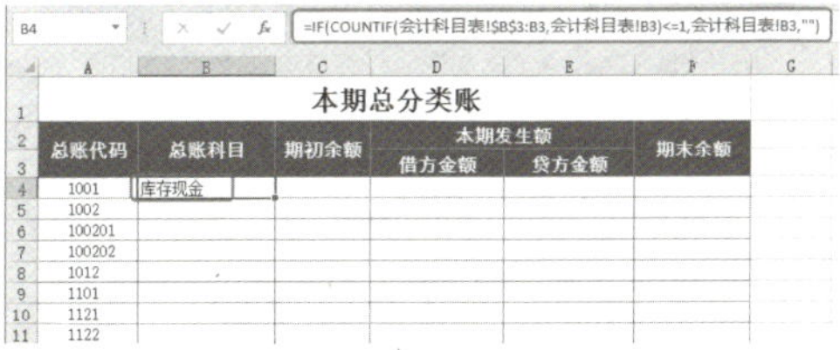

图 11-55

❹ 选中 B4 单元格，将鼠标指针指向右下角的填充柄，向下拖动复制公式，得到批量结果，如图 11-56 所示。

图 11-56

> **专家提示**
>
> "=IF(COUNTIF(会计科目表 !$B$3:B3, 会计科目表 !B3)<=1, 会计科目表 !B3,"")"
> 公式解析如下：
>
> 在"会计科目表 !$B$3:B3"单元格区域中统计 B3 中值出现的次数是否小于等于 1。如果是第一次出现，则返回其值；如果不是第一次出现，则返回空值。这个公式的原理是，"会计科目表"的 B 列中存放的是科目名称，如果有二级科目，它们在"会计科目表"的"科目名称"这一列中的值就不是唯一的，所以在统计出现次数时就会大于 1。因此这个公式是排除二级科目的操作。

❺ 从第 2 行开始，选中全部数据区域，在"数据"选项卡的"排序和筛选"组中单击"筛选"按钮，添加自动筛选按钮，如图 11-57 所示。

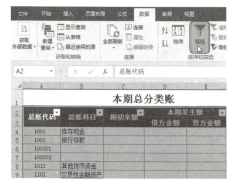

图 11-57

> **专家提示**
>
> 在"总分类账"表格中使用了双行表头，添加自动筛选时，一定要选中所有数据区域，因为如果只选中数据区域中的任意单元格，执行"筛选"命令时，程序无法自动识别列标识。

❻ 单击"总账科目"右侧的筛选按钮，在下拉列表中取消选中其他项，只选中"空白"复选框，如图 11-58 所示，单击"确定"按钮，即可将"总账科目"为空白项的全部筛选出来，如图 11-59 所示。

图 11-58

❼ 选中所有空行，并在行标上右击，在弹出的快捷菜单中选择"删除行"命令，如图 11-60 所示，即可将所有空白记录删除。

图 11-59

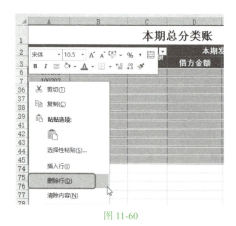

图 11-60

❽ 删除"总账科目"下的所有空行后，在"数据"选项卡的"排序和筛选"组中再次单击"筛选"按钮（见图 11-61），即可取消筛选，恢复删除了空白行后的数据表，这时就找到了所有的总账科目，如图 11-62 所示。

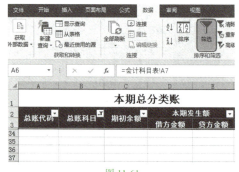

图 11-61

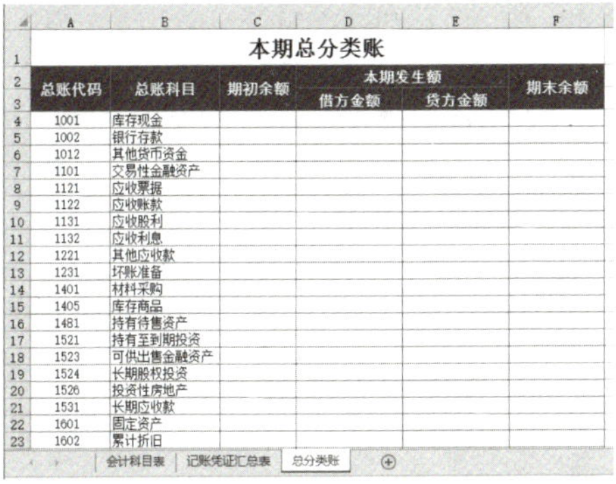

本期总分类账

总账代码	总账科目	期初余额	本期发生额 借方金额	本期发生额 贷方金额	期末余额
1001	库存现金				
1002	银行存款				
1012	其他货币资金				
1101	交易性金融资产				
1121	应收票据				
1122	应收账款				
1131	应收股利				
1132	应收利息				
1221	其他应收款				
1231	坏账准备				
1401	材料采购				
1405	库存商品				
1481	持有待售资产				
1521	持有至到期投资				
1523	可供出售金融资产				
1524	长期股权投资				
1526	投资性房地产				
1531	长期应收款				
1601	固定资产				
1602	累计折旧				

会计科目表 记账凭证汇总表 总分类账

图 11-62

11.3.2 计算各总账科目本期发生额

各总账科目本期发生额需要从“记账凭证汇总表”中计算得到。可以使用 SUMIF 函数按判断条件进行汇总计算。

❶ 选中 D4 单元格，在编辑栏中输入公式：

=SUMIF(记账凭证汇总表 !F:F,A4, 记账凭证汇总表 !H:H)

按 Enter 键，返回借方金额，如图 11-63 所示。

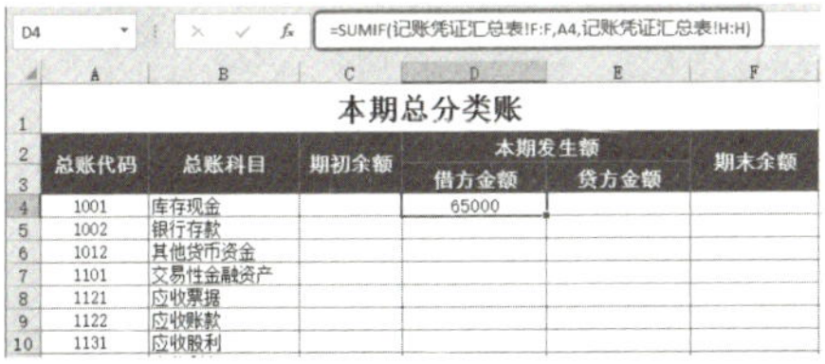

D4 =SUMIF(记账凭证汇总表!F:F,A4,记账凭证汇总表!H:H)

本期总分类账

总账代码	总账科目	期初余额	本期发生额 借方金额	本期发生额 贷方金额	期末余额
1001	库存现金		65000		
1002	银行存款				
1012	其他货币资金				
1101	交易性金融资产				
1121	应收票据				
1122	应收账款				
1131	应收股利				

图 11-63

专家提示

“=SUMIF(记账凭证汇总表 !F:F,A4, 记账凭证汇总表 !H:H)”公式解析如下：

在“记账凭证汇总表 !F:F”区域（为“总账代码”列）中寻找与 A4 单元格中值相同的总账代码，将找到的对应在“记账凭证汇总表 !H:H”区域（为“借方金额”列）中的所有值求和。

❷ 选中 E4 单元格，在编辑栏中输入公式：

=SUMIF(记账凭证汇总表 !F:F,A4, 记账凭证汇总表 !I:I)

按 Enter 键，返回贷方金额，如图 11-64 所示。

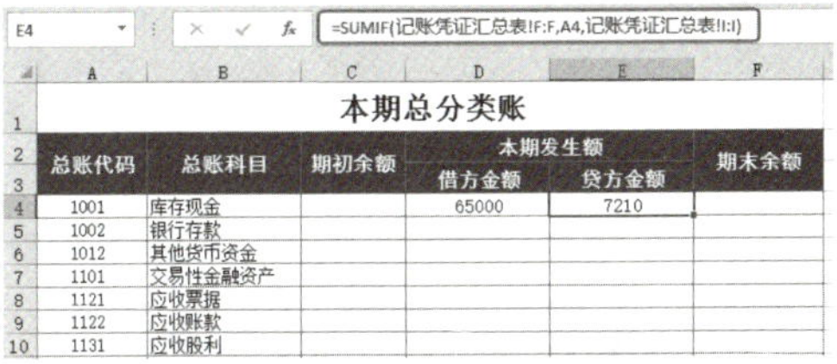

E4 =SUMIF(记账凭证汇总表!F:F,A4,记账凭证汇总表!I:I)

本期总分类账

总账代码	总账科目	期初余额	本期发生额 借方金额	本期发生额 贷方金额	期末余额
1001	库存现金		65000	7210	
1002	银行存款				
1012	其他货币资金				
1101	交易性金融资产				
1121	应收票据				
1122	应收账款				
1131	应收股利				

图 11-64

❸ 选中 D4:E4 单元格区域，将鼠标指针指向右下角的填充柄，按住鼠标左键向下拖动复制公式，得到批量结果，如图 11-65 所示。

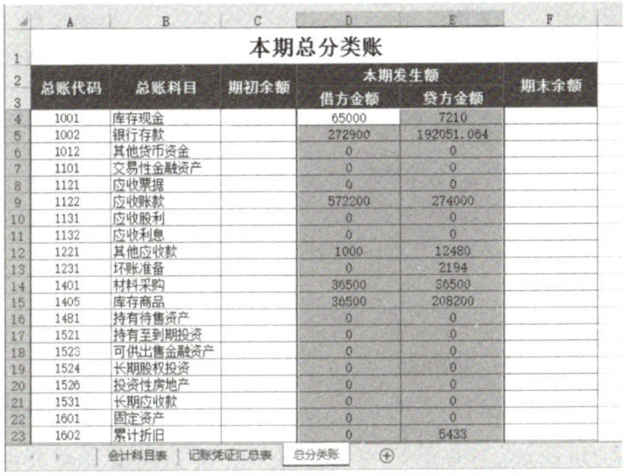

本期总分类账

总账代码	总账科目	期初余额	本期发生额 借方金额	本期发生额 贷方金额	期末余额
1001	库存现金		65000	7210	
1002	银行存款		272900	192051.064	
1012	其他货币资金		0	0	
1101	交易性金融资产		0	0	
1121	应收票据		0	0	
1122	应收账款		572200	274000	
1131	应收股利		0	0	
1132	应收利息		0	0	
1221	其他应收款		1000	12480	
1231	坏账准备		0	2194	
1401	材料采购		36500	36500	
1405	库存商品		36500	208200	
1481	持有待售资产		0	0	
1521	持有至到期投资		0	0	
1523	可供出售金融资产		0	0	
1524	长期股权投资		0	0	
1526	投资性房地产		0	0	
1531	长期应收款		0	0	
1601	固定资产		0	0	
1602	累计折旧		0	5433	

会计科目表 记账凭证汇总表 总分类账

图 11-65

❹ 计算期末余额。期末余额的计算方法为：

资产类科目期末余额 = 期初余额 + 借方发生额 - 贷方发生额

负债和权益类科目期末余额 = 期初余额 + 贷方发生额 - 借方发生额

将期初余额数据复制到表格中，选中 F4 单元格，在编辑栏中输入公式：

=C4+D4-E4

按 Enter 键返回期末余额，如图 11-66 所示。将鼠标指针指向右下角的填充柄，复制公式直到资产类科目结束的单元格（本例到 F27 单元格），得到批量结果，如图 11-67 所示。

图 11-66

图 11-67

图 11-68

图 11-69

选中 F30 单元格,在编辑栏中输入公式:

=C30+E30-D30

按 Enter 键返回期末余额,如图 11-68 所示。将鼠标指针指向右下角的填充柄,复制公式直到负债和权益类科目结束的单元格(本例到 F48 单元格),得到批量结果,如图 11-69 所示。

11.4 编制财务明细账表

财务明细账又称为财务明细分类账,是根据二级科目设置的,详细记录某一类中某一种经济业务增减变化及其结果的账簿。通过本例中方法建立的明细账表可以实现任意科目的选择,并快速生成明细账。

11.4.1 建立明细账表

建立明细账表可以实现对任意给定总账科目的明细项进行查询。本例通过公式的设置所实现的明细账表格是:只要选择输入任意总账科目,即可形成该总账科目的明细账表。

❶ 建立一张新工作表,并将工作表命名为"财务明细账",输入相应的列标识,如图 11-70 所示。

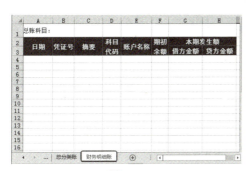

图 11-70

❷ 选中 B1 单元格,在"数据"选项卡的"数据工具"组中单击"数据验证"按钮(见图 11-71),打开"数据验证"对话框,在"允许"下拉列表中选择"序列",接着单击 ↑ 按钮,如图 11-72 所示。

图 11-71

图 11-72

❸ 在"总分类账"工作表标签上单击进入此表,使用拾取器拾取"总账科目"列数据区域,如图 11-73 所示。

❹ 拾取后单击 ↓ 按钮回到"数据验证"对话框中,可以看到拾取的数据区域,如图 11-74 所示。

图 11-73

图 11-74

❺ 单击"确定"按钮,回到工作表中,总账科目可以使用下拉列表进行选取,如图 11-75 所示。

图 11-75

❻ 选中 C1 单元格,在编辑栏中输入公式:
=INDEX(会计科目表 !A3:A72,MATCH(B1, 会计科目表 !B3:B72,0))

按 Enter 键即可根据 B1 单元格中的科目名称返回科目代码,如图 11-76 所示。

图 11-76

❼ 设置了 C1 单元格的公式后，当更改 B1 单元格中的科目名称时，将会自动返回对应的科目编码，如图 11-77 所示。

图 11-77

专家提示

1. INDEX 函数

INDEX（❶ 要查找的区域，❷ 指定行，❸ 指定列）

函数返回结果是表格或区域中指定位置的值，即 ❷ 和 ❸ 交叉位置的值。

2. MATCH 函数

MATCH（❶ 查找值，❷ 查找值区域）

最终结果是 ❶ 在 ❷ 区域中的位置。注意，用于查找的区域首先必须执行升序排序。

"=INDEX(会计科目表 !A3:A72,MATCH(B1, 会计科目表 !B3:B72,0))" 公式解析如下：

首先使用 MATCH 函数在 "会计科目表 !B3:B72" 区域中判断与 B1 单元格相同的科目名称所在的位置，并返回这个位置的值（位于该区域的第几行）。然后使用 INDEX 函数返回 "会计科目表 !A3:A72" 区域中前一步返回值指定的行处的数据，即与 B1 中指定的科目名称对应的科目代码。

11.4.2 设置公式自动显示指定科目明细账

前面说过，使用本例中方法建立的明细账表可以实现任意科目的选择，并快速生成明细账。当然，要实现这一自动生成的功能，必须要经过函数公式的设置。

❶ 选中 F4 单元格，在编辑栏中输入公式：
=VLOOKUP(C1, 总分类账 !A:C,3,0)

按 Enter 键即可从"总分类账"中返回 C1 单元格指定科目的期初余额，如图 11-78 所示。

图 11-78

专家提示

"=VLOOKUP(C1, 总分类账 !A:C,3,0)" 公式解析如下：

用 VLOOKUP 函数在"总分类账 !A:C"区域的首列上寻找 C1 单元格中指定的科目编码，找到后返回对应在第 3 列上的值。"总分类账"表中 A 列为"总账代码"列，C 列为"期初余额"列。

❷ 在 A 列前面插入一个空白列，以此列作为辅助列。选中 A 列的单元格区域，从第 5 行开始选中（可多选择一些行，以防止有些科目对应的明细账条目较多）。选中 D1 单元格，在编辑栏中输入公式：
=SMALL(IF((记账凭证汇总表 !$F$1:$F$100=D1), ROW(1:98)),ROW(1:98))

如图 11-79 所示。

按 Ctrl+Shift+Enter 组合键即可返回一个数组，如图 11-80 所示。

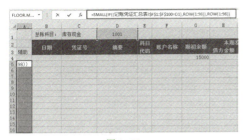

图 11-79

图 11-80

专家提示

1. SMALL 函数

SMALL（❶查询某个最小值区域，❷指定返回第几个最小值）

函数用于返回某一数据集中的某个（可以指定）最小值。

2. ROW 函数

ROW（需要返回其行号的单元格）

函数用于返回引用的行号。

"=SMALL(IF((记账凭证汇总表!$F$1:$F$100=D1),ROW(1:98)),ROW(1:98))"公式解析如下：

这个公式是一个数组公式。首先依次在"记账凭证汇总表!$F$1:$F$100"单元格区域中判断其名称是否D1单元格中指定的科目编码，如果是，就返回对应的行号，返回的是一个数组。然后使用 SMALL 函数依次从小到大取值，返回一个数组，即一次性返回所有找到的行号。

建立这个公式的目的是在"记账凭证汇总表"的 F 列中将与 D1 单元格中给定的科目代码相匹配的所有条目找到，即先确定这

些满足条件的记录在哪一行。返回的行号在后面的公式中会被引用，用于返回"记账凭证汇总表"中这些指定行的明细数据。

❸当通过下拉列表更改科目名称时，可以看到 A 列中返回的行数值会自动更改，如图 11-81 所示。实现了根据 C1 单元格中的科目名称，从"记账凭证汇总表"中找到满足条件的数据条目。

图 11-81

❹选中 B5 单元格，在编辑栏中输入公式：

=IF(ISERROR($A5),"",INDEX(记账凭证汇总表!A:A,$A5))

按 Enter 键即可返回"记账凭证汇总表"中 A5 单元格指定行中的"日期"值，如图 11-82 所示。

图 11-82

专家提示

"=IF(ISERROR($A5),"",INDEX(记账凭证汇总表!A:A,$A5))"公式解析如下：

INDEX 函数部分返回"记账凭证汇总表!A:A"中 $A5 单元格中指定行处的值。外层的 IF 函数表示如果 $A5 单元格中的值为错误值，则返回空值；否则返回前一步的返回值。

❺选中 B5 单元格，将鼠标指针指向右下角的填充柄，按住鼠标左键向右拖动到 F5 单元格，可依次返回"记账凭证汇总表"中 A5 单元格指定行中的

"凭证号""摘要""科目代码""账户名称",如图11-83所示。

图11-83

❻ 选中H5单元格,在编辑栏中输入公式:
=IF(ISERROR($A5),"",INDEX(记账凭证汇总表!H:H,$A5))

按Enter键即可返回"记账凭证汇总表"中A5单元格指定行中的"借方金额"值(因为"借方金额"位于H列),如图11-84所示。

图11-84

❼ 选中I5单元格,在编辑栏中输入公式:
=IF(ISERROR($A5),"",INDEX(记账凭证汇总表!I:I,$A5))

按Enter键即可返回"记账凭证汇总表"中A5单元格指定行中的"贷方金额"值(因为"贷方金额"位于I列),如图11-85所示。

❽ 选中B5:I5单元格区域,将鼠标指针指向该单元格区域右下角,当出现黑色十字形时,按住鼠标左键不放向下拖动,即可返回"记账凭证汇总表"中所有与D1单元格中指定科目编码相匹配的凭证信息,如图11-86所示。

图11-85

图11-86

❾ 当通过下拉列表更改科目名称时,可以自动生成指定科目的明细账。例如,如图11-87所示的"主营业务收入"科目的明细账;如图11-88所示的"库存商品"科目的明细账。

图11-87

图11-88

11.5 账务试算平衡检验

对账是指会计人员对账簿记录进行核对,是会计工作中的一个重要环节。对账的目的是要达到账实相符、账证相符、账账相符和账表相符,从而为编辑财务报表提供正确依据。

11.5.1 现金账务核对

在进行现金账务的核对时，需要对"现金日记账"中的借贷方发生额与本期总分类账中的"库存现金"科目的借贷方发生额进行比较，从而得出平衡检验的结果。

❶ 新建工作表，命名为"账务试算平衡检验"，在表格中输入相应的表格项目并进行格式设置，如图 11-89 所示。

图 11-89

❷ 选中 C3 单元格，在编辑栏中输入：
=SUM()
然后将光标定位到括号内，如图 11-90 所示。

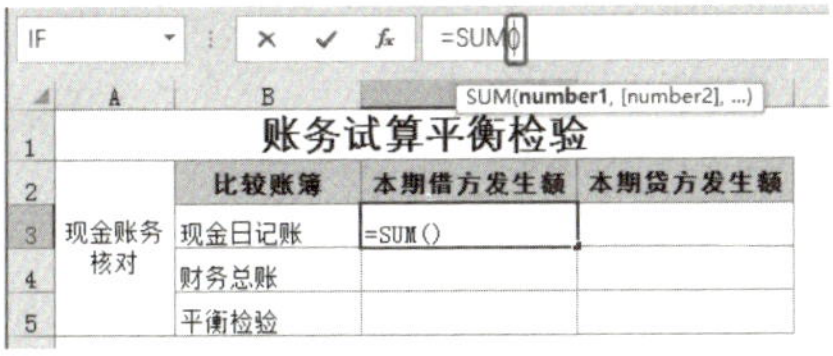

图 11-90

❸ 切换到"现金日记账"工作表，选中所有"借方"标识下的数据区域，如图 11-91 所示。

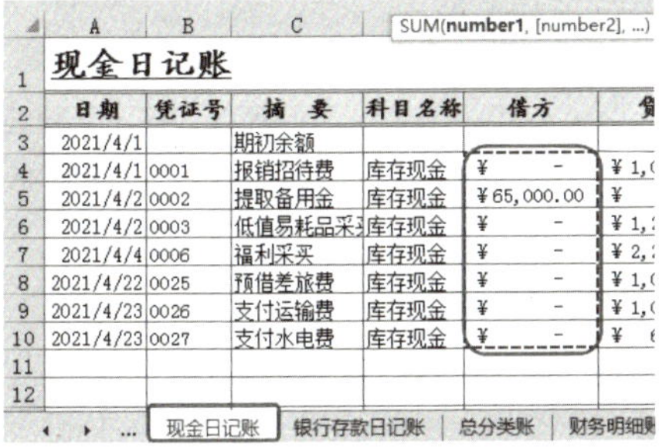

图 11-91

❹ 按 Enter 键即可计算出现金日记账的本期借方发生额，如图 11-92 所示。然后将 C3 单元格中的公式复制到 D3 单元格中，如图 11-93 所示。

图 11-92

图 11-93

❺ 选中 C4 单元格，在编辑栏中输入：
=
如图 11-94 所示。

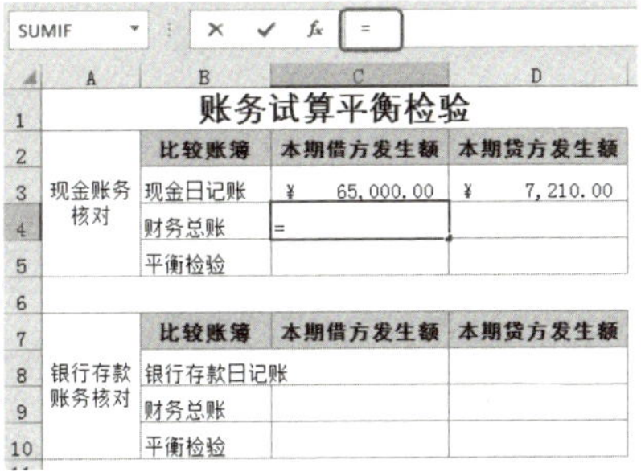

图 11-94

❻ 切换到"总分类账"工作表，选中 D4 单元格（该单元格中存放的是现金账务的合计借方金额），如图 11-95 所示。

图 11-95

图 11-98

❼ 按 Enter 键即可在 C4 单元格中返回值。将 C4 单元格的公式复制到 D4 单元格，如图 11-96 所示。因为财务总账的本期贷方发生额在"总分类账"工作表的 E 列，所以可以直接复制公式。

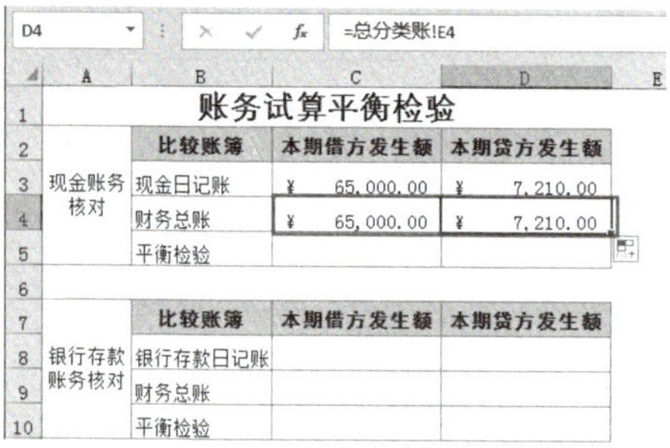

图 11-96

❽ 选中 C5 单元格，在编辑栏中输入公式：
=IF(C3=C4,"平衡","不平衡")

如图 11-97 所示。然后将公式复制到 D5 单元格，如图 11-98 所示。

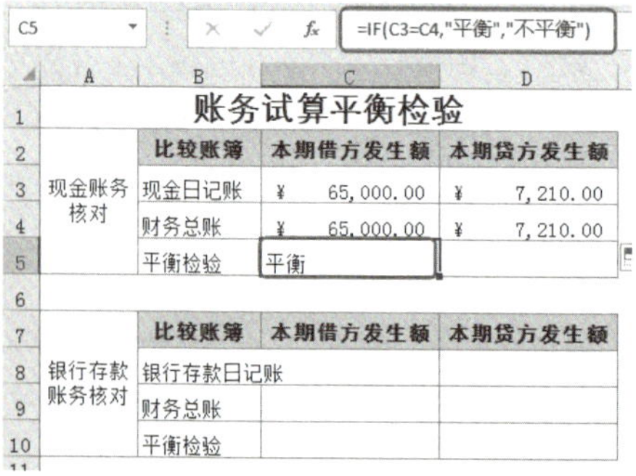

图 11-97

11.5.2 银行存款账务核对

在进行银行存款账务的核对时，需要对"银行存款日记账"中的借贷方发生额与本期总分类账中的"银行存款"科目的借贷方发生额进行比较，从而得出平衡检验的结果。

❶ 选中 C8 单元格，在编辑栏中输入：
=SUM()

然后将光标定位到括号内，如图 11-99 所示。

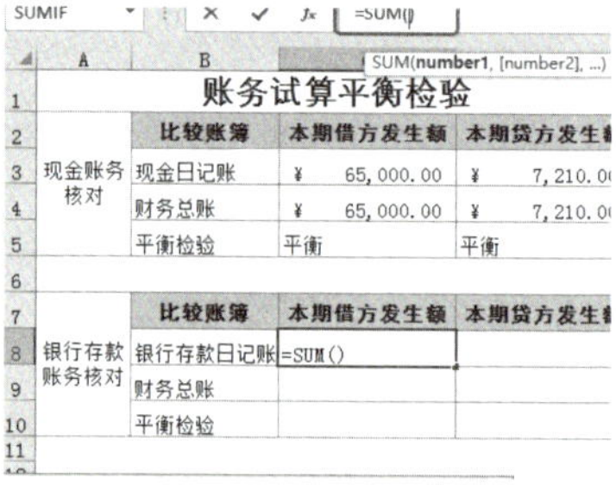

图 11-99

❷ 切换到"银行存款日记账"工作表，选中所有"借方"标识下的数据区域，如图 11-100 所示。

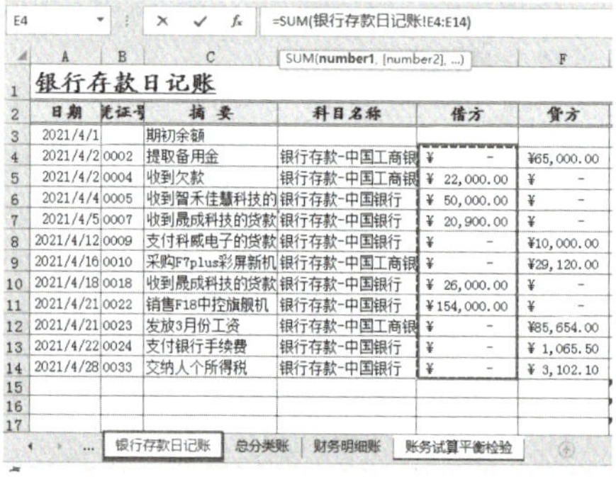

图 11-100

❸ 按 Enter 键即可计算出银行存款账务的本期借方发生额。然后将 C8 单元格中的公式复制到 D8 单元格中，如图 11-101 所示。

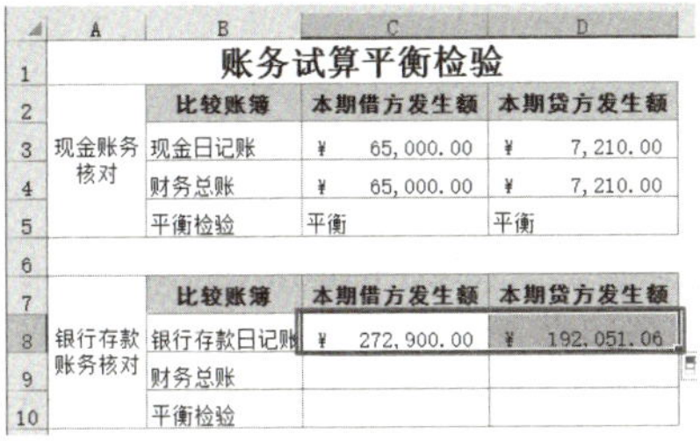

	A	B	C	D
1	账务试算平衡检验			
2		比较账簿	本期借方发生额	本期贷方发生额
3	现金账务核对	现金日记账	¥ 65,000.00	¥ 7,210.00
4		财务总账	¥ 65,000.00	¥ 7,210.00
5		平衡检验	平衡	平衡
6				
7		比较账簿	本期借方发生额	本期贷方发生额
8	银行存款账务核对	银行存款日记账	¥ 272,900.00	¥ 192,051.06
9		财务总账		
10		平衡检验		

图 11-101

❹ 选中 C9 单元格，在编辑栏中输入：

=

如图 11-102 所示。

SUMIF　=

	A	B	C	D
1	账务试算平衡检验			
2		比较账簿	本期借方发生额	本期贷方发生额
3	现金账务核对	现金日记账	¥ 65,000.00	¥ 7,210.00
4		财务总账	¥ 65,000.00	¥ 7,210.00
5		平衡检验	平衡	平衡
6				
7		比较账簿	本期借方发生额	本期贷方发生额
8	银行存款账务核对	银行存款日记账	¥ 272,900.00	¥ 192,051.06
9		财务总账	=	
10		平衡检验		

图 11-102

❺ 切换到“总分类账”工作表，选中 D5 单元格（该单元格中存放的是银行存款的合计借方金额），如图 11-103 所示。

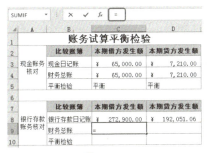

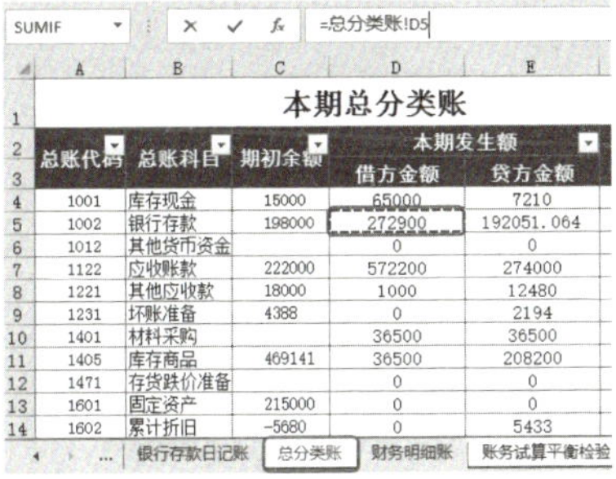

SUMIF　=总分类账!D5

	A	B	C	D	E
1	本期总分类账				
2	总账代码	总账科目	期初余额	本期发生额	
3				借方金额	贷方金额
4	1001	库存现金	15000	65000	7210
5	1002	银行存款	198000	272900	192051.064
6	1012	其他货币资金		0	0
7	1122	应收账款	222000	572200	274000
8	1221	其他应收款	18000	1000	12480
9	1231	坏账准备	4388	0	2194
10	1401	材料采购		36500	36500
11	1405	库存商品	469141	36500	208200
12	1471	存货跌价准备		0	0
13	1601	固定资产	215000	0	0
14	1602	累计折旧	-5680	0	5433

银行存款日记账　总分类账　财务明细账　账务试算平衡检验

图 11-103

❻ 按 Enter 键即可在 C9 单元格中返回值，然后将 C9 单元格的公式复制到 D9 单元格，如图 11-104 所示。

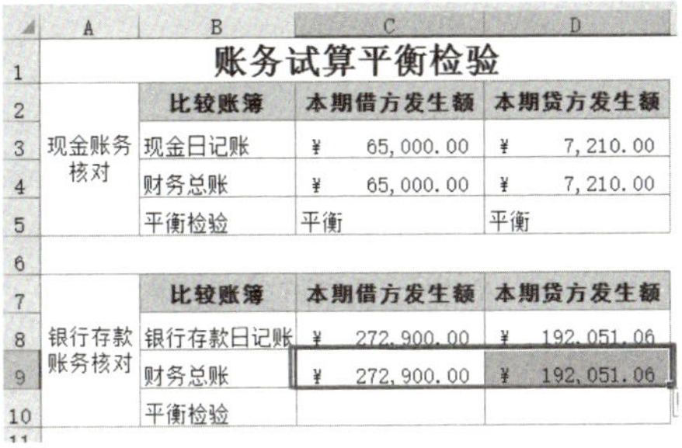

	A	B	C	D
1	账务试算平衡检验			
2		比较账簿	本期借方发生额	本期贷方发生额
3	现金账务核对	现金日记账	¥ 65,000.00	¥ 7,210.00
4		财务总账	¥ 65,000.00	¥ 7,210.00
5		平衡检验	平衡	平衡
6				
7		比较账簿	本期借方发生额	本期贷方发生额
8	银行存款账务核对	银行存款日记账	¥ 272,900.00	¥ 192,051.06
9		财务总账	¥ 272,900.00	¥ 192,051.06
10		平衡检验		

图 11-104

❼ 选中 C10 单元格，在编辑栏中输入公式：

=IF(C8=C9," 平衡 "," 不平衡 ")

然后将公式复制到 D10 单元格，如图 11-105 所示。

C10　=IF(C8=C9,"平衡","不平衡")

	A	B	C	D
1	账务试算平衡检验			
2		比较账簿	本期借方发生额	本期贷方发生额
3	现金账务核对	现金日记账	¥ 65,000.00	¥ 7,210.00
4		财务总账	¥ 65,000.00	¥ 7,210.00
5		平衡检验	平衡	平衡
6				
7		比较账簿	本期借方发生额	本期贷方发生额
8	银行存款账务核对	银行存款日记账	¥ 272,900.00	¥ 192,051.06
9		财务总账	¥ 272,900.00	¥ 192,051.06
10		平衡检验	平衡	平衡

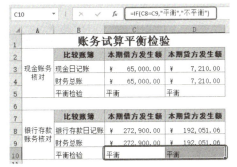

图 11-105

专家提示

在本书中，无论银行存款日记账还是现金日记账，都是通过设置公式的方式从记账凭证汇总表中计算得出的，因此只要确保记账凭证汇总表中的数据正确填制以及公式设置得准确无误，账务核算时一般都不会出现账账不符的情况。这也正是使用 Excel 处理账务优于手工处理的地方。

11.6 账目保护

账务处理完成后,为了加强数据保护,可以对个别表格或整个工作簿设置保护,从而有效防止他人随意操作表格或数据泄露。

11.6.1 保护账务统计表格

保护账务工作表就是对工作表进行加密处理,在未撤销工作表保护的情况下,可以查看被保护的工作表,但其处于不可编辑的状态。

如图11-106所示为受保护的工作表,当试图编辑数据时会弹出提示,如图11-107所示,告知只有撤销工作表保护后才能编辑。

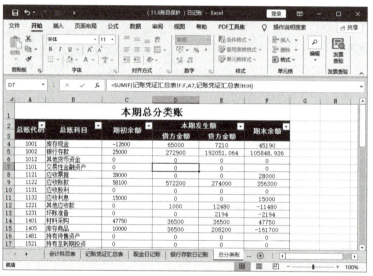

图 11-106

图 11-107

❶ 打开目标工作簿,定位到目标工作表中,单击"审阅"选项卡"保护"组中的"保护工作表"按钮(见图11-108),打开"保护工作表"对话框。

图 11-108

❷ 在"取消工作表保护时使用的密码"文本框中设置保护密码（见图11-109）。单击"确定"按钮，弹出"确认密码"对话框。

❸ 再次输入密码（见图11-110），单击"确定"按钮即可实现保护。

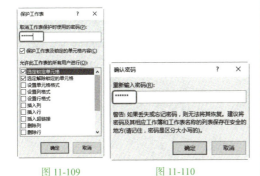

图 11-109　　　　图 11-110

11.6.2　保护账务处理工作簿

保护工作簿是指对工作簿进行加密处理。加密后的工作簿，只有正确输入密码才能打开，否则无法打开。

❶ 打开目标工作簿，选择"文件"→"信息"命令，在右侧设置界面中单击"保护工作簿"下拉按钮，在弹出的下拉菜单中选择"用密码进行加密"（见图11-111），在弹出的"加密文档"对话框的"密码"文本框中输入保护密码，如图11-112所示。

❷ 单击"确定"按钮，弹出"确认密码"对话框，再次输入密码，如图11-113所示。

❸ 单击"确定"按钮完成密码设置。当再次打开此工作簿时，则弹出提示对话框，只有输入正确的密码才能打开此工作簿，如图11-114所示。

图 11-111

图 11-112

图 11-113

图 11-114

第12章 编制财务报表

财务报表主要包括资产负债表、利润表和现金流量表三大报表。资产负债表反映企业一定时期（如月末、季末或年末）的资金来源及分布状况，因此资产负债表又叫财务状况表。利润表反映企业在一定会计期间的经营成果。现金流量表则反映企业在一定时期的经营活动、投资活动和筹资活动产生的现金流量的动态情况。

- ☑ 资产负债表
- ☑ 利润表
- ☑ 现金流量表
- ☑ 财务报表的打印

12.1 资产负债表

对资产负债表的基本分析内容包括了解和分析公司当时的财务结构、经营能力、盈利水平和偿债能力。

资产负债表和利润表的统计数据来源于"总分类账"工作表，现金流量表的统计数据来源于"记账凭证汇总表"工作表，在第 11 章中介绍了使用"记账凭证汇总表"编制科目汇总表、总分类账表、明细账表等。因此要编制资产负债表、利润表、现金流量表，需要先复制"日记账"工作簿，此处复制 11.3 节中的"日记账"工作簿，然后将工作簿重命名为"编制财务报表"，其中包含 3 张工作表，如图 12-1 所示。

图 12-2

❷ 选中标题，在"开始"选项卡的"字体"组中单击 按钮（见图 12-3），打开"设置单元格格式"对话框，在"下划线"下拉列表中选择"会计用单下划线"（见图 12-4），即可为标题添加下画线，如图 12-5 所示。

图 12-3

图 12-1

12.1.1 创建资产负债表

建立资产负债表需要规划好资产类项目与负债及所有者权益类项目，然后对表格中一些特殊行进行底纹标识，以提高表格的可读性。

❶ 打开工作簿，建立一张新工作表，将其命名为"资产负债表"，输入资产负债表的科目，并对表格进行边框和底纹的设置，达到如图 12-2 所示的醒目效果。

图 12-4

图 12-5

图 12-7

12.1.2 计算流动资产类科目的发生额

资产负债表中各个科目的数据来源于"总分类账"工作表，因此可以使用公式从"总分类账"中返回相应的数据。待公式建立完毕后，下个月建立资产负债表时只需要更新"总分类账"表格中的数据，资产负债表则可以自动生成。

❶ 计算"货币资金"科目。货币资金＝库存现金＋银行存款＋其他货币资金。分别在 C5 与 D5 单元格中输入公式：

=总分类账!C4+总分类账!C5+总分类账!C6

=总分类账!F4+总分类账!F5+总分类账!F6

求出"货币资金"科目的期初数和期末数，如图 12-6 所示。

图 12-6

❷ 计算"交易性金融资产"科目。分别在 C6 与 D6 单元格中输入公式：

=总分类账!C7

=总分类账!F7

求出"交易性金融资产"科目的期初数和期末数，如图 12-7 所示。

❸ 选中 C6:D6 单元格区域，拖动右下角的填充柄至 D8 单元格，可以得到"应收票据"和"应收账款"科目的期初数与期末数，如图 12-8 所示。

图 12-8

专家提示

如果资产负债表中几个连续显示的科目在"总分类账"工作表中也是连续显示的，如"交易性金融资产""应收票据""应收账款"在"总分类账"工作表中连续显示在 F7、F8、F9 单元格中，则在建立公式时，可以通过复制的办法实现公式的快速建立。

❹ 计算"坏账准备"科目。分别在 C9 与 D9 单元格中输入公式：

=ABS(总分类账!C13)

=ABS(总分类账!F13)

求出"坏账准备"科目的期初数和期末数，如图 12-9 所示。

图 12-9

专家提示

在"总分类账"工作表中，各会计科目的期末余额都是用借方金额减去贷方金额计算的，因此当一个会计科目在总账中为负值时，表示该科目的金额在贷方。为了在资产负债表中显示为正数，使用 ABS 函数进行了求绝对值处理。

❺ 计算"应收账款净额"科目。分别在 C10 与 D10 单元格中输入公式：

=C8-C9

=D8-D9

求出"应收账款净额"科目的期初数和期末数，如图 12-10 所示。

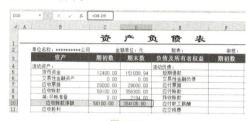

图 12-10

❻ 计算"应收股利"科目。分别在 C11 与 D11 单元格中输入公式：

＝总分类账 !C10

＝总分类账 !F10

求出"应收股利"科目的期初数和期末数，如图 12-11 所示。

图 12-11

❼ 选中 C11:D11 单元格区域，拖动右下角的填充柄至 D13 单元格，可以得到"应收利息"和"其他应收款"科目的期初数与期末数，如图 12-12 所示。

❽ 计算"存货"科目。存货＝材料采购＋库存商品。分别在 C14 与 D14 单元格中输入公式：

＝总分类账 !C14+ 总分类账 !C15

＝总分类账 !F14+ 总分类账 !F15

求出"存货"科目的期初数和期末数，如图 12-13 所示。

图 12-12

图 12-13

❾ 计算"持有待售资产"科目。分别在 C15 与 D15 单元格中输入公式：

＝总分类账 !C16

＝总分类账 !F16

求出"持有待售资产"科目的期初数和期末数，如图 12-14 所示。

图 12-14

❿ 计算"流动资产合计"金额。分别在 C16 与

D16 单元格中输入公式：

=SUM(C5:C7)+SUM(C10:C15)

=SUM(D5:D7)+SUM(D10:D15)

求出“流动资产合计”金额的期初数和期末数，如图 12-15 所示。

D16 | =SUM(D5:D7)+SUM(D10:D15)

	A	B	C	D	E
1		资 产 负 债 表			
2		单位名称：**********公司	金额单位：元		制表：
3		资产	期初数	期末数	负债及所有者权益
4		流动资产：			流动负债：
5		货币资金	12400.00	151038.94	短期借款
6		交易性金融资产	0.00	0.00	交易性金融负债
7		应收票据	28000.00	28000.00	应付票据
8		应收账款	58100.00	356300.00	应付账款
9		减：坏帐准备	0.00	2194.00	预收账款
10		应收账款净额	58100.00	354106.00	应付职工薪酬
11		应收股利	0.00	0.00	应交税费
12		应收利息	15000.00	15000.00	应付股利
13		其他应收款	0.00	-11480.00	其他应付款
14		存货	57750.00	-113950.00	其他流动负债
15		持有待售资产	0.00	0.00	
16		流动资产合计	171250.00	422714.94	流动负债合计
17		非流动资产：			非流动负债：

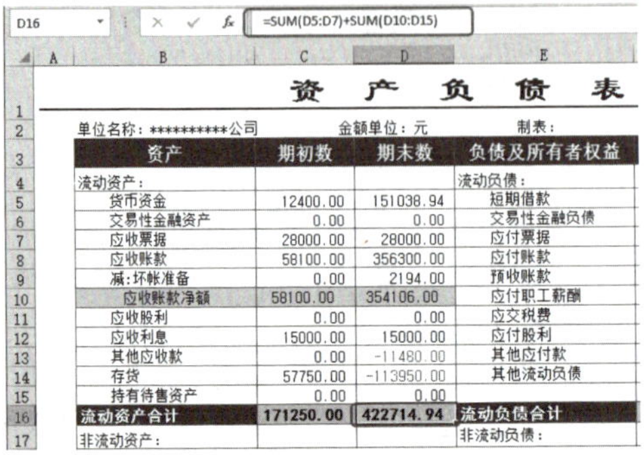

图 12-15

12.1.3 计算非流动资产类科目的发生额

❶ 计算“持有至到期投资”科目。分别在 C18 与 D18 单元格中输入公式：

=总分类账 !C17

=总分类账 !F17

求出“持有至到期投资”科目的期初数和期末数，如图 12-16 所示。

D18 | =总分类账!F17

	A	B	C	D	E
1		资 产 负 债 表			
2		单位名称：**********公司	金额单位：元		制表：
3		资产	期初数	期末数	负债及所有者权益
4		流动资产：			流动负债：
5		货币资金	12400.00	151038.94	短期借款
6		交易性金融资产	0.00	0.00	交易性金融负债
7		应收票据	28000.00	28000.00	应付票据
8		应收账款	58100.00	356300.00	应付账款
9		减：坏帐准备	0.00	2194.00	预收账款
10		应收账款净额	58100.00	354106.00	应付职工薪酬
11		应收股利	0.00	0.00	应交税费
12		应收利息	15000.00	15000.00	应付股利
13		其他应收款	0.00	-11480.00	其他应付款
14		存货	57750.00	-113950.00	其他流动负债
15		持有待售资产	0.00	0.00	
16		流动资产合计	171250.00	422714.94	流动负债合计
17		非流动资产：			非流动负债：
18		持有至到期投资	0.00	0.00	长期借款
19		可供出售金融资产			应付债券
20		长期股权投资			长期应付款
21		投资性房地产			预计负债

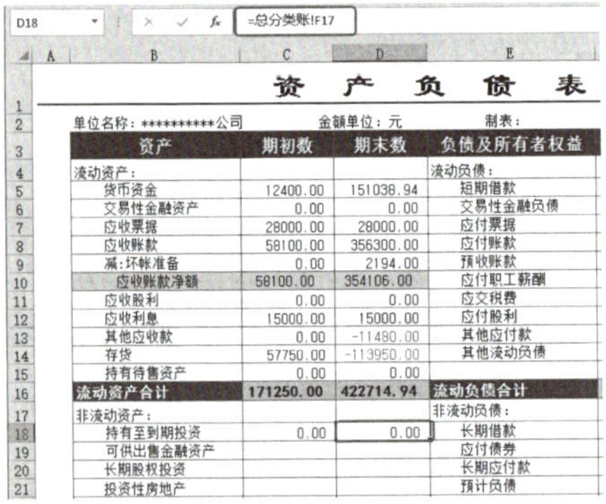

图 12-16

❷ 选中 C18:D18 单元格区域，拖动右下角的填充柄至 D22 单元格，可以得到“可供出售金融资产”“长期股权投资”“投资性房地产”“长期应收款”科目的期初数与期末数，如图 12-17 所示。

	A	B	C	D	E
1		资 产 负 债 表			
2		单位名称：**********公司	金额单位：元		制表：
3		资产	期初数	期末数	负债及所有者权益
4		流动资产：			流动负债：
5		货币资金	12400.00	151038.94	短期借款
6		交易性金融资产	0.00	0.00	交易性金融负债
7		应收票据	28000.00	28000.00	应付票据
8		应收账款	58100.00	356300.00	应付账款
9		减：坏帐准备	0.00	2194.00	预收账款
10		应收账款净额	58100.00	354106.00	应付职工薪酬
11		应收股利	0.00	0.00	应交税费
12		应收利息	15000.00	15000.00	应付股利
13		其他应收款	0.00	-11480.00	其他应付款
14		存货	57750.00	-113950.00	其他流动负债
15		持有待售资产	0.00	0.00	
16		流动资产合计	171250.00	422714.94	流动负债合计
17		非流动资产：			非流动负债：
18		持有至到期投资	0.00	0.00	长期借款
19		可供出售金融资产	0.00	0.00	应付债券
20		长期股权投资	0.00	0.00	长期应付款
21		投资性房地产	0.00	0.00	预计负债
22		长期应收款	0.00	0.00	递延所得税负债
23		非流动资产合计			非流动负债合计

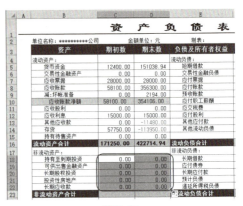

图 12-17

❸ 计算“非流动资产合计”金额。分别在 C23 与 D23 单元格中输入公式：

=SUM(C18:C22)

=SUM(D18:D22)

求出“流动资产合计”金额的期初数和期末数，如图 12-18 所示。

C23 | =SUM(C18:C22)

	A	B	C	D	E	F
1		资 产 负 债 表				
2		单位名称：**********公司	金额单位：元		制表：	审核：
3		资产	期初数	期末数	负债及所有者权益	期初数
4		流动资产：			流动负债：	
5		货币资金	12400.00	151038.94	短期借款	
6		交易性金融资产	0.00	0.00	交易性金融负债	
7		应收票据	28000.00	28000.00	应付票据	
8		应收账款	58100.00	356300.00	应付账款	
9		减：坏帐准备	0.00	2194.00	预收账款	
10		应收账款净额	58100.00	354106.00	应付职工薪酬	
11		应收股利	0.00	0.00	应交税费	
12		应收利息	15000.00	15000.00	应付股利	
13		其他应收款	0.00	-11480.00	其他应付款	
14		存货	57750.00	-113950.00	其他流动负债	
15		持有待售资产	0.00	0.00		
16		流动资产合计	171250.00	422714.94	流动负债合计	
17		非流动资产：			非流动负债：	
18		持有至到期投资	0.00	0.00	长期借款	
19		可供出售金融资产	0.00	0.00	应付债券	
20		长期股权投资	0.00	0.00	长期应付款	
21		投资性房地产	0.00	0.00	预计负债	
22		长期应收款	0.00	0.00	递延所得税负债	
23		非流动资产合计	0.00	0.00	非流动负债合计	
24		固定资产：			所有者权益：	

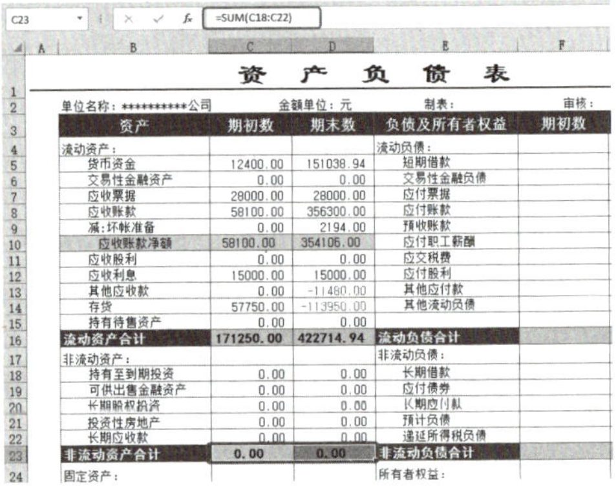

图 12-18

12.1.4 计算固定资产类科目的发生额

❶ 计算“固定资产原值”科目。分别在 C25 与 D25 单元格中输入公式：

=总分类账 !C22

=总分类账 !F22

求出“固定资产原值”科目的期初数和期末数，如图 12-19 所示。

❷ 计算“累计折旧”科目。分别在 C26 与 D26

单元格中输入公式：

=ABS(总分类账!C23)

=ABS(总分类账!F23)

求出“累计折旧”科目的期初数和期末数，如图 12-20 所示。

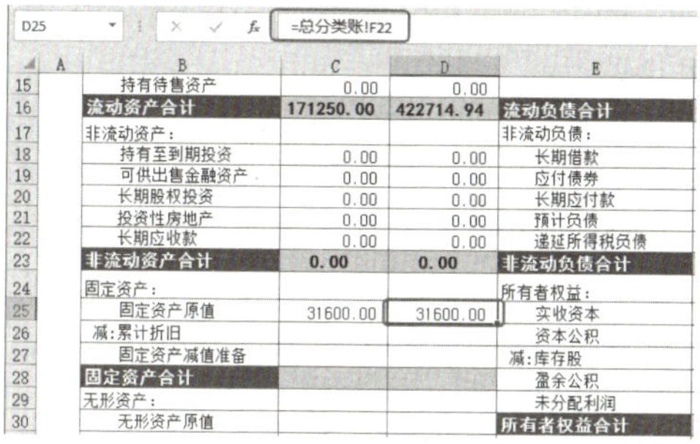

D25 | =总分类账!F22

行	B	C	D	E
15	持有待售资产	0.00	0.00	
16	流动资产合计	171250.00	422714.94	流动负债合计
17	非流动资产：			非流动负债：
18	持有至到期投资	0.00	0.00	长期借款
19	可供出售金融资产	0.00	0.00	应付债券
20	长期股权投资	0.00	0.00	长期应付款
21	投资性房地产	0.00	0.00	预计负债
22	长期应收款	0.00	0.00	递延所得税负债
23	非流动资产合计	0.00	0.00	非流动负债合计
24	固定资产：			所有者权益：
25	固定资产原值	31600.00	31600.00	实收资本
26	减：累计折旧			资本公积
27	固定资产减值准备			减：库存股
28	固定资产合计			盈余公积
29	无形资产：			未分配利润
30	无形资产原值			所有者权益合计

图 12-19

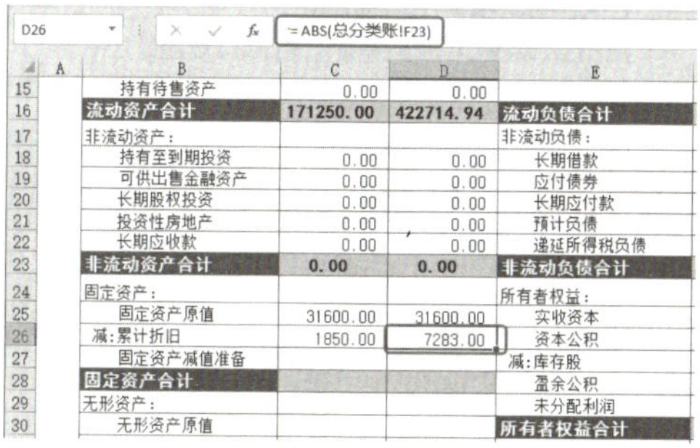

D26 | =ABS(总分类账!F23)

行	B	C	D	E
15	持有待售资产	0.00	0.00	
16	流动资产合计	171250.00	422714.94	流动负债合计
17	非流动资产：			非流动负债：
18	持有至到期投资	0.00	0.00	长期借款
19	可供出售金融资产	0.00	0.00	应付债券
20	长期股权投资	0.00	0.00	长期应付款
21	投资性房地产	0.00	0.00	预计负债
22	长期应收款	0.00	0.00	递延所得税负债
23	非流动资产合计	0.00	0.00	非流动负债合计
24	固定资产：			所有者权益：
25	固定资产原值	31600.00	31600.00	实收资本
26	减：累计折旧	1850.00	7283.00	资本公积
27	固定资产减值准备			减：库存股
28	固定资产合计			盈余公积
29	无形资产：			未分配利润
30	无形资产原值			所有者权益合计

图 12-20

❸计算“固定资产减值准备”科目。分别在 C27 与 D27 单元格中输入公式：

=ABS(总分类账!C24)

=ABS(总分类账!F24)

求出“固定资产减值准备”科目的期初数和期末数，如图 12-21 所示。

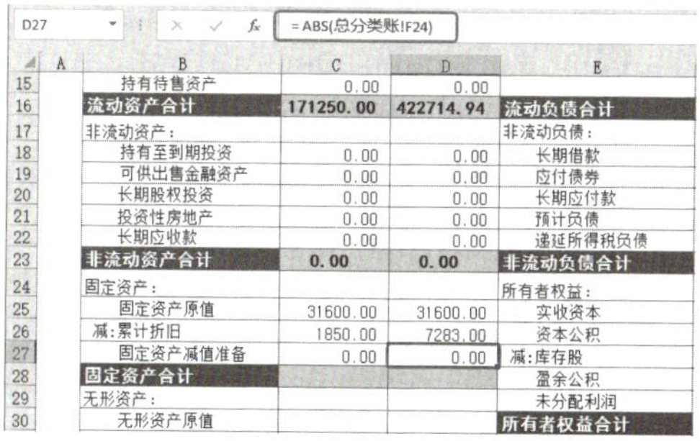

D27 | =ABS(总分类账!F24)

行	B	C	D	E
15	持有待售资产	0.00	0.00	
16	流动资产合计	171250.00	422714.94	流动负债合计
17	非流动资产：			非流动负债：
18	持有至到期投资	0.00	0.00	长期借款
19	可供出售金融资产	0.00	0.00	应付债券
20	长期股权投资	0.00	0.00	长期应付款
21	投资性房地产	0.00	0.00	预计负债
22	长期应收款	0.00	0.00	递延所得税负债
23	非流动资产合计	0.00	0.00	非流动负债合计
24	固定资产：			所有者权益：
25	固定资产原值	31600.00	31600.00	实收资本
26	减：累计折旧	1850.00	7283.00	资本公积
27	固定资产减值准备	0.00	0.00	减：库存股
28	固定资产合计			盈余公积
29	无形资产：			未分配利润
30	无形资产原值			所有者权益合计

图 12-21

❹计算“固定资产合计”金额。分别在 C28 与 D28 单元格中输入公式：

=C25-C26-C27

=D25-D26-D27

求出“固定资产合计”金额的期初数和期末数，如图 12-22 所示。

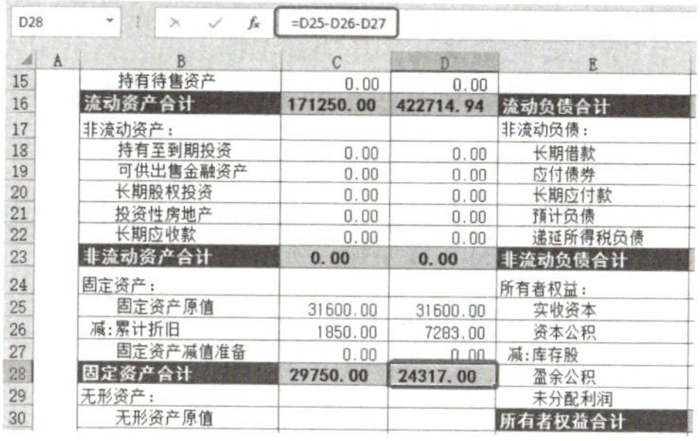

D28 | =D25-D26-D27

行	B	C	D	E
15	持有待售资产	0.00	0.00	
16	流动资产合计	171250.00	422714.94	流动负债合计
17	非流动资产：			非流动负债：
18	持有至到期投资	0.00	0.00	长期借款
19	可供出售金融资产	0.00	0.00	应付债券
20	长期股权投资	0.00	0.00	长期应付款
21	投资性房地产	0.00	0.00	预计负债
22	长期应收款	0.00	0.00	递延所得税负债
23	非流动资产合计	0.00	0.00	非流动负债合计
24	固定资产：			所有者权益：
25	固定资产原值	31600.00	31600.00	实收资本
26	减：累计折旧	1850.00	7283.00	资本公积
27	固定资产减值准备	0.00	0.00	减：库存股
28	固定资产合计	29750.00	24317.00	盈余公积
29	无形资产：			未分配利润
30	无形资产原值			所有者权益合计

图 12-22

12.1.5 计算无形资产类科目的发生额

❶计算“无形资产原值”科目。分别在 C30 与 D30 单元格中输入公式：

=总分类账!C25

=总分类账!F25

求出“无形资产原值”科目的期初数和期末数，如图 12-23 所示。

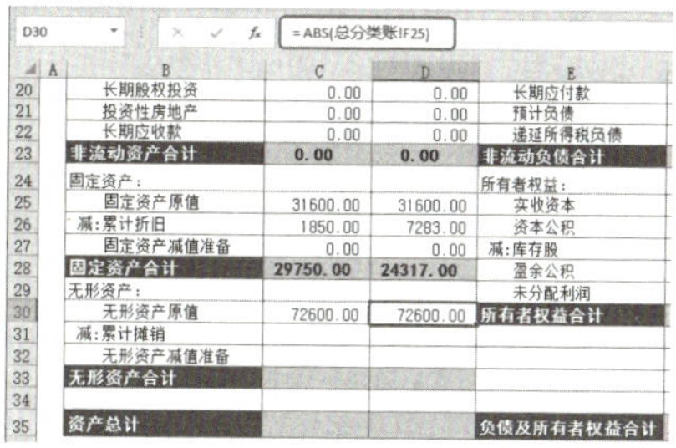

D30 | =ABS(总分类账!F25)

行	B	C	D	E
20	长期股权投资	0.00	0.00	长期应付款
21	投资性房地产	0.00	0.00	预计负债
22	长期应收款	0.00	0.00	递延所得税负债
23	非流动资产合计	0.00	0.00	非流动负债合计
24	固定资产：			所有者权益：
25	固定资产原值	31600.00	31600.00	实收资本
26	减：累计折旧	1850.00	7283.00	资本公积
27	固定资产减值准备	0.00	0.00	减：库存股
28	固定资产合计	29750.00	24317.00	盈余公积
29	无形资产：			未分配利润
30	无形资产原值	72600.00	72600.00	所有者权益合计
31	减：累计摊销			
32	无形资产减值准备			
33	无形资产合计			
34				
35	资产总计			负债及所有者权益合计

图 12-23

❷计算“累计摊销”科目。分别在 C31 与 D31 单元格中输入公式：

=ABS(总分类账!C26)

=ABS(总分类账!F26)

求出“累计摊销”科目的期初数和期末数，如图 12-24 所示。

D31 =ABS(总分类账!F26)

	A	B	C	D	E
20		长期股权投资	0.00	0.00	长期应付款
21		投资性房地产	0.00	0.00	预计负债
22		长期应收款	0.00	0.00	递延所得税负债
23		非流动资产合计	0.00	0.00	非流动负债合计
24		固定资产：			所有者权益：
25		固定资产原值	31600.00	31600.00	实收资本
26		减：累计折旧	1850.00	7283.00	资本公积
27		固定资产减值准备	0.00	0.00	减：库存股
28		固定资产合计	29750.00	24317.00	盈余公积
29		无形资产：			未分配利润
30		无形资产原值	72600.00	72600.00	所有者权益合计
31		减：累计摊销	1100.00	1100.00	
32		无形资产减值准备			
33		无形资产合计			
34					
35		资产总计			负债及所有者权益合计

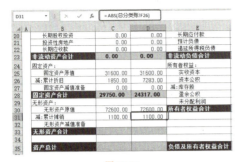

图 12-24

❸ 计算“无形资产减值准备”科目。分别在 C32 与 D32 单元格中输入公式：

=ABS(总分类账!C27)

=ABS(总分类账!F27)

求出“无形资产减值准备”科目的期初数和期末数，如图 12-25 所示。

D32 =ABS(总分类账!F27)

	A	B	C	D	E
20		长期股权投资	0.00	0.00	长期应付款
21		投资性房地产	0.00	0.00	预计负债
22		长期应收款	0.00	0.00	递延所得税负债
23		非流动资产合计	0.00	0.00	非流动负债合计
24		固定资产：			所有者权益：
25		固定资产原值	31600.00	31600.00	实收资本
26		减：累计折旧	1850.00	7283.00	资本公积
27		固定资产减值准备	0.00	0.00	减：库存股
28		固定资产合计	29750.00	24317.00	盈余公积
29		无形资产：			未分配利润
30		无形资产原值	72600.00	72600.00	所有者权益合计
31		减：累计摊销	1100.00	1100.00	
32		无形资产减值准备	390.00	390.00	
33		无形资产合计			
34					
35		资产总计			负债及所有者权益合计

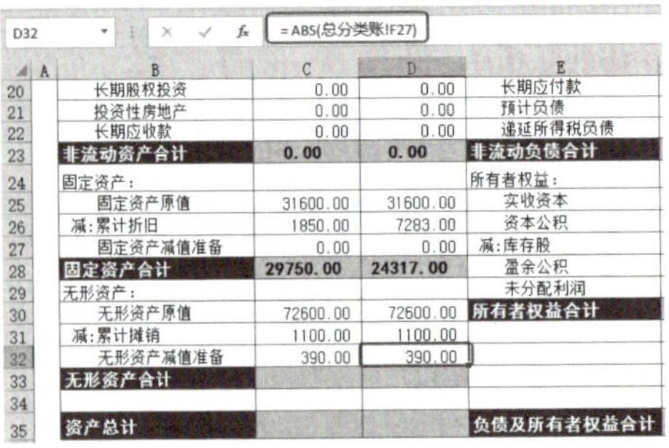

图 12-25

❹ 计算“无形资产合计”金额。分别在 C33 与 D33 单元格中输入公式：

=C30-C31-C32

=D30-D31-D32

求出“无形资产合计”金额的期初数和期末数，如图 12-26 所示。

D33 =D30-D31-D32

	A	B	C	D	E
20		长期股权投资	0.00	0.00	长期应付款
21		投资性房地产	0.00	0.00	预计负债
22		长期应收款	0.00	0.00	递延所得税负债
23		非流动资产合计	0.00	0.00	非流动负债合计
24		固定资产：			所有者权益：
25		固定资产原值	31600.00	31600.00	实收资本
26		减：累计折旧	1850.00	7283.00	资本公积
27		固定资产减值准备	0.00	0.00	减：库存股
28		固定资产合计	29750.00	24317.00	盈余公积
29		无形资产：			未分配利润
30		无形资产原值	72600.00	72600.00	所有者权益合计
31		减：累计摊销	1100.00	1100.00	
32		无形资产减值准备	390.00	390.00	
33		无形资产合计	71110.00	71110.00	
34					
35		资产总计			负债及所有者权益合计

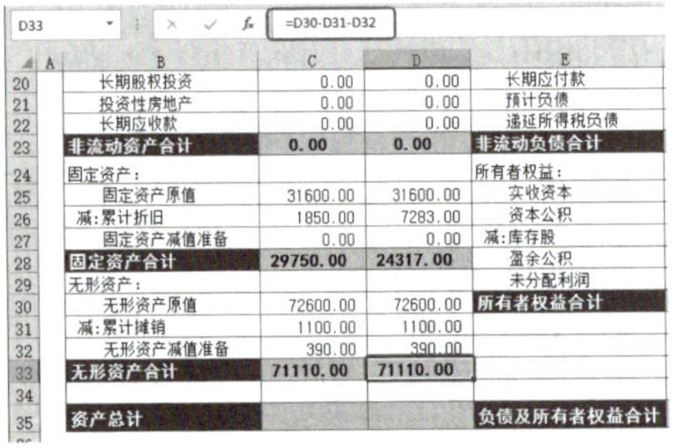

图 12-26

❺ 计算“资产总计”金额。资产总计＝流动资产合计＋非流动资产合计＋固定资产合计＋无形资产合计。分别在 C35 与 D35 单元格中输入公式：

=C16+C23+C28+C33

=D16+D23+D28+D33

求出“资产总计”金额的期初数和期末数，如图 12-27 所示。

D35 =D16+D23+D28+D33

	A	B	C	D	E	F
13		其他应收款	0.00	-11480.00	其他应付款	
14		存货	57750.00	-113950.00	其他流动负债	
15		持有待售资产	0.00	0.00		
16		流动资产合计	171250.00	422714.94	流动负债合计	
17		非流动资产：			非流动负债：	
18		持有至到期投资	0.00	0.00	长期借款	
19		可供出售金融资产	0.00	0.00	应付债券	
20		长期股权投资	0.00	0.00	长期应付款	
21		投资性房地产	0.00	0.00	预计负债	
22		长期应收款	0.00	0.00	递延所得税负债	
23		非流动资产合计	0.00	0.00	非流动负债合计	
24		固定资产：			所有者权益：	
25		固定资产原值	31600.00	31600.00	实收资本	
26		减：累计折旧	1850.00	7283.00	资本公积	
27		固定资产减值准备	0.00	0.00	减：库存股	
28		固定资产合计	29750.00	24317.00	盈余公积	
29		无形资产：			未分配利润	
30		无形资产原值	72600.00	72600.00	所有者权益合计	
31		减：累计摊销	1100.00	1100.00		
32		无形资产减值准备	390.00	390.00		
33		无形资产合计	71110.00	71110.00		
34						
35		资产总计	272110.00	518141.94	负债及所有者权益合计	

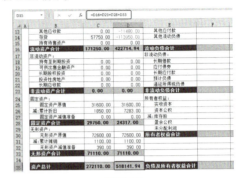

图 12-27

12.1.6 计算流动负债类科目的发生额

❶ 计算“短期借款”科目。分别在 F5 与 G5 单元格中输入公式：

=总分类账!C28

=总分类账!F28

求出“短期借款”科目的期初数和期末数，如图 12-28 所示。

G5 =总分类账!F28

	A	B	C	D	E	F	G
1		资　产　负　债　表					
2		单位名称：**********公司		金额单位：元	制表：	审核：	
3		资产	期初数	期末数	负债及所有者权益	期初数	期末数
4		流动资产：			流动负债：		
5		货币资金	12400.00	151038.94	短期借款	0.00	0.00
6		交易性金融资产	0.00	0.00	交易性金融负债		
7		应收票据	28000.00	28000.00	应付票据		
8		应收账款	58100.00	356300.00	应付账款		
9		减：坏帐准备	0.00	2194.00	预收账款		
10		应收账款净额	58100.00	354106.00	应付职工薪酬		
11		应收股利	0.00	0.00	应交税费		
12		应收利息	15000.00	15000.00	应付股利		
13		其他应收款	0.00	-11480.00	其他应付款		
14		存货	57750.00	-113950.00	其他流动负债		
15		持有待售资产	0.00	0.00			
16		流动资产合计	171250.00	422714.94	流动负债合计		

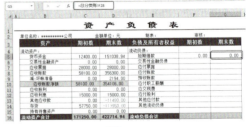

图 12-28

❷ 选中 F5:G5 单元格区域，拖动右下角的填充柄至 G14 单元格，可以得到“交易性金融负债”“应付票据”“应付账款”“预收账款”“应付职工薪酬”“应缴税费”“应付股利”“其他应付款”“其他流动负债”科目的期初数与期末数，如图 12-29 所示。

图 12-29

❸ 计算"流动负债合计"金额。分别在 F16 与 G16 单元格中输入公式：

=SUM(F5:F14)

=SUM(G5:G14)

求出"流动负债合计"金额的期初数和期末数，如图 12-30 所示。

图 12-30

12.1.7 计算非流动负债类科目的发生额

❶ 计算"长期借款"科目。分别在 F18 与 G18 单元格中输入公式：

=总分类账!C38

=总分类账!F38

求出"长期借款"科目的期初数和期末数，如图 12-31 所示。

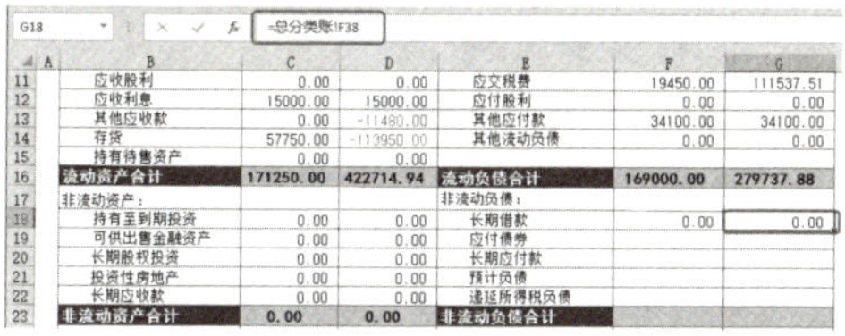

图 12-31

❷ 选中 F18:G18 单元格区域，拖动右下角的填充柄至 G22 单元格，可得到"应付债券""长期应

付款""预计负债""递延所得税负债"科目的期初数与期末数，如图 12-32 所示。

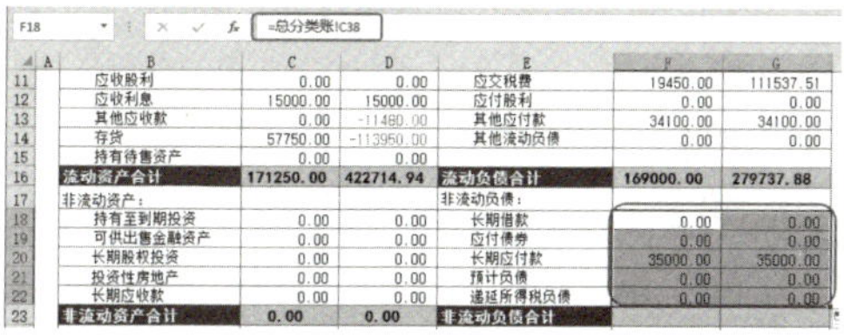

图 12-32

❸ 计算"非流动负债合计"金额。分别在 F23 与 G23 单元格中输入公式：

=SUM(F18:F22)

=SUM(G18:G22)

求出"非流动负债合计"金额的期初数和期末数，如图 12-33 所示。

图 12-33

12.1.8 计算所有者权益类科目的发生额

❶ 计算"实收资本"科目。分别在 F25 与 G25 单元格中输入公式：

=总分类账!C43

=总分类账!F43

求出"实收资本"科目的期初数和期末数，如图 12-34 所示。

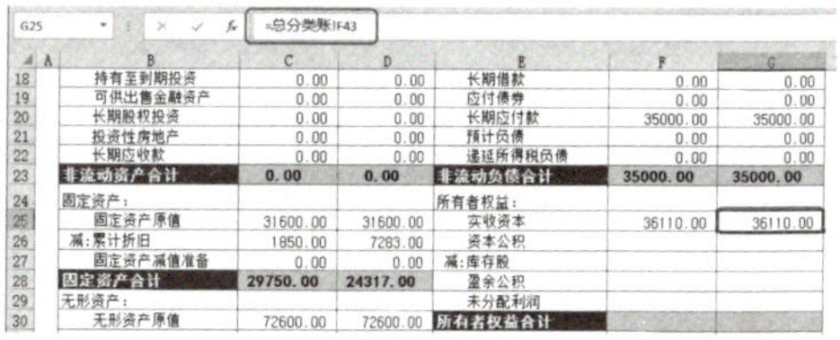

图 12-34

❷ 计算"资本公积"科目。分别在 F26 与 G26 单元格中输入公式：

=总分类账!C44

=总分类账!F44

求出"资本公积"科目的期初数和期末数，如图12-35所示。

=总分类账!F46

求出"未分配利润"科目的期初数和期末数，如图12-38所示。

图12-38

图12-35

❸ 计算"库存股"科目。分别在F27与G27单元格中输入公式：

=ABS(总分类账!C48)

=ABS(总分类账!F48)

求出"库存股"科目的期初数和期末数，如图12-36所示。

❻ 计算"所有者权益合计"金额。分别在F30与G30单元格中输入公式：

=SUM(F25:F29)

=SUM(G25:G29)

求出"所有者权益合计"金额的期初数和期末数，如图12-39所示。

图12-39

❹ 计算"盈余公积"科目。分别在F28与G28单元格中输入公式：

=总分类账!C45

=总分类账!F45

求出"盈余公积"科目的期初数和期末数，如图12-37所示。

❼ 计算"负债及所有者权益合计"金额。负债及所有者权益合计=流动负债合计+非流动负债合计+所有者权益合计。分别在F35与G35单元格中输入公式：

=F16+F23+F30

=G16+G23+G30

求出"负债及所有者权益合计"金额的期初数和期末数，如图12-40所示。

图12-37

❺ 计算"未分配利润"科目。因本年利润尚未进行分配，因此未分配利润就是本年利润。分别在F29与G29单元格中输入公式：

=总分类账!C46

> **专家提示**
>
> 根据会计恒等式"资产=负债+所有者权益"，可以判断资产负债表是否平衡。在建立完成的资产负债表中可以看到C35=F35、D35=G35，表示此表正确无误。如果出现了不平衡情况，则应该查询记账凭证和总分类账中的数据并进行复核。

图 12-40

12.2 利润表

利润表主要提供企业经营成果方面的信息。利润表可以反映企业在一定会计期间的收入实现情况，包括主营业务收入、其他业务收入、投资收益、营业外收入等；也可以反映在一定会计期间的费用耗费情况，即耗费的主营业务成本、主营业务税金、营业费用、管理费用、财务费用、营业外支出等；还可以反映企业生产经营活动的成果，即净利润的实现情况，据以判断资本保值、增值情况。

12.2.1 创建利润表

利润表中各个科目的数据来源于"总分类账"工作表，因此可以使用公式从"总分类账"表格中返回相应的数据。

建立一张新工作表，并将工作表命名为"利润表"，输入标题和相应的标识，并通过底纹的设置提升表格的可视化效果，如图 12-41 所示。

图 12-41

12.2.2 根据总分类账填制利润表

利润表中的数据可以使用 SUMIF 函数从"总分类账"表中计算得到。

❶ 计算主营业务收入。选中 D4 单元格，在编辑栏中输入公式：

=SUMIF(总分类账!A4:A62,6001,总分类账!E4:E62)

按 Enter 键返回主营业务收入，如图 12-42 所示。

图 12-42

❷ 计算主营业务收入中包含的成本科目的金额。

计算主营业务成本。选中 D5 单元格，在编辑栏中输入公式：

=SUMIF(总 分 类 账 !A4:A62,6401, 总 分 类账 !D4:D62)

按 Enter 键返回主营业务成本，如图 12-43 所示。

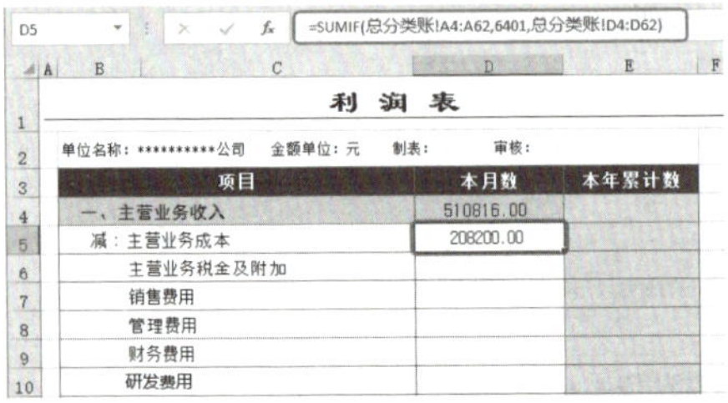
D5 =SUMIF(总分类账!A4:A62,6401,总分类账!D4:D62)

利 润 表

单位名称：**********公司 金额单位：元 制表： 审核：

项目	本月数	本年累计数
一、主营业务收入	510816.00	
减：主营业务成本	208200.00	
主营业务税金及附加		
销售费用		
管理费用		
财务费用		
研发费用		

图 12-43

计算主营业务税金及附加。选中 D6 单元格，在编辑栏中输入公式：

=SUMIF(总 分 类 账 !A4:A62,6405, 总 分 类账 !D4:D62)

按 Enter 键返回主营业务税金及附加，如图 12-44 所示。

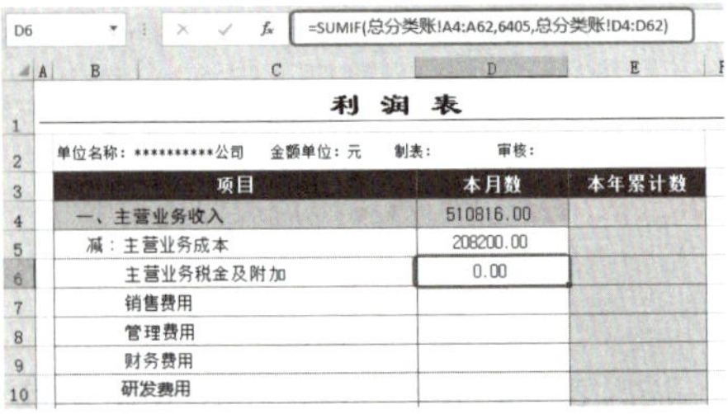
D6 =SUMIF(总分类账!A4:A62,6405,总分类账!D4:D62)

利 润 表

单位名称：**********公司 金额单位：元 制表： 审核：

项目	本月数	本年累计数
一、主营业务收入	510816.00	
减：主营业务成本	208200.00	
主营业务税金及附加	0.00	
销售费用		
管理费用		
财务费用		
研发费用		

图 12-44

计算销售费用。选中 D7 单元格，在编辑栏中输入公式：

=SUMIF(总 分 类 账 !A4:A62,6601, 总 分 类账 !D4:D62)

按 Enter 键返回销售费用，如图 12-45 所示。

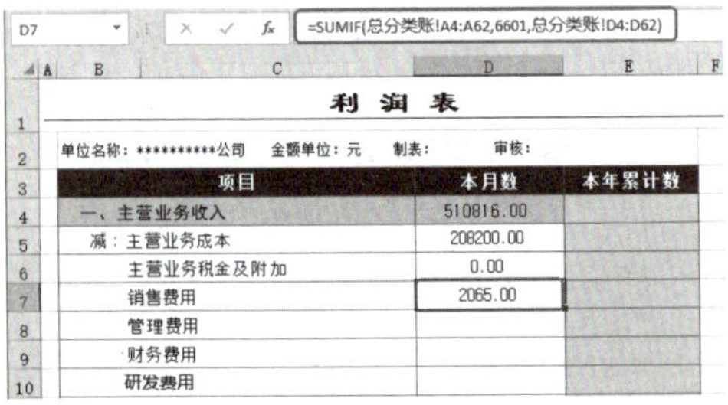
D7 =SUMIF(总分类账!A4:A62,6601,总分类账!D4:D62)

利 润 表

单位名称：**********公司 金额单位：元 制表： 审核：

项目	本月数	本年累计数
一、主营业务收入	510816.00	
减：主营业务成本	208200.00	
主营业务税金及附加	0.00	
销售费用	2065.00	
管理费用		
财务费用		
研发费用		

图 12-45

计算管理费用。选中 D8 单元格，在编辑栏中输入公式：

=SUMIF(总 分 类 账 !A4:A62,6602, 总 分 类账 !D4:D62)

按 Enter 键返回管理费用，如图 12-46 所示。

D8 =SUMIF(总分类账!A4:A62,6602,总分类账!D4:D62)

利 润 表

单位名称：**********公司 金额单位：元 制表： 审核：

项目	本月数	本年累计数
一、主营业务收入	510816.00	
减：主营业务成本	208200.00	
主营业务税金及附加	0.00	
销售费用	2065.00	
管理费用	129267.94	
财务费用		
研发费用		

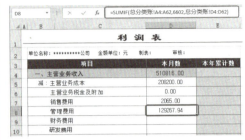

图 12-46

计算财务费用。选中 D9 单元格，在编辑栏中输入公式：

=SUMIF(总 分 类 账 !A4:A62,6603, 总 分 类账 !D4:D62)

按 Enter 键返回财务费用，如图 12-47 所示。

D9 =SUMIF(总分类账!A4:A62,6603,总分类账!D4:D62)

利 润 表

单位名称：**********公司 金额单位：元 制表： 审核：

项目	本月数	本年累计数
一、主营业务收入	510816.00	
减：主营业务成本	208200.00	
主营业务税金及附加	0.00	
销售费用	2065.00	
管理费用	129267.94	
财务费用	2165.50	
研发费用		

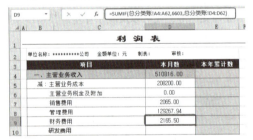

图 12-47

专家提示

如果涉及“研发费用”和“其他收益”科目，可以按相同的方法，使用 SUMIF 函数从“总分类账”中返回得到。

❸ 计算主营业务利润。选中 D12 单元格，在编辑栏中输入公式：

=D4-D5-D6-D7-D8-D9

按 Enter 键返回主营业务利润，如图 12-48 所示。

❹ 计算其他业务利润。选中 D13 单元格，在编辑栏中输入公式：

=SUMIF(总 分 类 账 !A4:A62,6051, 总 分 类账 !E4:E62)

按 Enter 键返回其他业务利润，如图 12-49 所示。

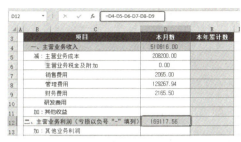

D12　=D4-D5-D6-D7-D8-D9

	项目	本月数	本年累计数
4	一、主营业务收入	510816.00	
5	减：主营业务成本	208200.00	
6	主营业务税金及附加	0.00	
7	销售费用	2065.00	
8	管理费用	129267.94	
9	财务费用	2165.50	
10	研发费用		
11	加：其他收益		
12	二、主营业务利润（亏损以负号"-"填列）	169117.56	
13	加：其他业务利润		

图 12-48

D13　=SUMIF(总分类账!A4:A62,6051,总分类账!E4:E62)

	项目	本月数	本年累计数
4	一、主营业务收入	510816.00	
5	减：主营业务成本	208200.00	
6	主营业务税金及附加	0.00	
7	销售费用	2065.00	
8	管理费用	129267.94	
9	财务费用	2165.50	
10	研发费用		
11	加：其他收益		
12	二、主营业务利润（亏损以负号"-"填列）	169117.56	
13	加：其他业务利润	0.00	
14	三、营业利润（亏损以负号"-"填列）		

图 12-49

❺ 计算营业利润。选中 D14 单元格，在编辑栏中输入公式：

=D12+D13

按 Enter 键返回营业利润，如图 12-50 所示。

D14　=D12+D13

	项目	本月数	本年累计数
4	一、主营业务收入	510816.00	
5	减：主营业务成本	208200.00	
6	主营业务税金及附加	0.00	
7	销售费用	2065.00	
8	管理费用	129267.94	
9	财务费用	2165.50	
10	研发费用		
11	加：其他收益		
12	二、营业务利润（亏损以负号"-"填列）	169117.56	
13	加：其他业务利润	0.00	
14	三、营业利润（亏损以负号"-"填列）	169117.56	
15	加：投资收益（亏损以负号"-"填列）		

图 12-50

❻ 计算投资收益。选中 D15 单元格，在编辑栏中输入公式：

=SUMIF(总分类账!$A$4:$A$62,6111,总分类账!$E$4:$E$62)

按 Enter 键返回投资收益，如图 12-51 所示。

❼ 计算利润总额。选中 D19 单元格，在编辑栏中输入公式：

=D14+D15+D16+D17-D18

按 Enter 键返回利润总额，如图 12-52 所示。

D15　=SUMIF(总分类账!$A$4:$A$62,6111,总分类账!$E$4:$E$62)

	项目	本月数	本年累计数
4	一、主营业务收入	510816.00	
5	减：主营业务成本	208200.00	
6	主营业务税金及附加	0.00	
7	销售费用	2065.00	
8	管理费用	129267.94	
9	财务费用	2165.50	
10	研发费用		
11	加：其他收益		
12	二、主营业务利润（亏损以负号"-"填列）	169117.56	
13	加：其他业务利润	0.00	
14	三、营业利润（亏损以负号"-"填列）	169117.56	
15	加：投资收益（亏损以负号"-"填列）	0.00	

图 12-51

D19　=D14+D15+D16+D17-D18

10	研发费用		
11	加：其他收益		
12	二、主营业务利润（亏损以负号"-"填列）	169117.56	
13	加：其他业务利润	0.00	
14	三、营业利润（亏损以负号"-"填列）	169117.56	
15	加：投资收益（亏损以负号"-"填列）	0.00	
16	补贴收入	0.00	
17	营业外收入	0.00	
18	减：营业外支出	0.00	
19	四、利润总额（亏损以负号"-"填列）	169117.56	
20	减：所得税费用		
21	五、净利润		

图 12-52

❽ 计算所得税费用。选中 D20 单元格，在编辑栏中输入公式：

=SUMIF(总分类账!$A$4:$A$62,6801,总分类账!$E$4:$E$62)

按 Enter 键返回所得税费用，如图 12-53 所示。

D20　=SUMIF(总分类账!$A$4:$A$62,6801,总分类账!$E$4:$E$62)

10	研发费用		
11	加：其他收益		
12	二、主营业务利润（亏损以负号"-"填列）	169117.56	
13	加：其他业务利润	0.00	
14	三、营业利润（亏损以负号"-"填列）	169117.56	
15	加：投资收益（亏损以负号"-"填列）	0.00	
16	补贴收入	0.00	
17	营业外收入	0.00	
18	减：营业外支出	0.00	
19	四、利润总额（亏损以负号"-"填列）	169117.56	
20	减：所得税费用	33823.51	
21	五、净利润		

图 12-53

❾ 计算净利润。选中 D21 单元格，在编辑栏中输入公式：

=D19-D20

按 Enter 键返回净利润，如图 12-54 所示。

❿ 计算"本年累计数"。本年累计数 = 上一期本年累计数 + 本期数。由于当前实例中未涉及上一期的累计数，因此本年累计数 = 本期数。选中 E4 单元格，在编辑栏中输入公式：

=D4

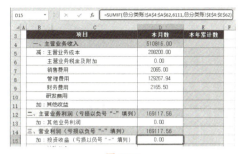

	B/C	D
10	研发费用	
11	加：其他收益	
12	二、主营业务利润（亏损以负号"-"填列）	169117.56
13	加：其他业务利润	0.00
14	三、营业利润（亏损以负号"-"填列）	169117.56
15	加：投资收益（亏损以负号"-"填列）	0.00
16	补贴收入	0.00
17	营业外收入	0.00
18	减：营业外支出	0.00
19	四、利润总额（亏损以负号"-"填列）	169117.56
20	减：所得税费用	33823.51
21	五、净利润	135294.05

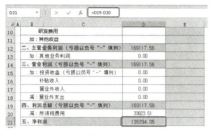

图 12-54

按 Enter 键返回第一条累计数，向下复制填充公式，返回所有项目的本年累计数，如图 12-55 所示。

利 润 表

单位名称：**********公司 金额单位：元 制表： 审核：

项目	本月数	本年累计数
一、主营业务收入	510816.00	510816.00
减：主营业务成本	208200.00	208200.00
主营业务税金及附加	0.00	0.00
销售费用	2065.00	2065.00
管理费用	129267.94	129267.94
财务费用	2165.50	2165.50
研发费用		0.00
加：其他收益		0.00
二、主营业务利润（亏损以负号"-"填列）	169117.56	169117.56
加：其他业务利润	0.00	0.00
三、营业利润（亏损以负号"-"填列）	169117.56	169117.56
加：投资收益（亏损以负号"-"填列）	0.00	0.00
补贴收入	0.00	0.00
营业外收入	0.00	0.00
减：营业外支出	0.00	0.00
四、利润总额（亏损以负号"-"填列）	169117.56	169117.56
减：所得税费用	33823.51	33823.51
五、净利润	135294.05	135294.05

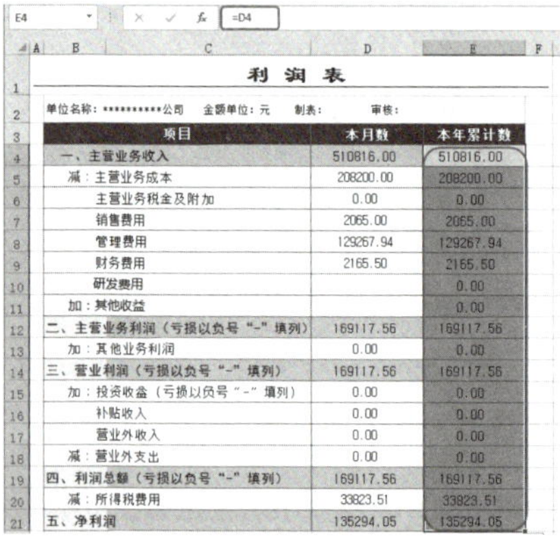

图 12-55

12.2.3 创建费用统计图表

如果想更加直观地查看利润表中的收入和费用数据，可以建立图表来分析利润表。

❶ 从利润表中提取关键标识与数据，建立起字段关系表。主要提取主营业务收入与成本两大项数据，如图 12-56 所示。

利 润 表

单位名称：**********公司 金额单位：元 制表： 审核：

项目	本月数	本年累计数
一、主营业务收入	510816.00	510816.00
减：主营业务成本	208200.00	208200.00
主营业务税金及附加	0.00	0.00
销售费用	2065.00	2065.00
管理费用	129267.94	129267.94
财务费用	2165.50	2165.50
研发费用		0.00
加：其他收益		0.00
二、主营业务利润（亏损以负号"-"填列）	169117.56	169117.56
加：其他业务利润	0.00	0.00
三、营业利润（亏损以负号"-"填列）	169117.56	169117.56
加：投资收益（亏损以负号"-"填列）	0.00	0.00
补贴收入	0.00	0.00
营业外收入	0.00	0.00
减：营业外支出	0.00	0.00
四、利润总额（亏损以负号"-"填列）	169117.56	169117.56
减：所得税费用	33823.51	33823.51
五、净利润	135294.05	135294.05

项目	项目	本月数
主营业务收入		510816.00
成本	主营业务成本	208200.00
	销售费用	2065.00
	管理费用	129267.94
	财务费用	2165.50

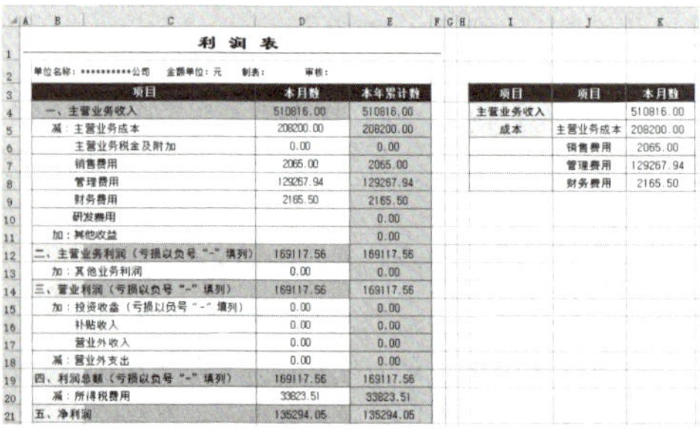

图 12-56

专家提示

组织图表的数据源时有一个注意要点，即要根据所选择的图表类型组织数据源。例如，本例中预备建立旭日图，它要求数据源按层次结构组织。

❷ 选中数据，在"插入"选项卡的"图表"组中单击"插入层次结构图表"下拉按钮，在下拉列表中选择"旭日图"（见图 12-57），此时即可插入图表，如图 12-58 所示。

项目	项目	本月数
主营业务收入		510816.00
成本	主营业务成本	208200.00
	销售费用	2065.00
	管理费用	129267.94
	财务费用	2165.50

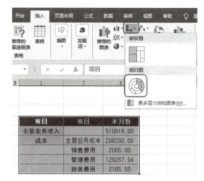

图 12-57

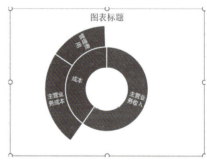

图 12-58

❸ 选中图表，单击右上方的✚按钮，在弹出的菜单中选择"数据标签"下的"其他数据标签选项"（见图 12-59），弹出"设置数据标签格式"窗格。

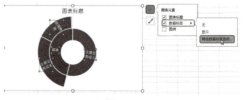

图 12-59

❹ 选中"类别名称"与"值"复选框，在"分隔符"下拉列表框中选择"逗号"（见图12-60），即可为图标添加类别名称和值，如图12-61所示。

"形状样式"组中单击"形状填充"按钮，在展开的列表中选择灰色作为图表区的填充颜色，如图12-64所示。

图 12-60

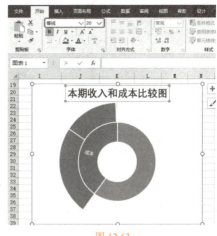

图 12-63

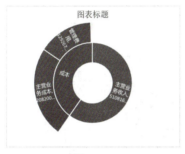

图 12-61

❺ 选中图表，单击图表右侧的"图表样式"按钮，在展开的列表中单击"颜色"标签，从列表中重新选择一种配图方案，如图12-62所示。

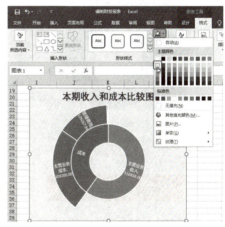

图 12-64

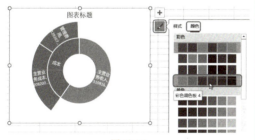

图 12-62

❻ 将光标定位到图表标题框，重新输入图表的标题，并在"开始"选项卡的"字体"组中重新设置字体与字号，如图12-63所示。其他文字格式需要重新设置时，也按相同的方法操作。

❼ 选中图表（注意是选中整个图表区，在图表边缘单击即可），在"图表工具-格式"选项卡的

❽ 由于在成本数据中，"销售费用"与"财务费用"两项数据金额较小，在圆环中所占的份额就比较小，因此在图表中无法正确显示其数据标签。此时可以手动为其添加数据标签。在"插入"选项卡的"插图"组中单击"形状"下拉按钮，在下拉列表中选择"标注：弯曲线形"图形，如图12-65所示，然后在图表中通过绘制添加图形，如图12-66所示。

❾ 在图形上右击，在弹出的快捷菜单中选择"编辑文字"命令，如图12-67所示。将光标定位于图形中，输入文字信息，如图12-68所示。

⑩ 按相同方法在另一图形上添加文字，图表最终效果如图12-69所示。

图 12-65

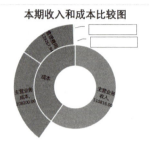
图 12-66

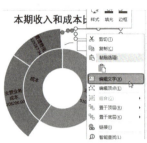
图 12-67

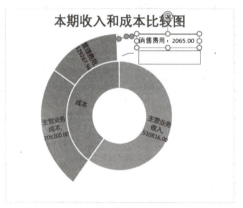
图 12-68

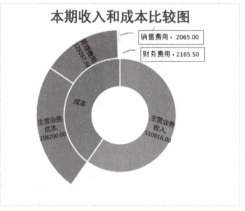
图 12-69

12.3 现金流量表

现金流量表是综合反映企业一定会计期间内现金来源和运用及其增减变动情况的报表。通过现金流量表可以概括反映经营活动、投资活动和筹资活动对企业现金流入、流出的影响，评价企业未来产生现金净流量和偿还债务、支付投资利润的能力，判断企业财务状况。

12.3.1 通过本期记账凭证汇总表确定现金流量分类

现金流量表只表现出产生现金变化的交易，因此首先可以在本期记账凭证汇总表中确定现金流量的分类。

1. 建立现金流量分类选择序列

① 切换到"记账凭证汇总表"，在K2单元格中输入"现金流量分类"辅助标识，然后在空白区域输入现金流量项目，如图12-70所示。

图 12-70

❷ 选中"现金流量分类"列单元格区域，在"数据"选项卡的"数据工具"组中单击"数据验证"按钮（见图 12-71），打开"数据验证"对话框。

❹ 设置完成后，选中"现金流量分类"列的任意单元格，则会出现下拉按钮，可以从中选择现金流量的分类，如图 12-73 所示。

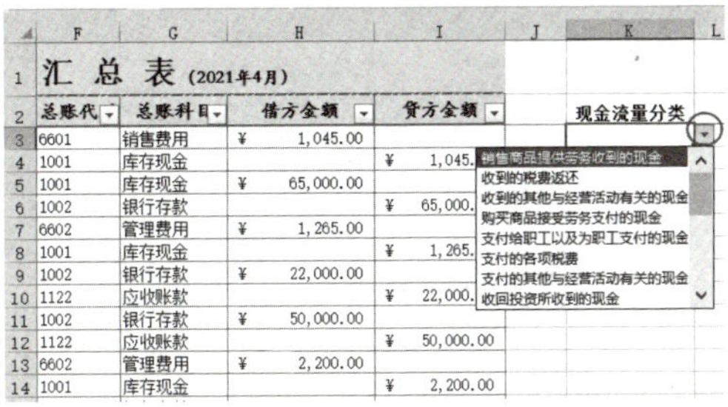

图 12-73

2. 选择现金流量分类

现金流量表只表现产生现金变化的交易，因此其总账科目为"银行存款"和"库存现金"。可以使用筛选功能将"记账凭证汇总表"中的"银行存款"和"库存现金"科目筛选出来，以方便对现金流量分类的填制。

❶ 在"记账凭证汇总表"中，选中任意单元格，切换到"数据"选项卡，在"排序和筛选"组中单击"筛选"按钮，如图 12-74 所示。

图 12-71

❸ 在"允许"下拉列表框中选择"序列"，在"来源"文本框中输入"=$M$3:$M$22"，如图 12-72 所示。

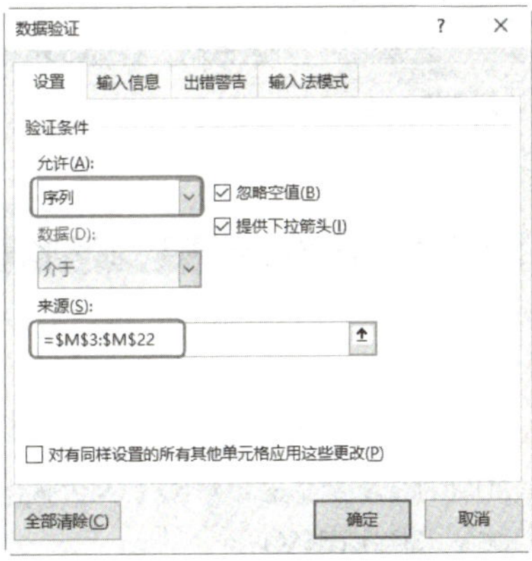

图 12-74

❷ 单击"总账科目"右侧的筛选按钮，选中"银行存款"与"库存现金"复选框，如图 12-75 所示。

❸ 单击"确定"按钮，得到的筛选结果如图 12-76 所示。

❹ 根据摘要信息从下拉列表中选择现金流量分类。例如，K4 单元格对应的摘要信息为"报销招待

图 12-72

费",其对应的现金流量分类应该为"支付的其他与经营活动有关的现金",因此选中K4单元格,在下拉列表中选择"支付的其他与经营活动有关的现金",如图12-77所示。

图12-79

12.3.2 根据本期记账凭证填制现金流量表

完成12.3.1节中的准备工作后,便可以建立现金流量表。

单击"插入工作表"按钮插入新工作表,并重命名为"本期现金流量表"。输入表格标题、表头信息,并输入现金流量表的各个项目。对建立的表格进行边框、特定区域底纹、文字字体、对齐方式等设置,效果如图12-80所示。

图12-75

图12-76

图12-77

再如,K9单元格对应的摘要信息为"收到欠款",其对应的现金流量分类应该为"借款所收到的现金",如图12-78所示。

图12-78

❺ 按相同的方法设置好所有现金流量的分类,如图12-79所示。

图12-80

1. 计算"经营活动产生的现金流量"

❶ 选中E5单元格,在编辑栏中输入公式:
=SUMIF(记账凭证汇总表!$K$3:$K$86,B5,记账凭证汇总表!$H$3:$H$86)

按Enter键即可从"记账凭证汇总表"工作表中

计算得到“销售商品提供劳务收到的现金”项目金额。选中 E5 单元格，向下复制公式到 E7 单元格，即可计算出“经营活动产生的现金流量”分类中其他现金流入项目的金额，如图 12-81 所示。

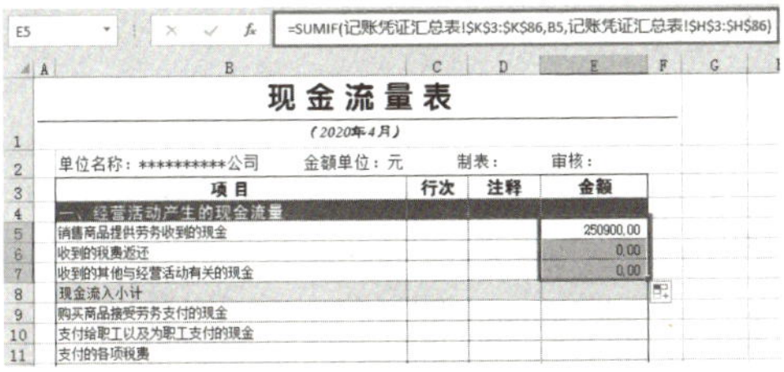
E5　=SUMIF(记账凭证汇总表!$K$3:$K$86,B5,记账凭证汇总表!$H$3:$H$86)

现金流量表（2020年4月）

单位名称：**********公司　金额单位：元　制表：　审核：

项目	行次	注释	金额
一、经营活动产生的现金流量			
销售商品提供劳务收到的现金			250900.00
收到的税费返还			0.00
收到的其他与经营活动有关的现金			0.00
现金流入小计			
购买商品接受劳务支付的现金			
支付给职工以及为职工支付的现金			
支付的各项税费			

图 12-81

专家提示

“=SUMIF(记账凭证汇总表!$K$3:$K$86,B5,记账凭证汇总表!$H$3:$H$86)”公式解析如下：

公式表示在“记账凭证汇总表!$K$3:$K$86”的 K 列中判断哪些单元格与 B5 中的项目一样，找到后将对应在 H 列上的值进行求和运算。“记账凭证汇总表”的 K 列为“现金流量分类”（12.3.1 节中建立的辅助列），H 列为“借方金额”。

❷选中 E8 单元格，在编辑栏中输入公式：

=SUM(E5:E7)

按 Enter 键即可计算出“经营活动产生的现金流量”分类中的“现金流入小计”，如图 12-82 所示。

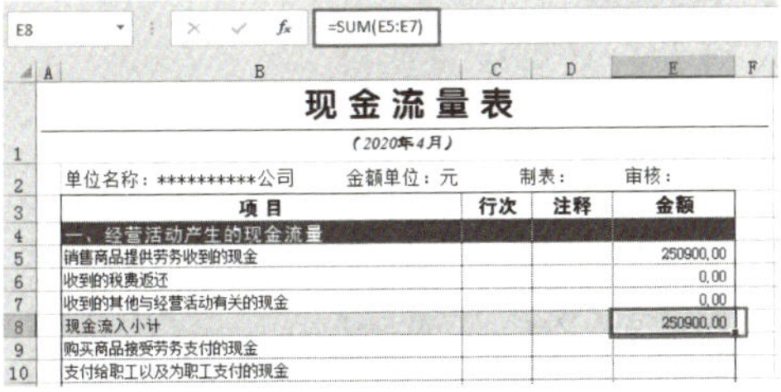
E8　=SUM(E5:E7)

现金流量表（2020年4月）

单位名称：**********公司　金额单位：元　制表：　审核：

项目	行次	注释	金额
一、经营活动产生的现金流量			
销售商品提供劳务收到的现金			250900.00
收到的税费返还			0.00
收到的其他与经营活动有关的现金			0.00
现金流入小计			250900.00
购买商品接受劳务支付的现金			
支付给职工以及为职工支付的现金			

图 12-82

❸选中 E9 单元格，在编辑栏中输入公式：

=SUMIF(记账凭证汇总表!$K$3:$K$86,B9,记账凭证汇总表!$I$3:$I$86)

按 Enter 键即可从“记账凭证汇总表”工作表中计算得到“购买商品接受劳务支付的现金”项目的金额。选中 E9 单元格，向下复制公式到 E12 单元格，即可计算出“经营活动产生的现金流量”分类中其他现金流出项目的金额，如图 12-83 所示。

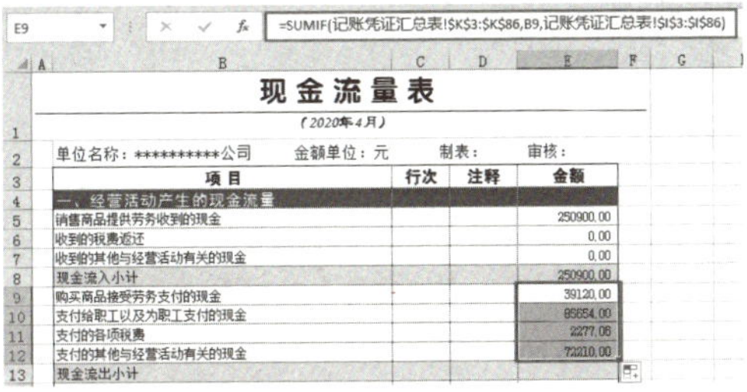
E9　=SUMIF(记账凭证汇总表!$K$3:$K$86,B9,记账凭证汇总表!$I$3:$I$86)

现金流量表（2020年4月）

单位名称：**********公司　金额单位：元　制表：　审核：

项目	行次	注释	金额
一、经营活动产生的现金流量			
销售商品提供劳务收到的现金			250900.00
收到的税费返还			0.00
收到的其他与经营活动有关的现金			0.00
现金流入小计			250900.00
购买商品接受劳务支付的现金			39120.00
支付给职工以及为职工支付的现金			85654.00
支付的各项税费			2277.06
支付的其他与经营活动有关的现金			72210.00
现金流出小计			

图 12-83

专家提示

使用 SUMIF 函数时，用于查找的区域一直是“记账凭证汇总表”的 K 列，这一列是通过辅助列建立的现金流量分类。在计算现金流入时，从“记账凭证汇总表”工作表的“借方金额”列（H 列）中得到；计算现金流出时，从“记账凭证汇总表”工作表的“贷方金额”列（I 列）中得到。

❹选中 E13 单元格，在编辑栏中输入公式：

=SUM(E9:E12)

按 Enter 键即可计算出“经营活动产生的现金流量”分类中的“现金流出小计”项目的金额，如图 12-84 所示。

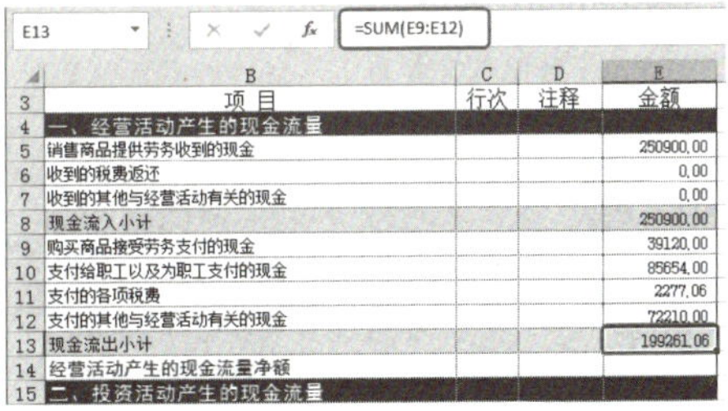
E13　=SUM(E9:E12)

项目	行次	注释	金额
一、经营活动产生的现金流量			
销售商品提供劳务收到的现金			250900.00
收到的税费返还			0.00
收到的其他与经营活动有关的现金			0.00
现金流入小计			250900.00
购买商品接受劳务支付的现金			39120.00
支付给职工以及为职工支付的现金			85654.00
支付的各项税费			2277.06
支付的其他与经营活动有关的现金			72210.00
现金流出小计			199261.06
经营活动产生的现金流量净额			
二、投资活动产生的现金流量			

图 12-84

❺选中 E14 单元格，在编辑栏中输入公式：

=E8-E13

按 Enter 键即可计算出“经营活动产生的现金流量净额”项目的金额，如图 12-85 所示。

图 12-85

2. 计算"投资活动产生的现金流量"

❶ 选中 E16 单元格，在编辑栏中输入公式：

=SUMIF(记账凭证汇总表 !$K$3:$K$86,B16, 记账凭证汇总表 !$H$3:$H$86)

按 Enter 键即可从"记账凭证汇总表"工作表中计算得到"收回投资所收到的现金"项目的金额。选中 E16 单元格，向下复制公式到 E19 单元格，即可计算出"投资活动产生的现金流量"分类中其他现金流入项目的金额，如图 12-86 所示。

图 12-86

❷ 选中 E20 单元格，在编辑栏中输入公式：

=SUM(E16:E19)

按 Enter 键即可计算出"现金流入小计"项目的金额，如图 12-87 所示。

图 12-87

❸ 选中 E21 单元格，在编辑栏中输入公式：

=SUMIF(记账凭证汇总表 !$K$3:$K$86,B21, 记账凭证汇总表 !$I$3:$I$86)

按 Enter 键即可从"记账凭证汇总表"工作表中计算得到"购建固定资产无形资产和其他长期资产所支付的现金"项目金额。选中 E21 单元格，向下复制公式到 E23 单元格，即可得到"投资活动产生的现金流量"分类中所有现金流出项目金额，如图 12-88 所示。

图 12-88

❹ 选中 E24 单元格，在编辑栏中输入公式：

=SUM(E21:E23)

按 Enter 键即可计算出"投资活动产生的现金流量"分类中"现金流出小计"项目的金额，如图 12-89 所示。

图 12-89

❺ 选中 E25 单元格，在编辑栏中输入公式：

=E20-E24

按 Enter 键即可计算出"投资活动产生的现金流量净额"，如图 12-90 所示。

图 12-90

❻ 按相同的方法计算出其他分类中各项目的现金流量金额。计算时都是使用 SUMIF 函数实现，计算现金流入时，从"记账凭证汇总表"工作表的"借

方金额"列中得到；计算现金流出时，从"记账凭证汇总表"工作表的"贷方金额"列中得到。

❼ 选中 E37 单元格，在编辑栏中输入公式：

=E14+E25+E35+E36

按 Enter 键，即可计算出"现金及现金等价物净增加额"，如图 12-91 所示。

图 12-91

12.4 ▶ 打印财务报表

财务报表建立完成后，一般需要进行打印输出，以便用于分析企业的资产情况，掌握企业的盈亏状况等。为了让打印出的报表既实用又美观，在打印报表之前一般需要进行页面设置。例如，如图 12-92 所示的资产负债表比较宽，横向跨度大，如果采用默认的"纵向"方向，则会有较大一部分无法打印出来。

图 12-92

❶ 选择"文件"选项卡，在展开的列表中选择"打印"命令，可以预览打印的效果（部分未显示），如图 12-93 所示。

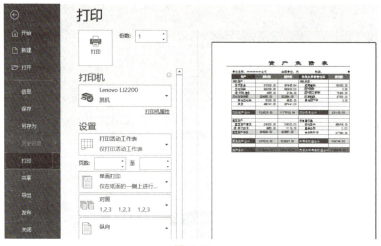

图 12-93

❷ 在预览区域左边设置打印方向为"横向",如图 12-94 所示。

❸ 单击"页面设置"超链接,在弹出的"页面设置"对话框中选择"页边距"选项卡,选中"水平"和"垂直"复选框,如图 12-95 所示,单击"确定"按钮,即可完整打印报表。

图 12-94

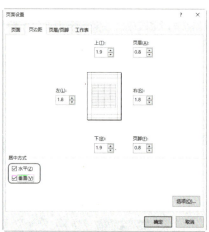

图 12-95

第13章 财务分析

财务分析是以企业的财务报表和其他资料为依据和起点,对企业的财务状况、经营成果、财务信用、财务风险和财务总体情况进行分析和评价。财务分析结果可以为企业的经营者、投资者、债权人做出正确的决策提供准确的信息和依据。

- ☑ 变现能力比率分析
- ☑ 资产管理比率分析
- ☑ 负债比率分析
- ☑ 盈力能力比率分析
- ☑ 财务比较分析

13.1 财务比率分析

财务比率分析是对财务报表中的有关项目进行对比而得出一系列的财务比率，其计算数据都来自于本期的利润表与资产负债表。对财务比率进行分析，可以了解企业的财务现状和经营中存在的问题。

13.1.1 创建财务比率分析表

财务比率分析表主要包括变现能力比率、资产管理比率、负债比率和盈利能力比率 4 种指标项目。当建立了本期的资产负债表与利润表后，则可以对财务比率进行分析。

❶ 插入一个工作表，并将其命名为“财务比率分析表”（注意当前工作簿中应包含资产负债表与利润表）。输入分析标识并为表格设置格式，如图 13-1 所示。

	A	B	C	D
1	财务比率分析			
2	变现能力比率（短期偿债能力比率）		负债比率（长期偿债能力比率）	
3	流动比率		资产负债率	
4	速动比率		产权比率	
5			有形净值债务率	
6			获取利息倍数	
7	资产管理比率（营运效率比率）		盈利能力比率	
8	存货周转率		销售毛利率	
9	存货周转天数		销售净利率	
10	应收账款周转率		资产报酬率	
11	应收账款周转天数		股东权益报酬率	
12				

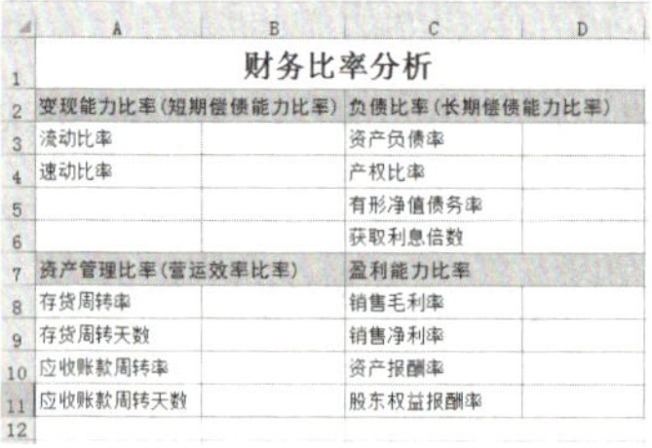

图 13-1

❷ 选中标题，在“开始”选项卡的“字体”组中单击 按钮（见图 13-2），打开“设置单元格格式”对话框，在“下划线”下拉列表框中选择“会计用单下划线”（见图 13-3），即可为标题添加下画线，如图 13-4 所示。

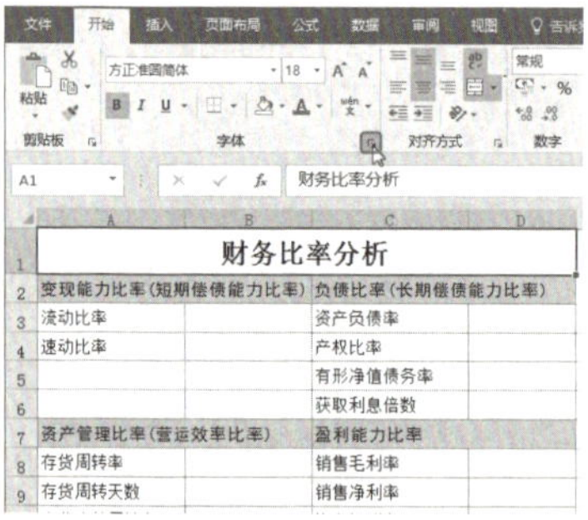

图 13-2

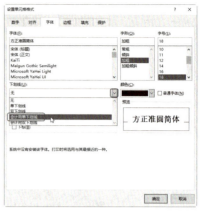

图 13-3

	A	B	C	D
1	财务比率分析			
2	变现能力比率（短期偿债能力比率）		负债比率（长期偿债能力比率）	
3	流动比率		资产负债率	
4	速动比率		产权比率	
5			有形净值债务率	
6			获取利息倍数	
7	资产管理比率（营运效率比率）		盈利能力比率	
8	存货周转率		销售毛利率	
9	存货周转天数		销售净利率	
10	应收账款周转率		资产报酬率	
11	应收账款周转天数		股东权益报酬率	
12				
13				
14				

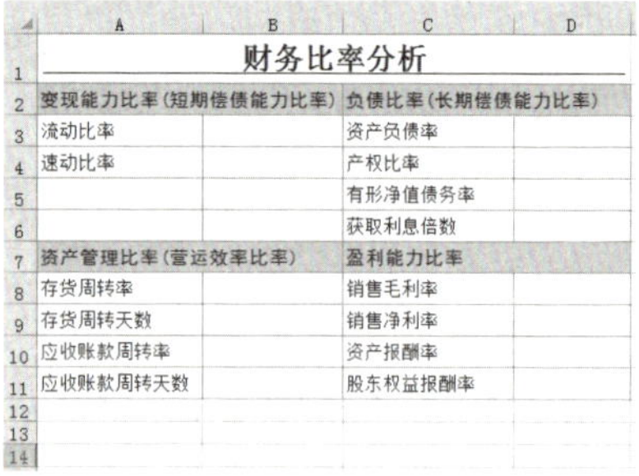

图 13-4

13.1.2 计算变现能力比率

变现能力比率又称短期偿债能力比率，反映企业产生现金的能力。它取决于可以在近期转变为现金的流动资产的多少。反映变现能力的比率指标主要包括流动比率和速动比率两种。

1. 流动比率

流动比率是流动资产与流动负债的比值，它是衡量企业短期偿债能力的一个重要指标。其计算公式为：

流动比率 = 流动资产 ÷ 流动负债

一般来说，流动比率为 2（即 2 ∶ 1）比较合理。如果比率过低，则表明该企业可能会出现债务问题；如果比率过高，则表明该企业的资金未得到有效利用。

2. 速动比率

速动比率是扣除存货后的流动资产与流动负债的比值，它比流动比率更能表明企业的偿债能力。其计算公式为：

速动比率 =（流动资产 - 存货）÷ 流动负债

一般来说，速动比率为 1（即 1 : 1）比较合理。如果比率过低，则表明该企业的偿债能力偏低；如果比率过高，则表明该企业的资金未得到有效利用。

计算变现能力比率指标的具体步骤如下。

❶ 计算流动比率。流动比率 = 流动资产 ÷ 流动负债。在 B3 单元格中输入公式：

=资产负债表!D16/资产负债表!G16

按 Enter 键即可得出流动比率，如图 13-5 所示。

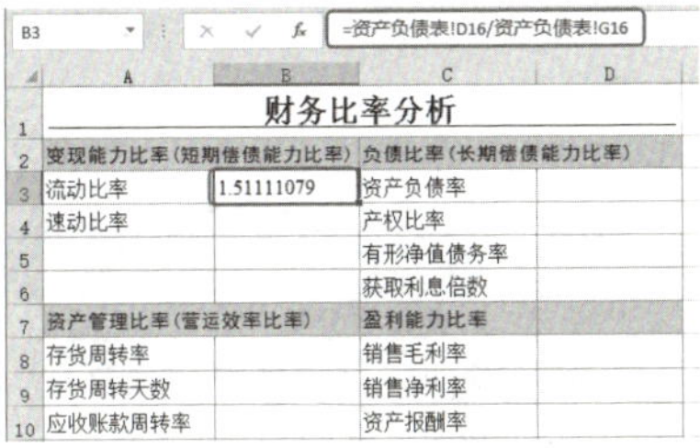

B3 =资产负债表!D16/资产负债表!G16

	A	B	C	D
1	财务比率分析			
2	变现能力比率（短期偿债能力比率）		负债比率（长期偿债能力比率）	
3	流动比率	1.51111079	资产负债率	
4	速动比率		产权比率	
5			有形净值债务率	
6			获取利息倍数	
7	资产管理比率（营运效率比率）		盈利能力比率	
8	存货周转率		销售毛利率	
9	存货周转天数		销售净利率	
10	应收账款周转率		资产报酬率	

图 13-5

❷ 计算速动比率。速动比率 =（流动资产 - 存货）÷ 流动负债。在 B4 单元格中输入公式：

=(资产负债表!D16-资产负债表!D14)/资产负债表!G16

按 Enter 键即可得出速动比率，如图 13-6 所示。

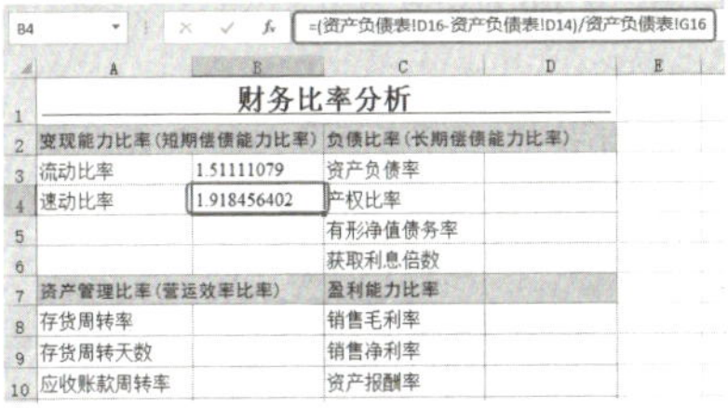

B4 =(资产负债表!D16-资产负债表!D14)/资产负债表!G16

	A	B	C	D	E
1	财务比率分析				
2	变现能力比率（短期偿债能力比率）		负债比率（长期偿债能力比率）		
3	流动比率	1.51111079	资产负债率		
4	速动比率	1.918456402	产权比率		
5			有形净值债务率		
6			获取利息倍数		
7	资产管理比率（营运效率比率）		盈利能力比率		
8	存货周转率		销售毛利率		
9	存货周转天数		销售净利率		
10	应收账款周转率		资产报酬率		

图 13-6

13.1.3 计算资产管理比率

资产管理比率又称营运效率比率，是用来衡量企业在资产管理方面的效率的财务比率。资产管理比率指标主要包括存货周转率、存货周转天数、应收账款周转率、应收账款周转天数、营业周期、流动资产周转率、固定资产周转率和总资产周转率等。

1. 存货周转率

存货周转率又称存货周转次数，是衡量和评价企业购入存货、投入生产以及销售收回货款等各个环节管理状况的综合性指标，它可以反映企业的销售效率和存货使用效率。其计算公式为：

存货周转率 = 销售成本 ÷ 平均存货

平均存货 =（期初存货余额 + 期末存货余额）÷ 2

一般情况下，企业存货周转率越高，说明存货周转的速度越快，企业的销售能力越强。

2. 存货周转天数

存货周转天数就是用时间表示的存货周转率，它表示存货周转一次所需要的时间。其计算公式为：

存货周转天数 =360 ÷ 存货周转率 =360 × 平均存货 ÷ 销售成本

存货周转天数越少，说明存货周转越快。

3. 应收账款周转率

应收账款周转率是指年度内应收账款转变为现金的平均次数，它可以反映企业应收账款的变现速度和管理的效率。其计算公式为：

应收账款周转率 = 销售收入 ÷ 平均应收账款

平均应收账款 =（期初应收账款净额 + 期末应收账款净额）÷ 2

一般情况下，应收账款周转率越高，说明企业催收应收账款的速度越快；如果应收账款周转率过低，则说明企业催收应收账款的效率过低，会影响企业资金的利用率和现金的正常周转。

4. 应收账款周转天数

应收账款周转天数又称平均收现期，是用时间表示的应收账款周转率，它表示应收账款周转一次所需要的天数。其计算公式为：

应收账款周转天数 =360÷ 应收账款周转率 =360× 平均应收账款 ÷ 销售收入

应收账款周转天数越少，说明应收账款周转的速度越快。

5. 营业周期

营业周期是指从取得存货开始到销售存货并收回现金为止的这段时间，其长短取决于存货周转天数和应收账款周转天数。其计算公式为：

营业周期 = 存货周转天数 + 应收账款周转天数

一般情况下，营业周期越短，说明资金周转的速度越快；营业周期越长，说明资金周转的速度越慢。

6. 流动资产周转率

流动资产周转率是企业销售收入与流动资产平均余额的比值，它反映了企业在一个会计年度内流动资产周转的速度。其计算公式为：

流动资产周转率 = 销售收入 ÷ 平均流动资产

平均流动资产 =（流动资产期初余额 + 流动资产期末余额）÷2

流动资产周转率越高，说明企业流动资产的利用率越高。

7. 固定资产周转率

固定资产周转率是企业销售收入与固定资产平均净值的比值，它主要用于分析厂房、设备等固定资产的利用效率。其计算公式为：

固定资产周转率 = 销售收入 ÷ 固定资产平均净值

固定资产平均净值 =（固定资产期初净值 + 固定资产期末净值）÷2

固定资产周转率越高，说明固定资产的利用率越高，企业管理水平越高。

8. 总资产周转率

总资产周转率是企业销售收入与平均资产总额的比值，用来分析企业全部资产的使用效率。其计算公式为：

总资产周转率 = 销售收入 ÷ 平均资产总额

平均资产总额 =（期初资产总额 + 期末资产总额）÷2

如果总资产周转率较低，说明企业利用其资产进行经营的效率较差，这样会降低企业的获利能力。

计算资产管理比率指标的具体步骤如下：

❶ 计算存货周转率。存货周转率 = 销售（营业）成本 ÷[（期初存货余额 + 期末存货余额）÷2]。在B8 单元格中输入公式：

= 利润表 !D5/((资产负债表 !C14+ 资产负债表 !D14)/2)

按 Enter 键即可得出存货周转率，如图 13-7 所示。

图 13-7

❷ 计算存货周转天数。存货周转天数 =360÷ 存货周转率。在 B9 单元格中输入公式：

=360/B8

按 Enter 键即可得出存货周转天数，如图 13-8 所示。

图 13-8

❸ 计算应收账款周转率。应收账款周转率＝销售收入÷[（期初应收账款净额＋期末应收账款净额）÷2]。在B10单元格中输入公式：

=利润表!D4/((资产负债表!C10+资产负债表!D10)/2)

按Enter键即可得出应收账款周转率，如图13-9所示。

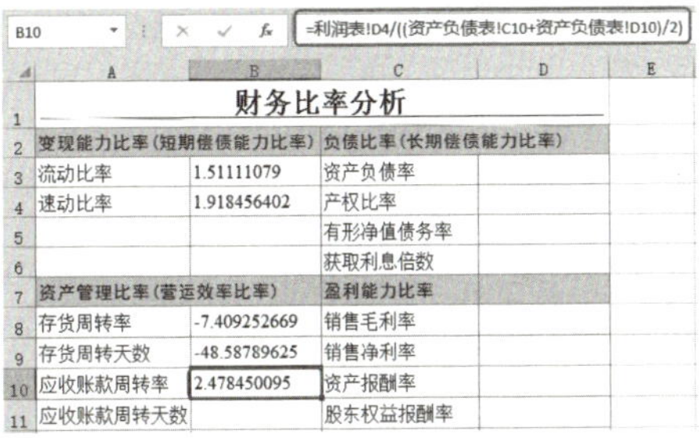

图 13-9

❹ 计算应收账款周转天数。应收账款周转天数＝360÷应收账款周转率。在B11单元格中输入公式：

=360/B10

按Enter键即可得出应收账款周转天数，如图13-10所示。

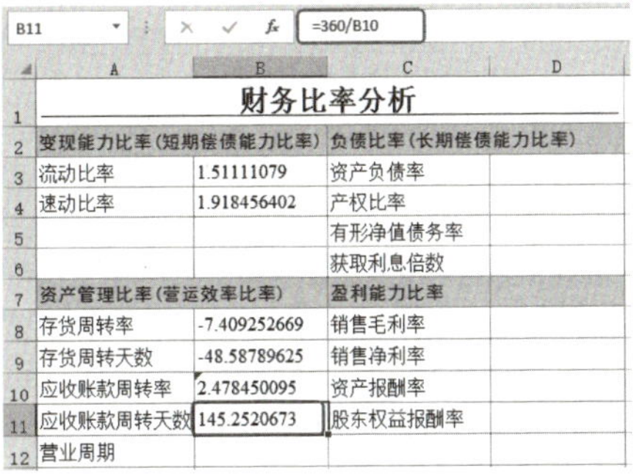

图 13-10

❺ 计算营业周期。营业周期＝存货周转天数＋应收账款周转天数。在B12单元格中输入公式：

=B9+B11

按Enter键即可得出营业周期，如图13-11所示。

❻ 计算流动资产周转率。流动资产周转率＝销售收入÷[（流动资产期初余额＋流动资产期末余额）÷2]。在B13单元格中输入公式：

=利润表!D4/((资产负债表!C16+资产负债表!D16)/2)

图 13-11

按Enter键即可得出流动资产周转率，如图13-12所示。

图 13-12

❼ 计算固定资产周转率。固定资产周转率＝销售收入÷[（固定资产期初净值＋固定资产期末净值）÷2]。在B14单元格中输入公式：

=利润表!D4/((资产负债表!C28+资产负债表!D28)/2)

按Enter键即可得出固定资产周转率，如图13-13所示。

❽ 计算总资产周转率科目。总资产周转率＝销售收入÷[（期初资产总额＋期末资产总额）÷2]。在B15单元格中输入公式：

=利润表!D4/((资产负债表!C35+资产负债表!D35)/2)

按Enter键即可得出总资产周转率，如图13-14所示。

图 13-13

图 13-14

❾ 配合 Ctrl 键选中单元格区域，在"开始"选项卡的"数字"组中，设置数据格式为"数字"，即可让计算结果都保留两位小数，如图 13-15 所示。

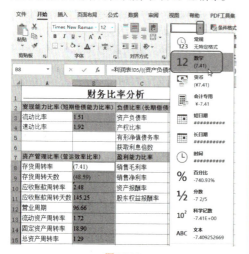

图 13-15

❿ 配合 Ctrl 键选中 B9 和 B11 单元格，切换到"开始"选项卡的"数字"组中，单击"数字格式"设置按钮，打开"设置单元格格式"对话框。在"分类"列表中选择"自定义"，在"类型"设置框中输入"0.0 天"，如图 13-16 所示。单击"确定"按钮，得到结果如图 13-17 所示。

图 13-16

	A	B	C	D
1		财务比率分析		
2	变现能力比率(短期偿债能力比率)		负债比率(长期偿债能力比率)	
3	流动比率	1.51	资产负债率	
4	速动比率	1.92	产权比率	
5			有形净值债务率	
6			获取利息倍数	
7	资产管理比率(营运效率比率)		盈利能力比率	
8	存货周转率	(7.41)	销售毛利率	
9	存货周转天数	-48.6天	销售净利率	
10	应收账款周转率	2.48	资产报酬率	
11	应收账款周转天数	145.3天	股东权益报酬率	
12	营业周期	96.66		
13	流动资产周转率	1.72		
14	固定资产周转率	18.90		
15	总资产周转率	1.29		

图 13-17

13.1.4 计算负债比率

负债比率又称长期偿债能力比率，是指债务和资产、净资产的关系，可以反映企业偿付到期长期债务的能力。负债比率指标主要包括资产负债率、产权比率、有形净值债务率和获取利息倍数等。

1. 资产负债率

资产负债率是企业负债总额与资产总额的比率，它可以反映企业偿还债务的综合能力。其计算公式为：

资产负债率 = 负债总额 ÷ 资产总额

资产负债率越高，表明企业的偿还能力越差；反之，则表明偿还能力越强。

2. 产权比率

产权比率又称负债权益比率，是企业负债总额与股东权益总额的比率，它可以反映债权人提供资金与股东所提供资金的对比关系。其计算公式为：

产权比率 = 负债总额 ÷ 股东权益

产权比率越低，说明企业的长期财务状况越好，债权人贷款的安全越有保障。

3. 有形净值债务率

有形净值债务率实际是产权比率的延伸，是企业负债总额与有形净值的百分比。有形净值是股东权益减去无形资产净值，即股东具有所有权的有形资产的净值。其计算公式为：

有形净值债务率 = 负债总额 ÷（股东权益 - 无形资产净值）

有形净值债务率越低，说明企业财务风险越小。

4. 获取利息倍数

获取利息倍数又称利息保障倍数，是指企业经营业务收益与利息费用的比例，用以衡量企业偿付借款利息的能力。其计算公式为：

获取利息倍数 = 息税前利润 ÷ 利息费用

一般来说，企业的获取利息倍数至少要大于1，否则难以偿还债务及利息。

计算负债比率指标的具体步骤如下。

❶ 计算资产负债率。资产负债率 = 负债总额 ÷ 资产总额。在 D3 单元格中输入公式：

=(资产负债表 !G16+ 资产负债表 !G23)/ 资产负债表 !D35

按 Enter 键即可得出资产负债率，如图 13-18 所示。

图 13-18

❷ 计算产权比率。产权比率 = 负债总额 ÷ 股东权益。在 D4 单元格中输入公式：

=(资产负债表 !G16+ 资产负债表 !G23)/ 资产负债表 !G30

按 Enter 键即可得出产权比率，如图 13-19 所示。

图 13-19

❸ 计算有形净值债务率。有形净值债务率 = 负债总额 ÷（股东权益 - 无形资产净值）。在 D5 单元格中输入公式：

=(资产负债表 !G16+ 资产负债表 !G23)/(资产负债表 !G30- 资产负债表 !D33)

按 Enter 键即可得出有形净值债务率，如图 13-20 所示。

图 13-20

❹ 计算获取利息倍数。获取利息倍数 = 息税前利润 ÷ 利息费用。在 D6 单元格中输入公式：

=(利润表 !D19+ 利润表 !D9)/ 利润表 !D9

按 Enter 键，即可得出获取利息倍数，如图 13-21 所示。

图 13-21

13.1.5 计算盈利能力比率

盈利能力比率是指企业赚取利润的能力。盈利能力比率指标主要包括销售毛利率、销售净利率、资产报酬率和股东权益报酬率等。

1. 销售毛利率

销售毛利率又称毛利率，是企业的销售毛利与销售收入净额的比率。其计算公式为：

销售毛利率＝销售毛利 ÷ 销售收入净额

销售毛利＝销售收入－销售成本

销售毛利率越大，说明销售收入净额中销售成本所占的比重越小，企业通过销售获取利润的能力越强。

2. 销售净利率

销售净利率是企业的净利润与销售收入净额的比率，它可以反映企业赚取利润的能力。其计算公式为：

销售净利率＝净利润 ÷ 销售收入净额

销售净利率越大，企业通过扩大销售获取收益的能力越强。

3. 资产报酬率

资产报酬率又称投资报酬率，是一定时期内企业的净利润与平均资产总额的比率，它可以反映企业资产的利用效率。其计算公式为：

资产报酬率＝净利润 ÷ 平均资产总额

资产报酬率越大，说明企业的获利能力越强。

4. 股东权益报酬率

股东权益报酬率又称净资产收益率，是一定时期内企业的净利润与股东权益平均总额的比率，它可以反映企业股东获取投资报酬的高低。其计算公式为：

股东权益报酬率＝净利润 ÷ 股东权益平均总额

股东权益平均总额＝（期初股东权益＋期末股东权益）÷ 2

股东权益报酬率越大，说明企业的获利能力越强。

计算盈利能力比率指标的具体步骤如下。

❶ 计算销售毛利率。销售毛利率＝（销售收入－销售成本）÷ 销售收入净额。在 D8 单元格中输入公式：

=(利润表 !D4- 利润表 !D5)/ 利润表 !D4

按 Enter 键即可得出销售毛利率，如图 13-22 所示。

图 13-22

❷ 计算销售净利率。销售净利率＝净利润 ÷ 销售收入净额。在 D9 单元格中输入公式：

= 利润表 !D21/ 利润表 !D4

按 Enter 键即可得出销售净利率，如图 13-23 所示。

图 13-23

③ 计算资产报酬率。资产报酬率 = 净利润 ÷ 平均资产总额。在 D10 单元格中输入公式：

=利润表!D21/((资产负债表!C35+资产负债表!D35)/2)

按 Enter 键即可得出资产报酬率，如图 13-24 所示。

D10 =利润表!D21/((资产负债表!C35+资产负债表!D35)/2)

财务比率分析			
变现能力比率（短期偿债能力比率）		负债比率（长期偿债能力比率）	
流动比率	1.51	资产负债率	0.607435652
速动比率	1.92	产权比率	1.547353109
		有形净值债务率	2.379078208
		获取利息倍数	79.09631217
资产管理比率（营运效率比率）		盈利能力比率	
存货周转率	(7.41)	销售毛利率	0.592416839
存货周转天数	-48.6天	销售净利率	0.264858679
应收账款周转率	2.48	资产报酬率	0.342407389
应收账款周转天数	145.3天	股东权益报酬率	
营业周期	96.66		

图 13-24

④ 计算股东权益报酬率。股东权益报酬率 = 净利润 ÷ 股东权益平均总额。在 D11 单元格中输入公式：

=利润表!D21/((资产负债表!F30+资产负债表!G30)/2)

按 Enter 键即可得出股东权益报酬率，如图 13-25 所示。

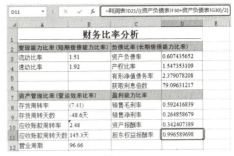

D11 =利润表!D21/((资产负债表!F30+资产负债表!G30)/2)

财务比率分析			
变现能力比率（短期偿债能力比率）		负债比率（长期偿债能力比率）	
流动比率	1.51	资产负债率	0.607435652
速动比率	1.92	产权比率	1.547353109
		有形净值债务率	2.379078208
		获取利息倍数	79.09631217
资产管理比率（营运效率比率）		盈利能力比率	
存货周转率	(7.41)	销售毛利率	0.592416839
存货周转天数	-48.6天	销售净利率	0.264858679
应收账款周转率	2.48	资产报酬率	0.342407389
应收账款周转天数	145.3天	股东权益报酬率	0.996589698
营业周期	96.66		

图 13-25

⑤ 选中 D3:D11 单元格区域，设置计算结果保留两位小数，统计结果如图 13-26 所示。

财务比率分析			
变现能力比率（短期偿债能力比率）		负债比率（长期偿债能力比率）	
流动比率	1.51	资产负债率	0.61
速动比率	1.92	产权比率	1.55
		有形净值债务率	2.38
		获取利息倍数	79.10
资产管理比率（营运效率比率）		盈利能力比率	
存货周转率	(7.41)	销售毛利率	0.59
存货周转天数	-48.6天	销售净利率	0.26
应收账款周转率	2.48	资产报酬率	0.34
应收账款周转天数	145.3天	股东权益报酬率	1.00
营业周期	96.66		
流动资产周转率	1.72		
固定资产周转率	18.90		
总资产周转率	1.29		

图 13-26

13.2 财务比较分析

财务比较分析是将企业财务比率与标准财务比率（标准财务比率是指企业历年的财务比率，或者同行业、同规模其他企业的财务比率）进行比较，从而发现差距，找出产生差异的原因，进一步判定企业的财务状况和经营成果。

13.2.1 创建财务比较分析表

规划要进行财务比较分析的指标，并在表格中确定标准财务比率指标。

① 插入一个工作表，并将其命名为“财务比较分析表”，然后输入财务比较分析的相关项目并对表格进行格式设置，如图 13-27 所示。

② 在 B3:B14 单元格区域中分别输入“标准财务比率”相关数据，如图 13-28 所示。

财务比较分析			
项目	标准财务比率	企业财务比率	差异
流动比率			
速动比率			
应收账款周转率			
存货周转率			
流动资产周转率			
总资产周转率			
资产负债率			
产权比率			
有形净值债务率			
获取利息倍数			
销售毛利率			
销售净利率			

资产负债表 | 利润表 | 财务比率分析表 | 财务比较分析表

图 13-27

财务比较分析

项目	标准财务比率	企业财务比率	差异
流动比率	2		
速动比率	1.25		
应收账款周转率	3		
存货周转率	3		
流动资产周转率	1		
总资产周转率	0.8		
资产负债率	0.7		
产权比率	1.2		
有形净值债务率	0.5		
获取利息倍数	200		
销售毛利率	0.15		
销售净利率	0.1		

图 13-28

13.2.2 计算企业财务比率并与标准财务比率比较

通过引用资产负债表与利润表中的数据，计算本期的财务比率并与标准财务比率进行比较。

❶ 计算流动比率。流动比率 = 流动资产 ÷ 流动负债。在 C3 单元格中输入公式：

=资产负债表!D16/资产负债表!G16

按 Enter 键即可得出流动比率，如图 13-29 所示。

C3 =资产负债表!D16/资产负债表!G16

财务比较分析

项目	标准财务比率	企业财务比率	差异
流动比率	2	1.51111079	
速动比率	1.25		
应收账款周转率	3		
存货周转率	3		
流动资产周转率	1		
总资产周转率	0.8		

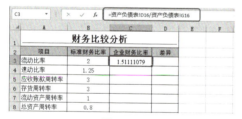

图 13-29

❷ 计算速动比率。速动比率 =（流动资产 − 存货）÷ 流动负债。在 C4 单元格中输入公式：

=(资产负债表!D16-资产负债表!D14)/资产负债表!G16

按 Enter 键即可得出速动比率，如图 13-30 所示。

❸ 计算应收账款周转率。应收转款周转率 = 销售收入 ÷[（期初应收账款净额 + 期末应收账款净额）÷2]。在 C5 单元格中输入公式：

=利润表!D4/((资产负债表!C10+资产负债表!D10)/2)

按 Enter 键即可得出应收账款周转率，如图 13-31 所示。

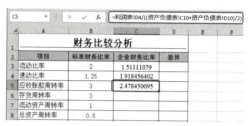

C4 =(资产负债表!D16-资产负债表!D14)/资产负债表!G16

财务比较分析

项目	标准财务比率	企业财务比率	差异
流动比率	2	1.51111079	
速动比率	1.25	1.918456402	
应收账款周转率	3		
存货周转率	3		
流动资产周转率	1		
总资产周转率	0.8		

图 13-30

C5 =利润表!D4/((资产负债表!C10+资产负债表!D10)/2)

财务比较分析

项目	标准财务比率	企业财务比率	差异
流动比率	2	1.51111079	
速动比率	1.25	1.918456402	
应收账款周转率	3	2.478450095	
存货周转率	3		
流动资产周转率	1		
总资产周转率	0.8		

图 13-31

❹ 计算存货周转率。存货周转率 = 销售成本 ÷[（期初存货余额 + 期末存货余额）÷2]。在 C6 单元格中输入公式：

=利润表!D5/((资产负债表!C14+资产负债表!D14)/2)

按 Enter 键即可得出存货周转率，如图 13-32 所示。

C6 =利润表!D5/((资产负债表!C14+资产负债表!D14)/2)

财务比较分析

项目	标准财务比率	企业财务比率	差异
流动比率	2	1.51111079	
速动比率	1.25	1.918456402	
应收账款周转率	3	2.478450095	
存货周转率	3	-7.409252669	
流动资产周转率	1		

图 13-32

❺ 计算流动资产周转率。流动资产周转率 = 销售收入 ÷[（流动资产期初余额 + 流动资产期末余额）÷2]。在 C7 单元格中输入公式：

=利润表!D4/((资产负债表!C16+资产负债表!D16)/2)

按 Enter 键即可得出流动资产周转率，如图 13-33 所示。

C7 =利润表!D4/((资产负债表!C16+资产负债表!D16)/2)

财务比较分析

项目	标准财务比率	企业财务比率	差异
流动比率	2	1.51111079	
速动比率	1.25	1.918456402	
应收账款周转率	3	2.478450095	
存货周转率	3	-7.409252669	
流动资产周转率	1	1.720020725	
总资产周转率	0.8		

图 13-33

❻ 计算总资产周转率。总资产周转率 = 销售收入 ÷ [（期初资产总额 + 期末资产总额）÷ 2]。在 C8 单元格中输入公式：

=利润表!D4/((资产负债表!C35+资产负债表!D35)/2)

按 Enter 键即可得出总资产周转率，如图 13-34 所示。

C8 =利润表!D4/((资产负债表!C35+资产负债表!D35)/2)

财务比较分析

项目	标准财务比率	企业财务比率	差异
流动比率	2	1.51111079	
速动比率	1.25	1.918456402	
应收账款周转率	3	2.478450095	
存货周转率	3	-7.409252669	
流动资产周转率	1	1.720020725	
总资产周转率	0.8	1.292792783	
资产负债率	0.7		

图 13-34

❼ 计算资产负债率。资产负债率 = 负债总额 ÷ 资产总额。在 C9 单元格中输入公式：

=(资产负债表!G16+资产负债表!G23)/资产负债表!D35

按 Enter 键，即可得出资产负债率，如图 13-35 所示。

C9 =(资产负债表!G16+资产负债表!G23)/资产负债表!D35

财务比较分析

项目	标准财务比率	企业财务比率	差异
流动比率	2	1.51111079	
速动比率	1.25	1.918456402	
应收账款周转率	3	2.478450095	
存货周转率	3	-7.409252669	
流动资产周转率	1	1.720020725	
总资产周转率	0.8	1.292792783	
资产负债率	0.7	0.607435652	
产权比率	1.2		

图 13-35

❽ 计算产权比率。产权比率 = 流动负债 ÷ 所有者权益。在 C10 单元格中输入公式：

=(资产负债表!G16+资产负债表!G23)/资产负债表!G30

按 Enter 键即可得出产权比率，如图 13-36 所示。

C10 =(资产负债表!G16+资产负债表!G23)/资产负债表!G30

财务比较分析

项目	标准财务比率	企业财务比率	差异
流动比率	2	1.51111079	
速动比率	1.25	1.918456402	
应收账款周转率	3	2.478450095	
存货周转率	3	-7.409252669	
流动资产周转率	1	1.720020725	
总资产周转率	0.8	1.292792783	
资产负债率	0.7	0.607435652	
产权比率	1.2	1.547353109	
有形净值债务率	0.5		

图 13-36

❾ 计算有形净值债务率。有形净值债务率 = 负债总额 ÷（股东权益 − 无形资产净值）。在 C11 单元格中输入公式：

=(资产负债表!G16+资产负债表!G23)/(资产负债表!G30-资产负债表!D33)

按 Enter 键即可得出有形净值债务率，如图 13-37 所示。

C11 =(资产负债表!G16+资产负债表!G23)/(资产负债表!G30-资产负债表!D33)

财务比较分析

项目	标准财务比率	企业财务比率	差异
流动比率	2	1.51111079	
速动比率	1.25	1.918456402	
应收账款周转率	3	2.478450095	
存货周转率	3	-7.409252669	
流动资产周转率	1	1.720020725	
总资产周转率	0.8	1.292792783	
资产负债率	0.7	0.607435652	
产权比率	1.2	1.547353109	
有形净值债务率	0.5	2.379078208	
获取利息倍数	200		

图 13-37

❿ 计算获取利息倍数。获取利息倍数 = 息税前利润 ÷ 利息费用。在 C12 单元格中输入公式：

=(利润表!D19+利润表!D9)/利润表!D9

按 Enter 键即可得出获取利息倍数，如图 13-38 所示。

⓫ 计算销售毛利率。销售毛利率 =（销售收入 − 销售成本）÷ 销售收入净额。在 C13 单元格中输入公式：

=(利润表!D4-利润表!D5)/利润表!D4

按 Enter 键即可得出销售毛利率，如图 13-39 所示。

⓬ 计算销售净利率。销售净利率 = 净利润 ÷ 销售收入净额。在 C14 单元格中输入公式：

=利润表!D21/利润表!D4

按 Enter 键即可得出销售净利率，如图 13-40 所示。

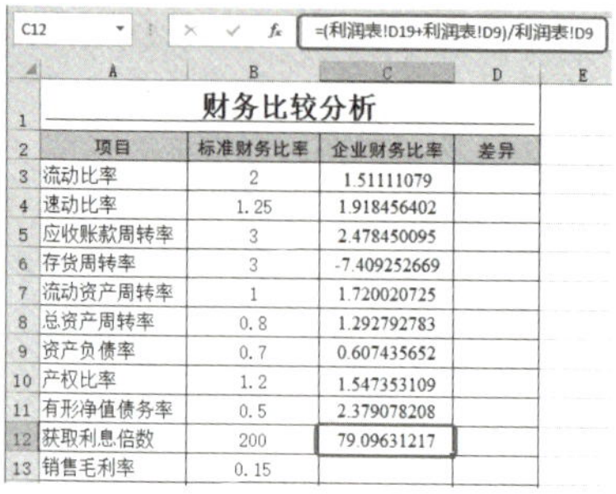

C12　=(利润表!D19+利润表!D9)/利润表!D9

项目	标准财务比率	企业财务比率	差异
流动比率	2	1.51111079	
速动比率	1.25	1.918456402	
应收账款周转率	3	2.478450095	
存货周转率	3	-7.409252669	
流动资产周转率	1	1.720020725	
总资产周转率	0.8	1.292792783	
资产负债率	0.7	0.607435652	
产权比率	1.2	1.547353109	
有形净值债务率	0.5	2.379078208	
获取利息倍数	200	79.09631217	
销售毛利率	0.15		

图 13-38

C13　=(利润表!D4-利润表!D5)/利润表!D4

项目	标准财务比率	企业财务比率	差异
流动比率	2	1.51111079	
速动比率	1.25	1.918456402	
应收账款周转率	3	2.478450095	
存货周转率	3	-7.409252669	
流动资产周转率	1	1.720020725	
总资产周转率	0.8	1.292792783	
资产负债率	0.7	0.607435652	
产权比率	1.2	1.547353109	
有形净值债务率	0.5	2.379078208	
获取利息倍数	200	79.09631217	
销售毛利率	0.15	0.592416839	
销售净利率	0.1		

图 13-39

C14　=利润表!D21/利润表!D4

项目	标准财务比率	企业财务比率	差异
流动比率	2	1.51111079	
速动比率	1.25	1.918456402	
应收账款周转率	3	2.478450095	
存货周转率	3	-7.409252669	
流动资产周转率	1	1.720020725	
总资产周转率	0.8	1.292792783	
资产负债率	0.7	0.607435652	
产权比率	1.2	1.547353109	
有形净值债务率	0.5	2.379078208	
获取利息倍数	200	79.09631217	
销售毛利率	0.15	0.592416839	
销售净利率	0.1	0.264858679	

图 13-40

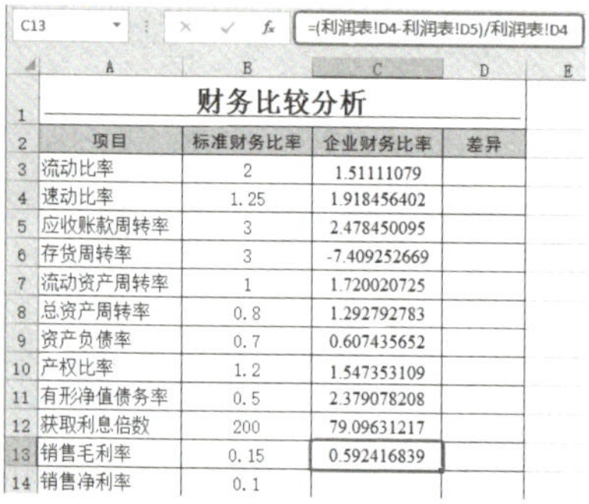

⑬ 计算企业财务比率与标准财务比率的差异。选中 D3 单元格，输入公式：

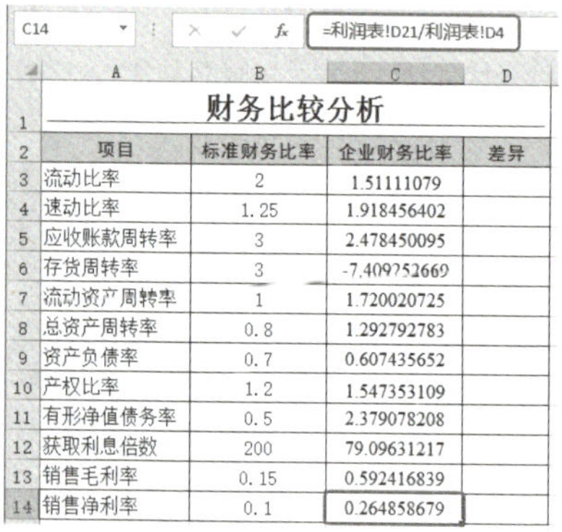

=C3-B3

按 Enter 键随即返回计算结果。将鼠标指针指向 D3 单元格右下角，向下拖动复制公式，计算出各项差异值，如图 13-41 所示。

D3　=C3-B3

项目	标准财务比率	企业财务比率	差异
流动比率	2	1.51111079	-0.48889
速动比率	1.25	1.918456402	0.668456
应收账款周转率	3	2.478450095	-0.52155
存货周转率	3	-7.409252669	-10.4093
流动资产周转率	1	1.720020725	0.720021
总资产周转率	0.8	1.292792783	0.492793
资产负债率	0.7	0.607435652	-0.09256
产权比率	1.2	1.547353109	0.347353
有形净值债务率	0.5	2.379078208	1.879078
获取利息倍数	200	79.09631217	-120.904
销售毛利率	0.15	0.592416839	0.442417
销售净利率	0.1	0.264858679	0.164859

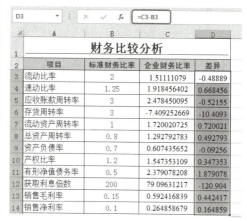

图 13-41

⑭ 选中 C3:D14 单元格区域，在“开始”选项卡的“数字”组中，设置数据格式为“数字”，即可让计算结果都保留两位小数，如图 13-42 所示。

C3　=资产负债表!D16/资产负债表!G16

项目	标准财务比率	企业财务比率	差异
流动比率	2	1.51	(0.49)
速动比率	1.25	1.92	0.67
应收账款周转率	3	2.48	(0.52)
存货周转率	3	(7.41)	(10.41)
流动资产周转率	1	1.72	0.72
总资产周转率	0.8	1.29	0.49
资产负债率	0.7	0.61	(0.09)
产权比率	1.2	1.55	0.35
有形净值债务率	0.5	2.38	1.88
获取利息倍数	200	79.10	(120.90)
销售毛利率	0.15	0.59	0.44
销售净利率	0.1	0.26	0.16

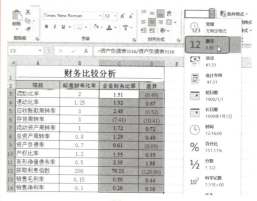

图 13-42

读书笔记

读书笔记